추천하는 글

애자일은 국내 경영계의 검증된 화두다. 혁신적인 성장을 꿈꾸는 경영자나 리더라면 반드시 이뤄나가야 하는 이슈이기에 이에 대한 고민이 끝이 없다. 이 책은 많은 이들이 궁금해하는 실제 적용 가능한 애자일 전략을 이해하기 쉽게 알려준다.

김광진, IGM세계경영연구원 교수

챕터, 트라이브, 길드 같은 용어들이 소위 '애자일 조직'의 전부인 양 보이는 현시점에서 정말 제대로 된, 경영자를 위한 애자일 책이 나왔다. 이 책에 대한 유일한 우려는 경영자가 구입만 해두고 끝까지 읽지 않는 것이다.

김창준, 애자일 컨설팅 대표

《애자일, 민첩하고 유연한 조직의 비밀》은 빠르고 지속적인 변화의 세계에서 조직이 번성하려면 왜 새로운 경영 패러다임이 필요한지 생생하게 보여준다.

김위찬, 인시아드 경영대학원 석좌교수, 《블루오션 전략》 저자

주주가치가 많은 회사들로 하여금 고객, 직원을 비롯한 모든 사람들을 속이도록 만드는 지금, 스티븐 데닝은 그 밖에도 다른 길이 있음을 보여준다. 현장의 애자일 경영 사례를 풍성하게 제공하며 보다 혁신적이고 인간적이며 포용적인 경제를 구상하는 책이다.

린 S. 페인, 하버드 경영대학원 교수, 《위기의 자본주의》 저자

구태의연한 관료주의로 운영되는 조직을 끊임없이 혁신하는 고객 참여적이고 팀 주도적인 회사로 탈바꿈시킬 수 있는 귀중한 안내서다.

로버트 M. 랜들, 《전략과 리더십》 편집장

《애자일, 민첩하고 유연한 조직의 비밀》은 혁신 성과를 개선하라는 요구이자 이를 실현시켜야 한다는 선언이다. 핵심 행동, 도구, 절차를 갖춘 기업이 어떻게 위대한 가치를 창출할 수 있는지 보여준다.

커티스 R. 칼슨, 프랙티스 오브 이노베이션 최고경영자

실리콘밸리의 많은 기업들은 보통 몸집이 커지면서 길을 잃기 시작한다. 이 책은 스타트업들이 규모가 커지고 성숙한 회사로 변모하면서 쉽게 빠지곤 하는 함정을 어떻게 피해야 하는지 보여준다. 스타트업, 중소기업, 대기업 모두를 위한 청사진을 제공한다.

스티븐 포르테, 프레스코 캐피털 전무이사

이 책은 피터 드러커가 21세기 경영에 제시했던 가장 큰 도전과제, 즉 지식노동의 생산성에 한 차원 높은 변화를 일구고자 고심하는 기업 리더들에게 길을 안내하는 중요한 동반자가 될 것이다. 최근의 생생한 사례 연구를 풍부하게 제공하면서, 리더들로 하여금 갈수록 복잡하고 예측 불가능해지는 미래를 향해 자신들만의 독자적인 행로를 만들어갈 수 있도록 돕는다.

리처드 스트라우브, 글로벌 피터 드러커 포럼의 창립자이자 회장

《애자일, 민첩하고 유연한 조직의 비밀》은 역작이다. 최고경영자의 전략고문으로서 올해 내가 읽은 책 중 가장 흥미진진한 책이다. 마침내 누군가가 핵심 원칙을 제시했다. 그리고 모든 조직에 애자일을 도입하려면 무엇이 필요한지 이해하기 쉬운 사례들을 곁들여서 알려준다. 고마워요, 스티븐 데닝!"

세스 카한, 《올바른 혁신 만들기》 저자

애자일, 민첩하고 유연한 조직의 비밀

THE AGE OF AGILE

THE AGE OF

AGILE

애자일, 민첩하고 유연한 조직의 비밀

스티븐 데닝 지음
게리 해멀 서문
박설영 옮김

어크로스

일러두기

- 애자일(agile)은 민첩하고 기민하다는 뜻의 영어 단어로 이 책에서는 민첩하게 변화를 감지하고 빠르게 혁신하는 조직을 목표로 하는 경영 패러다임을 가리킨다. 본문에서 애자일의 특징을 뜻하는 애질리티(agility)는 고유명사로 쓰일 때를 제외하고는 우리말로 풀어 썼다.
- 애자일 경영은 2000년대 초반 보다 나은 소프트웨어 개발 방식을 만들기 위해 개발자들이 발표한 애자일 선언에서 시작됐다. 이러한 배경을 고려해 툴(tool), 프랙티스(practice), 프로세스(process)와 같이 IT 분야에서 자주 사용되는 용어의 경우 관례적인 표기법을 따랐다.
- 책에 실린 '애자일 소프트웨어 개발 선언'은 애자일 매니페스토(agilemanifesto.org/iso/ko/manifesto.html)에 게재된 공식 번역본을 인용했다.

서문

효율적인 만큼 혁신적이고 실용적인 만큼 열정이 가득한 조직

관료주의는 사실상 지구상에 있는 모든 거대 조직의 기본 운영체제다. 규제 중심론 위에 세워진 관료주의는 수많은 조직적 미덕 중에서도 순응을 가장 중시한다. 또한 생각하는 사람(경영자)과 행동하는 사람(근로자)을 구분 짓는 카스트 시스템이 조직 내에 자리 잡고 있어 인간의 자주성과 상상력을 엄청나게 낭비한다.

오늘날 창조경제에는 전통에 입각한 이런 하향식 경영 원칙 및 절차를 근본적으로 재고할 필요가 있다. 그러려면 어떻게 해야 할까? 효율적인만큼 혁신적이고, 실용적인만큼 열정이 가득한 조직을 만들면 된다.

이는 단지 새로운 관행이나 절차 또는 구조를 도입하는 문제가 아니다. 그보다는 새로운 경영 원칙을 시작하는 문제다. 특히 다음 네 가지 원칙이 중요하다. 투명성, 역량, 국지화, 낙관적 전망.

뉴코어Nucor는 세계에서 가장 꾸준히 수익을 내고 있는 철강 회사로 과감하게 투명성을 실천하고 있다. 덕분에 모든 직원이 주문받은 선적량의 수익성을 안다. 뉴코어에서 이윤 극대화에 책임을 지는 건 경영자가 아니라 최전방에서 일하는 일꾼들이다.

또한 권력은 역량을 토대로 한다. 세계 최대의 토마토 가공회사인 모닝스타Morningstar를 예로 들어보자. 이곳엔 경영자가 없다. 모든 핵심적인 투자 결정을 흔히 "블루칼라"라고 불리는 현장 직원들이 내린다. 이들 직원 대부분이 정교한 재무 모델링 업무를 할 수 있다. 다시 말해 신규 투자를 할 때 순현재가치(NPV)와 내부수익률(IRR)이 얼마인지 계산할 수 있다. 모닝스타는 결정권을 상향 이동시키는 대신, 역량 중심으로 하향 이동시켰다. 최상의 결정을 내리는 데 필요한 정보와 맥락을 가진 개인에게 결정권을 부여한 것이다.

개별 직원이 소유주처럼 생각하고 행동하길 원한다면 조직을 국지적인 소규모 단위로 분해해야 한다. 단위별로 자체 손익(P&L)을 책임지도록 하는 것이다. 모든 직원이 자신이 일하는 초소형 기업의 수익률 상승에 얼마나 기여하는지 직접적인 연관성을 볼 수 있어야 한다. 획일적인 거대 조직에서는 결과에 책임지거나 자유재량으로 의사를 결정한다는 개념이 거의 없다. 그렇다 보니 직원들이 자율적에너지는 집에 두고 몸만 직장으로 끌고 나오는 일이 비일비재하다.

마지막으로, 직원들이 최선을 다하길 바란다면 낙관적 전망, 즉 개인적으로 성장하고 재정적으로 이익을 얻을 가능성이 있어야 한다. 대부분의 조직이 실시하는 고정 급여 및 역할 정의는 단순히 정해진 목표를 달성하게 할 뿐, 그 이상의 동기 부여를 하지 못한다. 사실상 기업가 정신을 품을 여지를 주지 않는 것이다.

이런 연구 결과는 스티븐 데닝이 소규모의 민첩한 팀제 조직에서 관찰한 특징과 완전히 일치한다. 장담한다. 경영 혁명은 순조롭게 진행되고 있는 중이다. 그러니 당신 조직에 던질 질문은 하나다. 앞장설 것인가, 뒤따를 것인가.

게리 해멀 Gary Hamel

런던 비즈니스스쿨 교수

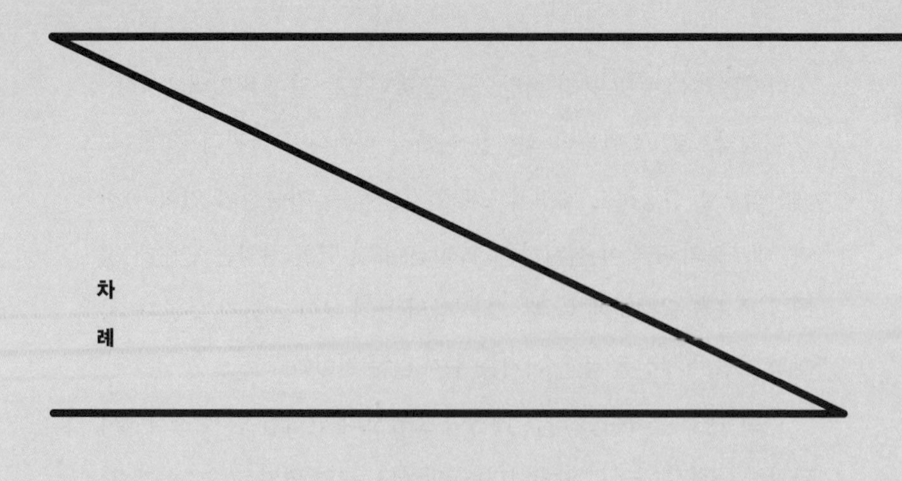
차
례

프롤로그

애자일이 바꾸고 있는 일의 세계

지금 우리 사회에선 '멈출 수 없는 혁명'이 일어나고 있다. 이 혁명의 영향력에서 벗어날 수 있는 사람은 거의 없다. 이 혁명은 야당 정치인이 일으키는 것도, 비밀 조직의 테러리스트들이 벌이는 것도, 비밀 정보부의 스파이 조직이 시도하는 것도 아니다. 눈앞에서 대놓고 벌어지는 이 혁명의 주체는 바로 가장 거대하고 명망 높은 일부 기업들이다. 눈이 있으면 누구나 볼 수 있다. 이것은 조직 운영법을 두고 벌어지는 혁명이다.

오늘날 조직들은 모든 사람, 모든 물건, 모든 장소와 언제나 연결되어 있다. 이들은 즉각적이고 친밀하고 비마찰적인 가치를 대규모로 전달한다. 그렇게 사람과 통찰력과 돈이 빠르고 쉽고 싸게 상호작용하는 세계를 창조한다. 누군가에게 이 혁명은 희망적이고 아름답다. 하지만 다른 누군가에겐 어둡고 위협적이다.[1]

새로운 조직 운영 방식으로 인한 놀라운 사례들은 도처에 널려 있다. 애플이나 삼성 같은 회사들은 개별 사용자의 요구와 수억 명의 변덕스러운 입맛을 충족시키기 위해 맞춤식 기기를 제공한다. 테슬라, 사브, 에릭슨 같은 기업들은 물리적으로 새 아이템을 장착하기보다 온라인으로 새로운 소프트웨어를 전달하는 방식으로 자동차, 비행기, 네트워크를 업그레이드한다. 한편 스포티파이는 수십억 개의 음악을 개별 사용자의 취향을 고려해 선곡한 맞춤형 위클리 플레이리스트를 제공한다.

와비파커는 편리한 온라인 시스템을 도입함으로써 전통적인 소매기업들보다 훨씬 저렴한 가격에 품질 좋은 안경을 판매한다. 스카이프, 줌, 왓츠앱 같은 온라인 서비스는 고객에게 무료 또는 저렴한 가격으로 전화 서비스를 제공함으로써 초창기 통신회사들로부터 수백억 달러를 낚아챘다. 아마존은 단기 이익보다 고객 가치를 우선시하면 어떤 결과가 나오는지를 증명하고 있다. 세계에서 가장 큰 소매회사를 넘어 모든 소매회사를 합친 것보다 더 큰 회사로 성장한 것만 봐도 알 수 있다.[2] 구글은 검색 기능을 무료로 제공해 단기간에 거대한 부자 기업으로 성장했다.[3] 페이스북 사용자 수는 중국의 인구수보다 많다. 에어비앤비, 우버, 리프트는 잠자고 있던 기존 자산에서 어떻게 가치를 발굴할 수 있는지를 보여준다.

그런가 하면 어떤 회사에게는 약이 되는 방법이 일부 회사들에게는 독이 되고 있다. 이러한 사례 역시 수없이 많다. 앨런 머리Alan Murray가 《월스트리트 저널》에서 말한 것처럼, "각 업계마다 시장을 선도하던 회사들이 획기적인 변화의 흐름—컴퓨터(메인프레임에서 PC로), 전화기(일반 유선 전화에서 휴대전화로), 카메라(필름에서 디지털로), 주식시장(거래소에서 온라인으로)—을 놓쳤다.[4] '나쁜' 경영법을 택해서가 아니다. 바로 '좋은' 경영법을 따라서다. 사실상 이들 회사들이 실천하던 "좋은 경영"은 시대착오적인 유물이 되고 말았다.

스포일링을 하나 하자. 승자와 패자의 차이는 기술이나 빅데이터에 대한 접근성의 문제가 아니다. 일반적으로 성공한 기업이나 그렇지 못한 기업이나 똑같은 기술과 데이터(이제는 상품에 가깝다)에 똑같이 접근할 수 있다. 그렇지만 전통적인 방식으로 조직을 운영하는 기업은 디지털 기술과 빅데이터를 사용해도 결과가 아주 미약한 경우가 많다. 코닥처럼 새로운 기술을 개발해놓고도 이용하는 데 실패한 기업도 있다. 둘의 차이점은 무엇일까. 바로 기술과 데이터를 더욱 기민하고 효율적으로 사용하는 새로운 조직 운영법이다.[5]

기술과 데이터를 이용하면서 오래된 경영 기법을 적용하는 것은 말과 마차를 몰고 고속도로를 달리는 것과 같다. 그러니 도래하는 새로운 세상에서 성공하고 싶은 기업이라면 완전히 다른 경영법을 받아들일 필요가 있다.

일부 회사들은 새로운 경영 패러다임을 기민하게 받아들이고 있다. 이들은 직원과 고객을 조종하려 드는 전통적인 경영 기법을 기꺼이 버리고, 대신 마음의 소리에 따라 사람을 사람으로 대하고자, 진정한 성인 대 성인으로 대화하고자 한다. 그중엔 식상을 직원들의 삶에 의미를 창조하는 영감 어린 작업 공간으로 만드는 곳들도 있다.

이런 흐름에 올라타는 회사들도 늘어나는 추세다. 보통은 전통적인 경영법으로는 도무지 해결할 수 없는 상황에 직면해 좌절감을 느낀 회사들이다. 이들은 간신히 현상 유지를 하기 위해 엄청나게 빨리 달려야 하는 자사의 처지를 통감한다. 그리고 새로운 방식으로 운영하는 회사들이 놀라운 수익을 올리는 것을 보면서 궁금해한다. "저들이 이룬 것을 왜 우리는 이루지 못할까?" 때로는 아주 오랜 반성과 실험의 시간이 뒤따른 뒤에야, 마침내 "깨달음을 얻고" 새로운 사고방식을 내재화한다.

물론 변화에 적극적으로 저항하는 회사들도 있다. 고정적인 프로세스, 습관, 태도, 가치를 가지고 회사를 운영해온 조직들에게 새로운 경영 패러다임은 어렵고, 심지어 당황스러울 수 있다. 때론 "원래 하던 방식"의 견고한 불문율과 충돌하기도 한다.

어떤 회사들은 금융공학을 동원해 딜레마를 해결하려고 한다. 단기 비용 절감, 해외 업무 위탁, 자사주 매입, 탈세 등 다양한 방식으로 가치를 쥐어짜내는 것이다. 이런 편법을 이용해 주식 투자자들에게 회사가 성공했다는 인상을 주고자 한다. 하지만 이는 실제로는 주주가치와 실질적인 경제적 안녕을 훼손하는 일이다.

만약 경영자들이 새로운 조직 운영법을 받아들이고 새로운 경영 패러다임을 대대적으로 일으킬 비법을 깨닫는다면 놀라우면서 인간적인 경험을 하게 될 것이다. 그렇게 되면 다른 방식을 강구하려 드는 사람들은 아마 사라질 것이다.

요컨대 이 책은 직원들에게도, 사용자에게도, 조직 자체에도, 사회를 위해서도 잠재적으로 훨씬 나은 조직 운영법을 배우고 있는 몇몇 기업들을 탐구한다. 현재 이런 조직들은 전 세계적으로 거대한 움직임을 이루며 일의 세계를 전환시키고 있다.[6]

이 움직임이 시작된 건 수십 년 전이지만 최근 들어 특히 소프트웨어 개발 분야에서 중요한 운영 방식으로 부상했다. 그리고 지금은 분야와 종류를 막론하고 모든 조직(기술, 제조, 건강, 제약, 통신, 항공기 등 크건 작건, 단순하건 복잡하건, 소프트웨어건 하드웨어건 가리지 않고)에 급격히 퍼지고 있다.

새로운 패러다임은 예측할 수 없이 급변하는 세상에서 조직들이 번창하도록 도와준다. 팀, 부서 또는 회사 전체가 제품 및 서비스를 민첩하게 수정하고 업그레이드해서 급변하는 기술을 따라잡고 효율성 개선, 품질 향상, 완전히 새로운 제품 및 서비스에 대한 고객들의 요구를 충족하도록 돕는다. 또한 점점 변덕스러워지고volatile, 불확실해지고uncertain, 복잡해지고complex, 모호해지는ambiguous 시장, 이른바 뷰카(VUCA)한 세상에서 조직이 번창하도록 만들어준다.

소프트웨어 개발자에게 경영을 배운다고?

이런 혁명은 어떻게 일어났을까? 새로운 경영 패러다임을 실행 중인 일부 조직들은 '2001 소프트웨어 개발자들을 위한 선언문'(흔히 애자일 선언문이라고 부른다)을 이 운동의 기본 문서로 여긴다. 또 다른 조직들은 역사적으로 그보다 일찍 일어난 운동과 경영 방식을 일컫는 "린lean", "품질 혁신 운동", "디자인 싱킹" 또는 자신들만의 고유한 라벨을 용어로 사용한다.[7]

애자일 선언문은 다음과 같다. "소프트웨어 개발의 더 나은 방법들을 찾아가려면" 20세기식 경영 방식의 기본 전제를 일부 뒤집어엎어야 한다. "공정과 도구보다는 개인과 상호작용을, 포괄적인 문서보다 작동하는 소프트웨어를, 계약과 협상보다 고객과의 협력을, 계획을 따르기보다 변화에 대응하는 것"을 가치 있게 여긴다.[8]

이 선언은 이런 가치들을 제시하면서 훨씬 심오하고 광범위한 질문을 노골적으로 제기했다. 회사가 모든 인재들의 재능을 끌어내는 작업 환경을 만들면 어떨까? 그 인재들이 그 업무의 수혜자인 고객과 주주들에게 놀라운 가치를 전달하는 데 완벽하게 집중한다면 어떨까? 가치를 제공받은 사람들이 그에 대해 기꺼이 보상하겠다고 하면 어떨까? 이런 작업 환경은 어떤 모습을 띨까? 이런 곳은 어떻게 돌아갈까? 기존의 목표, 원칙, 가치와 어떻게 조화를 이룰 수 있을까? 대규모 조직을 운영하는 데도 적용할 수 있을까?

2001년에는 아무도 이런 질문들에 대한 답을 알지 못했다. 그 답을 알아내기 위한 실험이 이어졌다. 모든 새로운 시도가 그렇듯 실험은 때로 중단되고 후퇴하기도 했다. 그 과정에서 많은 변형도 겪었다. 본질적으로 같은 내용의 경영 방식인데 다른 이름표가 붙기도 했다.

초기엔 개별 팀들을 대상으로 실험했다. 몇 군데에서 성공을 거두자 실험은 다수의 팀을 거느린 그룹으로 확장되었고, 결국 전체 조직 차원에서 대규모로 이루어지기에 이르렀다. 새로운 조직 운영법은 제조 분야를 비롯한 다양한 분야로 펴져 나갔다.[9] 애자일 방식으로 조직을 운영하기 시작한 몇몇 스타트업들은 성장한 후에도 애자일 방식을 고수했다.

몇 년 동안은 무슨 일이 벌어지고 있는지 정확히 상황을 파악하지 못했다. 심지어 새로운 경영 패러다임을 받아들인 조직들조차 일부는 새 경영법의 역할이 한정적이라고 생각했다. 주로 소규모 단위의 소프트웨어 업무나 신뢰성이 중요하지 않은 조직에서나 가능할 거라고 여겼다. 많은 팀과 회사들이 말로만 새로운 방식으로 조직을 운영했다. 새로운 경영 방식이 개별 소프트웨어 개발팀을 넘어 조직으로 확장되자, 일부는 결국 전통적인 하향식 관료주의로 변질되고 말 거라고 주장했다. 대규모 조직을 효율적이고 믿을 만하게 경영하려면 그럴 수밖에 없다는 말이었다.

하지만 시간이 지나면서 무엇이 효과가 있고 없고가 명확해졌다.

그 결과 전통적인 경영법보다 오늘날의 시장에 더 잘 맞고 생산적이고 대규모로 운영 가능한 목표, 원칙, 가치들이 하나의 군을 이루며 융합하기 시작했다. 움직임이 성숙해질수록, 소프트웨어 관리가 비즈니스의 성공에 중요해질수록, 새로운 패러다임은 모든 경영의 핵심 열쇠로 부상하고 있다.

그렇지만 전통적인 경영자들이 새로운 패러다임을 이해하거나 실행하기란 쉽지 않다. 첫째, 최근 탄력 받은 경영법은 상당 부분 예상치 못했던 곳, 즉 뛰어난 경영 방식과는 거리가 먼 소프트웨어 개발 분야에서 온 것이기 때문이다. 소프트웨어 개발자에게 경영에 대해 배울 점이 있다고? 일반 경영자들은 선뜻 받아들이기 어려운 일이다. 경영자들은 이런 움직임의 더 넓은 의의를 파악하는 데 느리다. 어떤 면에서 새로운 조직 운영법은 여전히 지구상에선 일급 경영 비밀로 묻혀 있는 셈이다.[10]

이들의 반감을 이해 못하는 건 아니다. 이들은 보편적인 경영 패러다임을 받아들이고 그에 맞춰 일하는 데 경력을 바쳤다. 20세기적 개념과 관행을 숙달하고 실행함으로써 경력을 꽃피웠다. 게다가 경영대학원에서도 아직 이런 개념과 관행을 가르쳐주지 않는다. 평생 쌓아온 경력의 모든 기반이 흔들리고 있다는 생각은 불안함을 넘어 심지어 두려움을 줄 수도 있다. 하지만 싫든 좋든 변화는 일어나고 있다. 한 연구 결과에 따르면 S&P 500개 기업 중 75퍼센트가 다음 15년 동안 바뀔 거라고 한다.[11] 또 다른 연구에서는 상장회사 세 곳

중 한 곳이 앞으로 5년 내에 상장 폐지될 거라고 내다본다.[12] 조직들이 내릴 수 있는 선택은 단순하다. 변하거나, 아니면 죽거나.

둘째, 기술이 새로운 환경에 적응하도록 도와줄 거라는 환상이 아직 만연하기 때문이다. 모든 기업이 급변하는 기술에 똑같이 접근할 수 있다. 따라서 경쟁력은 기술 자체가 아니라 고객의 진짜 욕구를 만족시키기 위해 기술을 민첩하게 이해하고 적응하는 데서 나온다. 하지만 많은 기업들이 이 사실을 모르고 있다.

셋째, 조직 운영법은 깊이 뿌리 내린 가설, 태도, 습관을 버리고, 근본적으로 다른 목표, 원칙, 가치를 받아들여 경영 패러다임을 완전히 바꾸는 것을 의미한다. 하지만 전통적인 경영자들은 이것이 특정 문제에만 적용 가능한 해결책일 뿐, 경영법 그 자체를 근본적으로 바꾸는 접근법은 아니라고 여긴다. 아니, 그러길 희망한다.

혁명의 진행 속도는 분야마다 다르다. 이를테면 제조업은 애자일 혁명의 초기 단계를 개척했으나 이젠 소프트웨어 개발보다 뒤로 밀려나 있다. 그렇지만 물리적 형태를 띠던 제품과 서비스가 점차 소프트웨어 중심으로 변하고 "사물인터넷"이 존재감을 드러내면서 소프트웨어와 제조업의 구분이 무의미해지고 있다. "소프트웨어가 세상을 집어삼키면서" 모든 회사가 소프트웨어에 의존하는 추세가 될수록 애자일 패러다임의 확산에도 속도가 붙고 있다.[13]

애자일의 본질은 사고방식이다

이 책의 핵심 주제(기업이 조직 운영 방식을 근본적으로 재창조하고, 새로운 경영 패러다임을 받아들여야 한다는 것)가 일부 독자들에게는 과격해 보일 수도 있다. 하지만 그렇지 않다. 이것은 화요일에 발명돼 금요일에 사라지는 유행이 아니다. 최근의 몇 가지 성공 사례만이 아니라, 전 세계 수만 개 조직이 수십 년 넘게 겪은 경험을 토대로 한 경영법이다.

수십 년 동안 세계은행World Bank에서 근무하며 일반 경영에 깊이 몸담은 사람으로서, 나 역시 2008년까진 이러한 움직임에 별 관심을 기울이지 않았음을 인정한다. 2008년에야 문득 이들 소프트웨어 개발자들이 발견한 경영법이 모든 조직에 엄청난 영향을 미친다는 사실을 깨달았다. 그리고 2010년 《리더를 위한 급진적 경영 안내서The Leader's Guide to Radical Management》를 집필해 일반 경영자들에게 소개했다. 그 이후로 많은 조직들이 애자일 운동에 참여하는 것을 보며 다양한 분야에서 그 영향력이 빠르게 확산되는 현상을 연구했다. 과거부터 최근까지 수많은 사례를 연구하며 포브스닷컴(Forbes.com)에 700편이 넘는 칼럼을 기고하기도 했다.

지난 몇 년 동안 나는 이런 변화가 조직의 목표, 원칙, 관행에 어떤 의미를 지니는지 간절히 알고 싶어 하는 주요 조직들과 함께 SD러닝컨소시엄SDLC을 주도해오고 있다. 이 책은 부분적으로 그들의 발견에 대한 진행 보고서다.[14] 새로운 경영 패러다임을 실행하는 것은 쉽지 않다. 나약한 조직은 해내기 힘들다. 우리가 조사한 모든 회사들이 초반에 큰 좌절을 겪었다. 하지만 리더들은 버텼고, 결국 목표, 원칙, 가치를 고수함으로써 변화에 성공했다. 가짜 변화가 여전히 난무하는 사실에 현혹돼서도 안 된다. 어떤 기업들은 전통적인 하향식 관료주의 위에 얄팍하게 분만 바르고선 새로운 방식을 수용했다고 주장하기도 한다. 이들 회사들은 항상 해오던 대로 하면서 이름만 새로 바꾼 것일 뿐이다.

새로운 경영 패러다임은 여정이지 목적지가 아니다. 이것은 고객을 위한 구체적인 혁신과 경영 관행의 지속적인 개선이라는 측면에서 영원한 혁신을 필요로 한다. 어떤 회사도 "이제 우리는 애자일에 성공했다"라며 긴장의 끈을 놓아도 되는 안정 단계에 결코 "도달"하지 못한다. 새로운 패러다임을 수용한다는 것은 경영진이 지속적으로 헌신하고 리더십을 발휘해야 함을 의미한다.

이 책은 저마다 다른 수준으로 애자일을 성취한 회사들을 짤막하게 묘사한다. 현 단계에 도착했다고 해서 이 회사들의 미래나 성공이 보장된 건 아니다. 이들이 지속적으로 번영하는 길은 오직 지속적인 혁신을 통해 고객을 기쁘게 한다는 새로운 목표, 원칙, 가치를 받아들일 때뿐이다.

물론 이 책이 백지 상태에서 시작하는 건 아니다. 새로운 경영 목표, 원칙, 관행에 대한 문헌은 방대할 뿐 아니라 점점 느는 추세다. 특히 관행practice이 그렇다. 많은 문헌이 소프트웨어 개발자들이 소프트웨어 개발자들을 위해 집필한 것이다. 소프트웨어 중심적인 용어를 사용하거나, 툴이나 프로세스에 초점을 맞춘 경우도 많다. 하지만 이 책은 비기술적 언어로 새로운 경영 패러다임의 본질, 특히 관련 사고방식에 대한 것들만 추출했다.

책의 첫 부분(1~7장)은 애자일 경영의 원칙을 다룬다. 1장에서는 새로운 경영 패러다임의 핵심이 무엇인지 파악하기 위해 분야는 매우 다르지만 한 가지 핵심적인 공통점(새로운 경영 패러다임에 대한 열렬한 헌신)을 가진 두 회사(음악 스트리밍 서비스를 제공하는 젊은 기업 스포티파이와, 굉장히 오래된 글로벌 은행 바클레이)를 소개하는 것으로 문을 연다.

그런 다음 새로운 경영 패러다임의 세 가지 법칙, 즉 작은 팀의 법칙, 고객의 법칙, 네트워크의 법칙에 대해 알아보고, 이 세 가지 법칙이 새로운 경영 마인드에서 어떻게 적용되는지 살핀다. 이 법칙들은 현 경영 관행의 가설 안에서 구현할 수 있는 방법론이나 절차가 아니다. 이것은 조직이란 무엇인지, 어떻게 조직을 운영해야 오늘날의 시장에서 성공할 수 있는지를 다루는, 근본적으로 다른 개념이다.

제일 먼저 설명할 것은 작은 팀의 법칙이다(2장). 초기에 애자일을 구현하는 과정에서 가장 많은 관심을 받았던 법칙이다. 멘로이노베이션스(미시간주 앤아버에 있는 소프트웨어 개발업체)와 엣시(수공예품 온라인 쇼핑몰)의 사례를 통해, 크고 복잡한 문제를 해결하려면 소규모의 자율적인 기능혼합팀에 일을 맡겨야 한다는 것을 알게 될 것이다. 그들은 작은 단위로 일을 쪼개서, 짧은 주기로 반복적으로 작업한다. 그리고 고객 및 최종 사용자로부터 빠른 피드백을 받는다.

그런 다음엔 고객의 법칙을 살펴본다(3장). 고객의 법칙은 나머지 두 법칙을 설명한다는 점에서 가장 중요하다. 여기선 시장 권력이 판매자에서 구매자로 이동한 것이 어떤 의미를 지니는지, 그리고 왜 기업이 결정 능력 및 예상치 못한 사건이 터졌을 때 방향을 수정하는 능력을 획기적으로 높여야 하는지에 대해 살펴볼 것이다.

다음으로 애자일 경영의 핵심이자 나머지 두 법칙을 하나로 연결하는 네트워크의 법칙에 대해 알아본다(4장). 여기선 조직 전체를 기민하게 만들려면 어떻게 해야 하는지 살핀다. 미국 육군의 수직적 위계질서가, 자원도 기술도 열악하지만 헌신적이고 상호 교환적인 네트워크를 갖춘 적 앞에서 어떻게 무용지물이 되었는지 들여다본다. 그리고 '통제를 포기해야 통제가 강해진다', '애자일 리더들은 군림하는 험악한 전사보다 큐레이터나 텃밭 관리인에 더 가깝다'라는 여러 가지 애자일 패러독스에 대해 알아본다.

또한 애자일 전문가들의 예측과, 많은 어려움을 극복하고 조직을 대규모로 기민하게 전환하고 있는, 시애틀의 오래된 글로벌 대기업을 방문한다(5장). 이어서 운영적 기민함에서 전략적 기민함으로 전환해 재정적으로 큰 이익을 얻으려면 어떻게 해야 하는지 알아본다(6장).

전략적 기민함을 달성하려면 때로 조직 문화를 바꾸어야 한다(7장). 여기선 한때 파산 직전까지 갔다가 해로운 조직 문화를 역동적이고 혁신적으로 바꿈으로써 시장 창조형 혁신을 이루고 현재 엄청난 수익을 거두고 있는 실리콘밸리의 대표적 기업을 방문한다.

2부(8~11장)에서는 애자일 경영을 구현하는 데 방해가 되는 주요 장애물 또는 덫이 무엇인지 알아본다. 첫째는 상장기업의 보편적 목표, 즉 주가에 반영되는 주주가치를 극대화하는 것이다. 경영자들이 가치를 창출하는 것보다 착취하는 것에 주력할 때 애자일 경영과 경제에 어떤 대혼란이 일어나는지 살펴본다(8장).

또한 자사주 매입의 남용에 대해 알아보고, 조직과 사회가 어떻게 대처해야 하는지 고찰한다(9장). 뒤이어 지난 수십 년 동안 비용 중심 경제 및 대규모 해외 업무 위탁에 집착한 결과 어떤 문제가 야기되었는지 검토한다(10장). 마지막으로 어떻게 회고적 전략이 기업의 발목을 잡고 있는지 알아본다(11장).

에필로그(12장)에서는 지난 4세기에 걸쳐 경영 및 리더십의 패러다임이 바뀌었던 역사적인 선례를 검토하고, 이것이 도래하는 애자일 시대에 어떤 시사점을 주는지 살펴본다. 이를 통해 우리 조직 및 사회가 작동하는 방식에 어떤 변화가 찾아올지에 대해 커다란 깨달음을 얻게 될 것이다.[15]

이 책은 세 가지 간단한 물음에 대답한다. 고객이 시장을 쥐락펴락하는 뷰카(VUCA)한 세상에서 어떻게 해야 조직이 성공할까? 왜 새로운 조직 운영법을 꼭 받아들여야만 하는가? 우리의 일과 삶을 더 활기차고 풍요롭고 의미 있게 만들려면 사회의 모든 리더들이 어떻게 해야 할까?

THE AGE OF AGILE

| 1부 |

어떻게 애자일한 조직을
만들 수 있을까?

1장

단 한 명의 고객을 위한 플레이리스트

우리에게 필요한 건 혁신과 기업가 정신이 정상적으로 꾸준히 유지되는 기업가 사회다.

| 피터 드러커[1] |

스포티파이Spotify는 빠른 성장세를 보이는 스웨덴의 음악 스트리밍 서비스 회사로 사용자가 1억 명 이상이고 유료 사용자도 3000만 명이 넘는다. 스포티파이가 애자일 경영의 진정한 가치를 분명하게 구현하기 시작한 것은 2015년 중반부터다. 사실 스포티파이는 2008년 회사를 설립하면서부터 사용자들에게 더 많은 가치를 꾸준히 전달하고자 하는 자기조직화된 팀을 꾸리며 애자일 경영을 수용했다.

애자일 경영의 기본 전제는 상향식 혁신이야말로 고객과 회사 모두에 엄청난 가치를 지속적으로 더해준다는 것이다. 그 개념에 맞춰 스포티파이의 팀들(2016년 중반 기준으로 직원 수만 약 2500명이다)은 스포티파이 사용자들에 대한 모든 정보를 파악하고, 고객을 끌어들일 색다른 방법들을 찾는 데 힘을 쏟아왔다. 사용자에게 취향에 맞는 음악을 소개해주거나, 제때 멋진 플레이리스트나 새로운 사양을 제공하거나, 사용자가 좋아할 만한 새로운 콘텐츠를 추천하거나, 때로 색다른 청취 경험을 창조하는 것이 모두 그런 노력의 일환이다.

애자일 팀이 만들어낸 혁신은 7년 동안 스포티파이에 성장 동력을 제공했다. 그러던 2015년 3월, 스포티파이의 소프트웨어 엔지니어인 크리스 존슨과 에드 뉴웨트가 영문학과 공학을 복수 전공한 스포티파이 최고 제품 담당자 매트 오글Matt Ogle을 찾아왔다. 음악 스트리밍 서비스 시장의 판도를 뒤엎을 만한 엄청난 아이디어를 들고서 말이다. 수년 동안 스포티파이는 물론이고 판도라와 애플뮤직 등이 골머리를 썩고 있던 문제를 해결해줄 방법이 거기에 있었다. 즉 '어떻게 하면 사용자들이 마음에 들지도 않는 음악을 뒤지느라 시간을 낭비하지 않고 수백만 개의 노래가 담긴 라이브러리에서 취향에 딱 맞는 음악을 바로 찾아낼 수 있을까?' 하는 질문에 대한 해결책이었다.[2]

2013년, 스포티파이는 사용자에게 앨범과 아티스트를 맞춤식으로 추천하는 '뉴스피드' 기능을 처음 소개했다. 전과 비교하면 나름

진일보한 방식이었지만, 사용자가 추천 음악을 들으려면 여전히 많은 노력이 필요했다.

2014년, 스포티파이는 '디스커버'라는 새로운 기능을 제공했다. 넷플릭스처럼 추천 음악들을 카테고리별로 묶어서 제공하는 기능이었다. 뉴스피드보다는 쉬웠지만 역시나 사용자들의 적극적인 노력을 필요로 했다. 조사 결과 사용자들은 여전히 스포티파이의 에디터들이 만들어놓은 플레이리스트를 듣는 데 많은 시간을 할애하고 있었다.

이때 두 명의 엔지니어가 새로운 아이디어를 제공한 것이다. 그들은 다음과 같은 질문을 던졌다. 만약 사용자가 느끼는 마찰을 아예 없애버린다면 어떨까? 사용자가 과거에 들었던 음악을 초소형 장르micro-genre로 분류하면 어떨까? 다른 사용자들이 생성해놓은 수십억 개의 플레이리스트를 분석해서 선호하는 음악끼리 알고리즘으로 연결시켜준다면, 그렇게 개개인을 위한 맞춤형 플레이리스트를 만든다면 어떨까? 이런 맞춤형 플레이리스트를 일주일에 한 번씩 제공하면 어떨까? 사용자가 트랙을 건너뛸 때마다 정보를 분석하고 수정사항을 반영해서 다음번엔 훨씬 취향에 맞는 플레이리스트를 제공하면 어떨까? 이것을 특정 사용자가 아니라 프로그램을 이용하는 수천만 명의 실제 사용자들 모두에게 제공한다면 어떨까? 이게 가능하기는 할까? 잡음만 일으키다 끝나진 않을까? 이런 질문들을 발판 삼아, 결국 스포티파이에 대대적인 성공을 안겨준 '디스커버 위클리'가 탄생했다.

오글은 아이디어가 마음에 들었다. 그는 엔지니어들과 함께 아이디어를 현실화시킬 다양한 방법들을 논의했다. 그리고 디자이너를 토론에 참여시켜 채찍 역할을 맡겼다. "이 기능이 왜 필요한 거죠?" "이미 사용자들에게 너무 많은 기능을 제공하고 있어요! 이 아이디어가 기존에 없던 새로운 기능을 제공하나요?" 디자이너의 지적은 팀원들이 새로운 아이디어의 목적이 무엇인지, 어떤 가치를 추가해야 하는지 더욱 명확하게 이해하도록 도왔다.

오글의 팀은 새 아이디어를 당장 실험할 수 있는 모든 요소를 갖추고 있었다. 스포티파이에는 실제 사용자들(당시 약 7500만 명)로부터 수집해놓은 데이터는 물론, 높은 수준의 머신러닝machine learning과 인공지능 능력도 있었다. 초소형 장르도 이미 만들어져 있는 데다, 엄청나게 많은 음악들을 분류해놓은 수십억 개의 플레이리스트까지 확보해놓은 상황이었다.

가장 중요하게 스포티파이는 애자일 경영에 적합한 조직 문화를 갖추고 있었다. 즉 자율적인 기능혼합팀(CFT)이 고객에게 가치를 안겨줄 새로운 방법을 실험하고 창조하도록 독려하는 문화가 자리 잡고 있었다. 스포티파이의 이런 애자일 경영 덕분에 오글의 팀은 자세한 비용 절감 제안서를 준비할 필요도, 아이디어를 실험하기 위해 수직적인 경영 사슬을 거치며 여러 직급의 동의를 구할 필요도 없었다. 그들은 팀으로 일하는 데 익숙했고, 팀원들의 소통을 방해하는 장애물도 없었다. 또한 사용자 경험에 온전히 집중하고 있었다. 다시 말해 새로운 아이디어를 어떻게 테스트할지, 테스트 결과에서 무엇을 배워야 할지 알고 있었다. 몇 주 지나지 않아 소규모 기능혼합팀이 힘을 모아 신속하게 시제품을 개발했고, 스포티파이의 직원들(전원 실사용자)을 대상으로 제품을 시험했다.

결과는 어땠을까? 열광적인 반응이 나왔다. 무엇보다 오글 자신이 이 기능의 열렬한 지지자가 되었다. 그에게 건네진 첫 번째 플레이리스트에는 얀 해머의 〈마이애미 바이스〉 주제곡이 들어 있었다. 그는 이 노래를 듣던 순간을 이렇게 회상했다. "경쾌한 드럼 소리가 들리더니 현악기가 흘러나왔다. 보컬이 등장하는 순간, 직감했다. 젠장, 이건 무조건 탑재해야겠군. 이런 노래를 선곡하다니, 이게 무슨 기능이든 간에 세상에 꼭 나와야 해."[3]

오글이 이끄는 팀은 스포티파이 실사용자 중 1퍼센트(약 100만 명)를 대상으로 한 번 더 간단한 실험을 실시했다. 반응은 역시나 매우 긍정적이었다. 놀랍게도 응답자의 65퍼센트가 맞춤형 위클리 플레이리스트를 통해 "새로운 애창곡"을 발견했다. 이렇게 스포티파이 경영진은 디스커버 위클리를 소개할 준비를 마쳤다.

디스커버 위클리의 알고리즘을 100만 명에서 7500만 명의 사용자(다양한 표준시간대에 거주하는 21개 언어권의 사용자들)로 매주 확장하는 작업은 엔지니어들의 예상보다 훨씬 고된 작업이었다. 그럼에도 불구하고 애자일 방식을 사용해 오롯이 목표에 집중한 덕분에, 팀은 겨우 몇 달 만에 작업을 마칠 수 있었다. 2015년 7월(처음 아이디어가 나온 지

겨우 넉 달 만이었다), 디스커버 위클리는 모든 스포티파이 사용자들에게 배포되었고, 대성공을 거두었다.

디스커버 위클리는 글로벌한 현상이 되었다. 스포티파이 브랜드 인지도가 크게 오르면서 새로운 사용자들이 대거 유입되었다. 디스커버 위클리는 새로운 기능 그 이상이었다. 그 자체로 새로운 브랜드가 되었으며, 외국어권에서는 자국 브랜드 대신 "디스커버 위클리"를 애타게 부르짖었다. 매주 월요일 아침, 스포티파이 사용자들(현재는 1억 명 이상이다)은 서른 곡의 음악이 담긴 플레이리스트를 추천받는다. 이 플레이리스트는 사용자의 음악 취향을 너무 잘 아는 능력 있고 똑똑한 음악 친구가 전 세계를 뒤져서 사용자가 혹할 만한 음악들을 손수 골라 취합한 선물과도 같다.

디스커버 위클리 플레이리스트가 얼마나 신선하면서도 친숙한지, 소름 끼칠 정도라고 사용자들은 말한다. 그들의 반응은 보통 이렇다. "어떻게 디스커버 위클리가 나 자신보다 더 나를 잘 아는 거지?" 처음 6개월 동안 디스커버 위클리가 추천한 음악은 수십억 번이나 재생되었다.

오글은 이렇게 말한다. "당신이 이 세상에서 단 스무 명만 추구하는 음악을 하는 아주 소수의 특이한 뮤지션이라고 치자. 우리는 그 스무 명을 찾아서 아티스트와 감상자라는 점을 서로 연결시켜줄 수 있다. 디스커버 위클리는 이제껏 존재하지 않던 규모로 이런 작업을 수행하는, 매력적인 신기능이다."[4]

디스커버 위클리는 판도라와 애플뮤직 같은 경쟁자들을 누르고 스포티파이에 높은 브랜드 인지도를 안겨주었다. 물론 판도라와 애플뮤직 역시 엄청나게 많은 양의 음원을 보유하고 있다. 하지만 스포티파이처럼 사용자가 좋아할 만한 음악을 추천해주는 맞춤식 접근법을 취하지 않는다. 그렇다고 현재의 성공에 안주해서는 안 된다는 사실을 스포티파이는 잘 안다. 경쟁자들이 곧 디스커버 위클리를 모방할 게 자명하기 때문이다. 그래서 이미 애자일 정신에 입각해 사용자 커뮤니티와 음악 스트리밍 서비스를 공고히 결합할 만한 혁신을 일구어 경쟁자들을 앞질러 가고 있는 중이다. 스포티파이 경영진은 애자일 경영을 지속적으로 추구하여 경쟁자들보다 빠르게 혁신해야만 살아남을 수 있다는 사실을 안다.

21세기 고객들이 300년 된 은행에 바라는 것

처음에는 바클레이은행Barclays(대서양을 넘나드는 327년 전통의 은행으로, 직원만 10만 명이 넘는다)이 스포티파이처럼 애자일을 수용해 즉각적이고 비마찰적이고 친밀한 은행 업무 경험을 제공한다는 아이디어가 터무니없는 소리처럼 들렸다. 바클레이는 운영 환경이 여간 험한 게 아니다. 우선 규제가 매우 심하다. 아직 재정난도 극복하는 중이다. 게다가 브렉시트에 대비해야 하는 등 넘어야 할 새로운 난관도 많다. 바클레이는 영국과 미국에서 큰 존재감을 가진 은행으로, 개인, 기업, 투자은행, 신용카드, 자산 관리 업무와 상품 및 서비스를 제공하고 있다. 영국에서 지불되는 월급의 3분의 1이 바클레이은행을 통해 송금되고 있으며, 40여 개 국가에 지점을 두고 있다.

그 거대한 규모와 활동 범위에도 불구하고, 다른 거대 글로벌 은행들과 마찬가지로 바클레이 역시 고객들이 스포티파이의 디스커버 위클리 플레이리스트처럼 즉각적이고 친밀하고 비마찰적인 서비스를 기대하는 세상을 마주하고 있다. 요즘 고객들은 은행에 대해서도 원하는 질문에 즉각적인 대답을 듣고 싶어 한다. 질문도 "계좌에 잔고가 얼마인가요?"와 같은 단순한 내용에서부터 "이 돈으로 이 차를 사야 할까요? 사는 게 좋을까요, 리스하는 게 좋을까요? 대출을 받을까요? 제겐 어떤 보험이 필요할까요? 보험을 들면 저축 계획을 어떻게 변경해야 할까요? 제 은퇴 후 노후 계획은 괜찮은가요?"까지 다양하다.

아이러니하게도 다른 은행과 마찬가지로 바클레이 역시 자신들이 어떤 무기를 가지고 있는지 알았다면 스포티파이처럼 그런 질문에 제대로 대답할 수 있었을 것이다. 스포티파이처럼 바클레이에도 이런 질문들에 답함으로써 은행의 가치를 높일 수 있을 정도로 고객과 의뢰인에 대한 엄청난 양의 데이터가 있기 때문이다. 물론 이 데이터를 잘 사용한다는 전제가 필요하지만 말이다.

모든 거대 글로벌 은행들과 마찬가지로 바클레이도 전통적인 경영 방식, 구식 데이터 구조 및 프로세스가 시험대에 올랐다. 즉각적이고 비마찰적이고 친밀한 은행 업무 경험을 규모에 맞게 제공하기 어려운 탓이었다. 조직이 오래되다 보니 상품과 서비스의 향상을 위해 구식 데이터 구조, 프로세스, 애플리케이션을 업그레이드하고 간소화하는 데 시간과 돈을 투자해야 하는 상황이었다. 고객 정보가 은행 시스템에 분산 저장되어 있어 오늘날 고객들이 기대하는 고객 경험을 제공하는 데에도 어려움이 있었다.

수십 년 전만 해도 이런 것들은 아무런 문제가 되지 않았다. 그땐 고객이 지역 은행 매니저와 약속을 잡고 어떻게 하면 주택 증축에 필요한 자금을 대출받을 수 있는지, 어떻게 해야 새 차를 살 수 있을지, 은퇴 자금을 마련하려면 어떤 주식에 투자해야 하는지 직접 방문해서 상담했다. 많은 업무를 은행 매니저와의 사적인 관계에 의존했다. 고객들은 매니저와의 관계를 이용해서 대출을 받고 필요한 조언을 얻었다. 하지만 시간이 오래 걸렸다. 그리고 불편했다. 문서를 작성하고 기록을 남기는 데도 상당한 노력이 필요했다. 게다가 이는 아주 소수의 고객에게만 가능한 일이었다.

어떻게 바클레이는 그런 구식 은행 업무 경험에서 벗어나 수백만 명의 21세기 고객들이 일상적으로 기대하는, 쉽고 편리한 맞춤형 서비스 경험의 단계로 넘어갈 수 있었을까?

스포티파이와 달리 바클레이는 최근까지 애자일 경영을 조직 차원에서 실천하지 않았다. 대부분의 거대 글로벌 은행들처럼 위계적이고 관료적인 경영 방식과 프로세스를 고수했다. 오늘날 많은 거대 조직들이 그러듯 애자일 소프트웨어 개발자들을 섬처럼 고립시킨 채 조직 전체에 흡수시키지 않았고, 고객을 대상으로 민첩하게 실험을 하지도, 실험을 통해 깨달음을 얻을 역량을 개발하지도 않았다.

그사이 일부 경쟁 회사들은 민첩하게 움직였다. 알리바바와 텐센트 같은 아시아의 선두기업들이 내부의 요구가 아닌 고객의 요구를 충족시키고자 새로운 경영법 및 데이터 시스템을 도입해 급속도로 규모를 확장하기 시작했다. 바클레이와 같은 대형 금융 회사들이 고객을 유치하는 데 몇 배나 많은 돈을 들일 때, 그들은 겨우 몇 센트로 새로운 고객을 확보했다. 한편에선 구글, 아마존, 애플 같은 거대 디지털 기업들이 기존에 은행들이 담당하던 전 세계 금융 거래 업무에 뛰어들었다. 다른 한편에서는 금융 스타트업 회사들이 고객들이 갈수록 기대하는 즉각적이고 비마찰적이고 맞춤화된 경험을 창조해 발빠르게 혁신하며 위협적인 존재로 떠올랐다. 규모는 여전히 작은 편이나, 현재 10억 달러 이상의 가치를 지니고 있는 곳도 많다. 그중 서른 개 정도의 스타트업이 몇 년 사이 형성한 자산 규모를 모두 합치면 바클레이의 시가총액보다 높다.[5]

2014년 바클레이는 업무 방식, 경영 프랙티스, 시스템을 변화시켜야 한다고 인식하고 이런 외부적 위협에 대응하기 시작했다. 그들은 새로운 경쟁자들을 따라잡을 유일한 방법이 스포티파이처럼 쉽고 빠르고 편리하고 맞춤화된 서비스를 대규모로 제공하는 것이라는 점을 깨달았다. 다시 말해 애자일해져야만 했다. 2015년 3월 바클레이의 운영팀 및 기술팀은 애자일을 핵심 전략 계획으로 선언했다. 그리고 조직 안에 숨어 있던 많은 애자일 섬들을 밖으로 불러내 애자일 전환의 대변인으로 삼았다.

2년 뒤인 2017년 3월, 그사이 바클레이는 놀라운 진전을 이뤄냈다. 대규모의 애자일 훈련 및 코칭 프로그램을 거쳐 자기조직화된 1000개 이상의 애자일 팀(약 1만 5000명)이 고객에게 더 많은 가치를 더 빨리 제공하는 데에 중점을 두고 모든 사업 분야(상거래 은행, 투자은행, 계좌, 회계 감사, 규정 준수)를 운영하고 있다. 몇몇 팀들은 여전히 애자일 경영 프랙티스의 초기 단계에 머물러 있지만, 그래도 꽤 많은 팀들이 벌써 성숙 단계에 올라 바클레이가 성과를 올리는 데 상당히 기여하고 있다.

이를테면 **'애자일 대출팀'**의 경우, 온라인 대출 앱을 개발해 "질문"과 "답변"이 이루어지는 시간을 12일에서 20분으로 줄였다. 온라인 솔루션을 이용하면 직접 은행에 가서 서류를 작성해야 하는 번거로운 대면 상담에 비해 속도가 거의 천 배 정도 빠르다.

또 다른 사례는 '애자일 온라인 계좌 개설팀'이다. 보통 바클레이와 같은 은행들은 개인이나 사업자들이 신규 계좌를 개설하고, 대출을 신청하고, 투자를 하기 위해 찾아왔을 때 고객 유치 업무를 쉽게 처리할 것이라고 생각한다. 하지만 실제로 고객을 유치하는 온라인 프로세스도, 대면 처리 프로세스도 느리고 복잡하다. 바클레이는 프로세스를 향상시키는 것이 얼마나 중요한지 깨달았다. 이미 몇 해 전에 100명이 넘는 개발자 그룹에 사용하기 편리한 신규 회원 온라인 유치 프로세스를 만들라고 주문한 상황이었다. 그럼에도 적절한 해결책을 찾지 못했던 터였다. 그러다 개발자 여섯 명으로 구성된 애자일 팀을 조직하고 6개월 만에 비용은 절감하고 생산성은 향상시킨 고객 유치 툴을 개발했다.

바클레이의 애자일 전환은 하향식과 상향식을 모두 이용한다. 상부에서 지원하고 자극을 주는 것은 근본적인 변화를 가로막는 장애물을 없애고 애자일 작업 방식을 정당화하는 데 아주 중요하다. 하부의 경우 애자일 실무자 커뮤니티에 속한 직원만 약 2500명이고, 애자일 팀과 관련된 실무자도 1만 5000명이다. 사실 2014년에 바클레이에서 전사적 애자일 혁신 제안서 초고를 작성한 사람들도 바로 이 애자일 커뮤니티의 일원들이다. 이 제안서에서 그들은 이렇게 말한다. "애자일이 우리에게 무엇을 의미하는지, 애자일을 어떻게 해야 하는지가 여기 있다." 지금 바클레이는 그 제안서를 그대로 수행하고 있는 중이다. 상부에서 애자일을 강요하지 않고 지원하고 격려하자, 직원들의 심리적 수용도도 강해졌다.

그럼에도 여전히 바클레이의 애자일 전환은 초기 단계다. 알고리즘 노하우와 정보를 제대로 활용해서 수백만 명의 고객이 실시간으로 더 나은 재정적 결정을 내릴 수 있도록 도우려면 아직 해야 할 일이 많다. 그렇게 하려면 고객이 처한 다양한 상황, 맥락, 전망에 대한 심도 깊은 이해뿐 아니라 그들의 요구를 신속하고 규모에 맞게 충족시킬 수 있는 통찰력이 필요할 것이다. 바클레이가 조직 전체에 애자일 문화를 장착했다고 주장할 수 있으려면 수년 동안 꾸준한 노력이 뒷받침되어야만 한다.

어쨌든 바클레이는 첫발을 내디뎠다. 일찌감치 소기의 성과를 거두었다는 증거도 도처에서 발견되고 있다. 조직 문화를 근본적으로 바꾸어 애자일 방식으로 완전히 전환하려면 시간이 필요하다는 사실을 바클레이 경영진도 안다. 그렇지만 마이크로소프트와 에릭슨처럼 수년에 걸쳐 꾸준히 대규모 애자일 조직으로 전환해온 거대 글로벌 기업들의 긍정적인 선례가 있다. 즉 기업들이 "태어날 때부터 애자일"한 것은 아니라는 뜻이다. 스포티파이처럼 말이다. 오래된 대기업들도 마음먹고 꾸준히 열의를 가지고 매달린다면 애자일 조직으로 전환할 수 있다.

내부 주도형 혁신은 멈추지 않는다

스포티파이와 바클레이는 근본적인 사실을 깨달은 수천 개의 조직들 중 겨우 두 곳에 불과하다. 그 깨달음이란 예측이 불가능할 정도로 급변하는 21세기에 사업적 성공은 얼마나 민첩하게 움직이는가에 의해 좌우될 거라는 사실이다.

이 사실을 반영하듯 애자일 경영은 거의 모든 조직과 모든 업무 분야로 확산되고 있다. 이는 권위 있는 경영학 잡지 《하버드 비즈니스 리뷰》에 실린 대럴 K. 릭비, 제프 서덜랜드, 다케우치 히로타카의 칼럼 〈애자일 수용하기〉에서도 인정한 바 있다.

이제 애자일 방법론(지휘하고 통제하는 기존의 경영 방식에 새로운 가치, 원칙, 수행 방안, 이점을 제공하는 근본적인 대안이다)은 업종과 기능을 가리지 않고, 심지어 고위 경영진에까지 넓은 범위로 확장되고 있다. NPR(미국 공영 라디오)은 신규 프로그램을 제작하기 위해, 존 디어John Deere는 새로운 장비를 개발하기 위해, 사브는 새로운 전투기를 제작하기 위해 애자일 방식을 사용하고 있다. 클라우드 백업 서비스의 대표주자인 인트로니스는 마케팅에 애자일을 이용한다. 글로벌 복합 물류 서비스 기업인 C. H. 로빈슨은 인적 자원을 관리하는 데 이 방법을 적용했다. 미션벨와이너리는 와인의 생산과 보관법부터 고위 리더십 그룹 운영까지 모든 일에 애자일 방식을 사용한다.[6]

경영에서 애자일의 중요성은 2016년 3월 맥킨지에서 주최하고 전 세계에서 약 1500명이 참석한 글로벌 애질리티 해커톤Global Agility Hackathon에서도 인정한 바 있다. 당시 애질리티 해커톤 우승자는 다음과 같이 말했다.

애자일 조직이 되는 것은 오늘날 디지털 경제를 살아가는 회사들에게 점점 중요한 일이 되어가고 있다. 하지만 아직 지휘하고 명령하는 조직 구조 및 문화가 대부분의 회사들에 뿌리 깊이 내재돼 있다. 이는 무엇보다도 산업 경제를 진두지휘하는 고위 경영진의 사고방식과 기량을 반영한 것인데, 이것이 애자일 조직이 되는 데 가장 큰 걸림돌이다. (…) 애자일 조직으로 전환하기 위해선 고위 경영진이 새로운 사고방식과 기술을 완벽하게 배우고 실천해야 하며, 완전히 새로운 애자일 조직 구조와 문화를 설계하는 데 이를 적용해야만 한다.[7]

전반적인 경영 일선에 애자일이 등장한 것은 마이크로소프트, 에릭슨, C. H. 로빈슨, 라이엇게임스, 바클레이, 서너 등의 기업들로 구성된 우리 단체의 조사 결과에서도 확인할 수 있다. 애자일이 실제로 존재하는지에 대한 주장이 엇갈리는 가운데, 우리는 직접 가서 확인해보기로 했다. 현장 방문 결과 몇몇 회사의 경우 입으로만 애자일을 외칠 뿐 실상은 하향식 관료주의 체제로 운영되고 있었다. 하지만 대부분의 주요 기업들은 애자일의 목표, 원칙, 가치를 조직적 차원에서 이행하고 있었다. 대규모 조직의 애자일 경영은 일선 현장에서 벌어지는 실제 현상이었다.[8]

애자일 경영을 수용한 조직들은 자기조직화된 팀들을 통해 고객들에게 새로운 가치를 끊임없이 제공한다. 애자일 방식에선 사용자와 지속적으로 상호작용하며 작업이 반복적으로 이루어지기 때문에, 사용자에게 제품이나 서비스를 지속적으로 (때로 실시간으로) 업그레이드해줄 수 있다. 또한 팀들이 같은 리듬으로 작업함으로써(같은 날 시작해서 같은 날 끝내며, 이 주기를 짧게 반복하는 식이다) 크고 복잡한 난제에 부딪힐 경우 힘을 합쳐 해결하면서 완벽한 제품을 생산할 수도 있다. 이렇게 애자일이 제대로 이루어지면 팀들은 조직 차원을 넘어 고객에게도 가치를 부여할 수 있는 사업 모델을 갖게 된다. 모든 일(작업, 정보, 비용)이 하나로 통합되어 쉽게 움직이게 되는 것이다. 그리고 가끔 투자 대비 거대한 보상을 받기도 한다.[9]

애자일 경영은 열심히 일하기보다 현명하게 일하는 것이다. 짧은 시간 안에 더 많은 일을 하는 것이 아니다. 적게 일하고 더 많은 가치를 생산하는 것이다. 에릭슨Ericsson의 예를 들어보자. 2011년 에릭슨(140년 전통의 스웨덴 회사로 직원이 약 10만 명이다)은 전 세계 통신사 간 네트워크를 관리하는 사업부에 애자일 경영법을 도입했다. 이 분야는 엄청나게 경쟁이 치열해서, 몇 년 전 일곱 개이던 글로벌 회사들 중에서 현재 에릭슨을 포함한 세 개 회사만 경쟁에서 살아남았다. 2011년 이전까지만 해도 에릭슨은 5년 주기로 시스템을 구축하고 한 부서에 직원을 수천 명씩 배치했다. 시스템을 최종적으로 구축한 다음에야 고객에게 제품을 내놓았으며, 고객의 필요에 맞게 시스템을 조정해야 할 때에는 수정 기간을 연장하기도 했다.

지금은 다르다. 이젠 시스템 전체에 대한 요구 사항을 한꺼번에 처리하지 않는다. 그 대신 고객의 구체적인 요구를 처리할 수 있는 작은 팀을 100개 이상 꾸리고 있다. 각 팀은 다양한 측면에서 시스템을 실험하기 위해 3주 단위로 작업에 고객들을 참여시킨다. 그 결과 고객의 특정 욕구를 충족시키는 제품을 더 빨리 개발할 수 있었다. 게다가 고객과의 상호작용을 통해 고객이 가장 우선시하는 것이 뭔지 알고 거기에 집중할 수 있다. 클라이언트는 5년 동안 "대대적인 혁신 제품" 하나가 나오기를 기다릴 필요가 없다. 그저 3주마다 한 번씩 시스템이 반복적으로 업그레이드되기만 기다리면 된다. 정확히 어떤 작업이 진행 중인지 알 수 있으므로 일의 방향을 지시할 수도 있다.

한번은 클라이언트가 에릭슨 측에 말했다. "네트워크 전체에 새로운 시스템을 구축하려면 120번 정도는 손을 봐야 할 겁니다." 하지만 이 클라이언트는 약 60번의 수정 과정을 거쳐 일을 끝냈다. 고객과 상호작용하며 작업하는 에릭슨의 업무 방식 덕분이었다. 해당 클라이언트는 말했다. "과거와 같은 방식으로 일했다면 절대 이 단계에서 일을 끝내지 못했을 겁니다. 하지만 이젠 협력 과정이 있기 때문에 이렇게 진행하는 게 가능해졌습니다." 그 결과 무엇이 달라졌을까? 클라이언트는 더 빨리 가치를 얻었고, 에릭슨은 작업에 투자하는 시간을 단축했다. 기존 방식으로 일했을 때보다 1~2년 더 빨리 진행한 덕에 에릭슨은 1~2년 더 빨리 수익을 거두게 되었다. 클라이언트로서도 정말 흡족할 일이지만, 에릭슨도 금전적으로 이득을 본 셈이다.[10]

흔히 애자일 경영을 조직 운영 기법이 아닌 기술적 해결책(디지털화)으로 오해하곤 한다. 물론 애자일이 디지털 기술을 사용하는 건 맞다. 그러면 즉각적이고 비마찰적이고 친밀한 가치를 규모에 맞게 제공하는 것이 쉬워진다. 하지만 그런 변화를 주도하는 핵심은 애자일 경영법이다. 하향식 관료주의 기업이 제아무리 디지털 기술, 머신러닝, 플랫폼, 블록체인 기술, 또는 사물인터넷을 사용한다 해도, 거기서 얻을 수 있는 결과는 얼마 되지 않는다. 내부 주도형 혁신으로는 고객의 마음을 흔들어 기꺼이 지갑을 열게끔 할 수 없기 때문이기도 하다.

복잡한 문제를 해결하기 위해선 내부 사일로silo(사전적 의미로는 밀폐된 둥근 탑 모양의 건물을 일컬으나, 애자일 경영에서는 업무별로 부서를 나누는 조직 내 울타리를 뜻한다—옮긴이) 전반의 지속적인 협업은 물론 고객과의 상호작용이 필요하다. 고객을 기쁘게 하는 즉각적이고 친밀하고 비마찰적인 고객 경험은 내부 주도형 관료주의 그 이상의 것을 필요로 한다. 관료주의는 태생부터 그런 결과와는 거리가 먼, 조직이 정한 내부 규칙에 따라 평균 정도의 성과를 일관되게 내도록 설계된 조직이다.

게다가 관료주의는 지휘체계가 가팔라서 오늘날의 뷰카(VUCA)한 시장에서 기회를 잡을 만큼 기민하게 움직일 수 없다. 치열한 경쟁 환경에서 차이를 만드는 것은 기술 그 자체가 아니다. 회사가 그 기술을 얼마나 영리하게 사용하는가다. 지속적인 성공의 원동력은 애자일 사고방식이다.

애자일 조직의 세 가지 특징

그렇다면 애자일이 정확히 뭘까? 조직이 애자일 사고방식을 수용한다는 것은 무엇을 의미할까? "기민하다agile" 또는 "민첩하다nimble"라는 단어를 사용할 때, 어떤 사람들은 다람쥐나 발레리나, 또는 뛰어난 축구 선수를 떠올릴 것이다. 하지만 거대한 조직을 떠올리진 않는다. 크고 통제하기 힘들고 둔하고 느리고 사람들 주머니에서 돈을 빼가는, 근본적으로 불친절한 조직이라 생각할 테니 말이다. 사람들은 보통 조직이 민첩할 거라고 생각하지 않는다. 왜냐하면 보통 조직들은 민첩하지 않기 때문이다. 우리는 자신만의 방식에 답답할 정도로 안주하면서 내부 프로세스에 몰두하는 조직들에 익숙하다. 그들의 모토는 이렇다. "우리가 만들면 소비자는 산다. 그게 이 바닥의 규칙이다." 이런 조직들이 민첩하게 움직이기는 어려울 것이다. 하지만 우리는 기업들을 직접 방문한 결과, 거대 조직도 민첩해질 수 있음을 확인했다. 가능성을 넘어 거대한 애자일 조직은 실제로 존재한다.

애자일을 명확히 이해하기 어려운 이유는 애자일의 다양한 특징에 마흔 개가 넘는 이름표를 달아놓은 탓도 크다.[11] 사실 애자일 프랙티스를 다양하게 구분하는 것 자체가 별 도움이 되지 않는다. 2010년에 내가 쓴 책 《리더를 위한 급진적 경영 안내서》에서는 애자일 프랙티스를 70개 넘게 언급하고 있다. 그러니 전통적인 방식에 길들여진 관리자들이 그 많은 아이디어들을 어떻게 이해할 수 있단 말인가?

사실 자세히 살펴보면 애자일을 수용한 조직들에는 세 가지 핵심적인 특징이 있다.

첫째, 작은 팀의 법칙

둘째, 고객의 법칙

셋째, 네트워크의 법칙

애자일 조직의 첫 번째 특징은 '작은 팀의 법칙'이다. 애자일 실무자들은 원칙적으로 소규모의 자율적인 기능혼합팀을 구성한다. 그리고 업무 사이클을 짧게 잡고 비교적 작은 단위의 업무를 맡되 최종 소비자나 고객으로부터 지속적인 피드백을 받아야 한다는 사고방식을 공유한다. 거대하고 복잡한 문제들을 아주 작고 다루기 쉬운 조각으로 쪼개서 해결하는 것이다.

애자일 운동이 일어나고 처음 10년, 그러니까 2000년대에는 고성과 팀을 체계적으로 만드는 데 많은 노력을 들였다. 물론 팀은 새로운 개념이 아니다. 우리 모두 팀이 어떤 마법을 부리는지 안다. 다들 한 번쯤은 별 어려움 없이 소통이 이루어지고, 조직이 하나처럼 생각하고 움직이는 작은 조직에 몸담아본 경험이 있다. 그런 팀의 일원이 되면 아주 매끄러운 움직임의 일부가 된 것마냥 상황을 분석하고 결정하고 행동할 수 있게 된다. 이래라저래라 간섭하는 책임자도 없다.

팀원들은 서로를 신뢰한다. 그리고 그런 신뢰는 성과로 돌아온다. 마치 조직이 스스로 사고하는 것처럼 보인다. 면대면으로 대화를 나눔으로써 시각차를 좁힐 수도 있다. 일이 절로 재미있어진다. 팀원들은 몰입의 상태에 들어간다.[12]

20세기 조직 환경은 이와 매우 달랐다. 표준 제품의 대량생산이라는 거대한 계획에 따라 거대 시스템을 구축했고, 규모의 경제를 통해 이런 시스템은 성공을 거두었다. 업무는 작게, 때로는 의미 없는 단위로 잘게 쪼개졌다. 직원들은 개별적으로 상사에게 업무를 보고했고, 상사들은 구체적인 계획에 따라 일관되고 정확한 성과를 냈다. 상사의 상사, 그 상사의 상사 역시 같은 역할을 맡았다. 각 부서별로 따로 계획을 세우고 예산을 할당받았다. 특정 업무가 고객의 삶에 어떤 영향을 미치는지는, 지루하기 짝이 없는 내부 주도적인 시스템에 가려져 드러나지 않았다. 그 결과 오늘날 근로자 다섯 명 중 한 명만 열심히 일하는 무임승차 현상이 일어나게 되었다. 더 심각한 건 직원 일곱 명 중 거의 한 명꼴로 일에서 손을 놓고서 조직의 업무를 의도적으로 방해하는 데 여념이 없다는 점이다.[13]

20세기 내내 수많은 저자들이 팀제가 관료주의보다 나은 업무 방법이라고 주장했다. 1920년대에 메리 파커 포렛Mary Parker Follett을 시작으로, 1930년대에 엘튼 마요Elton Mayo와 체스터 바너드Chester Barnard, 1940년대에 에이브러햄 매슬로Abraham Maslow, 1960년대에 더글러스 맥그리거Douglas McGregor, 1980년대에 톰 피터스Tom Peters

와 로버트 워터먼Robert Waterman을 거쳐, 1990년대에 더글러스 스미스Douglas Smith와 존 카첸바흐Jon Katzenbach, 그리고 2000년대에 리처드 해크먼Richard Hackman까지 비슷한 주장을 했다.

하지만 대부분의 기업들이 상사가 개별 직원을 관리하는 관료주의적 시스템을 집요하게 고수했다. 한 가지 이유는 팀제로는 대규모 조직에서 규율 잡힌 효율적인 성과를 낼 수 없다는 경영 신념이 널리 퍼진 탓이었다. 복잡한 일회성 문제를 해결할 때는 팀이 유용하지만, 큰 조직에서 지극히 평범한 업무를 해결할 때는 관료주의가 더 낫다는 통념이 지배적이었다.

두 번째 이유는 20세기 조직의 팀들 대부분이 이름만 팀이었기 때문이다. 그들 대부분은 사실상 팀이 아니었다. 이는 팀의 리더가 관료주의 체제의 상사들과 똑같이 행동한 데서도 알 수 있다(〈그림 1-1〉을 보라).

세 번째 이유는 높은 성과를 내는 자기조직화된 팀이 드물었기 때문이다. 팀제를 다룬 여러 책들이 고성과 팀들(10퍼센트나 20퍼센트가 아니라 두 배, 세 배, 심지어 몇 배씩이나 높은 성과를 내는 팀들)은 운의 문제라고 주장했다. 우선 적당한 사람들이 모여야 했다. 그리고 상황이 유리하게 돌아가야 했다. 별이 일직선으로 정렬하듯 운이 완벽히 따라줘야 했다. 그러면 높은 성과가 따를지도 모르는 조건을 만들 수도, 잘 해보라고 격려할 수도 있었다. 하지만 궁극적으로 높은 성과를 내는 팀은 가뭄에 콩 나듯 일어나는 사고에 불과했다.

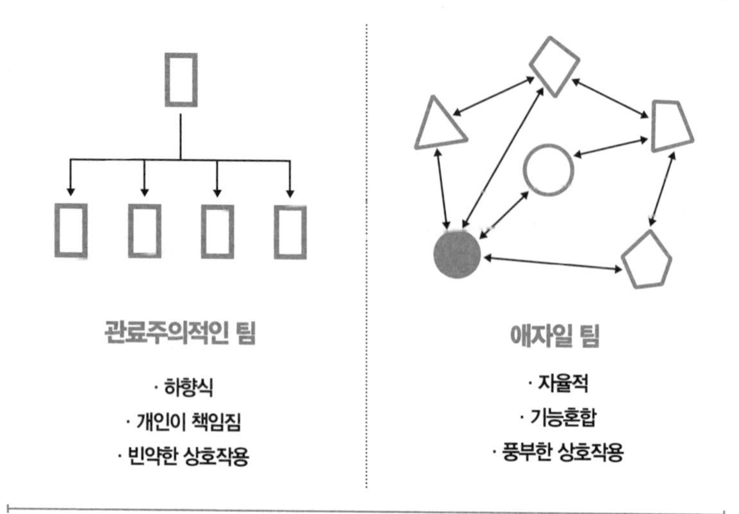

그림 1-1 | 관료주의적인 팀 vs. 애자일 팀

어떻게 해야 팀이 높은 성과를 지속적으로 거두는 환경을 만들 수 있을까? 이것을 알아낸 것이 바로 애자일 운동이다. 만약 경영 분야에 노벨상이 존재한다면, 만약 이 세상에 정의가 있다면, 애자일을 창조한 이들이 아마 노벨상을 받았을 것이다. 시작은 소프트웨어 개발 분야였지만, 애자일은 이제 일반 경영계에서도 널리 이해하고 인정하기 시작한 획기적인 성과물이다.

애자일 조직의 두 번째 특징은 고객의 법칙이다. 애자일 실무자들은 고객에게 가치를 전달하는 데 집중한다. 고객의 중요성은 애자일 선언문 제1원칙에서도 인정하는 부분이다.

우리의 최우선 순위는, 가치 있는 소프트웨어를 일찍 그리고 지속적으로 전달해서 고객을 만족시키는 것이다.

하지만 솔직히 말해 애자일 선언문이 발표된 후 처음 10년 동안 고객 중심은 소프트웨어 개발자들에게 첫 번째 관심사가 아니었다. 당시 개발자들은 고객보다 고성과 팀의 특징을 올바르게 살리는 데 오롯이 집중했다. 팀들이 실제 고객과 접촉하지 않는 경우도 잦았다. 그 대신 '제품 책임자'(그 이름도 당황스럽지만)라고 불리는 대리인이 고객의 역할을 대신했다. 이들이 고객들이 무엇을 원하는지 안다고 추정한 것이다.

일단 고성과 팀을 지속적으로 구성하는 문제가 해결되자 애자일의 관심사는 시장 권력의 변화, 즉 판매자에서 구매자로의 권력 이동으로 옮겨갔다. 대체 이들 "제품 책임자들"은 누구이며, 고객이 원하고 필요로 하는 것을 어떻게 알아낸다는 것일까? 이 질문은 급하게 풀어야 할 숙제가 되었다. 왜냐하면 '고객의 법칙'이라는 기치 아래 난데없이 20세기 조직들의 눈앞에 놀랍고도 경악스러운 일이 벌어졌기 때문이다. 바로 고객이 상사가 된 것이다. 세계화, 규제 완화, 신기술, 그리고 인터넷이 등장하면서 고객이 선택권을 쥐고, 선택에 도움이 될 만한 정보를 얻고, 다른 고객들과 교류할 수 있게 된 덕분이었다. 그렇게 난데없이 책임자의 자리에 오른 고객은 즉각적이고 비마찰적이고 친밀하며 (가급적이면) 공짜 가치를 기대하기 시작했다.

그 결과 기업들은 고객에 대한 사고방식을 완전히 바꾸어야 했다. 20세기 기업들은 고객을 이용하고 조종하는 관행에 젖어 있었다. 고객이 제품을 마음에 들어 하지 않으면 기업들은 이렇게 말했다. "무슨 말씀인지 잘 알겠지만 이게 우리 제품인 걸 어쩝니까. 그냥 쓰세요. 싫으면 말고요. 수정 사항은 몇 년쯤 후에 다음 모델에 반영하겠습니다." 오늘날의 경쟁 시장에서 이런 접근법은 통하지 않는다. 이제 고객들은 이렇게 생각한다. "왜 몇 년씩 기다려야 하지? 당신 기업이 지금 당장 수정 사항을 반영하지 않으면, 나도 내 요구를 들어주는 다른 회사로 갈아탈 거야."

고객을 최우선으로 삼는다는 것은 가장 명확하면서 동시에 가장 파악하기 어려운 애자일의 특징이다. 한 가지 이유는 20세기의 경영자들이 겉으론 "고객은 왕이다!"와 같은 문구를 앵무새처럼 읊어대면서, 실은 내부에만 집중하며 주주들 눈치 보기에 급급한 하향식 관료주의로 조직을 운영하기 때문이다.

관료주의적 조직들이 고객을 무시한다는 말이 아니다. 그들도 고객을 위해 할 수 있는 일을 한다. 하지만 내부 시스템과 프로세스의 한계 내에서만 한다는 게 문제다. 그들도 스스로 고객 중심적이라고 말할 것이다. 하지만 고객의 간단한 질문에 답하는 데 필요한 정보들이 분산된 시스템 안에 여기저기 숨겨져 있다거나, 분기별 이익 목표를 달성하기 위해서 고객 서비스를 줄여야 한다면 손해를 보는 건 고객이다. 고객은 꽝이 정해진 사다리를 타는 셈이다. 하향식 관료주의

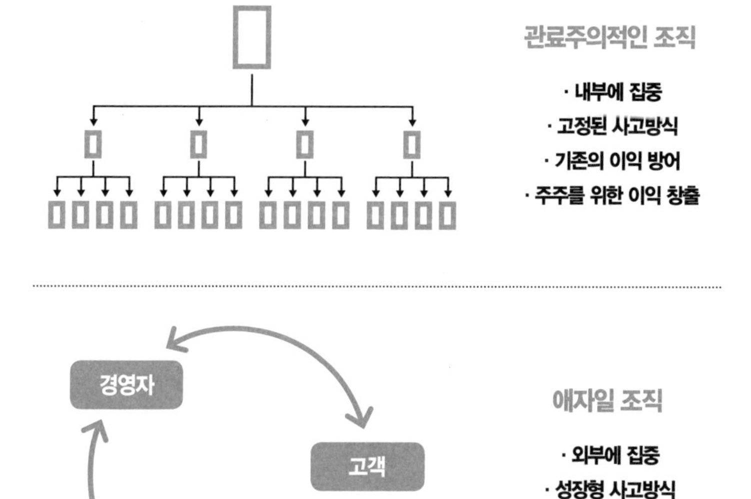

그림 1-2 | 관료주의적인 조직 vs. 애자일 조직

에서 "고객은 왕이다"라는 말은 구호에 불과하다. 다시 말해 고객보다 내부 시스템, 프로세스, 목표를 더 중요시한다(〈그림 1-2〉를 보라).

애자일 조직에서 "고객 중심"이라는 말은 이와 매우 다르다. 애자일을 수용하는 기업에서는 모든 이들이 고객에게 더 많은 가치를 전달하는 데 열중한다. 모든 조직원의 시선이 고객을 향해 있으며 자신들이 하는 일이 고객에게 가치를 얼마나 더해주는지 (혹은 주지 못하는지) 안다. 혹 고객이나 사용자에게 가치를 전달하지 못한다면, 자신들이 왜 그 일을 하는 건지 즉시 의문을 가진다. 회사는 고객에게 새로운 가치를 지속적으로 창출하기 위해 모든 것(목표, 가치, 원칙, 프로세스, 시스템, 수행 방식, 데이터 구조, 인센티브)을 조정하고, 가치 창출에 기여하지 않는 것은 가차 없이 제거한다.

세 번째 특징은 '네트워크의 법칙'이다. 애자일 실무자들은 자신들의 조직을, 고객을 기쁘게 하는 공동의 목표를 위해 협력하는 개인들의 유동적이고 투명한 네트워크라고 여긴다.

애자일 운동 초기에는 보통 고성과 팀이 있으면 조직 전체가 저절로 기민해질 것이라고 기대했다. 하지만 그렇지 않았다. 고객에게 더 많은 가치를 전달하는 데 온전히 집중하는 애자일 팀이 있어도, 나머지 조직이 비용을 절감하거나 주가를 올리는 데 매달리는 하향식 관료주의로 운영된다면 별 소용이 없었다. 이런 역학관계는 애자일 경영을 저해하고 결국은 파괴하게 된다.

심지어 팀 차원에서 애자일을 적극적으로 수용하는 조직에서도 이런 문제가 만연해 있다. 애자일 팀들을 대상으로 조사한 결과, 80~90퍼센트가 애자일 팀의 운영 방식과 조직 전체의 운영 방식이 서로 부딪친다고 답했다. 그중 절반은 "심각한" 수준이었다.

'네트워크의 법칙'은 애자일 운동(조직 전체를 기민하게 만드는 운동)의 최전선이다. 애자일은 조직 개념이 근본적으로 다르기 때문에 달성하기가 만만치 않다. 20세기 경영 사상은 본질적으로 기업을 기존의 사업 모델을 착취하는 효율적이고 안정된 기계로 본다. 구글 경영자인 에릭 슈미트와 조너선 로젠버그가 《구글은 어떻게 일하는가》에서 쓴 것처럼, "전통적인 MBA 스타일의 사고방식은 경쟁 회사에 비해 지속 가능한 경쟁우위를 구축한 다음, 요새를 봉쇄하고 끓는 기름과 불화살로 요새를 방어하도록 지시하는 것이다."[14]

전통적인 요새는 윗사람들이 가장 잘 안다는 전제하에 하향식 체계로 운영된다. 경영대학원 교수인 존 코터John Kotter는 그 요새를 두고 "위험을 최소화하고 초소와 저장고(사일로)에 사람들을 가두기 위해 지어진 것"이라고 설명한다. 사람들은 "오늘 할 일을 제대로 끝내도록 고안된 시스템 아래서 일한다. 목소리만 상냥했지, 사람들에게 입 다물고 명령에 따라 반복적으로 일하라고 지시하는 시스템 말이다."[15] 이런 시스템에선 기존 비즈니스 모델을 착취하는 것이 새로운 가능성을 탐구하는 것보다 우선시된다.

수십 년 동안 조직의 정적인 특징을 완화하기 위해 태스크포스, 특별 프로젝트 그룹, 전략부서, 타이거 팀, 스컹크웍스, 연구개발(R&D), 이중 운영체제, 지식 생산 필터, 디자인 싱킹과 같은 여러 가지 해결책들을 모색해왔다.[16] 그런데 수십 년이 지나서도 여전히 정적인 기계처럼 수직적인 보고체계를 가진 기업들이 이런 해결책을 사용하고 있다. 그러니 상사가 부하 직원에게 지시하면 보고체계를 따라 명령이 아래로 내려갔다. 그렇게 조직은 거대한 군함처럼, 즉 거대하고 훈련은 잘되어 있지만 느리고 조종하기 어려운 함선처럼 운영되었다.

그렇지만 조직 전체가 애자일을 진정으로 수용하면 조직은 거대한 함선에서 소함대의 작은 쾌속정처럼 변신한다. 정적인 기계를 탈피해 고성과 팀들이 네트워크를 이루는 살아 있는 유기체처럼 바뀐다. 이런 조직의 경영자들은 조직 전체의 역량을 믿고 어디서나 혁신이 일어날 수 있다는 사실을 깨닫게 된다. 상부를 포함한 조직 전체가 고객에게 더 많은 가치를 전달하는 데 집중한다. 또한 각 팀들은 스스로 주도권을 잡고 공통의 문제를 해결하기 위해 다른 애자일 팀들과 상호작용한다. 사실상 조직이 고성과 팀들의 네트워크라는 사고방식을 조직 전체가 공유하게 되는 것이다.

우리는 흔히 애자일 조직이 평평하거나 위계질서가 전혀 존재하지 않는다고 착각한다. 하지만 애자일 조직에서도 최고경영진은 조직의 방향을 설정하는 중요한 역할을 맡는다. 맡은 임무를 해내지 못하는 직원이 퇴출당하는 것도 똑같다. 오히려 높은 성과를 내기 위해 몰아붙이는 힘은 애자일 조직이 관료주의보다 훨씬 무자비하다. 뼛속까지 투명한 데다 동료들끼리 서로 의존하기 때문에 숨을 곳이 없다. 모두가 모든 것을 안다.

하지만 애자일 조직의 계층은 권위의 계층이 아니라 역량의 계층이다. 관리자가 시키는 대로 해서 관리자를 기쁘게 했느냐는 중요하지 않다. 중요한 것은 진정한 상사인 고객에게 가치를 더했는가이다. 이때 조직은 역동적인 상호작용을 통해 수평과 수직 양방향으로 운영된다. 누구나 누구와 대화할 수 있다. 고객은 물론이고 어디서든 아이디어가 나올 수 있다. 네트워크를 통해 조직은 성장하고 학습하고 적응하는, 살아 있는 유기체가 된다. 고객에게 새로운 가치를 부가하는 새로운 기회를 찾고 개발하기 위해 끊임없이 변화하는 것이다. 일을 제대로 해내게 되면, 적은 업무로 고객에게 더 많은 가치를 지속적으로 전달한 대가가 조직으로 되돌아오게 된다.

그러므로 애자일은 착취와 탐구의 차이를 극대화한다. 조직의 모든 부서가 고객에게 더 많은 가치를 더하는 방법을 끊임없이 탐구하는 덕분이다.

애자일 운동 초기만 해도 비평가들은 작은 팀으로는 절대 크고 복잡한 문제들을 해결할 수 없다고 떠들었다. 하지만 일단 팀들이 공동의 목표를 위해 수평적으로 대화하고 업무 리듬을 같이하는 네트워크 틀이 자리 잡히면, 작은 팀들의 네트워크도 민첩하게 크고 복잡한 문제들을 (하향식 관료주의보다 훨씬 잘) 해결할 수 있다.

이상한 나라의 전통적인 경영자

이 세 가지 법칙(첫째, 고객에게 가치를 전달하기 위해 짧은 주기로 소규모 작업을 반복 수행하는 작은 팀. 둘째, 고객에게 더 많은 가치를 지속적으로 전달하고자 하는 집착. 셋째, 네트워크 안에서 대등하게 상호작용하며 일하는 것)이 스포티파이가 매주 1억 명 이상의 사용자에게 맞춤형 플레이리스트를 제공하게 해준 바로 그 원칙이다. 또한 바클레이라는 거대한 조직을 쉽고 빠르고 편리하고 맞춤화된 업무를 제공하는 은행으로 탈바꿈시키고, 에릭슨이 클라이언트에게 더 빨리 더 많은 가치를 전달하는 네트워크 관리 시스템을 제공하도록 만든 원칙이다.

이 세 가지 법칙이 효력을 발휘하면 조직 구성원들은 세상이 어떻게 돌아가는지, 일을 성사시키려면 세상과 어떻게 상호작용해야 하는지를 이해할 수 있는 남다른 방법을 공유하게 된다. 즉 다음과 같은 반反직관적인 아이디어들이 그것이다. 경영자가 직원에게 이래라 저래라 할 수 없다. 회사가 돈 버는 데 집중하지 않으면 더 많은 돈을 번다. 큰 문제들을 해결하기 위해서는 작은 팀, 작은 업무, 짧은 작업 주기(사실상 작은 모든 것)가 필요하다. 통제를 내려놓음으로써 통제가 강화된다.

이런 이상한 생각들로 가득한 조직을 처음 접한 전통적인 경영자는 '예스'가 '노'를 뜻하고, 정찰제인데 협상이 가능하고, 웃으면 화난 줄 아는, 문화가 전혀 다른 외국을 방문하는 것처럼 생경하게 느낄 것이다.[17] 이곳엔 고국에서처럼 편하게 행동할 수 있는 낯익은 신호가 하나도 없다. 이상하고 이해할 수 없는 낯선 규칙들뿐이다. 그러니 당황스럽고, 좌절하고, 대처하기 힘들 수밖에 없다. 무슨 일인지 파악하고, 이국의 새로운 신호들을 배우고, 배운 것들을 체화할 때까지 혼란스럽고 자신이 무능하게 느껴질 것이다.

이것이 기존의 경영 관행을 전제로 하고서는 애자일을 구현할 수 없는 이유다. 애자일은 근본적으로 완전히 다른 전제를 수용해야 함을 의미한다. 전통적인 경영자들은 이 과정을 불편해한다. 물론 쉽지 않은 일이다. 처음에는 잘못된 방법이라고 느끼기도 한다. 마치 문법이 다른 외국어를 배우는 것과 비슷하다. 실세 경험하고 연습해야만 애자일이 제2의 천성이 되고 자동화가 된다. 단지 "애자일 툴과 프로세스"를 실행한다고 되는 게 아니다. 그보다는 애자일 사고방식을 완전히 체화하고 그와 관련된 근육 기억을 키워야 한다.

궁극적으로 애자일은 사고방식이 다른 세상을 이해하고 그 세상과 교류하는 것을 의미한다. 조사에 따르면, 애자일 사고방식을 갖추지 않으면 툴과 프로세스와 프랙티스를 책에 적힌 대로 전부 실행한다 한들 아무것도 얻지 못한다. 반대로 조직원들이 애자일 사고방식을 갖추게 된다면 무슨 툴과 프로세스와 프랙티스를 사용하는지는 그다지 중요하지 않게 된다. 사고방식이 일을 성사시키는 핵심이다. 결국 애자일은 사고방식이다.

세 가지 법칙 중에서 첫 번째(작은 팀을 구성해 짧은 주기로 작업하는 개념)가 애자일 세계에서 가장 유명하다. 초기 애자일 실행 단계에서 가장 많이 관심을 가진 덕분이다.

하지만 두 번째 법칙(기업의 목적은 고객에게 가치를 전달하는 것)이 가장 중요하다. 나머지 두 법칙을 설명하는 원칙이면서, 동시에 애자일 조직이 왜 그렇게 운영되는지 가장 큰 통찰력을 제공하는 원칙이기 때문이다.

세 번째 네트워크의 법칙은 애자일 경영의 핵심이다. 전체 조직이 네트워크를 이루며 상호작용하지 않는다면 고성과 팀이 아무리 고객 중심으로 일해봤자 최적의 효과를 얻을 수 없기 때문이다. 세 가지 법칙을 하나로 합쳐 공동의 외부 목표에 집중할 때, 애자일 경영을 진정으로 수용하게 되고, 결국 가치가 폭발적으로 증가하는 경험을 하게 된다.

그러므로 애자일 경영은 세 가지 법칙으로 이루어지며, 그 세 가지가 합쳐져서 애자일 조직의 근간을 만든다. 세 법칙을 알면 특정 맥락에 적용 가능한 (혹은 불가능한) 무수히 많은 애자일 프랙티스들을 이해하기가 쉬워진다. 수행 방식은 바뀔 수도 있다. 하지만 애자일 사고방식과 그것을 구성하는 세 가지 법칙은 변하지 않는다. 애자일 사고방식은 새로운 경영 패러다임을 실행하는 조직에 영구적인 길라잡이가 될 것이다.

애자일 인사이드 1-1

애자일 소프트웨어 개발 선언

우리는 소프트웨어를 개발하고, 또 다른 사람의 개발을 도와주면서 소프트웨어 개발의 더 나은 방법들을 찾아가고 있다. 이 작업을 통해 우리는 다음을 가치 있게 여기게 되었다. 공정과 도구보다 개인과 상호작용을 포괄적인 문서보다 작동하는 소프트웨어를 계약 협상보다 고객과의 협력을 계획을 따르기보다 변화에 대응하기를 가치 있게 여긴다. 이 말은, 왼쪽에 있는 것들도 가치가 있지만, 우리는 오른쪽에 있는 것들에 더 높은 가치를 둔다는 것이다.

우리는 다음 원칙을 따른다.

1 우리의 최우선 순위는, 가치 있는 소프트웨어를 일찍 그리고 지속적으로 전달해서 고객을 만족시키는 것이다.
2 비록 개발의 후반부일지라도 요구사항 변경을 환영하라. 애자일 프로세스들은 변화를 활용해 고객의 경쟁력에 도움이 되게 한다.
3 작동하는 소프트웨어를 자주 전달하라. 두어 주에서 두어 개월의 간격으로 하되 더 짧은 기간을 선호하라.
4 비즈니스 쪽의 사람들과 개발자들은 프로젝트 전체에 걸쳐 날마다 함께 일해야 한다.
5 동기가 부여된 개인들 중심으로 프로젝트를 구성하라. 그들이 필요로 하는 환경과 지원을 주고 그들이 일을 끝내리라고 신뢰하라.
6 개발팀으로, 또 개발팀 내부에서 정보를 전하는 가장 효율적이고 효과적인 방법은 면대면 대화이다.
7 작동하는 소프트웨어가 진척의 주된 척도이다.
8 애자일 프로세스들은 지속 가능한 개발을 장려한다. 스폰서, 개발자, 사

용자는 일정한 속도를 계속 유지할 수 있어야 한다.

9 기술적 탁월성과 좋은 설계에 대한 지속적 관심이 기민함을 높인다.

10 단순성이(하지 않는 일의 양을 최대화하는 기술)이 필수적이다.

11 최고의 아키텍처, 요구사항, 설계는 자기조직화된 팀에서 창발한다.

12 팀은 정기적으로 어떻게 더 효과적이 될지 숙고하고, 이에 따라 팀의 행동을 조율하고 조정한다.

켄트 벡 Kent Beck

마이크 비들 Mike Beedle

에어리 밴 베네쿰 Arie van Bennekum

앨리스터 콕번 Alistair Cockburn

워드 커닝엄 Ward Cunningham

마틴 파울러 Martin Fowler

제임스 그레닝 James Grenning

짐 하이스미스 Jim Highsmith

앤드루 헌트 Andrew Hunt

론 제프리스 Ron Jeffries

존 컨 Jon Kern

브라이언 매릭 Brian Marick

로버트 C. 마틴 Robert C. Martin

스티브 멜로 Steve Mellor

켄 슈웨버 Ken Schwaber

제프 서덜랜드 Jeff Sutherland

데이브 토머스 Dave Thomas

애자일 인사이드 1-2

용어 설명 _ **애자일, 스크럼, 데브옵스, 간반, 린**

- 애자일: 애자일 선언문에서 언급한 일련의 가치와 원칙으로, 2001년에 처음 시작된 운동이다. 물론 그와 비슷한 '퀄리티', '디자인 싱킹' 같은 용어들이 그보다 일찍 등장한 바 있다. 선언문 발표를 계기로 이후 스크럼, 데브옵스, 린, 간반 등 다양한 경영 방법론이 나타났다. 시간이 지나면서 이 운동은 특정한 사고방식을 가진 사람들의 움직임으로 발전했다. 그 사고방식이란 고객에게 지속적인 가치를 전달하는 것을 주요 업무 목표로 삼는 것을 의미한다. 또한 팀을 소규모로 꾸려서 반복적이고 점진적으로 작업하는 방식을 수용하며 네트워크를 통해 조직을 전사적 차원에서 민첩하게 만드는 것을 목표로 한다.

- 스크럼Scrum: 애자일 경영 방법론 중 하나다. 기능혼합팀을 기반으로 조직과 고객에게 가치를 전달하는 접근법을 사용하며, 제품 책임자와 스크럼 마스터라는 구체적인 직책이 존재한다. 개개인의 기여도를 존중하며 책임감, 끈끈한 유대관계, 협업, 팀워크 같은 강점들을 바탕으로 팀을 구축한다. 여기서 관리자는 상사가 아니라, 팀이 고객에게 가치를 전달하는 데 방해가 되는 장애물을 제거하고, 길을 열어주며, 집중과 창의력을 유지할 수 있도록 도와주는 코치 역할을 한다.

- 데브옵스DevOps: development(개발)와 operations(운영)의 합성어. 소프트웨어 딜리버리와 인프라 구조 변화 프로세스를 자동화해 수정 사항을 매우 신속하게 배포하는 문화이자 운동이자 프랙티스다. 소프트웨어 개발자와 기타 정보기술 전문가들의 협업과 의사소통을 강조한다.

- 간반看板: 소프트웨어 개발, 린 제조, 적시 제조를 위한 작업 관리 시스템이다. 공급사슬을 제어하는 재고 관리 시스템처럼 사용할 수도 있다. 간반의 이점 중 하나는 작업량의 상한선을 설정해 시스템이 과부하되는 것을 방지하는 것이다.

- 린Lean: 제조 시스템 또는 소프트웨어 시스템에서 낭비를 없애기 위한 방법론이다. 본질적으로 가치를 생산하는 데만 집중하고 그 밖의 모든 것은 제거한다.

- 린 스타트업Lean Startup: 기업이 사업 초기에 고객의 요구를 반복적으로 탐구하는 데 시간을 투자하면, 종국에 사업 성공의 기회를 높일 수 있다는 가설을 바탕으로 제품을 만드는 방법론이다. 이렇게 하면 시장 리스크와 초기 프로젝트 비용을 줄일 수 있다.

- 디자인 싱킹Design Thinking: 소비자의 요구와 기술적 구현 가능성, 사업의 성공을 하나로 통합해 접근하는, 인간 중심적인 혁신이다. 디자인 싱킹은 전문 디자인 분야를 넘어서서 사업과 사회적 이슈에도 광범위하게 확산, 적용되고 있다.[18]

2장

어디서나 혁신이 일어나는 작은 팀의 법칙

소규모 팀의 법칙

업무의 기본은 거대한 조직에서 작은 것을 성취하는 것이다.

| E.F. 슈마허[1] |

이런 장면을 상상해보라. 1997년 당신의 머릿속에 방금 막 굉장한 아이디어가 떠올랐다. 주머니에 쏙 들어갈 정도로 작고 얇은 휴대용 장비로, 손끝을 갖다 대면 다양한 기능을 작동시킬 수 있는 기계다. 어찌나 기능이 다양한지 휴대용 전화기, 주소록, 지도, 내비게이션, 항공사 탑승권, 음악이나 영화 플레이어, 텔레비전 수상기, 카메라, 손전등, 녹음기, 스톱워치, 알람 시계, 번역기, 리모컨, 전 세계의 신

문과 잡지가 있는 보관소, 수천 권의 책을 열람할 수 있는 도서관 등으로 사용할 수도 있다. 게다가 번개처럼 빠르게 반응하고 맞춤화도 가능해서 전 세계 수억 명 인구의 개인적 요구 사항과 선호도까지 충족시킨다.

괜찮은 아이디어 같지 않은가? 당신은 이 제품이 대성공을 거둘 것이라고 확신한다. 하지만 어떻게 제품을 현실화시킬 것인가? 글쎄, 1997년이니까 당시에 가장 많이 사용하는 경영 방식을 적용할 것이다. 먼저 2년을 투자해 아이디어의 실현 가능성에 대해 호응을 얻어내고 이 놀라운 신장비를 설계, 제작, 마케팅하도록 메이저 기업의 전략위원회를 설득한다. 마침내 승인을 얻어내면, 디자이너와 엔지니어로 구성된 거대한 팀을 조직하고, 다시 2년을 투자해 다양한 부품을 조달하고 통합하는 일정에 맞춰 세부적인 설계안을 개발한다. 그런 다음 수십만 명의 엔지니어와 개발자를 모집해서 장비를 제작한다. 또한 수만 명의 관리자를 고용해서 직원들이 계획과 스케줄에 따라 제품을 전달할 수 있도록 감독하고 통제한다. 포괄적인 보고 체계를 만들어 최고 관리자가 돈이 어디에 사용되었는지, 각 요소가 어떻게 진행되는지 낱낱이 알 수 있도록 만들어 리스크를 줄인다. 조정위원회를 구성해 모든 부서들이 정교하게 조율된 오케스트라처럼 함께 장비를 만들어나가도록 한다.

결과는 어떨까? 수년의 시간과 수십억 달러를 쏟아 부었지만 장비는 아직 시장에 내놓을 준비가 안 되었다. 기술적인 문제가 끊이질 않는다. 아니, 오히려 기하급수적으로 늘어나는 것처럼 보인다. 조정 위원회가 엄청난 시간과 노력을 들였음에도 불구하고 부서 간 의견 조율 문제가 골칫거리다. 기술적 문제와 개발 지연의 책임 소재를 놓고 신랄한 비난들이 오간다. 개별 부품들만 보면 꽤 훌륭해 보이지만, 한 장비 안에 넣으려니 호환이 안 되는 문제가 발생한다. 부서들은 서로를 탓한다. 하지만 책임 소재를 가릴 수는 없다. 그렇게 문제를 해결하느라 세월만 흘러간다. 심지어 기존의 문제를 풀려고 내놓은 해결책이 새로운 문제를 일으킨다. 정말 심각한 것은 의심이다. 엄청난 기술적 문제들이 어딘가 깊숙이 잠복해 있다가 언제 폭발할지 모른다고 걱정한다. 그런데도 시장에 내놓을 준비를 마치려면 아직도 수년이 남았다.

처음 이 방식으로 사업을 조직할 때 기대한 것은 규모의 경제였다. 하지만 당신이 이룬 것은 정반대, 즉 **역규모의 경제**다. 많은 인력으로 조직을 꾸리고 조정하느라 들인 비용이 그들이 만들어내는 부가가치보다 훨씬 빠르게 증가한다. 그런데도 작업을 완성할 수 있을지는 여전히 미지수다.[2]

이때 애석한 소식이 들린다. 수년의 노력과 수십억 달러를 쏟아부었는데, 경영진이 당신의 프로젝트를 취소하기로 결정한 것이다. 2007년 경쟁사 애플이 그와 비슷한 제품을 개발했기 때문이다. 그것도 "구상부터 판매까지" 겨우 18개월 만에, 전통적인 경영 방식에서 사용하는 비용의 아주 일부만 들여 완성했다고 한다.

어떻게 그런 일이 가능했을까? 당신의 조직은 아주 복잡한 장비를, 아주 복잡한 조직으로, 매우 정교한 규칙에 따라 제작하려 했지만, 애플은 정반대의 방법을 선택했다. 애플은 비교적 간단한 장비(아이폰)를 설계하고 제작하되, 짧은 간격으로 반복적으로 개발하고 꾸준히 업그레이드했다. 또한 수십만 명의 자체 엔지니어를 모집해서 단일 소프트웨어 운영체제를 구축하는 대신, 기술 플랫폼을 만들어 수십만 명의 독립적인 개발자들이 모여들게 했다. 그리고 그들에게 인간의 모든 욕구를 충족시키고 애플 고객들에게 직접 제공할 수 있는 애플리케이션("앱")을 상상하고 창조하도록 했다. 이 앱들을 한데 모으면 거의 무한대의 기능을 수행할 수 있다. 게다가 고객과 직접 소통하면서 개발 과정에서 요구 사항을 바로 추가할 수도 있다. 고객들은 어떤 앱이 자신에게 필요한지 판단하고 자신의 독특한 구미에 맞게 장치 환경을 설정한다. 그 결과 수억 명의 개별 사용자의 변덕과 요구를 충족시키는 맞춤형 다기능 장비가 탄생했다. 이는 전통적인 경영 방식으로는 상상도 할 수 없는 성과다. 복잡한 문제를 해결하기 위해 조직의 규모를 확장하는 대신, 애플은 문제를 작은 조각으로 나누었고, 독립적인 작은 팀들이 고객으로부터 직접 피드백을 받아서 작업물을 반복적으로 전달할 수 있도록 만들었다.

사람들은 때로 아이폰의 성공 비결을 스티브 잡스의 천재성 덕분으로 돌린다. 그 밖에 훌륭한 마케팅, 탁월한 디자인, 디테일에 대한 집착, 획기적인 사고, 문제 해결을 향한 강력한 추진력도 있다. 전부 사실이다. 하지만 종종 간과하는 것이 있으니, 처음부터 비교적 단순한 하드웨어 장비를 개발해 꾸준히 업그레이드하지 않았다면, 독립적인 소프트웨어 개발자들을 동원할 수 있는 플랫폼을 제공하지 않았다면 이런 요소들은 다 물거품이 되었을 거라는 점이다. 수십만 명의 소규모 개발자 팀들이 자신의 독창성과 재능을 발휘해서 반복적으로 앱을 제작하고 고객들과 직접 상호작용하지 않았다면 말이다.

복잡한 일을 한꺼번에 처리할 때 일어나는 재앙들

'작은 팀의 법칙'은 단순하다. 오늘날의 뷰카(VUCA)한 세상에서 크고 어려운 문제들을 해결하려면 문제를 가능한 한 작은 단위로 세분화해 소규모의 자율적인 기능혼합팀들에 맡겨야 하며, 고객과 최종 사용자의 피드백을 신속하게 처리하면서 짧은 간격으로 반복적으로 몰입해서 작업하도록 만들어야 한다는 주장이다. 복잡한 문제들을 처리하기 위해 크고 복잡한 조직을 구성하는 대신, 문제를 자잘한 조각으로 나누어 급변하는 기술과 고객에 대한 새로운 정보에 맞게 조정하며 점진적으로 합치는 것이다.

작은 팀의 법칙에 대해선 아직도 배울 점이 많다. 물론 앞에서 언급했던 전통적인 경영 방식으로 휴대용 장비를 생산하려다 실패한 사례는 꾸며낸 것이다. 하지만 그중 일부 측면은 '뉴턴Newton'(1987년 애플의 최고경영자였던 존 스컬리가 출시했으나 1998년 스티브 잡스가 폐기처분한

개인용 정보 단말기)이 걸어왔던 역사와 놀랄 만큼 비슷하다.[3]

하향식 관료주의로 복잡한 문제를 처리하려는 시도는 현실 세계에서도 재앙이 될 수 있다. 사례를 한 번 보자. 2006년 미 공군은 물류 관리를 현대화하는 프로젝트에 착수했다. 그들은 CSC(Computer Sciences Corporation)와 6억 2800만 달러의 계약을 체결하고 시스템 통합 업무를 위탁했다. CSC가 맡은 일은 프로젝트를 론칭하기 전에 시스템 환경을 설정하고, 전략적으로 물류를 배치하고, 훈련을 시행하고, 관리 방식을 변경하는 것이었다.[4]

공군에서 관리 프로그램 전환을 담당했던 그로버 던Grover Dunn은 이렇게 말했다. "25만 공군 전체가 사용하는 프로세스, 툴, 언어를 한꺼번에 바꾸는 것은 이번이 처음이었다. 그리고 그것이 지금 우리가 하려고 하는 일의 핵심이다."[5] 국방부 최고관리참모부 엘리자베스 맥그래스Elizabeth McGrath 역시 이렇게 설명했다. "우리는 모든 요구 사항들을 프로그램에 반영해 한 번에 터뜨리는 접근법을 취했다. 그러다 보니 프로젝트가 매우 거대하고 복잡할 수밖에 없었다."[6]

그 후 7년 동안 프로젝트는 수차례에 걸쳐 개편되었다. 2013년이 되어서야 미 공군은 당초 계획한 성능의 4분의 1을 구축하는 데만 추가로 10억 달러가 더 들어간다는 사실을 깨달았다. 심지어 시스템이 완성되려면 7년이 더 걸린다는 계산이 나왔다. 결국 공군은 프로젝트를 폐기했다. 약 13억 달러나 지출한 뒤의 일이었다.

업무를 작은 조각으로 세분화하는 접근법이 아이폰과 같은 개인용 오락 기기에만 적합하다고 생각할지도 모르겠다. 과연 이런 접근법이 스텔스 전투기처럼 신뢰성을 요구하는 중대한 산업 프로젝트에도 효과가 있을까? 물론이다. 스웨덴의 항공기 제조사 사브Saab가 바로 그런 사례다. 사브가 그리펜 전투기 개발과 제조에 사용한 방식이 바로 애자일 프랙티스다.[7] 사브는 6개월마다 한 번씩 새로운 제트기 운영체제를 출시하고 있다. 더 빠르고 더 저렴하고 더 가볍고 더 효율적이고 더 강력한 것은 물론, 더 뛰어난 전자 장치와 더 정교한 표적 시스템을 갖추기 위해서다. 주요 국방 전문가들은 이 제트기를 "세계 최고의 스텔스 전투기"라고 평한다.[8]

국제적 명성이 높은 방위산업체인 IHS제인스IHS Jane's는 사브의 그리펜 전투기와 록히드마틴의 F-16, F-35, 보잉사의 F/A-18 슈퍼호넷, 다소Dassault의 라팔, 유로파이터Eurofighter의 타이푼의 운용비용을 비교하는 연구를 실시한 바 있다. 조사 결과 그리펜이 "연료 사용, 비행 전 준비 및 수리, 비행장에서의 정기적인 유지 보수, 관련 인건비 측면에서 운항 비용이 가장 낮다"라고 결론을 내렸다.[9]

소프트웨어는 그리펜의 설계와 진화에 점점 더 많은 역할을 하고 있다. 《애비에이션 위크 앤드 스페이스 테크놀로지》에서 빌 스웨트먼Bill Sweetman은 이렇게 말한다. "엔지니어링 기술이 아무리 뛰어나도 이런 항공기를 설계하고 제작하는 데는 엄청난 비용이 들어간다. 따라서 정치적 또는 기술적 차원을 뛰어넘어 수명이 다할 때까지 사용할 수밖에 없다. 이것이 전투기 기획자들이 처한 난제다." 그리펜은 이 점을 염두에 두고 설계되었다. "수명이 오래가려면 임무 중은 물론 사용 기간 내내 유연성이 필요하다."[10]

이와 똑같은 현상이 자동차 시장에서도 일어나고 있다. 자동차가 등장한 후 한 세기 동안 사람들은 한 번 자동차를 사면 수명이 다할 때까지 다고 다녔다. 사양이나 엔진 등 더 나은 기능을 원한다면 그런 기능이 장착된 새 자동차를 사야 했다. 하지만 이제는 상황이 다르다. 그 예가 테슬라Tesla다. 테슬라의 경우 이미 구매한 자동차에 소프트웨어를 다운로드해서 새로운 기능을 추가 탑재할 수 있다. 충돌 임박 시의 자동 감지 제어 기술, 부분적 자동 운전 장치, 로봇 주차 프로그램 등이 그런 기능에 해당한다. 물론 이런 기능이 테슬라만의 독특한 기술은 아니다. 아우디나 벤츠 같은 고급 차도 이런 기술을 탑재하고 있다. 다만 테슬라 모델 S는 주기적으로 계속 업그레이드하도록 설계되어 있다는 점이 다르다. 주행 중인 자동차에 중요한 기능들을 원격으로 탑재할 수 있는 것이다.

"우리는 모델 S를 바퀴 달린 매우 정교한 컴퓨터로 설계했다." 최고경영자인 엘론 머스크Elon Musk는 이렇게 말한다. "테슬라는 하드웨어 회사이면서 동시에 소프트웨어 회사다. 우리가 하는 일 중에 상당 부분이 실리콘밸리의 소프트웨어 회사들이 하는 일이다. 우리는 이 일이 스마트폰이나 노트북을 업그레이드하는 것과 다름없다고 생각한다."[11]

이처럼 자동차는 엔진으로 작동하는 기계에서 진화해 유연한 전자 장치를 점점 닮아가고 있다. 자동차 역시 아이폰처럼 구매 당시의 사양 그대로 작동하던 형태에서 차량의 기능을 꾸준히 향상시키는 애플리케이션 플랫폼 형태로 변신하고 있다.

사실 애자일 운동이 소프트웨어에 접목된 건 2001년 이후다. 애자일의 역사적인 뿌리는 일본 제조업체의 품질 혁신 운동과 도요타 생산 시스템(TPS)이다. 도요타는 제일 먼저 소규모 생산 체제를 실험했는데, 이것이 제조 공정을 잘게 나눈 시초가 되었다. 도요타는 일반적인 상식과 달리 일단 대변화가 자리를 잡으면 제품을 대량생산하는 것보다 수요 중심으로 조금씩 반복 생산하는 것이 더 효율적이라는 사실을 깨달았다.[12]

도요타식 제조 모델은 1970년대에 일본 전역으로 퍼졌고, 1980년대에는 미국까지 건너갔다. 작은 단위로 반복 생산하는 기술을 잘 실행하면, 제작 주기가 열 배에서 100배로 줄어든다는 사실이 밝혀졌다. 또한 재고가 90퍼센트 이상 감소해 현금을 엄청나게 확보할 수도 있었다. 부차적으로 품질 향상, 학습 가속화, 생산 비용 절감 등의 효과도 얻었다.

그 후 반복적 사고는 신제품 개발 프로세스에도 적용되었다. 이에 대해서는 1986년 다케우치 히로타카竹内弘高와 노나카 이쿠지로野中郁次郎가 《하버드 비즈니스 리뷰》에 기고한 획기적인 칼럼 〈새로운 신상품 개발 게임〉에서도 잘 설명돼 있다. 이 글에서 저자들은 다음과 같이 말한다.

점점 더 많은 회사들이 기존의 순차적인 신제품 개발 접근 방식으로는 성과를 낼 수 없다는 점을 깨닫고 있다. 그런 까닭에 일본과 미국의 회사들은 순차적인 접근 방식을 버리고 전체론적인 접근법을 사용하는 중이다. 럭비처럼 팀들이 서로 공을 주고받으며 팀 전체가 필드 위로 공을 이동시키는 방법이다.

이런 전체론적인 접근법에는 여섯 가지 특징이 있다. 내재된 불안정성, 자체 조직된 프로젝트 팀, 개발 단계의 교차, "다중 학습", 섬세한 통제, 학습의 조직적 이전이다. 이 여섯 조각이 그림 퍼즐처럼 딱 맞아 떨어져서 신제품 개발 프로세스를 빠르고 유연하게 만든다. 그 못지않게 중요한 또 한 가지 사실은, 새로운 접근법이 조직을 변화시키는 대리인 역할을 할 수도 있다는 것이다. 다시 말해 오래되고 경직된 조직에 창의적이고 시장 중심적인 아이디어와 프로세스를 도입하는 수단이 된다는 말이다.[13]

이 글에서 언급하고 있는 사례들(후지-제록스, 혼다, 캐논)은 전부 하드웨어 회사들이지, 소프트웨어 회사가 아니다.

1990년대 들어 반복적인 작은 팀이라는 접근법은 경제학 고전 《린 생산》에서 "린 제조 방식"이란 이름을 붙이면서 더욱 널리 보급되었다.[14] 이렇게 '작은 팀과 반복적 접근법'은 하드웨어 분야에서 체계적으로 사용되다가 2001년 애자일 선언문이 발표되면서 소프트웨어 분야에서 사용되기 시작했다.

소규모의 자율적인 기능혼합팀의 효과

'작은 팀의 법칙'을 구성하는 프랙티스는 정확히 무엇일까? 한 가지 답은 "그때마다 다르다"는 것이다. 애자일 선언문이 발표되고 처음 10년 동안, 애자일 실무자들 사이에는 "진정한 애자일 프랙티스"가 무엇이냐를 놓고 열띤 논쟁이 벌어졌다. 어떤 이들은 스크럼이라고 주장했고, 어떤 이들은 간반이라고 확신했다. 린 제조라고 장담하는 이들도 있었다. 시간이 지나면서 확실해진 건 결국 답이 '완전히 다른 무언가'라는 것이었다. 다시 말해 '작은 팀의 법칙'은 운용 매뉴얼에 기록할 수 있는 특정 툴이나 프로세스가 아니라, 사고방식이다. 애자일을 툴이나 프로세스라고 생각한다면 엉뚱한 것을 찾고 있는 셈이다. 누구도 가게에 가서 "애자일 경영법을 구매"할 순 없다.

'작은 팀의 법칙'은 원칙적으로 복잡한 일을 어떻게 처리하는가에 대한 이론이다. 어떤 특정 조직에 등장한 프랙티스는 애자일 사고방식과 그 조직의 특정한 맥락이 상호작용한 결과물일 것이다. 그것이 컨설턴트 회사에 가서 "직원들에게 애자일 경영 툴과 프로세스를 훈련시켜달라"고 의뢰한다고 해서 만족스러운 결과를 얻기 힘든 한 가지 이유다.

지난 몇 년 동안 우리는 성공적인 애자일 경영법을 배우기 위해 회원들 간 상호 현장 방문 기회를 마련해왔다.[15] 다른 기업들은 현장에서 애자일을 어떻게 구현하고 있는지 알아보기 위한 것이었다. 결과는 어땠을까? 각 성공 사례를 통해, 우리는 회사들이 일반적인 원칙과 선행 사례에서 출발해서 자신들만의 구체적인 욕구와 문화에 맞춰 일련의 프랙티스를 유기적으로 성장시킨다는 사실을 알게 됐다. 때로는 그 프랙티스에 자신들만의 고유한 라벨을 붙이기도 했다. 세상에 "만능" 해결책이나, 보편적으로 적용되는 "최고의 프랙티스" 같은 건 없지만, 우리는 다양한 경영 프랙티스들이 놀랍도록 유사성을 띠는 현상을 목격했다. 그 주요한 특징을 나열하면 다음과 같다.

1. 업무를 작은 단위로 나누어 처리한다. 복잡하고 예측 불가능한 일일수록 일을 (가능한 범위까지) 쪼개서 조금씩 처리하되, 고객이나 최종 사용자에게 가치가 있을 만한 제품이나 서비스를 짧은 간격으로 완성할 수 있도록 한다. 팀으로 나누어 짧은 주기로 일하면 크고 복잡한 프로젝트라 하더라도 일이 잘 진척되고 있는지를 쉽게 알 수 있다. 보통은 회사가 1주, 2주 또는 3주로 마감일을 정해주지만, 팀이 알아서 적절한 주기를 선택하기도 한다.

이런 회사들은 과거에 크고 복잡한 계획을 세웠다가 실패한 경험이 있다. 알 수 없는 요소가 너무 많은 데다 급변하는 사항들을 일일이 반영하기 어려웠던 탓이다. 이에 대한 해결책이 바로 "모든 것을 작게 만드는 것"이다. 즉 업무 단위를 배치batch로 잘게 쪼개고, 작은 팀을 구성해 짧은 주기로 빠른 피드백을 받는 것이다.

2. 소규모의 기능혼합팀을 만든다. 보통 소규모의 자율적인 기능

혼합팀이 고객이 가치 있다고 여길 만한 제품을 만든다. 팀의 규모는 정해져 있지 않다. 어림잡아 "일곱 명에서 두 명을 더하거나 뺀" 정도다. 한 팀에 열 명에서 열두 명을 배치하는 회사가 있는가 하면, 더 작게 꾸리는 곳도 있다. 팀에는 "조"나 "반"처럼 다른 이름을 붙이고 "팀"이라는 용어는 작은 그룹들을 합친 큰 프로젝트에 붙이기도 한다.

3. 업무량을 제한한다. 모든 팀은 짧은 주기 안에 완성할 수 있는 양만큼만 집중한다. 한 번에 처리하는 업무량을 제한함으로써 업무가 밀리고 리스크가 쌓이는 것을 줄이려는 목적이다. 과도하게 많은 업무를 진행하느라 처리해야 할 일이 쌓여 있는 것은 애자일을 막 시작한 팀, 그리고 비영업부서에 만연한 특징이다.

4. 자율적인 팀. 한 주기를 시작하면서 '무엇을' 해야 할지 결정하고 나면, 팀들이 스스로 업무를 '어떻게' 처리할지 결정한다. 회사는 기본적인 진행 규칙만 정해준다. 진행 규칙은 회사마다 다르다. 어떤 회사는 팀들 사이의 의존성을 잘 관리하기 위해서 공동의 마감시한을 두고 스크럼과 비슷하게 스프린트sprint(짧은 시간 안에 역량을 집중해서 문제를 해결하는 팀 프로세스—옮긴이) 방식을 실시한다. 어떤 곳은 이런 선택 사항마저 팀에게 전부 맡긴다. 우리가 목격한 바에 따르면, 모든 회사는 저마다 팀을 어떻게 이끌지, 팀에게 어떤 책임을 부여할지 규정을 정해놓는다. 하지만 실제 일을 처리하는 방식은 전부 팀에 달려 있다.

5. 업무 "완료하기". 애자일을 성공적으로 구현했는지는 어떻게 확인할 수 있을까. 이를 확인하는 리트머스 시험지는 보통 각 주기가 끝날 때마다 팀들이 업무를 완료했는지를 점검하는 것이다. 일괄 처리하는 양을 줄이면 팀이 일을 "거의 끝마치는" 정도를 넘어서 "완료"하기가 쉬워진다. 겨우 "완료"하도록 돕는다니 터무니없이 단순하게 들릴 수도 있다. 하지만 거기엔 상황을 변화시키는 힘이 있다. 거대한 관료주의 조직들이 그렇게 느린 이유는 일부만 완료된 업무가 한가득인 데다 가끔 미해결된 문제도 숨어 있어서다. 이것들이 전부 다음 업무를 재개할 때 추가적으로 일거리를 만들어내는 원인이다. 한꺼번에 시스템을 바꾸려면 값비싼 인지적 대가를 치를 수밖에 없다.

소프트웨어 개발에서 "완료"는 보통 코드 작성 완료, 유닛 테스트 완료, 통합 테스트 완료, 고객을 대상으로 한 성능 시험 및 승인 등을 의미한다. 팀이 맡고 있는 업무가 거대하다면 이런 것들을 "완료"하기란 매우 어렵다. 업무의 크기를 작게 줄여야만 투명성을 확보하기 쉬워진다. 고객에게 시험 가능한 짧은 업무 단위가 끝날 때마다 문제를 깔끔하게 해결해야, 뜻하지 않은 결함과 대혼란을 조기에 해소하고, 기술 부채가 누적되지 않는다.

6. 중단하지 않고 일하기. 짧은 주기로 팀을 운영하되, 업무의 연속성을 유지한다. 한 주기를 시작할 때마다 일의 우선순위를 정해 그 주기가 끝날 때까지 처리한다.

7. 매일 서서 회의하기. 관찰 결과 매일 서서 하는 회의는 어떤 애자일 프랙티스를 사용하는지와 상관없이 모든 현장에서 일종의 의식처럼 이뤄졌다. 팀들은 매일 간단한 회의를 열어 진척 상황을 공유하고 어떤 장애물을 없애야 하는지 확인했다. 주제는 다양하지만, 보통은 어떤 업무를 완료했고 뒤이어 어떤 업무를 진행할 건지 알리고, 어떤 문제가 골칫거린지에 대해서 이야기를 나눈다. 회의는 팀원들 개개인이 혼자서 고군분투하기보다 "함께 머리를 맞대고" 문제를 해결하도록 돕는다. 의사소통은 팀원들을 위한 것이지, 관리자가 팀의 진척 상황을 점검하고 통제하기 위한 것이 아니다.

8. 급진적인 투명성. 현장 방문 시 우리 눈에 띄었던 건 "손으로 쓴 정보 현황판"이었다. 누구나 팀의 업무 공간에 들어와서 이 정보 현황판을 보고 일이 어떻게 진행되고 있는지, 무슨 문제가 발생했는지 한눈에 알 수 있다.

9. 주기별 고객 피드백 관리. 한 주기가 끝날 때마다 팀은 고객으로부터 피드백을 받는다. 그리고 관리자와 협력해서 피드백을 바탕으로 무엇을 성취했는지 평가하고, 다음 단계를 계획할 때 반영한다.

10. 소급적 검토. 짧은 업무 주기가 끝날 때마다 무엇을 배웠는지 소급해서 검토하고, 다음 업무를 계획할 때 참조한다. 매일 서서 회의하기와 마찬가지로, 이때의 대화는 팀원들을 위한 것이지, 관리자가 팀의 업무를 점검하고 통제하기 위한 것이 아니다.

이러한 작업 방식은 실제 경험과 광범위한 실험을 거쳐서 나온 것이다. 정말 이 방법이 더 생산적일까? 구글은 그렇다고 생각한다. 구글의 인재분석부 책임자인 아비어 듀베이Abeer Dubey는 이렇게 말한다. "최고경영자들은 오랫동안 최고의 팀을 만들려면 최고의 인재를 모아야 한다고 믿어왔다." 하지만 구글의 조사 결과는 그렇지 않았다. 구글이 높은 성과를 내는 팀의 특징을 포괄적으로 연구한 조사 결과에 따르면 성과와 팀원의 유형 사이에는 별 관계가 없다는 사실이 드러났다. 아리스토텔레스 연구로 알려진 이 연구는 팀의 구성보다는 애자일 경영 프랙티스에서 중시하는 다섯 가지 핵심 역학이 팀의 성과와 훨씬 더 관련이 있음을 보여준다.[16]

1. **심리적 안전**. 이 팀에 리스크를 걸고도 불안하거나 초조하지 않은가?
2. **의존성**. 제 시간에 양질의 작업을 해내기 위해 서로에게 의지할 수 있는가?
3. **구조와 명확성**. 팀의 목표, 역할, 실행 계획이 명확한가?
4. **일의 의미**. 각자 개인적으로 중요한 일을 하고 있는가?
5. **일의 파급효과**. 우리가 하는 일이 중요하다고 근본적으로 믿고 있는가?

애자일 방식으로 업무를 조직하면 일이 빨리 끝날 뿐 아니라 직원들이 일에 몰두하는 경향이 높아진다. 전통적인 작업 환경에서 직원 다섯 명 중 한 명만이 일에 온전히 몰두하는 것과는 완전히 다르다. 애자일 경영의 작업장에서는 직원들이 심리적으로 미하이 칙센트미하이가 정의한 "몰입flow"의 상태에 놓이게 된다. 즉 업무 프로세스에 열심히 집중하고, 온전히 참여하고, 즐기는 감정에 완전히 몰입하는 것이다. 자신이 하는 일의 결과물이 상대에게 어떤 의미를 지닐지 알 수 있을 때, 인간의 "뇌가 움직이기" 때문이다.

이 현상은 우리가 현장 방문에서 만난 팀들이 높은 동기를 지닌 이유를 설명해준다. 이들에게 전통적인 방식으로 경영하는 회사에서 일할 의향이 조금이라도 있는지 물어보면 뭐라고 답할까? 다들 "죽어도 싫다"고 말한다.

완벽하게 몰입해 일할 수 있는 회사가 있을까?

다양한 프랙티스들 사이에 강한 유사성이 있는 건 사실이다. 그럼에도 각 회사들은 자신만의 독특한 방식으로 프랙티스를 조합해왔다. 소프트웨어 개발회사인 멘로이노베이션스Menlo Innovations가 사용하는 프랙티스 역시 매우 흥미로운데, 이는 열정 가득한 최고경영자 리처드 셰리든Richard Sheridan과 공동 창업자 제임스 괴벨James Goebel이 탄생시킨 조합이다. 멘로는 주로 기업 납품용 소프트웨어 애플리케이션을 개발하는데, 의료나 건강관리 같은 핵심 분야에 많이 사용된다. 다행스럽게도 멘로는 방문객을 환영한다. 누구나 미시간주 앤아버에 위치한 이 회사를 방문해서 이 미래의 작업장을 살펴볼 수 있다.

그렇지만 셰리든은 방문객들에게 애자일보다 일하는 즐거움에 대해 더 많이 이야기한다. 애자일이나 린 같은 경영 기법에 대해 배우러 온 사람들에게 왜 그는 즐거움을 이야기하는 것일까? "답은 간단하다." 셰리든은 말한다. "우리가 멘로에서 하고자 하는 일은 엔지니어의 마음을 해방시키고, 타인에게 봉사하는 것이다. 우리 같은 엔지니어는 세상이 즐거워하는 것, 사람들을 즐겁게 하는 것을 만들어내기 위해 존재한다. 우리가 애자일이나 린이라고 부르는 것들, 또는 이름이 다른 그 밖의 경영 기법들이 달성하고자 하는 목표는 하나다. 어떻게 하면 타인에게 봉사할 수 있을까?"

"그 목표를 달성하기 위해 우리는 많은 개념들을 차용했다." 셰리든은 말한다. "우리가 '애자일'이라는 단어를 잘 쓰지 않는 이유다. 우리를 찾아온 사람들은 이렇게 묻는다. '우리 눈에 당신들은 아주 애자일해 보입니다. 그런데 왜 애자일이라고 부르지 않나요?' 우리는 애자일해지고 싶어서 이런 일들을 하는 게 아니다. 세상에 즐거움을 만들어내고 싶어서다."

이 모든 일의 시작은 약 20년 전부터다. 오랫동안 셰리든은 소프트웨어 개발 관리자로 일하면서 조직의 사악한 관행에 분노를 느꼈다. 그리고 이후 회사를 차리면서 소프트웨어 개발이 인간에게 고통

을 주는 일을 끝내겠다는 확고한 목표를 세웠다.[17]

멘로이노베이션스를 설립하기 전에 그가 한 일은 시스템이 고장나거나 심각한 정전 사태가 일어났을 때 소프트웨어 문제를 해결하는 일이 대부분이었다. 전통적인 경영 프로세스가 불을 지르면, 셰리든은 불을 끄는 식이었다. 자신이 소프트웨어 개발 관리자인지 소방대원인지 헷갈릴 지경이었다. 스트레스가 엄청났다. 그래서 그는 직원들에게 그런 스트레스를 주지 않는 회사, 즉 시도 때도 없이 비상사태가 발생해 직원을 불안에 떨게 하지 않는 회사를 차리기 위해 직접 발 벗고 나섰다. 그는 직원들이 자신의 일과 일하는 방식에 자부심을 가지기를 원했다. 또한 일에서 스트레스가 아니라 즐거움을 느끼기를 바랐고, 일을 즐기는 직원들이 개발한 소프트웨어를 생산하고자 했다.

'즐거움'이라는 단어는 20세기 직장에서는 떠올리기 힘든 단어다. 좋은 직장이라고 하면 보통 "효과적"이거나 "효율적"이거나 "바쁜" 곳을 의미했다. 그런데 즐거운 직장이라니, 생각만 해도 우스꽝스럽게 들릴 정도였다.

하지만 15년 가까이 멘로이노베이션스는 그런 일을 해오고 있다. 업무를 담당하는 사람(소프트웨어 개발자), 업무를 의뢰한 사람(클라이언트), 그리고 일의 결과물을 사용할 사람(최종 사용자) 모두에게 즐거움을 주는 일터를 유지하는 것 말이다. 셰리든은 말한다. "팀도 돌보지 않으면서 타인에게 제대로 봉사할 수 있다고는 생각하지 않는다. 그래서 무엇보다도 타인에게 봉사하고 세상에 도움이 되는 훌륭한 결과물을 내는 데 집중할 수 있는 시스템을 만들었다. 하지만 그러기 위해선 우선 소프트웨어를 설계하고 개발하는 방식을 다시 만들어야 했다."

즐거운 일터를 만들겠다는 셰리든의 목표는 절대 고장 나지 않고 절대 고칠 필요 없는 완벽하게 안정된 코드를 만드는 것을 의미한다. 그리고 이는 멘로가 운영하는 사업 부문(절대적으로 안전한 의료 장비)에도 그대로 반영된다. "소프트웨어 비상사태를 마지막으로 겪은 게 2004년이다." 셰리든은 말한다. "평소 일감을 수주했을 때와는 상황이 많이 달랐다. 새로운 클라이언트와 막 일을 시작했을 때였는데, 바로 그 첫 주에 몇 년 동안 개발 중이던 거대한 새 프로젝트까지 론칭한 것이다. 완전히 재앙이었다. 직원들은 일을 바로잡으려고 밤낮없이 주말까지 일했다. 결국 클라이언트의 사업에 악영향을 미쳤고, 시장에서 제품의 판매 속도도 떨어졌다."

반면 멘로는 비상사태가 없는 환경을 만든다. 멘로의 직원들은 해당 클라이언트와 일하며 어떤 일이 일어나는지를 보고 이렇게 말했다. "아, 이게 비상사태라는 거군요!" 그들은 그런 상황을 한 번도 본 적이 없었다. 경험해본 적이 없다. 그러니 어떤 건지 알 턱이 없었다.

셰리든은 말한다. "우리가 하는 일은 전제정치를 통해 자유를 만드는 것이다. 우리는 즐거운 일터를 창조했다. 직원들은 그 일터에서 일하는 것을 좋아하며, 업무에 완벽하게 몰입한다. 하지만 동시에 작업장에서 모호성을 제거하기 위해 전제정치를 도입한 것도 사실이다. 이곳 직원들은 자신이 누구와 일하고, 누구를 위해 일하는지 안다. 자신이 어떤 일을 하는지, 어떤 순서로 일할지도 안다. 그게 바로 전제정치와 비슷한 부분이다. 일단 전제정치가 자리 잡고 나면 자유가 시작된다. 나는 이렇게 말한다. '이제는 자유로이 당신이 좋아하는 일을 추진하기 바랍니다. 어깨를 잡고 매달리는 사람도, 방해하는 사람도, 무슨 일을 하는지, 어떻게 돌아가는지 꼬치꼬치 묻는 사람도 없을 테니까요.'"

셰리든은 이렇게 말한다. "우리에겐 신뢰할 만한 프로세스가 있다. 팀 전체가 프로세스를 믿기 때문에 팀원들이 일을 잘하고 있는지 돌아다니면서 감시하고 확인할 필요가 없다. 사실 그 프로세스가 팀원들을 보호한다. 직원이나 고객 모두 프로세스에 대해 분명히 한다. 팀워크는 선택사항이 아니다. 협력도 선택사항이 아니다. 우리는 팀 전체에 '협력할 수 있는 권한'을 준다고 말한다. 그러니까 작은 팀에서 일해야 한다는 생각을 강요함으로써, 협력할 자유를 만들어주는 것이다."

멘로는 어떻게 "비상사태 없는 소프트웨어"를 만들까? 한 가지 눈에 띄는 특징은 멘로가 팀의 연속성 문제에 접근하는 방식이다. 마이크로소프트나 에릭슨처럼 애자일 경영을 실천하는 대부분의 회사들은 팀원들을 그대로 유지해서 같은 사람이 같은 팀에서 최대한 오래 일하도록 노력한다. 그러면 스포츠 우승팀처럼 전 팀원이 서로의 기술과 개성을 잘 알게 될 거라는 생각에서다. 더욱이 코더는 코드를 이해하고 그것을 유지하기 위해 최적의 자리에 배치된 사람들이다. 이들에게 품질 문제("버그")를 해결하라고 책임을 지우면 처음부터 잘 하라는 동기 부여도 된다. 이런 회사들은 팀 그 자체를 상품으로 본다.

"나쁜 방법은 아니다." 셰리든은 웃으며 말한다. "팀이 영원불멸이고 직원들이 절대 휴가를 가지 않는다면 말이다! 우리는 정확히 그 반대로 일한다. 소프트웨어가 팀원들 개개인에 의존한다면 이런 질문이 생길 수밖에 없다. 만약 그 팀이, 그 팀원이 사라진다면 어떻게 할 것인가? 한 프로젝트에 직원 네 명이 일을 한다고 가정해보자. 각 팀원은 자신의 분야에서 독점적인 지식과 전문성을 갖춘 성채가 된다. 이런 상황에선 그중 한 명만 없어도 팀이 돌아가지 않는다. 팀 전체가 추락한 게 아닌데도 말이다. 데이터베이스 담당자는 꼭 있어야지. 시크릿 소스 담당자도 없어선 안 돼. 미들웨어 담당자가 빠지면 팀을 돌릴 수 없잖아. 이렇게 되는 것이다. 그들이 담당 코드를 아는 유일한 사람이기 때문이다. 사실상 해당 소프트웨어에 대한 지식이 팀 안에 갇혀 있는 셈이다. 우리에겐 개개인에게 의존하지 않는 팀과 소프트웨어가 필요하다."

멘로의 작업 주기는 겨우 일주일로 굉장히 짧다. 그리고 일주일에 한 번씩 팀원이 전원 바뀐다. "매주 팀원을 교체하기 때문에 팀마다 전임 담당자가 전주에 작성한 코드를 건드릴 수밖에 없다. 사실상 코드가 신뢰할 만한지, 유지 가능한지, 바로 시험하는 셈이다. 교체가 효과적으로 이루어지려면 새 팀이 코드를 이해해야 한다. 이해하지 못하면 그 코드를 작성한 사람들을 찾아간다. 아마 몇 걸음 거리에 앉아 있을 것이다. 그 과정에서 이전 팀 역시 자신들이 만든 코드를 이해하게 되고, 만들 당시엔 명확해 보였던 코드가 사실 그렇지 않다는 것을 깨닫게 된다."

셰리든은 이어서 말한다. "그 결과 아주 명확하고 믿을 만하고 유지 가능한 코드가 탄생하게 된다. 그게 우리의 목표다. 이런 식으로 매주 반복해서 일하면 결국 많은 사람의 손을 거치면서 명확하고 유지 가능한, 견고한 코드의 본체를 가지게 된다. 그렇게 코드를 확장하고 확대하게 되는 거다. 그런 코드는 비상사태를 일으키지 않는다."

멘로이노베이션스의 두 번째 특이점은 직원에 대한 접근 방식이다. 많은 회사들이 자신들에게 필요한 기술을 가진 적임자를 찾으려고 애를 쓴다. 파이톤 4.6이나 오라클 9.1.1.1을 다룰 줄 아는지 따지는 것처럼 말이다. 그렇게 특정 업무에 필요한 기술과 그 기술을 가진 사람을 정확히 매칭하려고 노력한다.

멘로의 접근법은 이와 반대다. 이들은 협동, 적응력, 투명성, 신뢰의 문화를 추구한다. "이 문화는 채용 프랙티스에서부터 시작한다." 셰리든은 말한다. "직원들이 이런 문화에 맞지 않으면 오래가기 힘들 것이다. 신입 사원 채용 시 우리는 지원자와 직원들의 '즉석 만남'

자리를 마련한다. 만남이 끝난 뒤엔 항상 같은 질문을 던진다. 이 사람과 일하고 싶은 마음이 드는가? 답이 '그렇다'이면 하루, 다음엔 한 주, 그다음엔 한 달 동안 같이 일해본다. 그래도 여전히 답이 '이 사람과 일하고 싶다'이면 그때 그 사람을 채용한다."

셰리든은 말한다. "이런 면접 프로세스를 개발한 이유는 우리 조직 문화와 어울리는 사람을 찾기 위해서다. 우리는 처음에 질문을 많이 하지 않는다. 이력서보다는 문화적으로 적합한지에 더 신경 쓴다. 지원자가 얼마나 똑똑한지는 보지 않는다. 뭘 배웠는지도 신경 쓰지 않는다. 어느 대학을 나왔는지도 별 관심 없다. 지원자가 우리 문화와 맞지 않으면 그런 건 하나도 중요하지 않다. 일단 우리 문화와 맞다 싶으면, 그제야 기술을 갖췄는지 묻기 시작한다. 하지만 솔직히 말해 기술을 습득하는 것은 올바른 태도와 사고방식을 갖추는 것에 비해서 별로 어려운 일이 아니다."

멘로이노베이션스의 세 번째 특징은 '짝 이루기'다. 모든 업무는 한 쌍으로 이루어진다. 전통적인 관리자의 눈엔 두 사람이 한 컴퓨터 앞에서 같은 일을 하는 게 비생산적이고 비효율적으로 보일 것이다. 그들은 '짝 이루기'가 생산성을 반으로 떨어뜨린다고 생각한다. 하지만 셰리든은 그 반대라고 말한다. 멘로가 모든 업무에 짝을 짓는 이유는 그게 훨씬 생산적이기 때문이다. 성과 지표에 따르면 짝을 지어 일하는 것이 혼자 일하는 것보다 열 배나 더 생산적이다.

셰리든이 개발자 일을 시작한 초반에 모시던 상사들은 두 사람이 함께 일하는 것을 보면 둘 중 하나는, 어쩌면 둘 다 놀고 있을 거라고 추측했다. 그러면서 그들의 대화에 끼어들어 "돌아가서 일이나 하라"고 다그쳤다. 멘로의 방식은 그와 반대다. 셰리든은 이렇게 말한다. "혼자 있는 직원을 보면 이렇게 묻는다. '왜 일을 안 하고 있는 거지?'"

멘로는 유지보수가 어려운 코드를 가지고만 있기보다는, 유지보수가 가능한 코드를 지속적으로 관리하는 쪽을 택한다. 물론 '짝 이루기'를 도입한 회사가 멘로만은 아니지만 여전히 보기 드물다.

멘로의 네 번째 독특한 특징은 인류학자의 접근법이다. 셰리든은 말한다. "안타깝게도 지금까지 소프트웨어 산업은 소비자의 요구에 맞지도 않는 기술을 생산하고서 그들을 '멍청한 사용자'로 취급해왔다. 사람들의 욕구를 딱히 충족시키지도 못하는 소프트웨어를 만들고는 사용법을 알려주려고 안내서를 만들어왔다. 멘로는 정반대의 접근법을 취한다. 우리는 사용자 매뉴얼이나 안내 데스크가 필요 없는 소프트웨어를 만들고자 한다. 우리의 목표는 우리가 개발하는 소프트웨어를 사용할 사람들을 기쁘게 하는 것이다. 이 목표를 이루기 위해 우리가 봉사하는 사람들, 즉 우리가 만드는 소프트웨어를 사용할 사람들에 대해 많은 것을 공부한다. 이런 프랙티스를 우리는 '첨단 인류학'이라고 부른다."

셰리든은 말한다. "우리는 인류학자들을 시켜 공감과 연민과 인류학자 고유의 도구를 장착하고 세계로 나가게끔 한다. 그러면 그들은 현장으로 나가 사람과 환경, 그들의 어휘, 작업 흐름, 습관, 두려움, 꿈을 이해하고, 그 경험을 바탕으로 소프트웨어 경험을 설계한다."

멘로에서 실천하는 이 네 가지 독특한 관행(팀원 교체, 채용, 짝 이루기, 인류학적 접근)이 다른 조직에서 사용하는 프랙티스보다 "더 낫다"거나 모든 회사들이 따라해야 한다고 말하는 게 아니다. 이 관행들은 멘로의 맥락과 문화에 잘 맞아떨어진 것일 뿐이다. 다른 조직에도 맞을 수 있지만, 그렇지 않을 수도 있다. 그러므로 채택할지 말지는 그 조직의 선택사항이다. 모든 조직에 딱 맞아떨어지는 만능 애자일 실천법은 존재하지 않으니 말이다.

"팀? 그게 뭐 새로운 거라고"

'작은 팀의 법칙'의 특징 중 하나는 짧은 주기로 일하는 것이다. 마이크로소프트와 에릭슨이 채택한 주기는 3주다. 멘로는 한 주기를 일주일로 본다. 여기서 얼마나 더 줄일 수 있을까? 엣시Etsy(빠른 속도로 성장 중인 수공예품 온라인 쇼핑몰로 규모가 10억 달러에 달한다)가 매일 30개 부분 이상을 혁신한다는 얘기를 들었을 때, 처음 든 생각은 스트레스가 엄청난 직장이겠구나 하는 것이었다. 그러나 실은 정반대라는 얘기를 듣고서 깜짝 놀랐다. 엣시가 매일같이 프로그램을 배포하는 이유는 혁신 때문이기도 하지만 직장에서 발생하는 과도한 스트레스를 줄이기 위해서기도 하다. 그리고 엣시는 그 두 마리 토끼를 모두 잡았다.

7년 전만 해도 엣시는 2~3주에 한 번씩 코드를 변경했다. 연간 3회 배포하던 세일즈포스와 2년마다 제품을 업그레이드하던 마이크로소프트 등에 비하면 주기가 상당히 짧은 편이었다. 많은 회사들이 그랬듯 엣시는 소프트웨어를 개발하고 배포하는 팀을 별도로 운영하고 있었다. 개발자들은 새로운 소프트웨어를 만들었고, 운영자들은 개발자들이 병합해놓은 변경 사항을 번들로 배포했다. 그때만 해도 직원들이 야근을 하기 일쑤였다. 하루가 멀다 하고 일이 터졌다. 허구한 날 시스템 장애가 발생했고, 긴 시간 복구가 되지 않았다. 여러 가지 이유가 있었지만 그중 하나는 소프트웨어를 작성하는 그룹과 운영하는 그룹이 달라서였다.

2010년 엣시의 경영진은 이 문제를 해결하기 위해 발 벗고 나섰다. 그들은 '혁신하지 않으면 죽는다'라는 구호를 내걸고 한 달 방문자 수만 6000만 명 이상인 거대한 웹사이트를 개선하고 확장하는 데 방해가 되는 장애물을 없애는 데 매진했다. 경영진은 '품질'의 의미를 재정의했다. 이제 그들에게 '품질'이란 고품질의 코드를 배포하는 것만이 아니라 문제가 생겼을 때 신속하게 대처하고 적응성을 높이는 것도 의미했다. 그들은 또한 엔지니어링 팀이 지속 가능한 속도로 건강하게 일하기를 원했다. 많은 애자일 팀들처럼 그들은 댄 핑크Dan Pink가 말한 '자율성, 숙달, 목적'이라는 원칙에 매진했다.[18] 그리고 무엇보다도 업그레이드 버전을 배포하는 데 따르는 스트레스를 줄이려 했다.

이미 엣시는 지속적인 통합 시스템Continuous Integration(모든 개발을 완료한 뒤에 품질을 제어하는 고전적인 방법과 달리, 개발 과정에서 지속적으로 소소한 변경 사항을 적용하며 품질을 제어하는 관행—옮긴이)과 자동 테스트 방식을 실시하고 있었다. 이론적으론 이렇게 하면 실제 사이트와 운영 환경이 같은 준비 영역을 이용해 변경된 코드가 잘 작동할지 미리 테스트할 수 있다. 하지만 테스트를 거쳤음에도 실제 배포 과정에서 예상치 못한 일이 계속해서 일어났다. 반짝 세일 때 사이트 접속이 폭주하기도 했고, 하드웨어와 소프트웨어 사이에 충돌이 발생하기도 했다. 변경 사항이 너무 많아서 문제의 원인을 정확히 파악하기 어려울 때도 있었다.

결국 엣시는 훨씬 잘게 나누기로 결심했다. 놀랍게도 사소한 변경 사항들을 자주 배포하면 문제를 발견하고 해결하기가 한결 쉽다는 것을 발견했다. 이를 위해서는 우선 실행 및 관리 승인 프로세스를 근본적으로 바꿔야 했다. 그들은 변경 사항이 있을 때마다 일일이 경영진의 승인을 받는 기존의 방식을 버리고, 테스트를 마친 개선 사항을 그 즉시 배포했다. 또한 개선책 마련에 참여한 직원들이 프로그램 실행 과정을 직접 감독했다.

엣시의 경영진은 회사에 대한 명확한 비전을 보여주었고, 직원들은 그 비전에 전념했다. 그 덕에 '쿨한' 음악 스트리밍 서비스를 제공하는 스포티파이처럼, 엣시는 핸드메이드 및 빈티지 제품을 거래하는 '쿨한' 온라인 마켓으로 성장했다. 엣시와 스포티파이 같은 회사들에게 목표는 문제가 아니다. 큰 전략적 틀을 벗어나지 않는 선에서 직원들이 권한을 가지고 문제점을 지속적으로 개선하기 때문이다. 대부분의 변경 사항이 '눈에 띄지 않는' 것들이라 사용자들은 알아채지 못하지만, 그런 변화들이 사이트의 성능을 향상시킨다. 그리고 지속적인 테스트를 통해 개선 사항이 더 나은 서비스를 제공하지 못한다고 판단되면 그 즉시 제거한다.

때로 더 나은 서비스를 제공하기 위해 실험 삼아 변경 사항을 적용하는 경우도 있다. 이를테면 상품 가격에 배송료를 포함시킨 다음 '무료 배송'을 제공하면 어떨까, 실험해보는 것이다. 물론 그럴싸해 보이는 이 아이디어는 '별로'인 것으로 결론이 났다.

이런 시도 끝에 엣시는 7년 전과는 완전히 다른 일터로 재탄생했다. 혁신에 박차를 가함으로써 일터에서 발생하는 스트레스를 현저히 줄였다. 수정 사항을 한꺼번에 배포하는 별도의 '배포군'을 없애고 개선 팀에게 배포에 관한 감독 역할을 맡김으로써 전문성과 자율성 모두를 향상시켰다. 개발자들은 더 이상 늦게까지 야근하지 않아도 되었다. 시스템 장애가 오래도록 계속되는 일도 거의 없어졌다. 물론 뭔가 일이 잘못되면 여전히 스트레스를 받는다. 하지만 일이 틀어지는 경우가 훨씬 줄었고 바로잡기도 훨씬 쉬워졌다. 이제 엔지니어링 팀은 정시에 퇴근하며, 저녁과 주말이 있는 삶을 살고 있다.

웹사이트에 매일 업데이트되는 평균 서른 개의 수정 사항을 통해 우리는 초고속 혁신의 현장을 목격한다. 각각의 수정 사항들은 소소하다. 하지만 그 작은 변화가 때로 수백만 달러의 매출을 올릴 정도로 중요한 역할을 할 수도 있다. 이렇게 주된 전략적 틀 안에서 빛의 속도로 점진적인 변화를 이루어내면 재빠르게 혁신하고 학습할 수 있을 뿐 아니라 혹시 발생할지도 모르는 문제를 찾고 수정하는 능력도 훨씬 좋아진다.

물론 이런 프로세스는 신뢰하고 협력하는 조직 문화에서만 작동한다. 초고속으로 혁신을 구축하면서 스트레스에서 해방되는 것이 가능할까? 엣시를 보면 답은 '그렇다'이다.

그러면 이런 방식은 지속 가능할까? 2015년 엣시는 주식을 상장했다. 이런 행보가 엣시의 조직 문화를 위험에 빠뜨릴지 여부는 시간이 지나면 알 수 있을 것이다. 그렇지만 벌써 투자자들이 주주가치를 극대화하라고 압박하는 조짐이 보이는 건 염려스럽다. 만에 하나 엣시가 그런 압박에 굴복한다면, 지속 가능성을 희생하고 단기적인 재정 이익을 좇는 여타 회사들에 합류하게 될 것이다. 애플뮤직과 싸우는 스포티파이처럼 엣시가 생존할 수 있는 유일한 기회는 경쟁자들보다 더 빨리 혁신하고 고객을 기쁘게 하는 것이다. 그래서 더 많은 고객들에게 엣시가 꼭 필요한 경험이 되도록 만드는 것이다.

애자일 팀을 만난 전통적인 경영자들은 가끔 비웃는다. "팀이라고? 그게 뭐 새로운 거라고. 팀이라면 우리한테도 있던 거야. 조금도 새로운 아이디어가 아니야."

한편으로는 맞는 말이다. 1장에서 언급했던 것처럼 팀제는 경영계에서 거의 한 세기 동안 논의되어온 개념이다. 하지만 대부분 그저 이름만 팀이었다. 팀의 리더가 관료주의의 상사와 똑같이 행동하는 환경에서 팀들이 높은 성과를 지속적으로 거두지 못한 것은 놀라운 일이 아니다.

보통 팀제는 연구개발이나 특수 프로젝트처럼 특정한 문제를 해결하기 위해 이용되었다. 대부분의 사람들이 관료주의를 통해 훈련된 업무 수행 능력을 갖추거나, 팀제를 통해 혁신하거나 둘 중 하나를 선택해야 했다(〈그림 2-1〉을 보라).

그렇지만 애자일 경영을 통한 혁신에서는 훈련된 업무 수행 능력과 혁신, 둘 중 하나를 선택할 필요가 없다. 새로운 경영법에서는 두 가지를 동시에 시행할 수 있다. 모든 일상적인 업무에 팀을 배치할 수 있는 것이다(〈그림 2-2〉를 보라).

20세기 인문주의적 경영자들이 팀제를 장려했던 의도는 좋았다. 이들 심리학자, 사회학자, 경영 컨설턴트들은 사람들이 무엇을 필요로 하는지, 어떻게 해야 그룹으로 일할 수 있는지를 분석했다. 당연히 분위기 좋은 직장에서, 일에 의미를 부여하고, 성취감을 느끼는 직원들의 생산성이 더 높았을 것이다. 당연히 친절하고 사려 깊다고 평가받거나, 직원을 격려하고 지도했던 관리자들이 비열하고 무례한 상사들보다 일을 더 잘했을 것이다.

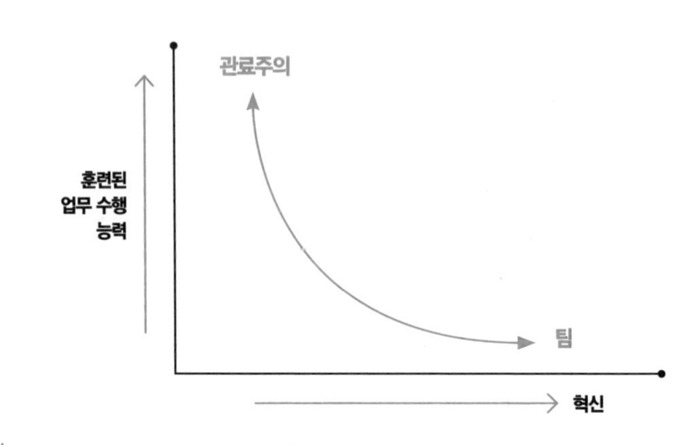

그림 2-1 | 전통적인 경영법에서는 훈련된 업무 수행 능력과 혁신 중에서 하나를 선택해야 했다.

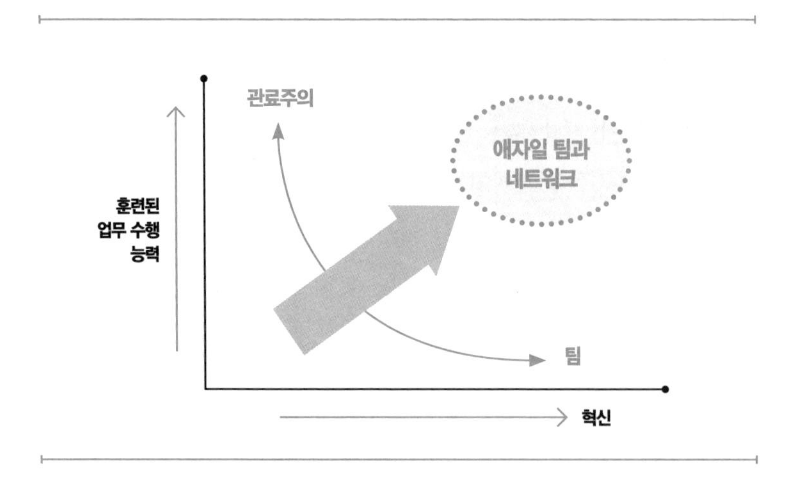

그림 2-2 | 애자일 경영법에서는 훈련된 업무 수행 능력과 혁신을 모두 성취할 수 있다.

높은 성과를 내는 팀제 관행은 널리 보급되지 못했지만, 팀제와 관련한 언어는 널리 퍼졌다. '팀 정신', '승리', '자아실현', '우수함', '목표에 대한 헌신', '완벽함에 대한 욕구' 등이 사람들의 입에 오르내렸다.

하지만 이런 언어들은 대개 실체가 없는 텅 빈 메아리였다. 공허한 표현과 거짓 흥겨움에 들뜬 열광이 이 언어의 세계를 가득 메웠다. 그러니 실제 이 언어를 구사하는 것은 낭만적인 척하는 기만적 언어를 서툴고 단조롭게 모방한 것에 불과했다. 마법에 걸린 회사가 주인공인 동화 속 이야기나 다름없었다.[19]

반면 애자일 경영의 창시자들은 일부러 재미없고 심지어 투박한 용어를 선택했다. "스크럼", "스크럼 마스터", "상품 소유자", "간반", "번다운 차트", "실행 가능한 소프트웨어", "스프린트", "스탠딩 회의", 업무를 그저 "완료"하는 것을 넘어 "완전히 완료"하는 것들이 그것이다. 여기엔 마술이나 마법에 대한 암시도, 자아실현 운운하는 거창한 언어도, 거짓된 동료애도 없다. 그 대신 혼이 쏙 빠질 정도로 복잡한 상황에서도 문제를 해결하고, 직원들이 중단 없이 계속 일하도록 만들고, 진짜 전문 지식을 활용하고, 장애물을 제거하고, 고객에게 끊임없이 가치를 전달하는 데만 오롯이 집중한다.[20]

그러니 애자일 팀은 20세기의 초창기 팀들과는 다르게 운영될 수밖에 없었다.

- 20세기 초창기 팀의 언어는 낭만적인 반면, 애자일 팀의 언어는 현실적이고 실용적이다.
- 20세기 초창기 팀은 해결 가능한 선형적인 문제들을 맡는 경향이 높았다면, 애자일 팀은 상상을 초월하는 복잡성과 끊임없이 변하는 비선형적 환경을 게임의 기본 속성으로 본다.
- 20세기 팀은 거대한 문제를 처리하기 힘들어 한 반면, 애자일 팀은 플랫폼과 네트워크를 활용해 업무가 마비되는 일 없이 무한대로 대규모의 일을 해결할 수 있다.

이러한 점들을 고려하면 '작은 팀의 법칙'이 단순히 용어를 바꾼 것 이상의 중요성을 갖는 이유를 알 수 있다. 애자일 경영은 거의 모든 일을 처리하기 위한 기본 방법으로 작은 팀을 채택함으로써 게임을 근본적으로 바꾸었다.

돌이켜보면, 상사와 부하 직원 간의 제로섬 게임 문제를 풀기 위해 인문주의적 이론가들이 그토록 열심히 매달렸음에도 불구하고 왜 해결이 불가능했는지 알 수 있다. 상사들이 이길 수밖에 없는 전투였기 때문이다. 그래봤자 종국엔 노동자들의 사기 저하로 순식간에 승리가 한 줌 재로 변하게 됐을 테지만 말이다.

이렇게 위아래 계층 간에, 경쟁적인 조직 내 사일로들 간에, 다양한 경영 의제들 간에 다툼이 치열하다 보니 그 사이에 치여서 고객의 목소리가 실종되는 일이 잦았다. 이를 타개할 방책이 바로 제로섬의 수직적 갈등 구도에서 벗어나 힘을 모아 함께 문제를 해결함으로써 고객에게 가치를 전달하는 데 집중하는 것, 즉 상생의 수평적 역학으로 게임을 전환하는 것이었다. 내부에 관심을 집중한 20세기 초창기 팀과 달리, 관심을 외부로 돌려 고객에게 지속적으로 가치를 제공하는 것이었다. 그렇다면 어떻게 해야 이런 변화를 이룰 수 있을까? 다음 장의 주제가 바로 그것이다.

3장

회사가 아닌 사용자가 원하는 일을 하라
고객의 법칙

모든 진실은 세 단계를 거친다. 처음엔 비웃음을 산다. 그다음엔 무참하게 억압당한다. 마지막으로 자명한 진실로 받아들여진다.

| 아르투어 쇼펜하우어[1] |

1539년 폴란드의 의사이자 경제학자이자 수학자이자 천문학자였던 니콜라우스 코페르니쿠스Nicolaus Copernicus가 몇 년간 연구해온 논문을 발표했다. 논문의 주장은 황당하기 짝이 없었다. 지구가 태양 주위를 돈다니.[2] 상식에서 완전히 벗어나는 생각이었다. 태양이 지구 주위를 돈다는 건 모두가 두 눈으로 직접 목격해 아는 바였다. 사람들은 매일 단단한 지구 바닥을 흔들림 없이 딛고서 해가 동쪽에서

떠서 하늘을 가로질러 서쪽으로 지는 모습을 보았다. 이는 빼도 박도 못하는 명확한 사실이었다. 코페르니쿠스는 말했다. "상식은 잊어라. 눈이 뭐라고 하든 잊어라. 사람들이 뭐라고 믿든 잊어라. 상식은 틀렸다. 지구는 태양 주위를 돈다."

코페르니쿠스가 처음 지동설을 발표했을 때, 그의 주장은 천문학자와 점성가들에게 새로운 수학적 모델(행성 간의 경로를 더 간단하게 계산하는 법)을 제시하는 것으로만 받아들여졌다. 그렇다고 그의 태양 중심의 세계관이 지구를 중심으로 한 심성 모형보다 행성들의 위치를 더 정확하게 예측한 것도 아니었다. 하지만 그의 이론은 천체를 더 분명하고 간단하게 이해하도록 돕는 것은 물론, 연구해야 할 생산적인 가설이 더 많음을 알려준다는 측면에서 천문학자와 점성가들의 관심을 끌었다.

권력자들도 처음엔 흥분했다. 교황 클레멘스 7세는 1533년 자신의 비서 요한 비트만슈테터Johann Widmannstetter로부터 그의 이론을 듣고 깊은 감명을 받아 코페르니쿠스에게 값진 선물을 하사했다.

그렇지만 교황이 놓친 것이 있었다. 바로 코페르니쿠스의 이론이 단지 행성의 움직임을 계산하는 수학적 모델이 아니라는 사실이었다. 그 속엔 거의 모든 유럽 정부들이 그 정당성의 근거로 삼고 있던 기성 종교, 특히 로마 가톨릭교회와 왕의 신권神權을 암묵적으로 훼손하는 세계관이 내재돼 있었다.[3]

그러므로 코페르니쿠스의 이론은 단순히 천문학에 새로운 가설

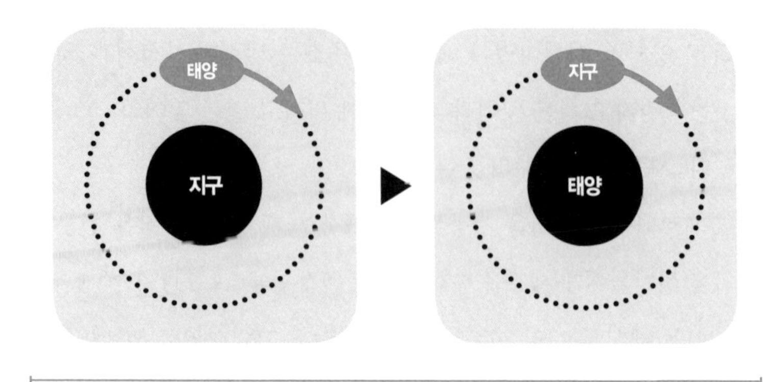

그림 3-1 | 코페르니쿠스가 발표한 지동설은 천문학의 혁명을 일으켰다.

을 제시(〈그림 3-1〉)한 것에 그치지 않았다. 로마 가톨릭교회의 수장과 왕권 신수神授를 내세우며 온갖 권리와 특권을 행사하던 군주들과 사회 조직 전반에 거침없이 의문을 제기한 시작점이었다. 교회와 권력층이 사회에 어떤 가치를 주는지에 대한 질문이 이어졌다. 일부 지도자는 현명하고 용맹한 진정한 지도자로 이름을 보전한 반면, 어떤 지도자들은 옹졸한 폭군, 고리타분한 관료, 무능한 멍청이로 드러났다.

이렇게 코페르니쿠스의 이론은 군주와 조직으로부터 우주적 정당성을 벗겨냈고, 그들의 진정한 사회적 가치를 점검하고 성찰하는 계기를 마련했다. 왕족과 교회는 계속해서 존속했지만, 그들의 사회구조적 역할은 점차 감소했다.

어느 순간 권력자들도 도전의 심각성을 파악했다. 결국 코페르니쿠스가 논문을 발표한 지 약 80년이 지난 1616년 3월, 로마 가톨릭 교회는 논문 내용을 수정할 때까지 그의 논문을 금서로 지정하고 유사한 책의 출간을 금지했다. 그리고 1633년, 이탈리아 천문학자 갈릴레이 갈릴레오가 지동설을 지지했다는 이유로 이단으로 몰려 종신 가택 연금이라는 벌을 받게 되었다.

하지만 전부 소용없는 짓이었다. 코페르니쿠스가 일으킨 혁명의 불씨는 꺼지지 않았다. 오랜 시간 탄압을 가했지만 아무 소득이 없었다. 몇 세기가 지난 1822년, 마침내 교회는 패배를 인정하고 천문학 혁명에 대한 논의를 허용하기 시작했다.

토머스 쿤Thomas Kuhn은 이렇게 말했다. "코페르니쿠스가 시작한 혁신을 단순히 지구와 태양의 자리바꿈으로 설명하는 것은 인간 사상의 발전에서 등장한 엄청난 발견을 보잘것없는 사건으로 과소평가하는 것이다. 코페르니쿠스의 주장이 천문학 외적으로 중요성을 띠지 않았다면, 그렇게 오래 지연되지도, 그렇게 완강하게 저항을 받지도 않았을 것이다."[4]

시장의 권력이 구매자로 이동했다

오늘날의 경영 프랙티스도 코페르니쿠스의 논문이 겪었던 것과 똑같은 변화를 겪고 있다. 고객의 법칙이 지배력을 행사함에 따라 기업이 세상을 이해하고 세상과 상호작용하는 방식이 달라지고 있기 때문이다. 이 법칙에 대해 최초로 가장 명쾌하게 설명한 사람은 피터 드러커Peter Drucker다. 1954년에 그는 이렇게 말했다. "비즈니스의 목적은 단 하나다. 바로 고객을 창출하는 것이다."[5]

드러커는 이렇게 부연 설명했다. "기업이 무엇인지 결정하는 것은 고객이다. 고객은 제품이나 서비스에 대해 기꺼이 돈을 지불함으로써 혼자 오롯이 자원을 부로, 물질을 상품으로 바꾼다. 기업이 스스로 무엇을 생산한다고 생각하는지는 기업의 미래와 성공에 크게 중요하지 않다. 고객이 자신이 구매한다고 생각하는 것, 고객이 '가치' 있다고 여기는 것이 가장 중요하다. 그것이 기업이 무엇인지, 기업이 무엇을 생산하는지, 기업이 앞으로 번창할지를 결정한다."[6]

당시에는 상식에서 벗어난 과격한 발언이었다. 모두가 기업은 돈을 벌기 위해 사업을 한다고 생각했다. 태곳적부터 그런 믿음엔 변함이 없었다. 어떤 기업가나 경제학자와 대화를 나누어도 다른 답을 얻을 수 없었다. 사실 드러커의 통찰에도 불구하고 돈벌이를 사업의 유일한 목적으로 보는 견해는 20세기 후반까지도 꾸준히 지지를 받았다. 1970년대와 1980년대에는 기업의 목적은 주주가치를 극대화해 주가에 반영하는 것이라는 주장이 공식적인 경제 원칙으로 굳어졌다. 1990년대 들어서는 고위 간부들에게 주식을 챙겨주는 것이라는 의견이 자리를 굳혔다.[7] 8장에서 다루겠지만, 이런 원칙으로 인해 눈앞의 이익만 생각하는 불건전한 사고방식이 횡행하게 됐음에도 그

후 수십 년 동안, 특히 미국에서 이런 독트린은 상장기업들을 지배하는 주문이 되었다.

한편 1954년 이후 시장은 (드러커도 간파한 바 있는) 갓 태동한 '고객의 법칙'을 꾸준히 강화하는 방향으로 변했다. 규제 완화, 세계화, 지식 노동의 출현, 신기술 등이 이런 흐름에 영향을 미쳤다. 시장 경쟁이 치열해졌고 변화의 속도가 빨라졌다. 지식 노동자들이 고객을 창출하고 유지하는 혁신의 중심이 되었다. 설상가상으로 인터넷이 등장하면서 모든 것을 변화시켰다.

그 결과 상업적 중력의 중심에 획기적인 변화가 일어났다. 시장 권력이 판매자에서 구매자로 이동한 것이다. 상업이라는 우주의 공고한 중심은 이제 회사가 아니라 고객이 되었다. 기업이 성공하려면 고객을 만족시키는 수준을 넘어 기쁘게 해야 했다. 신기술의 발달은 즉각적이고 친밀하고 비마찰적인 가치를 규모에 맞게 전달하는 것이 가능해졌음을 의미했다. 일단 가능해지고 나니 이는 애플, 아마존, 구글 같은 회사들처럼 필수적인 요소가 되었다. 사실 즉각적이고 친밀하고 비마찰적인 가치를 규모에 맞게 전달하는 것이 기업의 새로운 성과 지표가 되었다. 처음엔 기대만 하던 고객들도 갈수록 새로운 표준을 고집하기 시작했다. 이것은 세상의 법칙에 대한 사람들의 일반적인 이해를 근본적으로 뒤엎는 일이었다. 즉 기업들이 세상을 다르게 바라보고, 세상과 다르게 상호작용해야 함을 의미했다.

거대 기업이 이리저리 떠다니는 소극적인 고객들로 배를 불리면

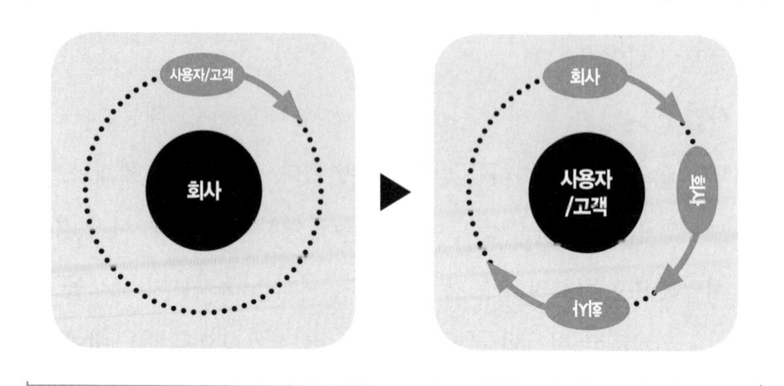

그림 3-2 | 이제 상업이라는 우주의 중심은 회사가 아니라 고객이다. 코페르니쿠스 혁명이 경영계에 일어난 것이다.

서 시장의 공고한 중심으로 군림하던 시절은 끝났다. 대신 마음이 죽 끓듯 변하는 적극적인 고객들이 이제 상업적 우주의 중심이 되었다. 고객은 태양이고, 회사는 그 주위를 맴돈다. 코페르니쿠스 혁명이 경영계에 일어난 것이다(〈그림 3-2〉).

20세기 기업들은 제품과 서비스를 만든 뒤 고객을 대상으로 마케팅 및 영업 활동을 펼쳐 상품을 구매하도록 유도했다. 자동차 회사는 차를 만들었다. 컴퓨터 회사는 컴퓨터를 만들었다. 의류 회사는 옷을 만들었다. 신문사는 신문을 만들었다. 사업을 잘하면 판매가 늘었고, 사업을 못하면 판매가 줄었다. 회사의 목적은 돈을 버는 것이었다. 그게 세상이 돌아가는 방식이었다. 세상은 항상 그래왔다. "우리가 만들 테니, 너희는 그냥 사!" 하는 태도였다. 그게 상식이었고, 자명한 사실이었다.

하지만 고객이 상업적 우주의 중심인 세상은 이와 완전히 다른 곳이다. 이제 고객들은 선택지를 가진 것은 물론, 무엇을 선택할지 알려주는 믿을 만한 정보통도 가지고 있다. 고객들끼리 서로 소통하면서 경험을 공유할 수도 있다. 소셜미디어 덕분에 그런 경험은 고객들 사이로 무한정 확대되고 있다. 이젠 회사가 고객에게 "우리 제품을 그냥 사라"라고 말만 하는 것으로는 충분하지 않다.

고객이 시장의 중심인 세상에서 회사 중심의 사고방식을 고수하는 것은 굉장히 위험하다. 이제 회사는 고객들의 문제가 무엇인지 생각하고, 그 문제들을 어떻게 해결해서 고객들을 놀라게 하고 기쁘게 할지 알아내야 한다. 고객의 관점에서 세상을 보고, 고객과 상호작용해 그들의 삶이 얼마나 향상될지를 이해할 필요가 있다.

란제이 굴라티Ranjay Gulati가 《회복력을 재건하라》라는 책에서 지적한 것처럼, 고객의 법칙에 내재된 변화는 단순히 영업팀을 업그레이드하거나 고객 서비스를 강화하는 것처럼 기존 경영 관행을 고치는 것 이상의 의미를 지닌다.[8] 그것은 조직의 모든 방향을 새로운 목표를 향해 재조준하는 것을 의미한다. 직원들과 파트너들을 움직여 고객에게 더 많은 가치를 한시바삐 전달하기 위해 모든 의사소통, 의사결정, 시스템, 구조, 가치, 문화를 조정해야 한다.

기업의 내부 시스템과 프로세스에 갇힌 상태로 고객에게 최선을 다하는 것으로는 부족하다. 이제는 고객이 기뻐하지 않으면 더 나은 고객 경험을 창출하기 위해 내부 시스템과 프로세스를 조정해야 한다. "고객이 우선이다"는 더 이상 말로만 외치는 슬로건이 아니다. 이것이 코페르니쿠스적 시장 이후의 뼈아픈 현실이다. 이제는 정말 고객이 우선이다. 내부 시스템, 프로세스, 목표, 가치, 문화 등 그 무엇이 됐선, 슬로건을 현실화하는 데 장애물이 된다면 바뀌어 한다. 이젠 고객이 갑이다.

고객을 최우선으로 하는 회사의 열 가지 특징

이런 거대한 변화는 조직이 운영되고 사회가 돌아가는 방식에 대해 극적인 의미를 함축하고 있다. 코페르니쿠스적 혁명 이후의 기업 운영 방식을 받아들인 회사에는 몇 가지 특징이 있다.

1. 고객 만족이라는 목표를 공유한다.
2. 최고경영진은 고객을 기쁘게 하고자 하는 열정을 조직 전반에 불어넣는 역할을 맡는다.
3. 해당 분야에서 최고가 되겠다는 포부가 있다.
4. 모든 구성원이 고객이 누군지 분명히 인지하고 있다.
5. 고객에 대해 정확하고 완벽한 지식을 가지고 있다.
6. 직원에게 결정 권한이 있다.
7. 회사 구조가 시장에 맞게 변한다.

8. 수직적, 수평적, 내부적, 외부적, 모든 방향으로 관계가 상호작용한다.
9. 비영업부서도 고객 서비스에 집중한다.
10. 고객에게 가치를 전달함으로써 수익을 창출한다.

먼저 조직 구성원 전부가 고객을 기쁘게 하겠다는 목표를 향해 필사적으로 움직인다. 모든 직원이 즉각적이고 친밀하고 비마찰적인 가치라는 요구 사항을 인식하고, 자신들이 각자 하는 일이 그런 성과에 어떻게 기여하는지 이해한다. 그런 까닭에 라이엇게임스, 스포티파이, SRI인터내셔널 같은 회사의 직원들은 고객을 기쁘게 할 멋진 제품과 서비스를 창조하고 전달한다는 사실에 들떠 있다. 멘로이노베이션스의 리처드 셰리든이 설명한 것처럼, 직원들은 일터에서 즐거움을 느낀다. 일이 활기를 불어넣고, 사기를 충전하고, 기운 넘치게 하는 에너지의 원천이 된다. 열정이 주체 못할 정도로 쉬지 않고 꿈틀댄다. 만족의 수준을 넘어 약동하고 끓어서 흘러넘친다. 감정이 사방으로 전염된다. 이런 기운이 모여 아이디어를 발전시키고, 행동하도록 자극한다.[9]

직원 다섯 명 중 겨우 한 명만이 업무에 온전히 몰두하고 나머지는 회사의 목표를 방해하던, 코페르니쿠스 혁명 이전의 직장과는 느낌이 많이 다르다.[10] 코페르니쿠스 혁명 이후의 직장에선 출근하는 직원들의 발걸음이 경쾌하다. 노엘 코워드Noël Coward가 말한 것처럼

일이 노는 것보다 더 재밌어진다.[11]

그러므로 고객을 기쁘게 하는 것은 직원 모두의 일이다. 단순히 제품이나 서비스를 제공하는 것과는 비교가 안 될 만큼 어려운 과제를 처리하고 통찰을 공유하기 위해서는 모든 직원이 노력해야 한다. 모든 직원이 최종 사용자의 삶과 머릿속으로 들어가서 어떻게 해야 그들의 삶을 개선할 수 있는지 직감하기 위해 최선을 다한다. 때로는 최종 사용자 스스로가 알아채기도 전에 먼저 그들의 욕구를 파악하려고 애쓴다. 실제 일을 처리하는 직원들이 숙련된 전문가인 데다 사용자, 동료, 인터넷 등 다양한 경로를 통해 정보에 접근할 수도 있기 때문에 어떻게 해야 과제를 해결할 수 있는지 관리자보다 더 잘 아는 경우도 많다. 하지만 관리자의 역할 역시 중요하다.

두 번째, 전 조직에 고객을 기쁘게 하겠다는 열정을 주입하는 것은 최고경영진이 책임져야 할 핵심적인 임무다. 최고경영진이 조직의 분위기를 결정한다. 이들은 고객의 기쁨을 생각하고 느끼고 호흡하는 사람들이다. 그러므로 이들이 나서서 회사가 주주와 고위 경영진에게 돈을 벌어다주기 위해 사업을 하는 게 아니라는 점을 회사 안팎으로 분명히 한다. 고객을 기쁘게 하자는 약속을 매일 확실하게 밝힌다. 회사의 야망과 거대한 목표를 끌고 가는 원동력은 다름 아닌 고객을 기쁘게 하겠다는 최고경영진의 강렬한 열정과, 그런 목표를 달성하는 데 필요한 것들에 대한 헌신과 관심이다. 고객을 기쁘게 하겠다는 최고경영진의 이런 무모한 헌신과 그것을 실현시키는 실용주의야말로 경외심을 불러일으키고 지지 세력을 다지고 행동을 부추기는 힘이다. 이런 방식으로 최고경영진은 일터에 대해서도, 업무에 대해서도 의미를 창조하는 책무를 다한다.[12]

이는 홍보팀이 만들어주는 영리한 연설문을 달달 읊는다고 해서 되는 게 아니다. 마음에서 우러나와야 한다. 제품과 서비스에 대한 특별한 관심이나 배경 지식 없이 '숫자만 읊어대는 관리자'는 코페르니쿠스 이후 조직에서 최고경영진으로서의 역할을 수행하기 힘들다. 거짓 열정은 통하지 않는다. 직원들이 거짓된 태도와 홍보용 가면 너머의 진심을 꿰뚫어볼 것이기 때문이다.

고객의 법칙은 자나 깨나 매일 일관적으로 전달하는 유일한 메시지다. 회사의 모든 발언과 결정은 회사가 하는 일, 즉 즉각적이고 친밀하고 비마찰적인 가치를 전달함으로써 고객을 기쁘게 하는 일에서 세계 최고가 되고자 하는 열망을 반영한다.

코페르니쿠스 이후 회사에서는 모든 고위급 간부의 말과 행동이 이런 현실을 그대로 반영한다. 직원에겐 이렇게 말하고, 고객에겐 저렇게 말하고, 월스트리트에는 또 정반대로 말하는 일은 있을 수 없다. 최고경영자가 직원에게는 고객을 기쁘게 하라고 격려하고, 재정 책임자에게는 고객을 기쁘게 하는 핵심 업무를 없애라 지시하고, 월스트리트에는 주주가치를 극대화해 주가에 반영하는 것만 신경 쓰고 있다고 보고해서는 안 될 일이다.

일관성이 중요하다. 고객을 기쁘게 한다는 목표에서 어긋나는 발언이 최고경영진의 입에서 한 마디라도 나왔다간 업무에 큰 차질이 생길 수 있다. 그런 일이 반복되다 보면 잘못이 꼬리에 꼬리를 물다가 관료주의적 경영 문화로 후퇴할 위험도 있다.

《미국 쇠망론》에서 토머스 프리드먼은 이런 상황을 '칼슨의 법칙'이라고 불렀다.

> 하향식 혁신은 질서정연하지만 어리석을 때가 많다. 반대로 상향식 혁신은 혼란스럽지만 현명할 때가 많다. 이는 다음과 같은 사실을 한층 강조한다. 모든 직원들이 크리에이티브한 창조자 또는 제공자가 되어야 하며, 모든 상사들은 (…) 상향식으로 혁신적인 아이디어를 떠올리도록 영감을 주고, 그렇게 만들어진 혁신을 하향식으로 손보고 다듬고 통합해서 제품, 서비스, 콘셉트를 생산하는 방법을 찾아야 한다.[13]

최고경영진의 말과 행동은 상향식과 하향식이 어우러지는 유기적 프로세스의 일부다. 윗사람들은 주로 조직 전체에서 애자일 옹호자를 찾아내고 그들을 지원하는 임무를 맡는다. 고객을 기쁘게 하겠다는 동기가 위에서만 내려오거나 아래서만 올라온다면, 회사는 길을 잃게 된다. 그와 더불어 고객에게 기쁨을 제공하다가 시스템에 결함이나 문제가 생겼을 때 해결하는 것도 최고경영진의 역할이다.

세 번째, 이 회사들은 해당 분야에서 세계 최고가 되겠다는 포부를 가지고 있다. 이들의 사전에 2등은 없다. 지속 가능한 미래를 꿈꾸려면 세계적인 수준으로 실력을 끌어올려야 한다는 사실을 이들은 잘 안다. 세계 경제가 인터넷으로 돌아가는 상황에서 모든 기업은 글로벌 기업으로 거듭날 수 있는 잠재력을 가지고 있다. 전 세계 어떤 기업과도 국경을 넘어 경쟁하는 셈이다. 이들은 고객은 최고를 기대하며, 어떤 것이 최고이고 누가 최고의 제품을 제공하는지도 파악하리라는 것을 알고 있다. 또한 인터넷 덕분에 자사가 최고의 자리에 접근할 수 있다는 것도 안다.

그렇기 때문에 이들 회사들은 최고가 되기 위해, 또는 최고의 자리를 유지하기 위해 전문 지식을 찾고 육성하고 개발하려고 최선을 다한다. 이를 위해 아웃소싱을 하기도 하는데, 이는 기회이자 덫이다. 아웃소싱을 맡는 회사가 최고가 아닐 수도 있기 때문이다. 10장에서 살펴보겠지만, 아웃소싱에는 리스크가 따른다. 단기적으로는 비용을 줄일 수 있으나 전문성을 잃게 되어 훗날 경쟁력을 놓칠 수도 있다.

네 번째, 조직 내 모든 구성원들이 궁극적인 고객 또는 최종 사용자가 누군지 명확히 인지하고 있다. 따라서 그들이 하는 일이 고객에게 어떻게 가치를 보태주는지, 또는 보태주지 못하는지도 안다. 보태주지 못한다면 이렇게 묻게 될 것이다. 우리가 이 일을 왜 하고 있는 거지? 이런 관점을 뒷받침하고 명확히 하는 것이 실적 평가, 특히 재정적인 평가다. 이렇게 하면 조직에서 이루어지는 모든 일상적인 의사결정에 목표를 반영할 수 있다.

다섯 번째, 이런 회사들은 무엇이 고객을 기쁘게 하는지 파악하기 위해 고객의 상황, 목표, 제약, 감정, 열망, 두려움에 대해 정확한 지식을 가지고 있다. 멘로이노베이션스에서 보았듯이, 때론 인류학적 접근법을 통해 이런 지식을 모으기도 한다. 현장을 방문하거나 고객과 상호작용하는 것 역시 도움이 된다. 애플과 스포티파이처럼 고객을 직원으로 채용하는 방법도 널리 사용되고 있다. 라이엇게임스의 경우 직원이 되려면 열정적인 게이머가 되는 것이 필수조건이다.

그러면서도 회사들은 혹시나 직원들이 자신의 기호를 고객에게 강요할까 봐 주의한다. 그래서 스포티파이의 경우 음악 마니아를 채용하는 한편, 직원들의 취향과 완전히 다르더라도 고객들의 취향을 추적하고 이해하려고 애쓴다.

게다가 이들은 **체계적으로** 정보를 얻는다. 주가가 5년 연속으로 S&P 500 지수 평균을 넘어선 열세 개의 상장기업들(페이스북, 아마존, 구글, 세일즈포스 등) 대부분이 알고리즘으로 운영된다는 사실은 의미심장하다. 그들은 스포티파이처럼(아직 상장 전이다) 사용자들에게서 데이터를 얻을 뿐 아니라, **체계적으로** 정보를 학습해 사용자 경험을 업데이트하고 개선한다. 여러 개의 센서와 사람들을 이용해서 고객들이 최근에 어떤 결정을 내렸는지에 대해 정보를 얻고, 수집한 정보를 바탕으로 반자동적으로 제품과 서비스를 조정하고 업그레이드한다.[14]

스포티파이의 디스커버 위클리가 좋은 예다. 스포티파이는 이번

주에 제공한 플레이리스트에 고객이 어떻게 반응했는지에 따라 다음 주 플레이리스트를 조정한다. 각 플레이리스트는 사용자 개개인별로 맞춤 조정되는데, 이는 1억 명이 넘는 사용자 모두에게 해당한다. 그 규모가 놀라움을 넘어 소름 끼칠 정도다.

그러다 보니 브랜드의 중요성이 점점 약해지고 있다(상장기업 상위 열세 개 중에 소비자 기업은 단 한 곳뿐이다). 브랜드(회사가 어제 무엇을 제공했는지)에 대한 사용자의 관심이 줄어들고, 회사가 오늘 무엇을 제공하는지에 대한 관심이 더욱 커지고 있다. 사용자들은 인터넷이라는 수단을 이용해 원하는 것을 알아내고 결정한다.[15]

여섯 번째, 고객에게 더 나은 결과를 안겨주기 위한 결정 권한이 직원에게 있다. 이들 회사들은 조직의 가장 낮은 단계, 이왕이면 작은 팀이 결정을 내리도록 한다. 이들은 상부에서 결정이나 승인이 떨어지기를 기다리지 않는다. 고객을 기쁘게 하는 일이다 싶으면 뭐든지 직진한다. 한때 결정 권한을 가진 사나운 지휘관이었던 직속상관도 여기선 큐레이터 또는 텃밭 관리인에 가깝다. 이 부분은 4장에서 살펴볼 것이다.

일곱 번째, 회사가 유동적이고 끊임없이 변하는 네트워크의 구조를 띤다. 이 네트워크는 급변하는 시장에서 고객 중심적 경향을 반영한 것이다. 시장이 끊임없이 변하기 때문에 조직도 끊임없이 변할 수밖에 없다. 회사들은 내부의 편견보다 고객의 생각을 우선시한 결과물을 내기 위해 정적인 구조, 즉 영구적인 피라미드 구조를 멀리한다. 정적인 피라미드 구조에서는 제품 및 서비스를 만들 때 필연적으로 고객의 욕구보다 내부의 역학과 결정을 강요하기 마련이다.

따라서 고객의 법칙은 고객에게 지속적으로 가치를 전달하는 것을 목표로 회사의 문화, 내부 시스템, 프로세스, 가치를 운용하기를 요구한다. 즉 갈등이 생겼을 때 고객의 요구를 우선시하는 것이다. 모두가 궁극적인 고객이 누구인지 분명히 알기 때문에 자신의 업무가 고객에게 어떤 가치를 부여하는지 이해하고 얼마든지 필요한 조치를 취할 수 있다. 관료주의의 견고한 피라미드 구조를 주기적으로 붕괴시키며 엄청난 규모로 "재편성"하는 대신, 모든 단계에서 끊임없이 조정하고 변화시키는 것이다.

여덟 번째, 조직 내 관계가 수직, 수평, 내부, 외부 모든 방향으로 상호작용한다. 가치 창출에 적극적으로 참여한다는 점에서 고객과 파트너도 조직의 일부나 마찬가지다. 이런 구조에선 지속적으로 혁신을 밀어붙이므로 어디서든 아이디어가 나올 수 있다. 이렇게 계속 상호작용하다 보면 조직과 주변 환경의 경계가 모호해지게 된다(1장 〈그림 1-2〉 참조).

아홉 번째, 재무, 예산, 회계, 감사, 조달, 인력 관리 같은 비영업부서들 역시 고객을 우선시한다. 관료주의에서는 비영업부서가 고객과 동떨어져 있지만, 고객의 법칙에선 모든 내부 시스템과 프로세스가 고객에게 가치를 전달한다는 목표 아래 움직인다. 혹시 충돌이 발생할 땐 고객을 우선시한다. 비영업부서들 역시 궁극적인 고객이 누군지 명확히 알고 있으며, 고객에게 가치를 제공하기 위해 자신들의 시스템과 프로세스를 지속적으로 조정한다. 시스템과 프로세스가 고객에게 아무런 기여를 하지 못하면, 당연히 이렇게 묻게 된다. 왜 이 시스템과 프로세스가 존재하는가?

무엇보다 재무 부문에 고객의 법칙을 적용하는 것이 가장 중요하다. 기업이 상장되면 단기적인 이익을 챙기라는 압력과 그로부터 회사를 지키려는 세력 간의 치열한 알력다툼이 일어나기 때문이다. 이에 대해서는 8~10장에서 자세히 다룰 것이다.

애자일 경영의 목표, 가치, 태도를 공유하는 직원을 채용하는 것도 고객 중심 문화를 지속적으로 강화하는 데 매우 중요하다. 경력 개발과 연봉 정책 역시 '작은 팀의 법칙'과 '고객의 법칙'에 따라 조정한다. 대기업에서 채용, 훈련, 경력 개발 정책에 애자일 경영을 조화롭게 적용시킨 사례로는 서너코퍼레이션Cerner Corporation을 꼽을 수 있다. 서너가 애자일 기업으로 변신한 이야기는 우리에게 많은 통찰을 줄 것이다(〈애자일 인사이드 3-4〉 참조).

열 번째, 고객을 위한 가치가 결국 조직의 수익을 창출한다는 사실을 명심한다. 물론 이들 회사들은 고객을 우선시하는 데 전념하는 한편, 살아남으려면 돈을 벌어야 한다는 사실도 인지하고 있다. 하지만 돈을 버는 것은 결과이지 목표가 아니다.

다행히도 고객의 법칙은 가격과 비용 측면에서 이익을 안겨주므로, 돈을 벌기에 아주 적합한 방식이다. 고객을 기쁘게 하는 회사들은 가격이 어떻든 많은 이윤을 남긴다. 고객들은 제품과 서비스가 마음에 들면 줄을 서서 구입하고 추가 비용을 지불하는 것도 마다하지 않는다.

여러모로 비용이 낮아질 가능성도 높다. 우선 고객의 마음을 얻지 못하는 일을 멈춤으로써 비용을 절약할 수 있다. 거창한 계획을 세워 놓고 회사가 생각하기에 고객이 원하는 것을 하는 대신에, 고객이 실제로 원하는 일만 하게 된다.

또 하나, 고객을 기쁘게 하는 회사들은 촌각을 다투며 일을 빠르게 끝낸다.[16] 일을 빨리 끝내면 비용은 절로 줄어든다. "시간을 자본화하는 것은 경쟁우위를 점하는 아주 중요한 방법이다." 조지 스토크George Stalk가 한 말이다. "보통의 회사들이 비용, 품질, 재고를 관리하는 것처럼 시간을 관리해야 한다. 제품 개발 주기에서 계획 단계를 축소하고, 공장의 공정 시간을 단축하고, 판매 및 유통을 대폭 감소하라. 시간은 돈, 생산성, 품질, 심지어 혁신에 버금가는 전략적 무기다."[17]

비용이 낮아지는 또 다른 이유는 판매 및 마케팅 비용을 절감할 수 있기 때문이다. 고객을 기쁘게 하는 회사는 무급 마케팅 부서를 쓰는 거나 마찬가지다. 고객들이 침이 마르도록 칭찬하는 동안 회사는 그냥 앉아서 구경만 하면 된다. 게다가 부정적인 소셜미디어 공세에 대응하기 위해 시간과 돈을 쓸 필요도 없다. 애초부터 올바른 일, 즉 고객을 기쁘게 하는 일을 하기 때문이다.

효율성을 넘어서는 혁신이 일어나기 어려운 이유

이런 특징들이 한데 합쳐졌을 때 회사의 경영 방식을 근본적으로 변화시킬 수 있다. 천문학과 마찬가지로 고객의 법칙은 경영 시스템 및 프로세스를 기술적으로 조정하는 수준을 넘어, 그것을 감독하는 개인의 권리, 특권, 의무 등 조직 전체가 운영되는 방법에 폭넓게 의문을 제기한다.

토머스 쿤의 말을 차용하자면, 고객의 법칙이 일으킨 혁신을 단순히 고객과 주주의 자리바꿈으로 설명하는 것은 인간 사상의 발전에서 나타난 엄청난 발견을 보잘것없는 사건으로 과소평가하는 것이다. 천문학에서의 코페르니쿠스 혁명과 마찬가지로, 애자일 경영이 특정 업무 프로세스의 핵심을 바꾼 것일 뿐 그 이상의 의미를 지니지 못했다면, 받아들여지기까지 그렇게 오래 지연되지도, 그렇게 완강한 저항을 받지도 않았을 것이다. 시작은 단순히 업무 수행 방식의 변화였지만, 애자일 경영의 끝은 다음과 같은 질문으로 마무리된다. 어느 계층이 조직을 움직일 것인가? 그들은 얼마나 보상을 받게 될 것인가? 경제 전반은 어떻게 기능할 것인가? 사회 전체는 어떻게 일을 처리하게 될 것인가? 결국 고객의 법칙은 권력에 관한 문제다.

다음은 칼럼니스트 페기 누난Peggy Noonan이 《월스트리트 저널》에 기고한 글이다.

월터 아이작슨이 쓴 스티브 잡스의 전기에는 잡스가 자신의 사업 철학을 길게 설명하는 매력적인 대목이 등장한다. 삶이 끝나갈 무렵, 그는 지나온 나날을 정리한다. 그에 따르면 그의 임무는 아주 명확했다. "직원들이 위대한 제품을 만들겠다며 의욕을 보이는, 오래가는 회사를 만들고 싶다"는 것이었다. 그런 뒤 사업을 하며 성공과 실패를 거듭했던 지난날로 눈길을 돌린다. 그리고 위대한 회사들이 "몰락하는 이유"에 대한 평소의 지론을 펼친다. "기업이 혁신하고 성공해서 독점적 위치에 오르게 되면 제품의 품질이 떨어지게 된다. 그때부터 회사는 뛰어난 영업사원을 중시하기 시작한다. 영업사원이 매출을 올리는 핵심적인 역할을 하기 때문이다." 그렇게 영업사원이 책임자의 자리에 오르고 제품 엔지니어와 디자이너는 뒷전으로 밀려난다. 이들의 노력은 회사의 일상적 업무에서 더 이상 중심적 위치를 차지하지 못한다. 사실상 회사가 생산에 "신경을 끄게" 된다. IBM과 제록스도 이런 식으로 쇠퇴했다고 잡스는 말한다. 이들 회사를 주도하던 영업사원들은 똑똑하고 언변이 뛰어났지만 "제품에 대해 아는 게 없었다." 이렇게 가다가 결국 위대한 기업은 운명을 맞게 된다. 소비자들이 원하는 것은 훌륭한 제품인 까닭이다.[18]

단지 영업사원의 문제만이 아니다. 회계사들과 금융업자들도 마찬가지다. 비용을 절감하고 주주의 이익을 챙길 온갖 기발한 방법을 찾기 위해 회사 곳곳을 뒤지는 행위도 회사를 위태롭게 한다.[19] 이런 활동들은 창조자, 제품 엔지니어, 디자이너의 사기를 꺾고, 결과적으로 고객에게 가치를 더하고자 하는 회사의 능력을 약화시킨다. 하지만 회사의 시스템과 미래를 훼손하고 있음에도 단기 수익과 주가에 도움을 주다 보니 당장은 영업사원에게 칭찬과 보상이 돌아간다.

이런 회사들은 코페르니쿠스 이전의 사고방식으로 조직을 운영하면서 기본적으로 방어적인 자세를 취한다. 공격 행위를 멈춘 지 오래되다 보니 어떻게 공격할지조차 기억하지 못한다. 그렇게 회사는 몰락하기 시작한다. 그나마 준독점적인 위치에 있다면 장기간 동안 가치를 쥐어짜낼 수 있을지도 모른다. 하지만 근본적으로 직원들의 사기를 꺾고 고객들을 실망시키면서 죽음의 내리막길을 걷는다.

방어 전략만 취하던 경영자들은 수익 창출이 점점 더 어려워지자 다급한 마음에 훨씬 위험한 시도를 하기 시작한다(이 부분에 대해서는 8~11장에서 깊이 있게 살펴볼 것이다). 이를테면 기업 연금을 빼돌린다거나,[20] 근로자 수당을 삭감하거나,[21] 외국에 아웃소싱(혁신하고 경쟁할 수 있는 능력을 더욱 파괴하게 된다)을 맡기는 식이다.[22] 이런 식으로 운영하는 회사가 많아지면 경제학자들이 말하는 "구조적 장기침체"에 빠지게 된다. 불평등이 심화되고 정치사회적 구조마저 흔들리기 시작한다.[23]

왜 경영자들은 변덕스럽고 불확실하고 복잡하고 모호한, 이른바 뷰카(VUCA)한 시장에 발맞추지 않고 회사의 시스템을 죽이는 길을 고수하는 것일까? 우선 가치를 창출하는 것이 가치를 쥐어짜는 것보다 어렵기 때문이다. 또 다른 이유는, 가치를 쥐어짜면 간부들에게 돌아오는 보상이 많기 때문이다. 업튼 싱클레어Upton Sinclair가 오래 전에 이렇게 말하지 않았던가. "잘 몰라야 봉급을 받는 인간을 이해시키기란 어려운 일이다."[24]

또한 진정한 패러다임 변화는 원래 저항을 받기 마련이다. 확실히 짚고 넘어가자. 여기서 말하는 패러다임 변화란 토머스 쿤이 제시한 엄격한 의미에서의 패러다임 변화를 말하는 것이다. 세계를 바라보는 완전히 다른 정신적 모델 말이다. 경제 기사들이 새로운 협상 전술이나 파격적인 인사 단행처럼 기존의 경영 규범에 약간의 변화를 주는 것을 두고 '패러다임 변화' 운운하는 것과는 다르다. 지난 반세기 동안 경영서들이 그런 낮은 차원의 "경영 패러다임 변화"를 너무 자주, 너무 엉뚱하게 사용한 탓에 이 용어는 경영에 관한 식상한 표현이 되어버렸다. 경영서 저자들이 '늑대가 나타났다'를 너무 자주 외치는 바람에 진짜 늑대가 나타났을 때 알아차리기도 어려울 지경이 된 것이다.

공교롭게도 과학과 경영의 '패러다임 변화'는 평행선을 그리는데, 이는 토머스 쿤의 혁신적인 저서 《과학혁명의 구조》에서 확인할 수 있다(〈애자일 인사이드 3-1〉에 요약 정리해놓았다).[25]

19세기의 경영은 일관된 경영 이론에 대한 합의가 이루어지지 않은, 패러다임 이전의 단계였다. 경영 사상은 1911년 프레더릭 테일러Frederick Taylor의 저서와 그가 제창한 "과학적 관리법"이란 원칙과 함께 제2단계에 접어들었는데, 이 원칙은 불길한 미래를 예측이라도 하듯 다음과 같은 선언으로 시작한다. "과거에는 사람이 먼저였다. 미래에는 시스템이 먼저다."[26]

그동안 많은 변화와 진화가 일어났음에도 불구하고 테일러가 고안한 시스템에는 오늘날의 많은 경영인과 이론가들도 '금방 알아보는' 몇 가지 기본 가정이 있다. 그 가정은 다음과 같다. 하향식 명령 및 통제로 조직을 운영한다. 고위직일수록 가장 잘 안다. 관료주의는 대규모 조직을 능률적으로 운영하는 유일한 방식이다. 기업은 제품과 서비스를 구매하도록 고객을 조종할 수 있다. 회사의 최우선 목표는 규모의 경제를 통해 예측 가능성과 효율성을 높여 주주에게 돈을 벌어다주는 것이다.

이후 100여 년 동안 이런 가정들은 그것을 토대로 구축된 시스템, 가치, 기업 문화와 함께 경영의 기본적인 정신 모델이 되었다. 그리고 과학계와 마찬가지로 대부분의 경영자와 이론가들이 지배적인 패러다임 안에서 퍼즐을 푸느라 경력의 대부분을 바쳤다.

그러나 지난 반세기 동안 해결되지 않은 많은 변칙들이 등장했다. 뜻밖의 기술 발전 및 판매자에서 구매자로의 권력 이동 등 급속도로 빨라진 변화 속도에 대처해야 할 필요가 생겼다. 기존 사업을 단순히 착취하는 것을 넘어 지속적으로 혁신해야 할 필요도 생겼다. 조직의 미래를 좌지우지하는 고객들의 변덕과 요구에 대처해야 할 필요도 생겼다. 고객의 욕구를 충족시키려고 민첩하게 움직이며 기존의 사업체들을 빠르게 붕괴시키는 신생 기업들(때로는 다른 분야에서 넘어오기도 했다)에 대처해야 할 필요도 생겼다. 혁신이 시장의 핵심 요소가 되면서, 특히 팀원들과 협력하여 동기를 부여하고 업무를 인간적 차원에서 접근해야 할 필요도 생겼다. 그 밖에도 나열하자면 수없이 많다.

20세기 내내 기업들은 지배적인 경영 모델의 근본은 건드리지 않고 조금씩 수정만 가미하는 선에서 이런 "변칙"들을 다루었다. 경영권을 강화하고 규모를 축소했다. 구조를 재정비하고 간소화했다. 직원들에게 권한을 부여했다. 프로세스를 재설계했다. 세일즈 및 마케팅 캠페인을 확대했다. 새로운 회사를 인수했다. 수익성이 낮은 사업을 접었다. 이런 조치들 덕분에 단기적으로 수익을 거두기는 했지만 근본적인 문제는 해결하지 못했다.

돌이켜보면 이유는 명확하다. 결정을 실행에 옮기려면 수직적 명령체계를 거슬러 올라가며 일일이 승인을 받아야만 하는데, 회사가 어떻게 민첩해질 수 있겠는가? 모든 시스템과 프로세스가 현 상태를 보존하는 데만, 효율성을 높여 이익을 창출하는 데만 혈안이 돼 있는데 어떻게 혁신을 할 수 있겠는가? 상사가 일일이 명령하는 구조에서 어떻게 창의성과 협력을 장려할 수 있겠는가? 관료주의의 수직적 지휘체계에 불투명성이 내재돼 있는데 어떻게 신뢰와 투명성을 확보할 수 있겠는가? 사기가 꺾인 것으로도 모자라 분열된 직원들을 데리고 어떻게 혁신을 일굴 수 있겠는가?

실제로 경영자들은 변칙을 해결하는 데 잠깐 주의를 기울이는가 싶다가도 관료주의적 패러다임으로 돌아가길 반복했다. 특히 그 과정에서 주주의 단기적 이익을 챙겨주는 데 위협이 되거나 경영자의 통제권에 의문이 제기되면 원래 패러다임으로 돌아가려는 성향은 더욱 심해졌다.

패러다임 변화를 늦추는 또 다른 요소는 변화의 주동자가 "적절하지 않은" 경우다.

1714년 영국 정부는 바다를 항해할 때 경도를 정확히 파악하는 방법을 찾아내는 사람에게 상금 2만 파운드(오늘날의 가치로 환산하면 300만 파운드)를 주겠다고 공고했다. 요크셔의 목수 존 해리슨John Harrison이 이 공고를 보고 수십 년을 매달린 끝에 항해용 시계를 발명해냈다. 1761년에 자메이카까지 가는 항해 테스트에서 이 시계는 높은 정밀도를 입증했다. 하지만 과학계는 요크셔에서 온 무명의 목수가 최고 과학자들도 풀지 못했던 문제를 풀었을 리 없다며 믿지 않았다. 그로부터 12년이 지난 1773년(해리슨이 여든 살이 되던 해)에야, 그는 영국 의회로부터 겨우 8750파운드의 상금을 받았다. 하지만 끝내 상은 받지 못했다. 요크셔의 목수라는 지위가 문제를 풀 적임자로서 적절하지 않았기 때문이다.

1865년 그레고르 멘델Gregor Mendel이라는 무명의 교수가 모라비아에서 열린 브륀 자연사 학회 모임 두 군데에서 직접 2만 9000개의 완두콩을 재배하고 실험하면서 얻은 연구 결과를 발표했다. 그의 발견은 최고의 과학자들도 풀지 못하고 쩔쩔매던 문제에 대한 해결책이었다. 하지만 그의 연구는 국제 과학계로부터 오랫동안 무시당했고, 35년 뒤에야 인정받았다. 그렇게 오랜 시간이 지나서야 그의 논문은 '멘델의 유전 법칙'이란 이름을 얻었고, 그 역시 현대 유전학의 아버지로 칭송받게 되었다. 그의 논문이 과학계에서 수십 년 동안 무시당했던 이유도 위와 같다. 모라비아에서 완두콩을 연구하던 무명의 연구자라는 지위가 그 어려운 문제를 풀 적임자로는 적절하지 않았기 때문이다.

1981년 호주 퍼스의 병리학자 배리 마셜Barry Marshall이 독특한 가설을 내놓았다. 위궤양의 원인이 나선형 박테리아라는 주장이었다. 국제 과학계는 말도 안 되는 소리라며 그의 주장을 일축했다. 주류 의학계에서도 그를 조롱했다. 어떻게 박테리아가 산성 환경인 위장에서 생존할 수 있단 말인가? 1984년 좌절감에 빠진 마셜은 지푸라기라도 잡는 심정으로 나선형 박테리아가 들어 있는 페트리 접시를 들이켰다. 놀랍게도 몇 년 후에나 나타날 줄 알았던 궤양 증세가 고작 3일 만에 나타났다. 하지만 그가 노벨 의학상을 받기까지는 20년이 더 걸렸다. 이번에도 역시 퍼스 출신의 무명 병리학자라는 지위가 문제였다.

우리는 이와 비슷한 일들을 수도 없이 목격해왔다. 기존의 사고방식에 도전하는 새롭고 과감한 아이디어가 예상치 못한 곳에서 튀어나오면, 그토록 고대하던 해결책이 전문가들의 얼굴을 빤히 쳐다보고 있는데도 수십 년 동안 어둠 속에 묻어놓을 수밖에 없었다.

이와 유사한 일이 지금 경영계에서도 벌어지고 있다. 지난 10년 동안 작은 팀의 법칙과 고객의 법칙은 전 세계 수천 개의 조직에서 현장 검증을 받아왔다. 하지만 안타깝게도 이런 발견을 한 사람들은 '적절한 사람', 즉 정장 차림에 넥타이를 맨 경영대학원의 학자나 고연봉 컨설턴트가 아니었다. 오히려 경영상의 문제를 발견할 확률이 가장 낮아 보이는 이들, 바로 컴퓨터광들이었다. 흔히 소프트웨어 개발자라고 하면 경영자나 경영에 반감을 가지고 있다고 알려져 있다. 때로 패션 감각도 엉망이고 사회생활도 서툴러서 큰 조직에서 가장 문제 직원으로 꼽히기도 했다. 그러니 이들이 경영 혁신의 주인공이라는 것은 말도 안 되는 소리였다.

하지만 돌아보면 소프트웨어 개발자들이 그 문제를 풀게 된 경위를 이해하는 건 어렵지 않다. 1990년대에 소프트웨어 개발업체들은 걸핏하면 납품 시일을 넘기고, 예산을 초과하고, 품질 문제를 일으켜 막대한 비용 손실을 초래했다. 클라이언트들은 화를 냈고, 회사는 돈을 잃었다. 개발자들이 문제를 일으킨 주범으로 지목되어 처벌을 받았다. 그들은 더욱 열심히 일했다. 일주일 내내 밤낮없이 일했다. 하지만 아무것도 달라지지 않았다. 작업은 여전히 마감 시한을 넘겼고, 예산을 초과했으며, 버그가 난무했다. 개발자를 해고하고 새 직원을 뽑아도 상황은 나아지지 않았다. 표준적인 경영 방식대로 처방을 내렸지만 소프트웨어 개발 분야에는 통하지 않았다. 일을 통제하려고 하면 할수록 진행 속도가 늦어진다는 사실에 경영자들은 좌절했다.

업무가 워낙 복잡하다 보니 권위가 아닌 능력에 의존하는 게 더욱 효과적이었다. 뭔가 다른 방법을 찾아야 했다.

패러다임을 새롭게 전환하는 것은 쉽지 않다. 고객에게 가치를 제공하는 것이 조직의 목표임을 머리로는 안다. 하지만 관료주의적 목표, 시스템, 프로세스, 구조, 가치, 습관, 대도, 문화를 그 목표에 맞게 바꾸는 것은 별개의 문제다. 뿌리까지 깊숙이 변화해야 한다는 점에서 하루아침에 경영계를 코페르니쿠스 혁명 이전에서 이후로 바꾸는 것은 불가능하다. 조직 내에 팀이 소수일 때는 일상을 바꾸기까지 1년이면 될지도 모른다. 하지만 다수가 되면 팀 사이의 의존성을 관리하기 어려워져서 수년이 걸릴 수도 있다. 거대 조직에서는 이런 원칙들을 제2의 본성처럼 만드는 데 오랜 세월이 걸릴 것이다. "이게 이곳 방식이야"라고 할 정도가 되려면 배우고 내면화해야 할 새로운 행동, 태도, 가정이 너무나 많다. 또한 인사 관리, 예산 책정, 회계, 감사 프로세스 등 새로운 업무 방식에 맞게 바꾸어야 할 관행도 한둘이 아니다.

코페르니쿠스적 경영을 적용해서 온전히 이득을 보려면 조직 전체가 작은 팀의 법칙과 고객의 법칙에 따라 운영되어야만 한다. 어떻게 해야 이게 가능할까? 다음 장에서 이 문제와 함께 네트워크의 법칙에 대해 다루어보자.

애자일 인사이드 3-1

과학계의 패러다임 전환

과학계와 경영계의 패러다임 변화는 정확히 평행선을 그린다. 토머스 쿤의 《과학혁명의 구조》를 읽었던 기억을 일깨워서 다시 한번 상기해보자. 과학계의 패러다임 전환은 무엇인가?

1962년 쿤의 책은 당시 과학의 진보에 대한 기존 상식에 도전장을 내밀었다. 그때까지 과학의 진보는 새로운 사실들과 관계들이 하나씩 쌓여 꾸준히 증가하는 것을 의미했다. 쿤은 이렇게 과학이 오랜 기간 동안 개념적 일치성을 겪으면서 증가한다는 사실을 받아들였다. 이것이 그가 말하는 "정상과학"이다. 하지만 "정상과학"은 "혁명과학"에 의해 잠시 중단된다. 정신 모델이 근본적으로 바뀌면서 갑작스럽게 단절되는 것이다. 그리고 이 과정은 세 단계를 거친다.

첫 번째 단계는 특정 이론에 대한 합의가 존재하지 않는 '패러다임 전 단계'다. 이때는 여러 가지 이론들이 양립하거나 불가능한 이론들이 다수 존재한다.

두 번째 단계는 하나의 정신적 틀 또는 패러다임 속에서 수많은 퍼즐을 해결하는 단계다. 이 단계에서 해당 패러다임은 '지배적인 틀'이 된다. 그리고 과학자들이 새로운 틀에 끌리면서 정상과학이 시작된다. 그에 따라 과학자들은 지배적인 패러다임의 가정 안에서 퍼즐을 풀려고 노력한다. 대부분의 과학자들이 기존의 틀을 받아들이고 그 속에서 퍼즐을 푸는 데 자신의 경력을 바친다. 이 시기에는 세상을 다른 방식으로 보는 건 생각도 할 수 없다.

하지만 시간이 흐를수록 지배적인 틀 안에서 쉽게 해결할 수 없는 변칙들이 생겨나기 시작한다. 그런데도 역설적으로 기존의 틀 안에서 문제를 풀려는 시도는 이전보다 훨씬 집요하게 일어난다. 이전에 성공한 경험이 있으므로, 해답을 찾기 어려워도 기존의 틀 안에서 변칙들을 해결할 수 있을 거라 믿기 때문이다. 그렇게 변칙들은 쌓여만 가고, 그동안 필사적으로 그 변칙들을 틀 속에 수용하려는 노력으로 인해 지배적인 패러다임은 확장되고 구부러지고 조정된다. 하지만 부분적으로만 성공을 거둘 뿐이다.

세 번째 단계는 일부 과학자들이 지배적인 틀로는 변칙들을 해결할 수 없음을 마침내 인정하면서 시작된다. 이들은 기본 틀을 수정하는 데 그치지 않고 완전히 바꿔야 한다는 사실을 깨닫는다. 그리고 오랫동안 고수해온, 겉으로 자명해 보였던 가정을 대체할 대안을 탐구하기 시작한다.

그리하여 과학혁명이 시작된다. 몇몇 과학자들이 기존의 사실과 변칙들을 조화시킬, 더 훌륭한 새로운 개념 틀을 개발한다. 하지만 아직은 충분한 논의를 거치지 않은 불완전한 상태라 이 새로운 틀에도 틈새와 모순이 있을 수밖에 없다.

새로운 틀이 처음 등장하면 기존 패러다임을 지지하는 세력들, 즉 기존 패러다임의 판을 키우는 것에 경력과 삶을 바친 사람들의 적개심과 조롱이 쏟아진다. 이들은 새로운 체계의 불가피한 틈새와 결함을 들먹이며 수용해서는 안 된다고 주장한다. 결과적으로 패러다임 전환은 빨리, 쉽게 일어나지 않는다.

이어서 다른 틀을 지지하는 사람들이 각자 서로 다른 이론을 추구하는 시기가 온다. 이제 기존의 실세들은 혁명적인 틀을 이론적으로 불건전하고 불완전하고 무책임하다고 공격한다. 혁신가들은 지배적 패러다임으로는 해결되지 않는 변칙들을 어떻게 설명할 거냐며 늘어가는 변칙 목록을 지적한다.

시간이 지나면서 새로운 틀의 틈새가 메워지고, 체계가 통합되고 완성된다. 그제야 새로운 틀이 세상의 원리를 더욱 생산적으로 이해하는 방식이라며 여타 과학자들이 몰려든다. 대부분의 과학자가 새로운 틀이 구식 틀을 대체해야 한다고 동의하면, 많은 이들이 여전히 옛 방식대로 사고하고 가르치기를 고집하는데도 불구하고 패러다임 전환이 일어난다.

과학자들이 세상을 새로운 방식으로 바라보면서 해당 분야의 연구 방향이 달라진다. 구식 데이터에 의문을 제기하는 질문들도 등장한다. 그러다 어느 시기가 되면 교과서 내용이 바뀌고, 대학 교과 과정이 수정된다.

알력다툼이 수십 년 동안 이어질 수도 있다. 특히 새로운 패러다임이 주류 과학계를 이끄는 지도자가 아니라 예상치 못한 주변부에서 제기된 것이라면 더더욱 그렇다.

애자일 인사이드 3-2

궁극적인 고객, 내부 고객, 최종 사용자

이번 장에서는 고객과 사용자를 동의어로 사용한다. 이는 아이폰을 구매할 때처럼 궁극적인 고객이 최종 사용자인 아주 단순한 경우를 나타낸다(〈그림 3-3〉 참조).

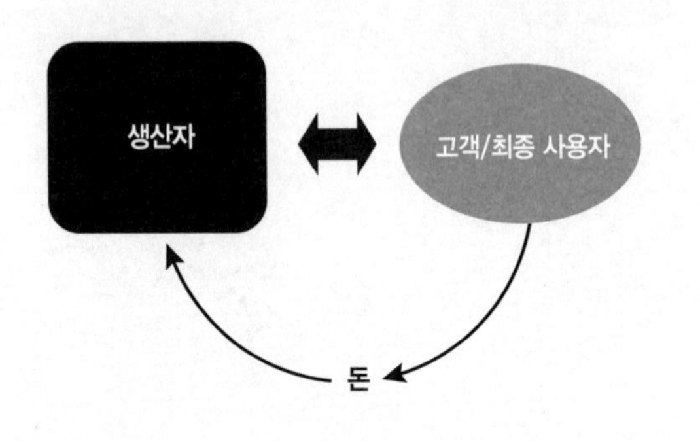

그림 3-3 | 아이폰을 구매할 때처럼 고객과 최종 사용자가 같은 경우

경우에 따라 생산자는(나중에 궁극적인 고객에게 상품을 판매하는 생산자가 되는) 내부 고객에게 제품이나 서비스를 제공할 수도 있다(〈그림 3-4〉 참조). 관료주의에서는 내부 고객의 요구가 궁극적인 고객의 요구와 일치하지 않아서 낭비가 자주 발생한다. 하지만 고객의 법칙을 따르는 조직의 생산자들은 내부 고객의 요구를 만족시킬 뿐 아니라, 궁극적인 고객에게 어떤 가치를 제공하는지도 명확히 파악하고 있다.

최종 사용자와 고객이 다른 경우도 있다. 구글 검색 시 사람(최종 사용자)들은 해당 기능을 무료로 사용한다. 돈을 지불하는 고객은 광고주다. 그러므로 구글은 고객과 최종 사용자 모두를 만족시켜야만 한다(〈그림 3-5〉 참조).

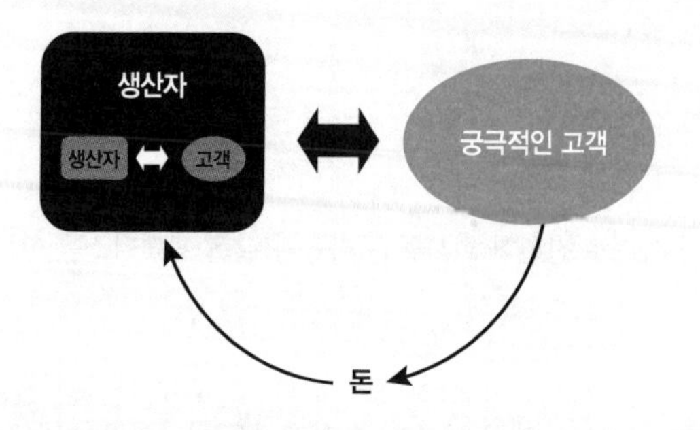

그림 3-4 | 생산자는 내부 고객에게 제품을 제공할 수도 있다. 이때 내부 고객의 요구가 궁극적인 고객의 요구와 일치하지 않으면 낭비가 발생한다.

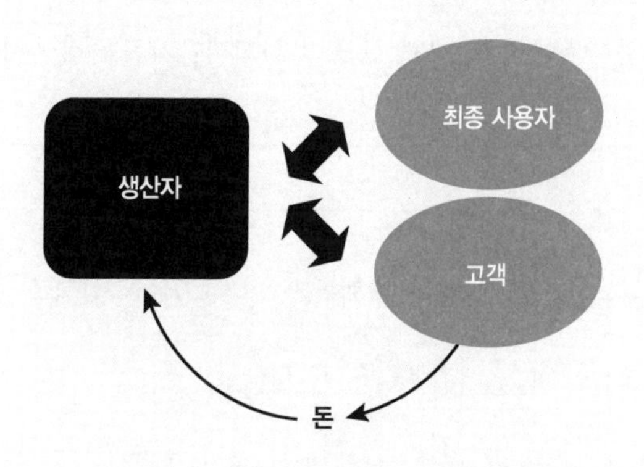

그림 3-5 | 최종 사용자와 고객이 다른 경우. 구글에서 검색을 하는 사람(최종 사용자)들은 해당 기능을 무료로 쓴다. 구글에 돈을 지불하는 고객은 광고주다.

애자일 인사이드 3-3

고객의 법칙 프랙티스

고객 중심의 사고로 전환한 회사들은 다음과 같은 프랙티스를 따르는 경우가 많나.

1. 타깃에 집중하라. 핵심 시장의 주요 고객을 파악하라. 이들을 기쁘게 하는 것은 탄력적인 고객층을 확보하는 데 아주 중요하다. 처음부터 모든 고객을 만족시키려 하면 평범한 제품과 서비스를 제공하게 되고, 결국 누구도 만족시키지 못하게 된다. 어디에 집중할지 신중하게 선택할 필요가 있다.

한때는 〈그림 3-6〉의 사분면 왼쪽 하단(항상 해오던 대로 하는 것)이 가장 안전한 장소였다. 하지만 이젠 가장 위험한 곳이다. 고객이 새로운 경쟁 제품으로 갈

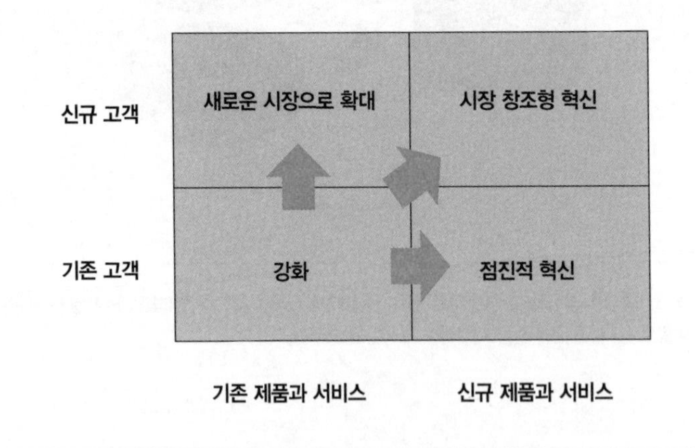

그림 3-6 | 고객 중심의 사고 전환에 따른 네 가지 선택

아탈지 말지를 고민하는 바로 그 순간에 현상 유지를 생각하는 건 위험하기 짝이 없다.

그러므로 오른쪽 하단(비용 절감 또는 품질 향상으로 점진적인 혁신을 일구는 것)으로 무조건 옮겨가야 한다. 이는 생존을 위해선 꼭 치러야 하는 대가다. 하지만 아직 큰 신규 수익을 창출하기엔 부족하다. 막대한 이익을 새로이 창출하려면 보통 왼쪽 상단(기존의 제품 및 서비스를 팔기 위해 새로운 시장을 개척하는 것)이나 오른쪽 상단(새로운 시장을 창출하기 위한 새로운 제품 및 서비스를 생산하는 것)으로 이동해야 한다. 오른쪽 상단으로 가려면 완전히 새로운 수준의 기민함(운영적 차원을 넘은 전략적 차원)이 필요한데, 이에 대해서는 6장과 7장에서 다시 살펴보도록 하겠다.

2. 끊임없이 실험하라. 경영 컨설턴트 폴 누네스Paul Nunes는 이렇게 말한다. "요즘 같은 환경에서 '최고의' 선험적 명제를 택하려고 애쓰지 마라. 그보다는 배우고 느끼고 풍부한 선택지를 만들면서 시장에서 끊임없이 실험하는 게 낫다. 실험 비용과 수정 비용이 낮은 소프트웨어 같은 산업이라면 실험하기에 더욱더 적합하다. 킥스타터 같은 사이트들은 심지어 본인이 직접 만들지 않은 온갖 제품들로도 실험을 할 수 있음을 잘 보여준다. 그게 사람들이 시장을 대상으로 한 실험이 꼭 필요하다고 말하는 이유다. 그렇다고 전략이 필요 없다거나, 한 방에 성공할 수 없다는 뜻은 아니다. 타사의 실험에서 배우고 비용 동향을 완벽하게 파악함으로써 킨들처럼 대박을 칠 수도 있다. 따라서 실험을 통해 습득하고 사회적 합의를 만드는 방법에는 다양한 경로가 있다.[27]

3. 스타트업 회사와 파트너 관계를 맺으라. 혼자서 다 하려고 하지 마라. 회사의 DNA에는 그 회사의 업무를 방해하는 요소들이 반드시 있기 마련이다. 뉴요커 웹사이트의 비디오를 예로 들어보자. 《뉴요커》의 글은 최고다. 전 세계에서 가장 훌륭한 글을 생산한다고 가히 확신할 수 있다. 하지만 비디오는 어떨까? 그냥 나쁜 정도가 아니다. 개탄스러운 수준이다. 뉴요커라는 조

직에 비디오라는 사각지대가 있다고 할 정도다. 뉴요커는 그런 현실을 인정하고 비디오 DNA를 가진 스타트업과 협력해야만 한다. 하지만 관료주의식 경영 방식에 스타트업을 막무가내로 접합해서는 안 된다. 회사 전체에 스타트업의 운영 방식을 받아들여라.

4. 제품 유연성을 키워라. 제품을 쉽게 업그레이드하고 고객 맞춤할 수 있도록 가능한 한 하드웨어 제품을 소프트웨어 제품으로 바꾸어라. 또한 "니지털화" 그 자체가 답은 아니라는 사실을 명심하라. 단순히 제품을 물리적으로 디지털로 바꾼다고 해서 달라지는 것은 없다. 고객의 관점에서 사물을 보고 더 나은 결과를 도출하는 사고방식을 장착하지 않는 이상 말이다.

5. 집중하라. 구매자를 기쁘게 하는 가장 단순한 기능에 집중하라. 거의 사용하지 않거나 작동하기 힘든 사양은 탑재하지 마라. 소니에서 만든 DVD 조종 장치를 한 번 보자. 버튼이 54개나 있지만 우리 가족 누구도 그 많은 버튼을 거의 사용할 줄 모른다. 누구도 기쁘게 하지 못하는 것이다. 그렇지만 내 애플 아이팟은 버튼이 네 개밖에 없는데도 모두를 기쁘게 한다.

6. 단계를 짧게 나누어 혁신하라. 제품이나 서비스에 주요 클라이언트가 원하는 핵심 기능만 탑재해서 배포하라. 그런 뒤 업그레이드를 통해 필요한 기능을 선택적으로 조금씩 추가하라. 애플 아이폰도 현재 버전과 비교하면 처음에는 많은 부분이 빠져 있었다. 그럼에도 핵심 고객층, 즉 멋진 스마트폰을 원하는 젊은 사용자들을 기쁘게 했다. 다른 기능들은 나중에 추가된 것이다.

7. 평가하라. 기능을 막무가내로 추가하지 마라. 고객이 요구하는 모든 제안을 따르는 것은 고객이 만든 죽음의 소용돌이에 빠져드는 지름길이다. 요구 사항을 충족시키기 위해 더 많은 기능을 추가할수록 제품이 볼품없어지거나 쓸모없어질 수 있다. 업그레이드한 기능이 고객을 진정 기쁘게 하는 것인지 매번 짚고 넘어가라.

8. 기꺼이 실망시켜라. 당신이 '누구를' 기쁘게 해주고 싶은지를 정확히 정하라. 사우스웨스트항공은 따뜻한 식사를 제공하지 않는다. 아마존은 작가, 출판업자, 소매상들을 기쁘게 하지 않는다.

9. 가치를 더 빨리 전달하라. 지체 말고 빨리 전달하라. 고객에게 시간은 때로 가장 귀중한 자원이다. 관료주의 조직에서는 경영진의 승인이 떨어지길 기다리느라 허구한 날 시간을 낭비한다. 시간이 지연되는 것을 막고 싶으면 가치 흐름 지도value stream mapping(제품 생산 시 공급자로부터 최종 소비자에게 이르기까지 자재와 정보의 흐름을 시각적 도구로 표현한 것—옮긴이)를 이용하라.

10. 맞춤화하라. 오늘날 성능을 평가하는 기준에는 제품 및 서비스를 맞춤식으로 제공하는지도 포함된다. 할리데이비슨은 단순히 튼튼한 오토바이만 만들지 않는다. 그들의 목표는 오토바이 체험을 통해 고객의 꿈을 실현시켜 주는 것이다. 그것이 할리 특유의 묵직한 배기음을 넘어 참신한 포크아트로 오토바이를 꾸밀 자유를 의미한다면, 회사는 기꺼이 그렇게 하도록 도울 것이다.

애자일 인사이드 3-4

애자일 경영을 이용한 서너의 직원 채용

네트워크 문화를 상당한 수준으로 끌어올린 회사를 꼽으라면 메디컬 소프트웨어 개발회사인 서너코퍼레이션을 들 수 있다. 미주리주 캔자스시티에 본사를 두고 있는 서너는 현재 직원만 약 2만 5000명으로 아주 빠른 성장세를 보이고 있다. 서너의 애자일 경영은 2008년에 시작되었다. 직원들에게 '작은 팀의 법칙'과 '고객의 법칙'을 주입하려고 대대적인 노력을 들이면서부터다.

성장세가 가파르다 보니 서너에는 신입 직원이 계속해서 유입된다. 하지만 그들 모두가 애자일 사고방식을 갖춘 건 아니다. 서너는 이런 끊임없는 유동적 상황에서 애자일 문화를 어떻게 유지하는 것일까? 제품의 실패가 고객의 생명과 직결되기에 규제가 깐깐할 수밖에 없는 보건 분야에서 애자일 문화는 어떻게 작동할까? 서너는 어떻게 자율성과 혁신의 정신을 안정되게 주입하고 유지할까?

애자일 문화로 전환을 시작했지만, 고품질의 코드를 생산하고, 빠르고 정확하게 문제를 해결하고, 테스트 자동화를 이용하고, 최종 사용자의 관점에서 사물을 보는 사람을 채용하는 것은 쉽지 않았다. 사실 신입 직원들이 그런 부분에서 숙련되지 않은 것은 놀랄 일이 아니었다. 대학에서는 그런 것들을 가르쳐주지 않으니 말이다.

주민 보건사업부 임원인 미셸 브러시Michelle Brush의 이야기를 한 번 들어보자. 그녀의 주된 임무 중 하나는 당뇨나 심부전처럼 의료비는 많이 들고 삶의 질은 떨어뜨리는 질환에 걸릴 위험군에 속한 사람들을 식별해내는 방법을 개발하는 것이다. 위험군을 식별한 다음 환자가 다리 절단 수술처럼 심각한 지경에 다다르기 전에 미리 개입해 권고사항을 알려주기 위해서다. 정보를 분석하고 수집해서 너무 늦기 전에 문제를 바로잡는 것이 일의 목적이다. 그러면 개인의 건강을 증진시키는 것은 물론, 의료비 지출도 상당 부분 줄일 수 있게 된다.

이 밖에도 그녀가 매진하는 분야가 하나 더 있다. 바로 서너의 애자일 문화를 개선하고 신입 엔지니어에게 첫날부터 애자일 문화를 심어주는 것이다. 이런 기치를 내걸고 그녀는 서너의 엔지니어링 훈련 및 온라인 플랫폼 프로그램의 재설계를 담당해오고 있다.

훈련 과정의 문제점들

애자일 개발 모델을 적용하기 전만 해도 서너의 엔지니어링 훈련 과정은 서너에 필요한 기술이 무엇인지와, 서너가 의료 영역을 어떻게 해석하는지에 초점이 맞춰져 있었다. 신입 직원은 4주 동안 이 프로그램에 따라 교육을 받았다. 프로그램에는 필기시험과 피드백 같은 일종의 평가도 포함돼 있었다. 하지만 관리자들은 그런 훈련이 끝난 뒤에도 여전히 신입들의 행동을 마음에 들어 하지 않았다. 이 사실을 알게 된 브러시는 애자일 사고방식으로 프로그램을 새로 설계하기 시작했고, 그것을 개인적인 도전 과제로 삼았다.

브러시는 말단 직원으로 시작해 임원이 되었다. 임원급 동료들 대부분이 그녀와 비슷한 과정을 거쳤다. 모두들 처음엔 밑바닥에서 시작해 개별적으로 아이디어를 제안했다. 상사들이 아이디어를 추진해보라고 격려해주었고, 나중엔 서너의 작업 환경에 미친 변화를 인정받아 보상도 받았다. 그렇게 그들은 중역의 자리에 올랐다. 그녀의 작은 팀은 애자일 문화를 발전시킬 다음 세대의 직원들을 끊임없이 찾고 있다.

브러시는 훈련 콘셉트를 재고하던 중 신입 직원들이 애자일 방식으로 일하는 법을 잘 모른다는 사실을 깨달았다. 서너가 정교한 면접 프로세스를 가진 회사인만큼 이 사실에 놀랄지도 모르겠다. 하지만 어떻게 시작해야 할지조차 모르는 신입 직원이 태반이었다.

그런 직원들을 4주나 훈련시키고 6개월이나 팀에 투입했는데, 그제야 팀원들을 모아놓고 "미안한데 안 되겠네요. 이렇게는 못 가르치겠어요. 여러분은 서너와 맞지 않는 것 같네요"라고 말하는 건 엄청난 비용 낭비였다.

브러시는 훈련 콘셉트를 전체적으로 재검토했다. 그녀는 다양한 의견을 구하기 위해 경험과 직책이 다른 서너의 관리자 60명을 만났다. 갓 대학을 졸업한 신입들과 일할 때 가장 힘든 점이 뭐냐고 물었다. 그런 뒤 그들이 지적한 고민과 반복되는 패턴을 목록으로 만들었다.

기존 훈련 프로그램은 서너의 업무 방식, 업무 영역, 의료 문제들을 중심으로 구성돼 있었다. 하지만 관리자들은 신입 직원이 그런 걸 알든 말든 신경 쓰지 않았다. 그들이 원하는 직원은 이랬다. 문제를 해결하는 법, 테스트 자동화를 시행하는 법, 솔루션 설계자와 대화하는 법, 사용자의 요구 사항을 파악하기 위해 올바로 질문하는 법을 아는 직원. 사실상 고객의 법칙과 작은 팀의 법칙대로 일하는 직원이었다. 너무 많은 신입들이 코드를 완성했다며 성급하게 손을 놓거나, 반대로 프로젝트를 시작하기도 전에 모든 것을 완벽하게 문서화해야 한다고 생각하고 있었다.

데브 아카데미

브러시는 훈련 프로그램에서 부족한 것이 행동이라는 사실을 깨달았다. 그런 점에서 학습의 의미를 재정의해야 했다. 서너의 훈련 프로그램은 지식 전수가 기반이었다. 하지만 서너가 초점을 맞춰야 하는 건 올바른 행동을 하도록 장려하는 것이었다. 지식만으로는 충분하지 않았다. 지식은 단지 원하는 행동을 얻기 위한 수단에 지나지 않았다.

브러시는 지원자들에게 결여되어 있으면서 회사에 꼭 필요한 핵심적인 행동들을 목록으로 만들었다. 데이터를 전부 검토한 끝에 구식 훈련 프로그램을 폐기하다시피 했다. 그녀는 애자일 접근법을 새로운 프로그램 개발 과정에 접목했다. 일주일에 하나씩 새로운 아이디어를 내놓고 피드백을 받는 식이었다. 아이디어는 피드백 내용에 따라 유지하거나 수정하거나 버렸다. 6개월의 과정을 거쳐 마침내 그들은 원하는 훈련 프로그램을 완성했다. 그것이 바로 데브 아카데미다.

데브 아카데미Dev Academy는 "데브 에센셜Dev Essentials", 즉 훈련생들에게 원하는 행동을 소개하는 2주짜리 고정 프로그램으로 시작한다. 여기엔 데브옵스, 유닛 테스트(작성된 모듈이 동작하는 최소한의 기능 단위로 테스트를 하는 것 — 옮긴이), 애자일 개발 및 모든 직원이 갖춰야 하는 기본적이고 일반적인 기술에 대한 훈련이 포함된다. 따라서 모든 훈련생들이 데이터 스토어와 상호작용하는 법 및 실제 웹 개발이 어떻게 이루어지는지를 알아야만 한다.

그런 다음 훈련생들은 직접적인 평가를 받는다. 서너에서 유능한 엔지니어가 되기 위해 매진해야 하는 핵심 업무가 무엇인지도 배우게 된다. 강의실이나 대학에서 수업을 듣는 것과 매우 흡사하다. 단지 대학에서 가르치지 않는 것을 배울 뿐이다.

데브센터

'데브 에센셜' 과정을 마치면 지원자들은 '데브센터Dev Center'에 입소해서 프로젝트를 고르게 된다. 실제 진행 중인 프로젝트 40개가 제시되는데, 지원자들이 거기에 선호하는 순위를 매기면 매칭 알고리즘이 작동해 둘 또는 셋으로 이루어진 작은 팀에 그들을 배치한다.

이때 주어지는 프로젝트들은 우선순위와 위험도가 낮긴 하지만 서너가 작업 중인 실제 프로젝트들이다. 갓 들어온 신입은 리스크가 큰 임상 소프트웨어 대신 문제 해결이나 테스트 관련 툴을 개발하는 프로젝트에 투입된다. 사업적으로 가치가 있으나 리스크가 아주 낮은 프로젝트다.

멘토들은 설계를 결정하거나 코드와 관련된 일을 돕는다. 주로 훈련생들에게 피드백을 주고, 의사소통 기술을 가르쳐주고, 어떤 품질을 기대하는지 알려준다. 멘토링 시간은 일주일에 네 시간이다.

멘토링 제도를 보완하기 위해 데브센터에는 소수의 전임 직원들이 상주하고 있다. 모두 전도유망한 통솔자들로 18개월에서 24개월 동안 센터 운영을 교대로 도와준다. 이들은 추후 통솔자 지위로 데브센터를 나온 뒤 원하는 부서에 들어가게 된다.

데브센터에 참여하는 훈련생들은 프로젝트를 선택해서 일하는 동안 업무에 대해 피드백을 받는다. 멘토들은 훈련생에게 훈련을 잘 받고 있는지 매주 알려주어야 한다. 핵심 성과를 살펴볼 수 있는 아주 가벼운 설문지를 작성하는 식이다. 점수를 매기는 법에 대해선 영역별로 지침이 따로 주어진다.

"우리는 A, B, C처럼 점수를 매기지 않는다." 브러시는 말한다. "학교를 갓 졸업한 지원자들은 점수에 무척 민감하다. C를 받으면 망연자실한다. 하지만 마이너스를 받으면 '아, 조금만 더 노력하면 되겠어'라고 느낀다. 점수에 대한 강박관념에서 벗어나게 할 필요가 있다."

훈련생들은 매주 멘토로부터 피드백을 받는다. 보통 개선해야 할 부분에 대해 이야기를 듣는다. 피드백은 품질에 집중될 수도, 유닛 테스트에 집중될 수도 있다. 멘토들은 훈련생의 성과를 매주 모니터하면서, 마이너스 항목이 플러스 또는 플러스 플러스로 바뀌기를 기대한다. 모든 것이 성과 중심이다. 전 항목이 플러스가 되면 그제야 훈련생은 팀에 배정된다. 그전도, 그 후도 아니다.

"정해진 틀이 있는 구식 프로그램과는 다르다." 브러시는 말한다. "그땐 잘하고 못하고는 중요하지 않았다. 그냥 4주만 버티면 팀에 배정되었다. 이제는 2주 만에 퇴소할 수도 있지만, 12주 동안 훈련을 받아야 할 수도 있다. 전부 그들에게 무엇이 더 필요한지에 달려 있다. 이렇든 저렇든 불안한 건 없다. 12주가 걸린다고 해서 훈련생에게 불이익을 주는 일은 없다. 어떻게든 역량을 갖추면 되는 것이다. 그러면 서너에서도 잘 해낼 것이다."

훈련생들에게서 염려스러운 징후(적성이 맞지 않거나, 12주 동안 훈련받아도 따라오지 못한다거나, 피드백을 받아들이지 못하는 경우)가 보이면 직원들이 조치를 취하게 된다. 이런 훈련생들은 아카데미에서 방출된다. 그러니 팀에 영향을 끼칠 일은 없다. "요즘에는 방출되는 훈련생이 많지 않다." 브러시가 말한다. "이는 면접 프로세스가 많이 개선되었다는 것을 말해준다."

데브 아카데미는 프로그램을 꼼꼼하게 기록하고 점검하고 모니터한다. 그리고 모든 것을 모두에게 투명하게 공개한다. 누가 데브센터에 있는지, 무슨 일을 하는지, 멘토가 누구인지 모두 알 수 있다. 비공개 항목은 성과에 대한 평가뿐이다.

채용 과정의 개선

훈련 프로그램을 개설하고 1년 후 재검토하는 시간을 가졌다. 훈련 프로그램을 조정할지, 채용 과정을 조정할지를 놓고 논의가 이루어졌다. 그 결과 훈련 방식은 약간 조정하되, 채용 과정은 대폭 수정하기로 결론이 났다.

"데이터를 보고 그렇게 결정했다." 브러시가 말한다. "서너의 채용 방식과 면접관, 훈련생의 성적 사이에는 분명한 상관관계가 있었다. 우리는 데이터를 토대로, 심리학적으로 채용 프랙티스를 평가하는 이니셔티브를 시작했고, 다시 한번 행동에 초점을 맞추라는 결과를 얻었다. 면접 과정 역시 지식에 초점을 맞추고 있었던 것이다."

지원자들이 앞으로 뭘 하겠다고 말하는 것보다 과거에 무엇을 했는지가 더 훌륭한 예측 지표가 될 수 있었다. 그래서 서너는 다음과 같은 질문에 초점을 맞추었다. "당신이 참여했던 프로젝트에 대해 말해보라. 지금껏 해결한 버그 중에 가장 어려웠던 것을 말해보라. 버그를 어떻게 추적했는가? 무엇이 문제였나? 어떻게 해결했는가?"

질문의 취지는 면접관과 지원자가 얼마나 흥미로운 대화를 나누는가이지 퀴즈처럼 답을 알아맞히는 게 아니었다. 그러니까 이런 식이었다. "이 문제에 대해 이야기를 나눠봅시다! 화이트보드로 가서 같이 의논해봐요! 답을 도출해봅시다."

질문을 보완하기 위해 특정 상황을 제시하기도 했다. 질문 속 상황들은 실제 서너가 겪는 것과 비슷한 것들이었다. 이를테면 다음과 같다. "자, 병원을 찾는 사람들이 누군지, 어디에 사는지, 성별이 뭔지 알아야 한다고 칩시다. 그런 정보들을 수집하려면 데이터 구조를 어떻게 짜야 할까요? 직접 써서 보여주시겠어요?" 지원자가 구조를 짜면 면접관들이 즉석에서 평가하고 묻는다. "왜 객체object가 아니라 문자열string이죠?" 면접관들은 지원자에게 꼬치꼬치 캐묻는다. 목적은 대답이 맞는지가 아니라 피드백에 어떻게 반응하는지를 보기 위해서다.

면접관들은 갈수록 난감한 문제를 제시하고, 더 이상 대답하기 힘든 상황까지 지원자를 몰아붙인다. 지원자가 어떤 대답을 내놓는지는 그들의 관심사가 아니다. 그들은 지원자들이 질문에 어떻게 대처하는지, 문제를 풀면서 새로운 정보를 통합할 능력이 있는지를 확인하고 싶어 한다. 새로운 요구 사항을 설명하기 위해 조금 전에 설명했던 설계를 재작업할 수 있는가? 면접은 두 사람이 화이트보드 앞에 앉아서 아이디어를 공유하며 새로운 것을 발견하는 과정처럼 설계되어 있다.

이제 서너는 표준적인 면접 프로세스를 갖추고 있다. 면접관이 고를 수 있도록 질문 항목들도 마련해놓았다. 물론 모든 항목을 전부 물을 필요는 없다. 면접관들이 지원자들로부터 원하는 행동과 문화를 확인할 때까지만 물으면 된다. 하지만 프로세스를 벗어나서는 안 된다. 서너는 일관된 지시문이 개인의 의견보다 정확하다고 주장한다. 누구나 알게 모르게 편견을 가지고 있기 때문이다. 면접관이 누군가에 대해 "적합하지 않다"라고 말하는 것은 실제로

"저 사람은 나와 맞지 않는다"라는 의미를 내포한다. 따라서 서너는 면접에서 일관된 지시문과 접근법을 고수한다.

각 질문들은 면접관이 지원자에게 바라는 행동들을 파악할 수 있도록 설계돼 있다. "얼마나 세세한 부분까지 신경 쓰는가? 어떻게 피드백에 대처하고 대응하는가? 어떻게 설계에 접근하는가?" 좋은 지원자, 즉 중간 수준의 지원자라면 토론이 끝날 무렵 어느 정도 실력을 입증해야 하는지도 지시 사항에 나와 있다. 면접관이 질문별로 평가 등급에 동그라미를 치면, 이를 토대로 보고 자리에서 면접 결과에 대해 토론을 진행한다.

서너는 엔지니어링의 유동성에 관심이 많다. 예를 들어 지원자가 자바Java나 루비Ruby 같은 소프트웨어 언어를 다룰 줄 아느냐보다 그것들을 배울 수 있느냐를 더 중시한다. 기술은 빨리 변하고, 서너는 기술 변화에 끊임없이 적응해야 한다. 그러다 보니 지원자가 지식보다는 새로운 아이디어, 새로운 생각, 새로운 기술을 통합하는 능력을 갖추고 있는지에 더 신경 쓸 수밖에 없다.

서너는 면접관 풀도 활용한다. 면접관 연수 과정을 밟지 않은 사람은 면접에 참여할 수 없다. 채용 부서에서 면접관의 자질을 정기적으로 평가한다. 평가 항목에는 얼마나 많은 지원자들이 취업 제안을 받아들였는지, 지원자들이 시간이 지나면서 어떤 성과를 내는지도 포함돼 있다. 평가 결과와 피드백을 토대로 면접관을 탈락시키기도 한다(한때 면접관 풀이라는 개념을 없애려 했으나 그대로 유지하기로 했다. 결국 좋은 후보들이 적절히 유입되는지의 문제다).

이들의 초점은 애초부터 "문화적 적합성"에 있다. "팀 내 적합성" 문제는 면접 프로세스가 다 끝나고 관리자가 지원자를 만날 때 고민할 문제다. 물론 관리자가 "아무도 마음에 들지 않아"라고 말할지도 모른다. 그 말은 2주 동안 기다렸다가 다음번에 사람을 구하겠다는 뜻이다. 그러므로 문화적 적합성이야말로 지원자를 인력풀에 넣을지 말지를 결정하는 근거가 된다. 어쨌거나 서너에선 한 팀을 오랫동안 유지하는 것이 중요 사항이 아니므로 "팀 내 적합성"은 채용 과정에서 중요한 요소도, 걱정할 요소도 아니다. 그보다 더 중요한 것은 지원자가 다양한 팀에서 일을 할 수 있느냐다.

오픈소스

서너가 문화 사업 차원에서 내린 결정이 하나 있다. 바로 오픈소스Open Source 커뮤니티에서 서너가 차지하는 위치를 제대로 이해시키자는 것이었다. 이미 서너도 오픈소스 방식을 이용하고 있었다. 하지만 검토를 해보니 오픈소스 코드에 기여하기보다는 소비하는 쪽이었다. 창조까지는 가지도 않았다. 서너는 오픈소스 코드를 창조하면서 코드 저장소를 항상 운영할 필요가 있다고 인식했다.

서너는 직원들에게 오픈소스의 중요성을 이해시켜야겠다고 결심했다. 외부 연사를 초빙해서 오픈소스에 기여해야 서너가 경쟁우위를 점할 수 있다는 사실을 강조했다. 코드를 공개하고 다른 회사들이 자사의 코드를 사용하도록 유도해야 서너가 그 특정 기술과 관련한 산업의 방향을 리드하게 될 터였다.

일례로 서너는 지금 빅데이터 환경에서 스트리밍을 하는 방법을 연구하는 중인데, 이는 아직 업계에서도 풀지 못한 숙제다. 이 문제를 해결하기 위해 어떤 조치를 취해야 할지 대화가 오갔고, 결국 오픈소스로 만들자는 결론에 이르렀다. 독점으로 소프트웨어를 만들고 있는데 만에 하나 2년 뒤 의료계가 오픈소스에서 해결책을 찾으면 어떻게 되겠는가. 어쩔 수 없이 뒤늦게 모든 작업을 업계 표준에 맞춰 전환해야 한다. 이런 상황이 벌어지는 것을 원치 않았다. 서너는 무슨 제품을 만들든 자사 제품이 업계 표준이 되기를 원했다. 만약 필요한 코드가 이미 오픈소스에 있다면 그것을 소비해서 기여하는 쪽이 되고 싶었다. 그러니 오픈소스 산업 전반에 도움이 되는 접근법을 해결책으로 삼고, 거기에 무게를 둘 필요가 있었다.

이제 서너는 버그를 수정하든, 비핵심 분야에서 오픈소스 코드를 빌려오든, 직원들에게 최대한 오픈소스에 기여하라고 강조한다. 그리고 아파치소프트웨어재단의 스폰서 겸 웹 호스팅 서비스인 깃허브GitHub의 회원이 되었다. 자사 직원이 오픈소스에 기여했을 때는 타운홀 미팅에 모여 해당 직원을 축하하는 등 다양한 방법으로 독려한다.

4장

7000명의 군인을 한 팀으로
네트워크의 법칙

7000명의 수영 친구들과 어떻게 한 팀을 만들 수 있는가?

| 스탠리 매크리스털 장군 |

처음부터 공정한 싸움이 아니었다. 2003년 말 이라크에 파병된 미 육군 기동부대는 단언컨대 풍부한 자원과 첨단기술을 갖춘, 세계에서 가장 정교한 전투기계나 다름없었다. 그런 최고의 팀이 자원도 부족하고 제대로 된 훈련도 받지 못한 극단주의자들과 전투를 벌이는 중이었다. 그런데도 미군의 전세는 기울고 있었다. 대체 이유가 뭐였을까?

기동부대를 이끄는 지도자는 2003년 10월 지휘봉을 잡은 육군의 스타 사령탑 스탠리 매크리스털Stanley McChrystal 장군이었다. 그가 이끄는 군은 타의 추종을 불허하는 화력, 장갑차, 첨단 감시 장비는 물론 정밀무기, GPS, 야간 투시경과 같은 신기술을 갖추고 있었다. 헬기 조종사들은 추적 시스템을 이용해 수많은 건물들 가운데 정확히 목표 지붕에 하강했고, 작전 내내 드론으로 상황을 감시하는 파일럿들과 헤드셋을 이용해 지속적으로 교신했다.

매크리스털 장군의 책《팀 오브 팀스Team of Teams》에 따르면, 기동부대는 "군사작전의 성배"를 손에 쥔 거나 마찬가지였다. "거의 완벽하게 '상황 인식'"이 가능했기 때문이다. "모든 작전 과정을 실시간으로 관찰할 수 있는 첫 전쟁이었다. 무인정찰기(UAV나 드론)가 보내온 영상 자료를 통해 실시간으로 활약상을 확인할 수 있었을뿐더러, 조종사들이 마이크로 오디오까지 보내왔다. 우리는 인구, 경제활동, 석유 수출, 전기 발전은 물론 (여론 조사를 통해) 여론 동향에 대한 데이터에도 마음껏 접근할 수 있었다. 게다가 협력 기관들과 실시간 연락도 가능했다."[1]

이라크로 파병되기 전 기동부대는 수십 년에 걸쳐 정밀하고 정확한 타깃 공격을 성공시켜왔다. 또한 특수작전 역사상 가장 혹독한 훈련을 받았고, 이라크에서 마주한 것과 똑같은 상황, 즉 비대칭적인 전쟁에 수십 년 동안 대비해왔다. 어떤 기준으로 보나 이들은 서로에 대한 신뢰가 강하고, 공동의 목표를 향해 똘똘 뭉친 우수한 팀이었다.

문서로만 보면 요르단의 극단주의자 아부 무사브 알 자르카위가 이끄는 수니파 폭도들이 이길 가능성은 전혀 없었다. 그들은 교육도 훈련도 받지 못했으며, 자원도 장비도 부족했다. 안가 지하실에 숨어 프로판 탱크와 낡은 소련제 박격포로 조립한 원시적인 사제 무기로 겨우 버티는 중이었다. 게다가 일관성 있는 계획도 없이 상황에 따라 즉흥적으로 대처했다. 소통은 대면 회의와 편지를 직접 전달하는 방식으로 이루어졌다. 전술은 독단적이었고, 행동과 견해는 극단적이었다. 당연히 군사 분야의 천재나 전술계의 달인도 없었다.

이런 교전이라고 해서 기동부대가 꼭 승세를 타야만 하는 것일까. 아니다. 이런 게임이라면 승세를 넘어 적을 압도적으로 제압하고도 남았어야 했다. 하지만 미군은 그러지 못했다. 기동부대는 형편없이 곤두박질치고 있었고, 상황은 점점 악화되었다.

처음에 매크리스털은 그런 형편없는 오합지졸이 자신이 이끄는 정예부대를 어떻게 이길 수 있는지 도무지 이해할 수 없었다. 시간이 흘러서야 그는 자신의 환상적인 군사 기계에 어떤 문제가 있는지 파악했다. 문제는 바로 자신의 기동부대가 기계라는 사실이었다. 반면 적은 유연한 네트워크처럼 움직이고 있었다. 즉각적이고 광범위하게 소통이 이루어져야 하는 격동적인 환경에서 기계(그것도 크고 정교하고 엄청난 돈을 퍼부은 기계)는 네트워크에 상대가 되지 않았다.

빅데이터에 자유롭게 접근할 수 있다는 사실도 상황을 예측하는 데 큰 도움이 되지 않았다. 기동부대였지만 너무 느렸다. 매크리스털은 팀이 직접 결정하는 게 훨씬 나은 문제들마저 자신이 결정하고 승인한다는 사실을 깨달았다. 의사결정 기구가 기동부대의 신속한 움직임을 늦추고 있었던 것이다. 그는 자문했다. 왜 내가 결정을 내리고 있는 것일까? 내가 팀에 무슨 기여를 하고 있는 걸까?

"계획을 수립하고 승인하는 동안 전시 상황은 시시각각으로 변했다." 매크리스털은 이렇게 말한다. "계획이 아무리 천재적이어도 실행에 옮길 땐 이미 뒷북인 경우도 많았다. 적이 어디서 공격할지 예측할 수도, 적이 공격해올 때 신속하게 대처할 수도 없었다."[2]

팀 내부의 협력이 아니라 팀 간의 협력 역시 문제였다. "사단 내부의 연대는 사단이나 부대 간의 연대와는 근본적으로 다르다. 우리 SEAL 중의 한 사람은 이렇게 말한다. '분대원들은 자신의 분대를 제외한 나머지 전부를 형편없다고 생각한다. 다른 비행중대도 형편없고, 다른 SEAL도 형편없고, 육군 대원도 당연히 형편없는 존재들이다.' 물론 다른 분대원들도 모두 그렇게 생각한다."[3]

팀들마다 "목표도 아주 편협했다. 그들의 목표는 '적'을 물리치는 것이 아니라, 임무를 완수하거나 정보 분석을 마무리하는 것이었다. 각 부대들에 중요한 것은 조직도에서 그려진 자신의 부대, 그 내부적 목표에 한정돼 있었다. 그들은 자신만의 사일로에서 혼자만의 싸움을 하고 있었다. 놀랄 만큼 효율적이었던 전문화가 예측 불가능한 현실 세계와 직면하자 오히려 골칫거리가 된 것이다."[4]

또한 매크리스털은 자신의 최고 정예부대에 권위주의적인 관료주의가 내재돼 있어 소통이나 결정이 수직으로 느리게 이동할 수밖에 없음을 알았다. "계급화와 사일로가 기동부대 전체에 단단히 박혀 있었다." 그는 이렇게 말한다. "모든 부대가 같은 구역에 거주하고 있었지만 대부분 '비슷한 부대'끼리 어울렸다. 일부는 다른 체육관을 이용했고, 계획 구역에 타 부대의 접근을 제한했으며, 저마다 다른 부대보다 우월하다는 편견 어린 거만함을 갖고 있었다. 자원도 마지못해 공유했다. 물리적으론 가까이 거주했지만, 그들의 관계는 대체로 평행선이었다."[5]

이어서 매크리스털은 말한다. "기동부대와 협력 기관 사이의 의사소통은 훨씬 나빴다. 그중엔 CIA, FBI, NSA, 함께 작전을 수행하던 재래식 군부대도 있었다. 협력 기관 대표자들은 별도의 트레일러에 거주했고, 우리 구역에 함부로 접근할 수 없었다. 보안이라는 이름으로 세워진 이 물리적인 장벽은 일상적인 상호작용을 가로막고, 잘못된 정보를 전달하고, 불신을 초래했다. NSA(국가안전보장국)는 자신들이 정보를 처리하고 요약본을 보내는 게 옳다고 주장하며 탐지 신호 원본을 제공하길 거부했다. 때로 정보 처리에만 며칠이 걸리곤 했다. 물론 일부러 깐깐하게 굴려는 건 아니었다. 내부 원칙에 따라 자기네만이 수집한 정보를 제대로 해독할 수 있다고 고집을 피우는 것이었다. 데이터 원본을 건넸다가 해독이 잘못되면 심각한 결과를 초래할 수도 있기 때문이었다."[6]

매크리스털은 뭔가 조치를 취해야 한다고 생각했다. 하지만 무슨 조치를 취한단 말인가? 그는 말한다. "작은 팀은 작기 때문에 대체로 효과적이다. 수백 시간 동안 살을 비비며 지낸 덕에 팀원들은 서로를 잘 안다. 하지만 거대한 조직의 구성원들은 서로에게 낯설 수밖에 없다. 사실상 팀을 위대하게 만드는 바로 그 특징이 때로 전체적인 응집력을 떨어뜨리는 것이다. 7000명의 수영 친구들로 어떻게 팀을 꾸릴 수 있겠는가?"[7]

기동부대를 하나의 팀으로 전환하자니 너무 컸다. 그렇다고 각 팀이 자기 방식대로 운영하도록 내버려둘 수도 없었다. 군 전체에 정보 흐름과 협력이 원활해지도록 신속하게 조정할 필요가 있었다. 그들의 과제는 팀과 기구들로 구성된 거대한 조직이 큰 혼란 없이 신뢰를 회복하고 목표를 달성하는 것이었다.[8]

매크리스털은 "비밀 유지, 승인 체계, 내부 경쟁과 같은 뿌리 깊은 시스템"을 제거해야 한다는 것을 알았다. 그러려면 "꼭 알아야 하는 사람"으로 정보를 한정하던 원칙을 버리고 "모두가 정보를 알게끔" 만들어야 했다. 그래야 "지휘체계 아래 있는 모든 남녀 병사들이 복잡한 체계 안에서 자신의 역할이 무엇인지 제대로 이해할 수 있었다. 모두가 군 내 다른 부대와 친숙해져야 했고, 개인적으로 결과에 투자해야 했다."[9]

그는 세밀한 계획보다 예측 불가능한 변화와 복잡성에 대처하는 적응력이 훨씬 중요하다는 것을 깨달았다. 신속한 수평적 커뮤니케이션이 수직적 협의와 승인보다 더 중요했다. 개별 팀이 우수한 것만으로는 충분하지 않았다. 팀 간 협력이 조직 전반의 성과에 필수적이었다. 각 팀들이 명령체계를 거슬러 올라가며 동의를 구하지 않고 스스로 결정을 내릴 필요가 있었다. 빅데이터는 끊임없이 적응하라는 지속적인 요구에 맞게 쉴 틈을 주지 않을 터였다.

끊임없이 구부러지고 변화하는 유기체와 같은 팀

매크리스털의 접근법은 아주 간단했다. 팀 내에 팀을 만드는 것이었다. 이는 기동부대를 관료주의에서 네트워크로 전환하는 것을 의미했다(〈그림 4-1〉 참조). 네트워크는 사람이나 사물을 서로 연결하는 조직 또는 시스템이다. 조직 네트워크는 팀 내에서 하는 것처럼 다른 팀들과도 열정적으로 관계를 맺고 소통하면서 상호작용하고 협력하는 팀들의 집합이다. 조직 네트워크는 작은 팀의 법칙에 기초한다. 하지만 그보다 많은 것을 필요로 한다. 각 팀에는 팀의 목표와 고민을 넘어서, 자신들의 임무가 상위 집단의 임무 중 일부라고 생각하는 마인드가 필요하다.

사실상 매크리스털은 기존 권위 중심의 계급을 역량 중심의 계급으로 전환해야 했다. 결정을 내릴 때에도 기존 위계질서처럼 직급을 따르는 게 아니라 누가 결정을 내릴 적임자인가를 따져야 했다. 또한 "정보 흐름을 뒤집어서 아랫사람이 말하면 윗사람이 듣도록" 할 뿐

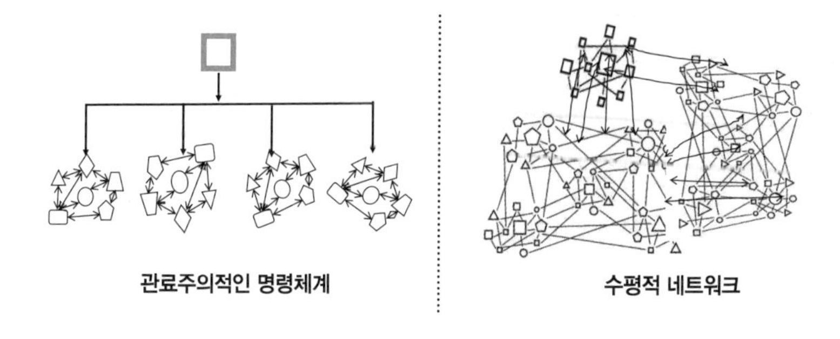

그림 4-1 | 이라크에 파병된 매크리스털 기동부대는 권위 중심의 피라미드 구조를 역량 중심의 네트워크 구조로 전환했다.[10]

아니라, "군을 분리하는 수직적 벽을 허물어뜨릴 방법을 찾아야 했다. 상호의존성은 더 이상 사일로가 상황을 정확히 반영하지 않음을 의미했다. 사방에서 일어나는 모든 사건이 이제 모든 이들과 관련되어 있는 것이다."[11]

겉보기에 혼란스럽기 그지없는 네트워크 체계를 수용하는 것은 쉽지 않은 결정이었다. 수 세기 동안 군사 조직은 수직적이면서 수평적인 계급화를 기반으로 세워졌다. 그 사이 군대도 발전해서 개별 팀들이 전장에서 주도권을 잡기도 했지만, 하향식 지휘 구조는 여전히 군대 조직의 기본이었다.[12]

그렇다면 매크리스털은 권위 중심의 피라미드 구조를 어떻게 역량 중심의 네트워크 구조로 전환했을까?

첫 번째, 이는 모든 주요 구성원을 같은 물리적 공간에 한데 모으는 것을 의미했다. 그래야 정보가 수평으로 흐르고, 서로를 더 깊이 이해하고, 구성원들에게 주도권과 의사결정권을 부여할 수 있다. "사람들의 행동은 때로 물리적 공간을 어떻게 만드느냐에 따라 달라진다. 우리는 발라드(임시명령센터)가 서류들이 기계적으로 질서정연하게 흘러가는 공간이 아니라 아이디어가 네트워크를 형성하며 불규칙하게 흘러가는 공간이 되기를 원했다. 여러 개로 분리하지 않고 하나로 합쳐지는 건물이 되도록 말이다. 우리만 이런 시도를 한 것은 아니었다. 민간 부문에서도 협력을 권장하기 위해 사무실을 이렇게 조직하자는 움직임이 확산되었다."[13] 매크리스털의 말이다.

그는 이 열린 공간에 대해 다음과 같이 설명한다. "방 안에 있는 누구든 직급과 상관없이 스크린을 올려다보기만 하면, 어떤 요인들이 현재 진행 중인 임무에 영향을 미치고 있는지 즉시 알 수 있다. 병사들은 맡은 역할에 따라 전략적으로 자리가 배치되었다. 현 작전에 필요한 실시간 정보를 다루는 병사들은 중앙 가까이에, 장기적인 전략을 다루는 병사들은 기타 업무에 집중할 수 있도록 가장자리에 배정되었다. 하지만 누구라도 방 안을 자유로이 오가며 얼굴을 마주 보고 신속히 업무를 조율할 수 있었다. 마이크 버튼 하나만 누르면 단번에 모두를 집중시킬 수 있었다."[14]

단순히 상징적인 평등의 공간을 만드는 문제가 아니었다. 열린 공간 속의 세련된 혼돈은 조직도에서 서로 멀찍이 떨어진 병사들이 상호작용하도록 만들었다. 매크리스털은 그 한가운데서 기동부대의 심장 박동을 느낄 수 있었다. 열린 공간은 우연한 만남들을 만들어냈다. 이런 낯선 소통과 대화가 얼마나 가치 있을지는 아무도 몰랐다.

두 번째, 매크리스털은 전반적인 상황을 모두가 알 수 있도록 매일 한두 시간씩 브리핑 세션을 가지고 열린 소통의 장을 마련했다. 이는 매일 서서 회의하기의 진화된 버전이었다. 매크리스털의 일일 브리핑 세션에서는 누구나 무슨 일이 일어나는지 확인하고, 다양한 행동들 사이의 연관성을 파악하고, 자유로이 발언할 수 있었다. 열린 공간에서 진행된 일일 브리핑은 매크리스털이 상상했던 일종의 협업을 물리적으로 구현한 것이었다. 또한 그는 전자장비를 연결해서 협력 기관(CIA, FBI, NSA 및 이라크, 미국 및 유럽의 기타 지역에 주둔하고 있는 재래식 군부대들)의 유닛들 역시 브리핑에 참여할 수 있게 했다. 모든 계급의 병사들이 매일 의견을 주고받을 수 있는 이 브리핑은 성공에 필요한 유연한 의사소통과 협력을 극적으로 구현했다.

일일 브리핑은 무조건 따라야 하는 정해진 대본이 없음을 지속적으로 확인시켜주었다. 지도자들은 다른 이들의 의견을 듣고 선택에 반영했다. 어떤 결정이 내려질지는 아무도 알 수 없었다. 어떤 결정을 내리라고 강요하는 사람도 없었다. 모든 일이 가능했고, 어떤 놀라운 일도 벌어질 수 있었다. 브리핑에서 나오는 모든 말이 잠재적으로 결과로 이어질 수 있었다. 지도자들은 정해진 결론을 강요하듯 행동해선 안 되었다. 개인적 자부심이나 부대의 자존심을 희생하는 한이 있어도, 기꺼이 다른 결과를 허용할 줄 알아야 했다. 네트워크

내에서 어디서든 최상의 대답이 나올 수 있다는 사실을 받아들여야 했다.

세 번째, 매크리스털은 의사결정권과 주인의식을 가장 낮은 직급 단위로 낮추었다. 사실상 그는 조직을 신뢰, 공동의 목표, 공유된 의식, 실행력 등을 토내로 하는 수평적 네트워크로 운영할 계획이었다.

그는 결정 프로세스에서 손을 떼다시피 했다. 모든 중요한 작전을 수행할 때 자신을 거치지 않고 작전을 직접 실행할 사람이 즉시 결정을 내릴 수 있는 환경을 만들었다. 이는 그들이 최종 결정을 내려야 할 때도 있음을 의미했다. 매크리스털은 가급적 부하들의 판단을 존중했다. 물론 그가 "결정을 내려야" 하는 상황도 있었다. 가끔은 외부의 압력이나 실패에 대한 엄청난 리스크 때문에 강제 명령을 내리기도 했다. 하지만 그런 일은 자주 일어나지 않았다. 그 스스로 "적을수록 좋다"라는 말을 인정해야 했다.[15]

이는 결국 팀원들이 상부의 승인 없이 스스로 책임지고 결정을 내릴 수 있을 만큼 높은 수준의 신뢰를 형성했음을 의미했다. 그는 병사들에게 책임을 묻지 않았다. 대신 병사들이 서로 책임지도록 도왔다. 또한 네트워크 구성원들이 서로의 행동에 대해 토론하고 평가할 수 있도록 공개 포럼을 만들었고, 포럼에서 성공 사례를 소개해 성과를 높이도록 장려했다.

네 번째, 팀원을 서로 교환했다. 매크리스털은 "한 팀의 팀원(예를 들어 육군 특수부대 운영자) 한 명을 6개월 동안 다른 부서(예를 들어 SEAL이나 분석팀)에 배정했다." 그는 이렇게 말한다. "예상했던 일이지만 처음에는 저항이 상당했다. '우리 팀의 훈련 방식은 완전히 다릅니다.' 다들 이렇게 말했다. 공격팀의 끈끈한 유대는 수년 동안 동료로서 서로 신뢰하며 함께 굴러야 생기는 것이므로 양해 바란다는 말도 있었다. 안 그래도 힘든 임무를 수행하고 있는데 외부인을 투입시키는 것은 오퍼레이터(실제 작전에 투입되는 대원—옮긴이)들에게 리스크를 안기는 어리석고 불공평한 일이라는 뜻이었다. 즉 특수작전 부대를 선발하고 훈련하고 전투에 참여시킨 역사와 전통을 통틀어 이는 절대 있을 수 없는 일이었던 것이다."[16]

하지만 매크리스털은 입장을 굽히지 않았다. "비록 '강제적인' 계획이긴 하지만, 일단 명령을 하달받으면 엘리트 부대원들은 자연스레 최고의 오퍼레이터 및 리더를 파견하게끔 되어 있다. 선발된 개개인이 조직을 대표한다고 생각하기 때문에 부대에 대한 자부심을 지키기 위해서라도 정예부대 중에서도 최고의 인재들만 선발하게 된다. 이런 최고의 인재들 중 상당수는 소통 능력을 타고난 사람들이었다. 특히 오퍼레이터로서의 능력과 리더십이 동료들 사이에서 중요한 척도가 되는 환경에서 그들의 소통 능력이 빛을 발했다."[17]

다섯 번째이자 가장 중요한 요소는, 지도자에 대한 기존의 정의를 완전히 뒤집어야 했다는 것이다. 세상이 어떻게 돌아가는지, 지휘관으로서의 역할은 어때야 하는지 등 잘 안다고 믿었던 것들 중 상당 부분을 폐기해야 했다. 그는 다음과 같이 적었다.

나는 새로운 환경에 필요한 효과적인 리더십이 체스보다는 텃밭 가꾸기와 더 가깝다고 생각했다. 군사작전에 적합하다고 생각했던 이동별 통제보다 조직(구조, 프로세스, 문화)을 잘 육성해 하위 구성 요소들이 "현명한 자율성"을 가지고 기능하도록 만드는 것이 더 효과적이라는 걸 깨달은 것이다. 팀들이 공통된 전투적 구상 아래서 긴밀히 공조하며 행동하고 있었기 때문에 완전히 자율성을 부여할 수는 없었지만 부대 전체에 "공유 의식"이 끊임없이 흐르게 할 수는 있었다. 이는 그들로 하여금 자신들이 보기에 가장 적절한 방식으로 전체 전략을 벗어나지 않는 범위 내에서 행동을 실행할 자유를 주었다. 기동부대의 성과는 텃밭처럼 작물을 심는 것보다 꾸준히 관리하는 것에 달려 있다. 물을 주고, 잡초를 뽑고, 토끼와 해충으로부터 보호해주어야 텃밭 관리에 성공할 수 있다. 텃밭 관리인은 사실상 토마토, 호박, 콩을 "키울" 수 없다. 단지 작물이 잘 자라도록 환경을 조성할 수 있을 뿐이다.

그렇게 필요성은 인식했지만 영웅적인 지도자에서 겸손한 텃밭 관리인으로 마음을 고쳐먹는 것은 편치 않은 일이었다. 웨스트포인트 육군사관학교에 입학한 첫날부터 나는 스스로 전문성, 결단력, 자신감을 발휘할 수 있다고 믿고 행동하도록 훈련받았다. 정보만 적절히 주어지면 스스로 올바른 답을 찾아 확신 있게 부대에 전달할 수 있을 거라 생각했다. 혹여 실패하면 약점만 보이고 판단력을 의심받을 거라 여겼다. 나는 평생 준비한 대로 체스의 달인이라는 역할을 충실히 해내야 한다는 강한 압박을 느꼈다. 하지만 나는 나를 위해 선택했다. 새로운 현실에 적응하고 나 자신을 바꾸어야 했다. 상황이 부대를 새로운 형태로 변화시키라고 요구했기 때문이다. 그렇게 나는 체스 놀이를 그만두고 텃밭 관리인이 되었다.[18]

네트워크의 법칙을 실행하면서 정보 흐름과 결정 속도에 엄청나게 가속도가 붙었다. 기동부대가 승세를 탄 건, 어떤 귀중한 기밀 자료를 발견했다거나 획기적인 감시 기술을 확보해서가 아니었다. 차이는 단 하나. 기동부대가 더 이상 경직된 기계가 아니라는 점이었다. 그들은 "융통성 있고 복잡한 유기체가 되어서 끊임없이 구부러지고 변하며 변화무쌍한 적을 제압하는 법을 배워나갔다." 즉 네트워크의 법칙을 마스터한 것이다.[19]

거대하면서도 효율적인 조직을 만들 수 있을까?

카를로타 페레스Carlota Perez는 《기술 혁명과 기술 경제 패러다임》이라는 책에서 다음과 같이 말한다. "1980년대까지 보편적인 기업들은 대량생산 혁명을 효율적으로 적용시킬 최상의 틀을 갖추고 있었다. 다시 말해 중앙집권적이고 기능이 부서별로 분산된 계급적인 피라미드 구조를 띠고 있었다. (…) 컴퓨터와 인터넷이 도래한 오늘날, 거대한 피라미드 구조는 경직되고 어설퍼 보인다. 그 자리에 들어선 탈중심적인 유연한 (전략을 중심으로 빠르게 의사결정이 이루어지는) 네트워크 구조는 작은 조직 못지않게 크고 복잡한 글로벌 조직도 수용할 능력이 있음을 보여준다."[20] 페레스는 네트워크 모델이 결국에는 공적인 조직과 사적인 조직 모두를 광범위하게 망라하게 될 것이라고 예측했다.

네트워크 모넬은 전체 조직을 기민하게 만드는 핵심 요소다. 매크리스털이 군대라는 환경에서 깨달은 것처럼, 피라미드형 위계구조에 애자일 팀을 접목시킨다고 해서 급변하는 환경에 발맞출 수 있는, 유동적이고 수평적인 의사소통 체계를 만들 수는 없다. 그렇게 되면 오히려 의사소통이 지휘 사슬을 따라 위에서 아래로 수직으로 흘러가게 된다. 그 과정에서 고객 또는 최종 사용자를 까맣게 잊어버리기도 한다. 성과를 높일 수 있는 기회도 수차례 놓치게 된다. 이런 환경이라면 개별 팀은 소소한 수익을 얻을 수 있을지 몰라도 전체 조직은 느릿느릿 움직이는 어설픈 관료주의 구조를 벗어나지 못한다.

전통적인 경영 사상가가 보기에 크고 효율적인 네트워크란 모순어법과도 같다. 경영학적 관점에서 보았을 때 이는 불가능한 개념이다. 2장에서 설명했던, 혁신적이면서 규율도 잡힌 자기조직화된 팀이란 불가능하다고 여겼던 사고방식과 비슷하다. 전통적인 경영자들은 네트워크가 커지면 혼란이 가중돼 일을 완수하기 힘들 것이라고 생각한다. 수천 년 동안 그리스, 로마, 중국의 군대들을 겪으면서 얻은 깨달음이다. 거대한 조직은 권위를 기반으로 한 위계질서를 필요로 한다. 다른 형태는 생각할 가치조차 없다.

사회학자들이 "던바의 수"라 부르는 법칙에 비추어도 거대하면서 효율적인 네트워크는 불가능한 개념이다. 던바의 수는 1990년대에 영국의 인류학자 로빈 던바Robin Dunbar가 처음 제안한 숫자로, 개인이 안정적인 사회관계를 유지할 수 있는 사람의 수를 말한다. 정확한 크기에 대한 의견은 저마다 다르지만, 대략 100명에서 250명 사이다. 보통은 150명으로 통용된다.

이 법칙에 따르면, 구성원이 150명보다 큰 조직은 크고 복잡한 업무를 수행하는 데 어려움을 겪는다. 따라서 조직을 응집시키고 안정화시키기 위해 위계질서에 따른 규칙과 규범을 필요로 한다. 이런 제약은 제아무리 인터넷이 보편화돼도 극복하기 힘들다. 다름 아닌 인식의 한계로 인해 발생하는 제약이기 때문이다. 사회학자들에 따르면 인간의 뇌는 그보다 많은 수의 사람과는 상호관계를 맺을 수 없다. 뇌가 더 커지지 않는 한 우리가 관계를 맺을 수 있는 조직원의 수는 150명 이하다.

그러나 우리는 지난 15년 동안 거대하면서도 효율적인 네트워크 조직들을 애자일의 세계에서 수차례 보아왔다. 이라크에 파병된 매크리스털의 부대가 그 예다. 그중엔 라이엇게임스, 스포티파이, 에릭슨의 네트워크 경영 부서, 마이크로소프트의 개발자 부서도 있다. 이들 회사 모두 1000명이 넘는 직원들이 피라미드식 위계질서가 아닌 애자일 팀들의 네트워크 체계에서 서로 협력하며 거대하고 복잡한 업무를 처리하고 있다.

기업 밖으로 시선을 돌리면 훨씬 큰 네트워크가 효율적으로 운영되는 사례들을 만날 수 있다. '익명의 알코올 중독자 모임'의 경우, 200만 명이 넘는 전 세계 회원들이 10만 개 이상의 작은 조직을 구성해 70년 넘게 네트워크 형태로 운영하고 있다.[21] 각 조직에 이래라 저래라 명령하는 지도자나 상부 관리자는 없다. 네트워크를 통한 관리 방식은 수많은 정치적 · 종교적 기관들이 마주했던 조직적 문제를 피하는 데도 도움을 주었다.

더 극적인 사례는 바로 "세포식 교회cellular church"다. 세포식 교회는 오렌지카운티의 목사 릭 워런Rick Warren의 아이디어인데, 그는 수천 개의 작은 기도 단체들을 네트워크화해서 새들백 교회를 만들었다. 말콤 글래드웰Malcolm Gladwell에 따르면, 이 교회는 "수많은 작은 교회 세포들, 즉 주중에 서로의 집에서 만나 예배 보고 기도하는 6~7명의 단단하고도 배타적인 그룹들을 토대로 한다. (…) 이 소그룹은 헌신하기에 안성맞춤이다. 우선 개인적이면서도 유연하다. 비용도 전혀 들지 않는다. 참여하기도 편리하며, 모든 신자들이 자신의 구미에 맞는 소그룹을 찾을 수 있다."[22]

새들백 교회의 흥미로운 점은 이 조직이 개인의 문제를 해결하기 위한 자기계발적인 사업체가 아니라는 것이다. 애자일 세계처럼 조직의 지향점은 외부를 향한다. 타인에게 가치를 전달하는 데 초점을 맞추는 것이다.

대규모 네트워크의 기능에 대해서는 아직 탐구해야 할 점이 많지만, 대규모 네트워크를 작동시키는 법에 대해선 다음과 같은 몇 가지 가설을 세울 수 있다.

1. 네트워크에 강력한 목표가 있다. 전통적인 경영자들의 생각처럼 관료주의에선 네트워크가 절대 작동하지 못한다. 규칙, 절차, 상사의 지시가 업무를 장악하고 있기 때문이다. 또한 회사의 목표가 주주와 고위 간부들의 배를 불리는 것이라면 효율성이 떨어질 가능성도 높다. 네트워크가 효율적으로 기능하려면 강력한 공동의 목표가 뒷받침되어야 한다. 애자일 경영의 목표는 '고객의 법칙', 즉 고객에게 가치를 보태주겠다는 자연스러운 목표에서 비롯한다. 일단 조직 전체가 그런 목표를 공유하게 되면, 누가 그 가치를 전달하는지는 중요하지 않다. 중요한 것은 가치를 전달한다는 사실이다. 농구 경기처럼 누가 골을 넣는지는 큰 문제가 아니다. 핵심은 골을 넣는 것이다.

2. 네트워크가 소규모 집단으로 이루어져 있다. 이런 거대한 네트워크는 구식 복음주의자들이 거대한 천막 안에 엄청나게 많은 군중을 모아놓은 것과 같은 개인들의 집합이 아니다. 개인 단위로 이루어지는 네트워크는 '던바의 수'에서 말하는 한계에 부딪치게 된다. 딜로이트센터 포더엣지Deloitte's Center for the Edge의 존 헤이글John Hagel은 다음과 같이 말한다. "모든 성공적인 운동은 지역 기반의 작은 행동 집단을 중심으로 조직된다. 이들은 함께 일하며 다양한 맥락에서 영향력을 행사한다. 느슨하게 결합된 이 네트워크를 통해 이들은 타

인에게 도움을 구하고, 각 조직의 다양한 움직임에서 무엇이 최상의 효과를 일으키는지를 배운다."[23] 물론 이는 작은 팀의 법칙과 매크리스털의 "팀 안의 팀"과도 부합한다.

3. 행동을 지향한다. 소규모 집단의 협력 정신은 돈독하다. 하지만 조금 특별한 종류의 협력이다. 이들은 수년 동안 협력하고 공부하고 명상하고 성찰하는 그룹이 아니다. 이들에겐 아이디어를 실천으로 옮기는 것이 중요하지, 추상적인 지식이나 아이디어를 위한 아이디어를 내는 것은 의미가 없다. 중요한 수단을 이용해 구성원들이 생각하기에 세상을 더 나은 방향으로 바꾸는 것을 지향한다.

4. 네트워크는 소규모 집단들의 합이다. 네트워크는 소규모 집단을 포함하지 않는다. 그보다는 소규모 집단들의 합에 가깝다. 소규모 집단들은 조직 내에 여러 집단으로 존재하는 게 아니다. 개념상 그들 자체가 조직이다.

5. 보이지 않는 곳에 법적 체계를 마련해놓는다. 네트워크 조직에도 법적으로 처리해야 할 일들이 있다. 조직 차원에서 이사회도 임명해야 하고 은행계좌와 계약서에 서명도 해야 한다. 돈이 적절히 지출되는지, 행정 서류에 서명하고 제출하는지, 세금은 정당하게 내는지 담당자들이 법적 책임을 지고 확인해야 한다. 신입을 채용하고, 임금을 지불하고, 직원을 해고하려면 법적 절차를 제대로 거쳐야 한다. 하지만 네트워크 내에서 이런 모든 법적 절차들은 보이지 않게 처리된다. 물론 실질적인 부분은 역량 중심의 네트워크로 결정한다. 만약

조직이 역량 중심의 위계가 아닌 권위 중심의 위계를 이룬다면, 네트워크는 더 이상 버티지 못하고 관료주의로 후퇴하고 만다.

관료주의를 무너뜨리려는 헌신

라이엇게임스, 스포티파이, 익명의 알코올 중독자 모임, "세포식 교회"처럼 조직이 처음부터 네트워크 방식으로 출발했다면 문제가 없다. 하지만 태생이 하향식 관료주의인 기업을 네트워크 조직으로 바꿀 수 있을까? 가능하다면 어떻게 해야 할까? 세 가지 접근법이 있다.

한 가지 접근법은 하향식 대개혁이다. 여기서 목표는 대규모 전투를 벌여 관료주의를 타파하는 것, 즉 관료주의를 해체하고 그 자리에 네트워크를 심는 것이다. 물론 마오쩌둥의 문화대혁명이 그랬듯 상당한 고통이 따를 수 있다. 조직의 경영 모델을 근본적으로 바꾸는 것이므로 적응할 시간도 필요하다. 또한 관료주의 대신 어떤 체계를 도입하든 설계할 때 역시 주의할 필요가 있다. 조직이 너무 빨리 움직이면 운영이 혼란에 빠질 위험도 있다. 더군다나 위에서 아래로의 문화적 변화를 갑작스레 강요하면 자율적인 조직 운영이라는 기풍과 긴장관계를 이룰 수도 있고, 반발에 부딪힐 수도 있다. 그러니 보통은 조직이 변할 준비가 되었을 때 시작하는 게 이치에 맞다. 인력이 자율적으로 참여하길 원한다면, 시작할 때부터 모두를 관여시켜서 새로운 경영 모델의 창조를 돕게끔 해야 한다.[24] 이런 주의사항에도 불구하고 소프트웨어 회사인 세일즈포스는 "대개혁"을 단행해 성공을 거둔 바 있다. 물론 비결은 다른 회사들이 저질렀던 실수를 피해갔다는 것이다(〈애자일 인사이드 4-3〉 참조).

두 번째, 점진적인 상향식 접근법이다. 이는 점진적으로, 장기간에 걸쳐 단계적으로 관료주의를 대체하는 것이다. 경영계의 구루 게리 해멀은 다음과 같이 말한다.

> 많은 조직들이 이런 접근법을 시도해왔다. 경영진을 한두 개 층 정도 걷어내고 유독 정신 사나운 프로세스의 일부를 단순화한다. 하지만 일반적으로 관료주의는 다시 자라난다. 반발이 일어서가 아니라, 온전히 헌신하지 않아서다. 관료주의의 토대가 되는 근본적 사고방식(권력은 위에서 내려가는 것이고, 결정은 직급의 권한이며, 통제는 꼭 필요하다는 사고)에 도전하지 않고도 관료주의를 걷어낼 수 있을 거라 기대하기 때문이다.
>
> 수십 년 동안 많은 조직들이 관료주의를 없애는 데 도전했고 성공을 거두었다. 하지만 관료주의를 무너뜨리려는 위로부터의 헌신이 없으면 소소한 노력들은 금방 중단되거나 가장자리로 밀려나게 된다. 어떤 조직도 절반의 조치로 관료주의를 무너뜨리지는 못한다. 관료주의는 그만큼 회복력이 좋다. 최고경영자가 "관료주의는 죽어야 마땅하다"라고 말하기를 꺼려한다면, 그런 일은 절대 일어나지 않을 것이다.[25]

고성능 애자일 팀을 관료주의에 투입한다 치더라도 서로 목표와 양식이 다르기 때문에 조직 내에 긴장이 발생한다. 그렇게 불안정한 상태가 지속되다가 애자일 팀이 조직을 장악하거나, 아니면 관료주의가 애자일 팀을 박살낼 것이다.

세 번째 접근법은 칼슨의 법칙을 적용해 상향식과 하향식을 혼합하는 것이다. 혁명적이면서 더욱 진화된 유기적인 프로세스로, 바클레이와 에릭슨의 사례(1장 참조)가 상향식과 하향식을 조합한 방식이다. 풀뿌리 운동처럼 아래에서 애자일 운동이 시작되고, 위에서 지원하고 격려하고 자금을 대는 것이다. 이렇게 되면 위아래 모두에서 애자일 운동에 전폭적으로 열의를 쏟을 수 있다. 이런 행복한 조합의 또 다른 사례는 마이크로소프트의 개발자 부서다. 이 부분은 다음 장에서 다룰 예정이다.

애자일 인사이드 4-1

시장 기반의 접근법을 통한 기민함

기업 차원에서 기민함에 접근하는 방법 중 하나는 시장을 기반으로 하는 것이다. 유명 사례가 토마토 가공회사인 모닝스타다. 이 회사는 "경영자라는 개념을 대대적으로 폐기"하고, 회사를 독립적인 수익 센터로 나누었다.[26]

또 다른 사례는 ABB다. ABB는 "회사를 차별화된 수익 센터로 분산시키고 각 센터에 책임을 부여하는 것을 원칙으로 삼고 있다"라고 설명한다. ABB의 사업부는 "전략적 개요를 갖춘 자율적이면서 주도적인 부서들"로 이루어져 있다. ABB는 대략 1300개 회사들의 연합으로 구성돼 있는데, 각각이 별개의 사업부로 기능한다. 각 회사들에는 작은 조직의 이점을 이용하기 위해 평균 약 200명의 직원이 있다. 이들 사업부는 아래에 4500개의 수익 센터를 두고 월별 성과 데이터를 수집한다. 그리고 최전선에 있는 이들 수익 센터가 대차대조표를 전적으로 책임진다.[27]

시장 기반의 접근법에서 생길 수 있는 이슈들은 다음과 같다.

- 각 사업부가 진짜 독립적인 수익 센터라면, 왜 개별 센터를 독립 회사로 만들지 않는가?
- 독립 회사인데 공동의 목표를 위해 협력할 의지가 있는가?
- 각 수익 센터의 목표가 수익이라면, 고객에게 가치를 전달하는 것이 아닌, 돈벌이로 목표가 변질되지 않을까?
- 이윤 창출이 보장되어 있는데 전략 방향을 전환할 수 있을까?

이런 문제들 때문에 시장 기반의 접근법으로 애자일을 성취하는 데 비판적인 사람들도 있다. 그중 한 명이 마이크로소프트의 윈도우 부문 전임 사장 스티븐 시노프스키다. "추정 손익은 언제나 해롭다." 그는 이렇게 말한다. "회계의 역사를 거슬러 올라가보면, 손익은 경영진이 자원 및 자본 배분, 가격 책정 등에 대해 어떤 결정을 내렸는지 알리기 위해 사용하는 도구다. 대규모 조직에서 특정 부서가 발생시킨 수익과 비용만 계산하기란 매우 어렵다. 거기다 부서의 리더에게 통제권과 책임을 부여하는 것은 그보다 훨씬 어렵다. 특정 부서의 손익을 계산하려 들면 필연적으로 내부에 집중하게 되고, 책임을 전가하게 되고, 내분이 일어나게 된다. 장부를 두 권 놓고 일하는 것은 좋은 생각이 아니다. 그러므로 손익을 따지는 것은 (리더의 통제권과 책임을 있는 그대로 반영하지 못한다면) 올바른 정보를 토대로 결정하도록 도와주기보다 혁신, 협력, 공유를 방해할 가능성이 훨씬 더 높다."[28]

애자일 인사이드 4-2

플랫폼을 통한 대규모 운영의 성취

거대 조직이 기민해지는 또 다른 방법은 플랫폼을 이용하는 것이다.

가장 좋은 예가 애플이다. 애플은 고객들의 온갖 잡다한 요구를 충족시키기 위해 플랫폼을 만들어 수십만 명의 개인 개발자들과 접촉했고, 상상할 수 있는 모든 앱을 고안했다. 그 결과 수억 명의 고객들이 자신의 특별한 요구와 욕구를 충족시키는 맞춤화된 제품을 가지게 되었다. 관료주의로는 절대 성취할 수 없는 결과다.

플랫폼을 이용한 또 다른 사례로는 CAD/CAM소프트웨어 및 빌딩 시스템 모델링의 선두업체인 오토데스크Autodesk가 있다. "오토데스크는 갈수록 늘어나는 독립 커뮤니티의 앱을 건축 및 토목 엔지니어링 회사들이 사용할 수 있도록 플랫폼을 만들었다. 이는 대형 건설사들이 대형 프로젝트를 착공하기 전에 미리 모든 부분을 시뮬레이션해보고 문제를 예측하거나 공급업자와 쉽게 조율할 수 있도록 돕기 위한 것이다." 이 분야도 약 1억 2000만 명의 디자이너와 고객이 참여하는 거대한 생태계다.[29]

위키피디아Wikipedia는 플랫폼이 공공 부문에서도 유효하다는 것을 보여준다. 세계에서 가장 큰 정보 상품인 위키피디아는 사용자들에 의해 무료로 만들어진다. 《가디언》의 기자 폴 메이슨Paul Mason은 위키피디아가 "백과사전 사업을 무너뜨리고 광고 산업에서 연간 30억 달러의 수익을 빼앗고 있다"라고 주장한다. 그러면서 위키피디아 같은 비영리 협동조합이 기존의 민간 회사를 대체할지도 모른다는 말도 안 되는 주장을 한다.[30] 하지만 위키피디아는 구글이나 애플 같은 기술 회사들의 헤게모니에 도전하지 않는다. 그냥 그들을 모방할 뿐이다. 위키피디아는 해당 생태계에서 애플과 오토데스크의 공공 버전으로, 모든 게 똑같은 방식으로 기능한다. 즉 수많은 개인들이 자신이 가치 있다고 믿는 목표를 추구한다. 차이라면 애플과 오토데스크는 거기에서 수익을 얻는 데 비해, 위키피디아는 그렇지 않다는 것이다. 플랫폼 모델은 민간과 공공 부문 모두에서 작동한다. 그리고 이들은 서로 경쟁하는 게 아니라 상호보완한다.

플랫폼은 기민함과 규율을 모두 필요로 하는 거대 조직보다는 우버 운전자들이나 에어비앤비 집주인들처럼 상호작용할 필요가 없거나, 애플의 아이폰 앱들처럼 합의된 프로토콜이 상호작용을 효과적으로 관리하는 경우에 성공할 확률이 높다.

하지만 플랫폼에도 한계가 있다. 능동적인 상호작용을 통해 협동하고 솔루션을 찾아야 할 때에는 플랫폼이 작동하지 않을 수도 있다는 점이다. 수많은 앱만으로는 완성되지 않는 아이폰처럼 물리적으로 설계하고 진화시켜야 하는 경우가 그렇다.

애자일 인사이드 4-3

대개혁: 세일즈포스가 저지르지 않은 여섯 가지 실수

2006년 세일즈포스Salesforce는 새로운 전환점을 맞았다. 회사의 혁신이 느려지기 시작했다는 것을 경영진이 깨달으면서부터였다. 세일즈포스는 다른 소프트웨어 회사들과 비슷한 조치를 취했다. 조직 전체를 애자일 프랙티스로 대개혁한 것이다. 개혁은 엄청난 성공을 거두었다. 흔히 회사들이 애자일을 적용할 때 저지르는 여섯 가지 실수를 피해간 덕분이었다. 그 여섯 가지 실수란 무엇일까?

실수 #1 다른 프로세스와 똑같은 방식으로 도입한다

세일즈포스는 애자일을 또 하나의 새로운 사업 프로세스가 아니라, 회사의 업무 방식을 근본적으로 변화시킬 작업이라고 보았다. 그리고 그런 관점에서 관리자와 근로자 모두에게 새로운 사고방식, 말하기, 행동을 소개했다.

경영진은 조직의 일부에만 완전히 다른 경영 방식을 도입하면 전통적인 경영법을 고수하는 부서와 새로운 경영법으로 작동하는 부서 사이에 긴장이 발생할 거라고 판단했다. 그렇게 되면 부서들이 서로 다른 모드와 다른 속도로 작동할 터였다. 그들은 이 점을 감안해 조직 전체를 변화시키는 데 전력을 다하기로 결정했다.

세 가지 요소가 애자일로 전환하는 데 도움이 되었다. 첫 번째, 회사의 주문형 소프트웨어 모델이 반복적 방법론과 자연스레 맞아떨어졌다. 두 번째, 대규모의 자동화된 테스트 시스템이 이미 구축되어 있어 새로운 경영법의 토대가 되었다. 세 번째, 대부분의 연구개발(R&D) 담당 직원들이 같은 공간 안에서 일하고 있었다.

실수 #2 최고경영진이 양다리를 걸친다

애자일 경영은 하향식 관료주의와의 근본적인 작별을 뜻한다. 그러다 보니 전통적인 경영진은 종종 관망하는 자세를 취하기도 한다. 변화가 성공하면 그제야 수용하면서 자기가 낸 아이디어라고 즐거워한다. 하지만 실패하면 자신과는 상관없는 스쳐 지나가는 유행으로 치부해버린다.

세일즈포스의 리더들은 처음부터 변화에 헌신하는 태도를 보였다. 그들은 시작부터 애자일을 받아들였고 실행 과정 내내 애자일을 지지했다. 그들은 경계를 넘어가도 될지 시험하는 중대한 변화의 기로에 서 있었다. 따라서 경영진의 강력한 지지가 없었다면 전환은 실패했을지도 모른다. 이를테면 콘텐츠의 완성도와 상관없이 배포일을 고수했다. 많은 팀이 필요한 기능을 완성하려면 시간이 더 필요하다고 주장했지만, 핵심 경영진은 그대로 밀어붙였다. 그런 확고한 자세가 고객에게 가치를 일찍 그리고 자주 전달한다는 원칙을 강화했다.

실수 #3 맥락을 무시하고 똑같이 엄격하게 적용한다

어떤 회사들은 맥락에 따라 애자일도 달라져야 한다는 사실을 받아들이지 않고 곧이곧대로 엄격하게 적용하려고 든다. 다른 조직에서 사용했던 용어, 직무 설명, 절차를 그대로 가져오는 것이다. 이러면 외부에서 성장한 아이디어가 새로운 환경에는 맞지 않아서 상당한 마찰이 생길 수도 있다.

반면 세일즈포스는 다른 조직에서 얻은 교훈을 토대로 삼되 그 교훈을 자신들의 환경에 맞게 조정했다. 새로운 프로세스와 그것의 이점, 회사가 시스템을 전환하는 이유 등을 설명하는 문서도 마련했다. 모든 직급의 주요 인사들이 모여 한 시간 동안 회의하기를 마흔다섯 번 반복했다. 회의가 끝나면 피드백을 취합해 문서로 만든 뒤, 새로운 프로세스를 설계하고 광범위한 조직 차원에서 변화를 지지하는 데 사용했다. 이런 개방적인 피드백의 순환이 구성원들로 하여금 변화를 설계하고 솔루션을 찾는 데 적극적으로 참여하도록 유도했다.

그렇게 한 팀이 반복적 방법론을 사용해서 가시적인 성과를 내면, 다른 팀에도 변화를 도입하는 데 도움이 되었다. 기술보다는 원칙에 초점을 맞추는 것 역시 회사가 새로운 방식으로 운영되어야 하는 이유를 직원들에게 납득시키는 데 도움이 되었다. 혹시나 문제에 부딪혔을 땐 원칙으로 돌아갔고, 원칙과 관계없어 보이는 것들을 조정할 수 있었다.

실수 #4 소소한 변화까지 통제한다

애자일 철학은 전통적인 관리자의 역할이 바뀌는 것을 의미한다. 관리자가 개인을 통제하는 사람에서 자기조직화된 팀이 짧고 반복적인 주기에 따라 일하도록 조정하는 사람으로 바뀌는 것이다. 이는 실무자가 고객을 기쁘게 할 제품을 생산하는 데에 재능과 창의력을 자율적으로 발휘할 수 있는 공간을 만들어주는 것과도 이어진다. 사실상 고객이 상사가 되는 셈이다. 이는 많은 관리자와 근로자에게 굉장히 중요한 변화다. 애자일을 시도한다며 상부가 독단적으로 8단계 프로그램을 실시하며 변화를 강요한다면, 새로운 접근법 역시 상향식 명령체계의 연장선상에 있다고 오해할 소지가 커진다.

하지만 세일즈포스는 애자일을 실행하는 과정에서 일일이 변화를 통제하기보다 방향을 설정하고 권한을 나누는 새로운 경영 철학을 실천했다. 다름 아닌 변화를 실현하는 데 헌신하는 기능혼합팀이 변화를 주도했다. 기능혼합팀은 결정 권한을 갖게 되자 새로운 방법론을 업무에 활용하기 시작했다. 그들은 유사한 기술을 적용해본 경험이 있는 산업 전문가 및 타 회사 직원들을 초빙했다. 또한 프로세스 전체를 망라하는 포괄적인 스케줄을 만들고, 코칭 및 지침을 제공하고, 변화를 가로막는 제도적인 장애물을 제거하고, 성공 사례를 검토하고, 조직 전반에 걸쳐 새로운 작업 방식을 전파했다.

변화에는 몇 가지 주된 특징이 있었다. 우선 개개인의 생산성이 뛰어난지 또는 기능혼합팀이 매일 만나는지가 아니라 팀의 결과물에 초점을 맞추었다. 모든 팀이 공통 언어를 사용해 단순하고 반복적인 프로세스를 따랐으며, 프로세스마다 작업의 우선순위를 정해서 진행했다. 또한 사용자 시나리오를 참고해 작업을 계획했고, 플래닝 포커planning poker(애자일 방식에서 흔히 사용되는 추정 기술로 계획 수립 시 의견이 일치하지 않거나 구성원의 의견을 고루 반영하고 싶을 때 사용한다. 구성원들이 숫자가 적힌 카드를 동시에 뒤집어 계획의 규모나 중요성에 대해 의견을 제시하는 방식으로, 고정관념을 탈피하고 무의식적인 동조 현상 없이 결정을 내릴 수 있다—옮긴이)를 통해 업무 일정을 산정했으며, 모든 팀이 같은 용어를 사용하며 조직 내 역할을 정의했다. 그 결과 30일마다 새로운 소프트웨어를 배포할 수 있었다.

실수 #5 경영진이 결정을 비밀에 부친다

관료주의는 불투명하기로 악명 높다. 위아래 할 것 없이 모든 직원들에게 그들이 알아야 할 것이 아니라 듣고 싶어 하는 것을 말하는 경향이 강하다. CYA(Cover Your Ass. 자신의 치부를 들키지 않으려고 애쓰는 행위—옮긴이) 루틴이 위계질서 위아래로 작동하는 것이다. 그러다 보니 진짜로 무슨 일이 벌어지는지 알아내려면 비공식적인 네트워크로 접근하는 수밖에 없다. 이런 환경에 애자일을 도입하면, 소통은 엇나가고 오해가 쌓일 위험이 높다.

세일즈포스는 완전한 개방 원칙을 받아들였다. 일간 회의를 공개적인 장소에서 열어 일이 어떻게 진행되는지 모든 직원이 알 수 있도록 했다. 또한 식당 벽면에 작업 현황판을 걸어놓고 현재 어떤 업무가 진행 중인지 누구나 알 수 있게 했다. 정보를 공유하면 직원들이 매일 진행 중인 일을 따라가기가 쉬워진다.

실수 #6 훈련과 코칭에 인색하다

연구들을 보면 외부에서 코치를 섭외하면 팀의 생산성이 높아진다는 결과를 자주 확인할 수 있다. 하지만 전통적인 관리자들은 그런 연구 결과를 대체로 무시한다. 관리자가 생산성을 책임져야 한다고 생각하기 때문이다. 하지만 조직의 명운이 걸려 있는 상황에서는 코칭 비용을 절감하려다 오히려 역효과를 볼 수 있다.

반면 세일즈포스는 적절한 훈련과 코칭을 강조한다. 처음에는 프로그램 관리자와 기능 관리자들을 훈련시키는 것부터 시작했다. 그런 다음 기능혼합팀의 핵심 구성원 세 명이 배운 내용에서 개념을 가져와 통합 프레젠테이션 및 훈련 도구를 개발했다. 그리고 모든 팀을 대상으로 두 시간 동안 훈련 세션을 열었다. "제품 소유자"로서 중요성을 지닌 고객 대표도 훈련에 참여시켰다. 또한 팀 구성원들이 새로운 경영법을 참고하고 변화 과정에 대한 정보를 얻을 수 있도록 위키를 기반으로 한 내부 웹사이트를 만들었다.

5장

마이크로소프트는 어떻게 애자일을 실행했을까?

요점은 대화가 오간다는 것, 그리고 그것이 안전한 대화라는 사실이다.

| 애런 비요크 |

얼마 전 마이크로소프트의 부사장 브라이언 해리Brian Harry가 자신의 블로그에 올라온 뜬금없는 불만의 글을 보았다. 마이크로소프트가 애자일에 심하게 집중한 걸까? 캐스퍼Kasper라는 이름의 네티즌은 다음과 같은 글을 남겼다. "마이크로소프트가 지난 6개월 동안 애자일 툴에 초점을 맞춰왔다는 건 확실해 보입니다. (…) 궁금한 게 있습니다. 얼마나 오랫동안 애자일에 초점을 맞출 생각인가요?"

마이크로소프트가 애자일에 초점을 맞춘다는 사실이 누군가에게는 뉴스일지도 모르겠다. 2016년 한 해 매출 850억 달러, 직원 11만 4000여 명인 이 거대 기업을 보면 많은 이들이 강하고 힘 있지만 기동 속도가 느리고 언제나 고객 친화적이지만은 않은, 거대한 전함을 떠올리게 되니 말이다.

사실 이것은 마이크로소프트 개발부의 그룹 프로그램 매니저인 애런 비요크Aron Bjork가 내게 연락해 마이크로소프트의 애자일 도입을 우리 단체와 공유하고 싶다고 제안했을 때 내 머릿속에 떠오른 이미지였다.

마이크로소프트 개발부는 총 4000명의 직원이 수백 개의 팀을 이루며 3주 단위로 일하고 있는데, 팀원은 열 명에서 열두 명이다. 비요크가 속한 그룹은 비주얼 스튜디오 팀 서비스로, 이 그룹은 약 500명의 직원이 모두 40개 팀으로 나뉘어 일하고 있다. 비요크는 그중 일곱 개 팀을 관리 중이다.

개발부는 비주얼 스튜디오, 비주얼 스튜디오 팀 서비스, 팀 파운데이션 서버, 타이프스크립트를 포함한 다양한 제품과 서비스를 제공한다. 윈도우, 오피스, 빙 같은 그룹은 별개 부서지만, 모두 제각기 다른 단계에서 애자일로 전환하고 있다. 하지만 개발부의 경우, 더욱 기민해지기 위해 전사적 차원에서 변화를 주도하는 중이다. "1차 공학적 시스템 현장"(1ES)을 이용해 회사 전반에 애자일을 추진하고 있으며, 월간 성적표를 만들어 큰 부서들이 이를 얼마나 잘 적용하고 있는지 확인한다.

결국 우리는 현장 방문을 했고, 마이크로소프트가 거대한 전함이 아니라 각 부서를 잘 조율해 이끌어 나가는 작은 쾌속정에 가깝다는 사실을 알았다.

거대한 전함이 아닌 작은 쾌속정처럼

2011년 7월 브라이언 해리가 애자일에 대한 기업 공약(애자일에 대한 러브레터에 가까웠다)을 블로그에 발표했을 때만 해도 많은 사람이 회의적인 시선을 보냈다. 마이크로소프트 같은 거대 기업이 애자일 경영을 수용한다는 걸 상상할 수 있었겠는가?[1]

애자일의 한 방식인 스크럼의 공동 창시자 켄 슈웨버가 많은 사람들의 의견을 대변했다. 그는 블로그를 통해 마이크로소프트 같은 대기업이 직원을 "양도하고 분석할 수 있는 최적화된 자원"으로 보는 시각에서 벗어날 수 있을지에 대해 의문을 제기했다. 많은 미국 기업들이 린 제조법을 도입했지만 오직 일부만이 "노동자를 존중하고 대접하고 참여시키는" 핵심 원칙을 반영하지 않았던가. 그처럼 마이크로소프트도 애자일에 헌신하겠다고 선언만 한 뒤, 가치는 쏙 빼놓고 외형적 형태에만 매달리는 건 아닐까? "겉은 스크럼 툴로 그럴싸하게 포장하고 속은 예측 가능한 제조 모델"을 그대로 고수하는 건 아닐까? 그래서 창조적이고 정교하고 품질 좋은 제품을 못 만드는 건 아닐까?[2]

다행히도 우리는 현장 방문을 마친 뒤 마이크로소프트 개발부에 애자일 가치가 살아 있다는 것을 확인했다. 개발부는 애자일 프랙티스를 구현하고 있었을 뿐 아니라 다른 부서들에도 애자일을 홍보하고 있었다. 게다가 우리와 대화를 나눈 모든 직원들(즉흥적으로 대화를 나눈 개발자들을 포함해서)이 애자일 가치대로 살고 생각하고 말하고 행동하고 있었다. 그곳엔 애자일 사고방식, 즉 고객의 요구가 최고라는 가치에 부응하기 위해 작업자를 존중하고 대접하고 참여시키는 문화가 퍼져 있었다.

우리를 초대한 애런 비요크는 취미가 골프다(소프트웨어 개발자로서 흔한 취미는 아니다). 여가시간에는 가족과 함께 작은 농장을 돌본다. 그는 워싱턴대학에서 금융과 정보 시스템을 공부하고 경영학 학사학위를 받았다. 하지만 그의 말에 따르면 넘치는 에너지와 창의성을 주체할 수 없어서 금융의 길을 포기했다. 금융을 선택했더라면 지루해 죽었을지도 모른다고 했다. 그는 2002년 마이크로소프트에 입사해서 코더로 일을 시작했다. 그러다 7년 전 프로그램 매니저, 스크럼 용어로는 "제품 소유자" 직책을 맡게 되었다. 그는 왜 코더로 시작해 매니저로 일을 바꾼 것일까? 그는 자신의 열정을 자동차에 빗대 설명했다. "처음엔 후드를 올리고 엔진을 만지면서 손을 더럽히는 일이 좋았다. 하지만 내가 진짜 좋아하는 일은 어떤 자동차를 만들지를 결정하고 가죽 바늘땀의 색깔처럼 '사소한 것들'을 조언하는 것이었다.” 비요크는 이런 것들이 고객에게는 중요하다는 것을 알았다. 그것이 그가 사랑하는 일이었다.

비요크는 말한다. “내 일은 고객이 뭘 원하는지 듣고, 원하는 것과 필요한 것을 구별하면서, 그들이 필요로 하고 우리가 판매할 수 있는 것을 만드는 것이다. 그리고 마지막으로 우리가 하지 않은 모든 것에 대해 사과하는 것이다. 할 수도 있겠지만 하지 못하는 게 항상 너무 많다. 모든 걸 다 할 수는 없는 노릇이다.”

대규모 조직의 애자일 핵심 프랙티스

마이크로소프트가 변신에 성공하기까지는 긴 시간이 걸렸다. 먼저 애런이 예전 팀과 함께 애자일 및 스크럼을 실험하기 시작했다. 그게 2008년이었다. 약 1년이 지나자 여러 팀들이 스크럼을 구현하기 시작했다. 마이크로소프트의 다양한 부서에서 애자일 움직임이 일어났다. 그리고 2010년 팀 파운데이션 서버가 팀 전체에 “애자일” 방식을 채택하기로 결정했다. 스크럼 프랙티스와 역할들을 받아들이되 3주 스프린트 동안 같은 속도로 작업하는 방식이었다. 이러한 노력이 결실을 맺어 2011년 7월, 부사장인 브라이언 해리가 자신의 블로그에 비주얼 스튜디오 그룹을 애자일과 스크럼으로 완전히 전환하겠다고 공식 발표하기에 이르렀다. 그리고 2011년 말 전 개발부가 “애자일”로 전향하기로 결정했다.

2015년 7월 즈음 우리가 마이크로소프트를 처음 방문했을 땐 비주얼 스튜디오 팀 서비스가 87번째 스프린트의 첫 주를 진행하는 중이었다. 2016년 5월에 찾았을 땐 101번째 스프린트의 두 번째 주를 진행 중이었다. 3주 주기의 스프린트는 무슨 일이 있어도 멈추지 않고(휴일에도 멈추지 않고 변화 과정 내내) 꾸준히 지속되고 있었다. 연휴에도 조금 가볍게 진행할 뿐 쉬지는 않았다. 팀들은 그 리듬을 좋아했다. 그리고 그 리듬에서 발생하는 질서를 좋아했다.

하지만 애자일로 전환하는 여정은 A에서 B로의 단순한 이동이 아니었다. 스크럼 프랙티스(스프린트 계획하기, 백로그, 매일 서서 회의하기, 소급적 검토)를 도입하는 것은 도전의 일부에 불과했다. 더 중요하면서도 어려운 일은 사고방식 자체를 바꾸는 것이었다.

그것은 끝이 보이지 않는 여정이다. 애런은 말한다. "이 여정에는 열차 사고 같은 단발성 재앙도, 온전한 승리의 이야기도 없다. 그보다는 오르락내리락이었다. 어떤 일은 제대로 했지만 어떤 일은 잘못했다. 그러는 사이 발전한 부분도 있다."

"처음에는 정말 힘들었다. 오랜 시간이 지나서야 마침내 스프린트 3주차 말에 서비스를 탑재하는 게 가능해졌다." 그가 말한다. "사실 3주의 이정표를 향해 달리는 셈이었다. 그게 전부였다. 스프린트 말미가 되면 팀은 준비가 끝났다고 말했다. 그래서 시험해보면 프로그램이 작동하지 않았다. 팀원들이 말했다. '아, 설정하고 업그레이드를 안 해서 그래요.' 내가 물었다. '끝났다고 하지 않았어?' 그들이 답했다. '그렇죠, 맞아요, 끝났어요. 그냥 설정과 업그레이드만 안 한 거예요.' 스프린트 내에 일을 온전히 끝내야 한다는 것을 모두가 이해하는 데 한참이 걸렸다. 방법을 익히는 데만 1년이 걸렸다." 그가 말한다.

"이를테면 마감일 중심으로 일하지 말자, 가치 중심으로 일하자, 준비가 되면 제품을 탑재하자, 같은 것들이었다. 외부 요인이 발생해도 탑재 목표일을 바꾸지 않는 법도 배웠다. 문제가 생겼을 땐 할 수 있는 한 문제를 바로잡는다. 바로잡지 못하면 그 사양은 배포하지 않는다. 그것을 결정하는 것은 팀이다. 팀이 자체적으로 부하 테스트를 하고 결과를 기록한다. 이 모든 게 오랫동안 어색하고, 심지어 이상하게 느껴졌다." 비요크는 말한다. "많은 사람들에게 굉장히 파격적인 방법이었다. 하지만 이젠 우리 DNA의 일부가 되었다. 우리가 일하는 방식일 뿐이다."

아래는 비요크가 애자일을 대규모로 실천할 때 필요하다고 생각하는 핵심 요소들이다.

정렬과 자율성의 균형을 맞추어라

마이크로소프트의 목표는 상부에서는 정렬을 시키고 하부에서는 자율성을 지니는 것이다. "팀은 자율성을 지녀야 한다." 비요크는 이렇게 말한다. "그래야 고객에게 큰 가치를 전달하려고 일터로 향하는 팀원들의 발걸음이 가벼워진다. 그렇지만 동시에 팀의 작업은 기업의 방향성과 정렬해야 한다. 물론 통제가 너무 심하면 아무 일도 못한다. 그런 곳에선 아무도 일하고 싶어 하지 않는다. 재미가 없기 때문이다. 사실 이는 재앙이나 마찬가지다. 그렇다고 통제가 너무 약하면 혼란스러워진다. 모두가 제멋대로 할 것이기 때문이다. 방향성을 제시하는 시나리오가 없으니 고객은 좌절하고, 사업은 산으로 가게 된다. 따라서 관리자들은 언제나 균형을 적절히 맞추기 위해 애써야 한다."

경영진에겐 통행 규칙을 제시할 책임이 있다. 여기엔 역할, 팀, 속도, 언어, 품질 문제(버그)의 허용치(오류율)를 명확히 하는 것도 포함된다.

반면 팀은 계획하고 실행하는 과정에서 자율성을 가진다. 전체적인 틀을 벗어나지 않는 범위 안에서 각 팀은 다양한 접근법을 취할 수 있다. 구체적으로 어떤 엔지니어링 프랙티스를 사용할지도 팀이 알아서 정한다. 이를테면 프로그래밍을 할 때 짝을 이룰지 말지를 팀이 결정한다(2장에서 보았듯이, 멘로이노베이션스에선 무조건 둘이 짝을 이루어 일한다).

"경영진의 역할은 도로 통행 규칙을 만드는 것과 비슷하다." 비요크가 말한다. "고속도로에선 빨리 달려도 괜찮다. 고속도로라는 게 빨리 가라고 만든 것 아니겠는가. 하지만 거기에도 규칙이 있다. 차선을 변경할 때는 깜빡이를 켜야 하고, 특정 지점에서는 속도를 줄여야 한다. 교통 당국은 100야드마다 과속방지턱을 설치하고, 1마일마다 정지 신호를 작동시켜 고속도로를 훨씬 안전하게 만든다. 물론 그러면 안전성은 높아지지만, 속도는 느려진다. 마이크로소프트의 접근법도 이와 비슷하다." 그가 말한다. "우리는 각 팀이 지켜야 할 최소한의 기본 규칙을 명시한다. 그렇지만 팀들이 빨리 움직이도록, 원하는 곳에 도착하도록 도와주려는 것이지, 단순히 속도를 늦추려는 게 아니다."

물론 비요크가 엔지니어링 팀에게 "경영진이 하는 일 중에 작업 속도를 늦추는 게 있다면 뭔가?"라고 물으면 대답이 봇물처럼 쏟아진다. "어떨 때는 문제가 뭔지 줄줄 읊어댄다. 물어보기를 기다렸다는 듯이 말이다! 내가 뭘 잘못하는지 몽땅 쏟아낸 뒤 우리는 대화를 나눈다. 중요한 건 대화를 나눈다는 사실이고, 그것이 안전한 대화라는 사실이다."

애자일 관리자의 역할을 마스터하라

팀이 스프린트 내에 일을 끝내지 못한다면 어떻게 될까? 관리자는 팀의 업무 목록이 적힌 번다운 차트burndown chart(시간대별로 완료해야 할 작업을 그래픽으로 나타낸 것—옮긴이)를 모니터하지 않는다. "번다운 차트는 팀의 것이다." 비요크는 이렇게 말한다. "일이 늦어지고 있다면? 이제 어떻게 해야 할지 이야기를 나눈다. 그게 우리의 방식이다. 사내 문화가 받쳐주기 때문에 그렇게 할 수 있다. 팀원들에게 소리를 지르거나 번다운 차트를 모니터한다면, 돌아오는 게 뭘까? 보기에만 완벽한 번다운 차트다. 그러니 결정해야 한다. 내가 원하는 게 완벽한 번다운 차트인가? 아니면 올바른 대화인가? 답은 후자다."

이것이 사고방식과 프랙티스의 차이다. 직원들이 왜 이런 프랙티스를 실천하며, 왜 그것에 동반하는 가치에 책임져야 하는지를 이해하는 것이 중요하다. 매일 서서 하는 회의가 잘 작동하지 않으면, 더 성장해야 한다. 변해야 한다! 거기서 자율성이 발생한다. 비요크는 말한다. "당신 손에 달려 있다! 당신이 책임자다!"

팀 차원에서 의존성을 관리하라

마이크로소프트 개발부에서 팀들은 서로 의존한다. 모두가 다른 팀이 어떤 작업을 하고 있는지 안다. 전부 함께 일하는 거나 마찬가지다. 관리자나 팀은 자신의 제품만 다루지도, 자신의 제품에만 신경 쓰지도 않는다. 그들 모두 다른 팀이 하고 있는 일을 안다. 한 팀이 다른 팀에 의존하게 되면 진행 상황을 알기 위해 회의 때까지 기다리지 않아도 된다. 프로그램 관리자와 엔지니어링 관리자가 수시로 이야기를 나누기 때문이다. 그들 스스로 관리하면서 어떻게 해야 잘 관리할 수 있는지를 배운다.

물론 팀의 리더가 회의에 참석해서야 파악하는 경우도 있다. "아, 자네 팀이 이 아이템을 벌써 시작했다고? 우린 몰랐는데! 다른 팀에도 얘기를 해줘야지." 그들은 반드시 오프라인으로 대화를 나누고, 새로 진행되는 일들을 파악한다.

3주 주기의 스프린트 계획은 전부 상호의존성을 띤다. 비요크는 일곱 개 팀을 관리하는데, 다른 여섯 개 그룹들도 똑같은 프로세스를 거친다. 관리자와 지속적으로 대화를 나누면서 문제를 해결한다. 모두가 같은 공간에서 일하기에, 대화가 자주 이어진다.

또한 3개월마다 모든 팀이 한데 모여 선 채로 회의를 한다. 회의 이름은 "팀별 보고회"다. 회의에 참석한 모든 팀이 서로 계획을 공유한다. 비요크의 팀에 주어진 시간은 90분이다. 일곱 개 팀이 각자 10분에서 15분 동안 계획을 공유한다. 그러면 다른 팀을 이끄는 동료가 자신들의 계획을 또 공유한다. 모든 사람이 전체 상황을 알 수 있도록, 이 회의는 전체 팀을 대상으로 한다. 이런 정기적인 "의식"을 통해 개발부 리더들은 현재 진행 중인 일에 발맞추어 일할 수 있는 기회를 얻는다.

지속적으로 통합하라

지속적으로 제품을 전달하기 위해서는 설계를 좀 더 모듈화하고, 소프트웨어 아키텍처를 개선할 필요가 있다. 처음 소프트웨어 서비스 사업에 발을 들였을 때였다. 개발부는 "클라우드"라는 공유 공간에 소프트웨어를 올리고 문제가 없길 기도했다. 하지만 기대는 엇나갔다. 한 부분이 고장 나자 전체가 덩달아 고장 났다. 고장이 나더라도 일부에 그쳐야지, 전 제품에 연쇄적으로 영향을 미쳐서는 안 되었다. 그러려면 아키텍처에 대대적인 수정이 필요했다.

처음 일을 시작했을 땐 3주 스프린트 동안 각 팀별로 코드를 조금씩 나누어서 작업했다. 그리고 스프린트 말미에 각자 작업한 것을 하나로 합쳤다. 그랬더니 대혼란이 일어났다. 사실상 모든 팀이 엄청나게 많은 "통합 부채"를 떠안게 된 셈이었다. 이런 모델로는 일을 할 수 없었다. 매 스프린트에 맞춰 제품을 납재하기 위해서는 근본적인 변화가 필요했다.

이젠 원칙적으로 모든 팀이 "같은 브랜치branch(소프트웨어 개발 시 개발자들이 동일한 소스코드를 기반으로 다른 작업을 할 때 독립적으로 작업을 진행하기 위한 개념—옮긴이)에서 작업"한다. 이는 각 팀들이 '깃Git'이라는 프로그램을 통해 브랜치에 수정 사항을 보낸다는 것을 의미한다. 하지만 3주 동안 각자 사일로에 고립되어 일하면서 프로그램이 하나로 합쳐지기를 기대하진 않는다. 그래서 매일 항상 모인다. 만약 빌드build가 고장 나면 곧장 빌드를 고친다. 문제가 생기면 바로 바로 처리한다. 코드를 하나로 합치는 데 걸리는 시간이 길어질수록 기술 부채와 통합 부채가 훨씬 커진다. 그러다 재앙이 일어난다.

그래서 사용하게 된 것이 '피처 플래그feature flags'다. 피처 플래그의 작동법을 수준 높게 설명하면 다음과 같다. 새로운 기능을 개발할 때 팀원들이 제일 처음 하는 일은 수정할 코드를 분리하고 그 코드에 스위치를 다는 것이다. 이 스위치는 데이터베이스에 있는 플래그로 작동한다. 스위치를 켜면 환경 설정이 바뀌는 것이다. 우선 팀은 플래그라는 안전망 뒤에서 코드를 작성한다. 어느 시점에 준비가 되었다고 판단되면, 팀 전체가 공유할 수 있도록 스위치를 켠다. 스위치는 누구나 작동할 수 있는 게 아니다. 오직 계정을 가진 팀만이 스위치를 작동할 수 있다. 작업이 완료되면 팀은 특정 고객들을 위해 스위치를 켠다. 그러면 그들이 수정된 사양을 미리 사용해보고 버그나 다른 문제점이 있는지 확인한다. 이 과정이 끝나면 정말 준비가 완료된 것이다. 팀은 릴리스 노트(소프트웨어 제품을 배포할 때 함께 나눠주는, 제품의 기능 및 수정 사항 등에 관한 설명서—옮긴이)를 준비한 뒤 스위치를 올려 모두에게 배포하겠다고 발표한다. 그런 다음 돌아가서 기존 코드를 리팩토링refactoring(겉으로 보이는 동작의 변화 없이 소프트웨어의 구조를 더 좋게 바꾸는 것—옮긴이)한다. 이렇게 하면 팀들은 서로의 작업을 방해하지 않고 같은 코드로 함께 일할 수 있다.

스프린트가 끝날 때마다 팀은 비주얼 스튜디오 팀 서비스 및 경영팀 직원 500명에게 메일을 보낸다. 이번에 완성한 결과물과 다음 스프린트 계획이 담겨 있다. 그리고 3분에서 5분 분량의 동영상도 녹화한다(아마 할리우드 감독 지망생이 참여한다면 훨씬 화려한 동영상이 될 것이다). 이 동영상은 견본 자료를 대신한다.

기술 부채를 일정한 수로 관리하라

"예전에는 코드 작성을 마치면 파티를 열었다. 모두가 축하했다. 뭔가 성취한 것 같은 기분이었다. 하지만 사실 그들이 앉은 자리에는 버그가 산더미처럼 쌓여 있었다. 그게 버그의 전부도 아니었다. 파티가 끝나면 팀원들은 다시 작업으로 복귀해서 버그를 찾아내 수정했다. 그런데도 소프트웨어를 배포하기까지 수개월이 더 걸렸다. 정말 악몽이었다." 비요크는 이렇게 말한다.

"이제는 버그의 숫자가 정해져 있다. 오류율은 팀 내 엔지니어 수의 네 배다. 엔지니어가 열 명이라면, 오류율은 40이 된다. 버그가 40개가 되면, 팀원들은 새로운 사양 작업과 다음 스프린트 작업을 멈추고 버그를 40 이하로 낮추는 데 매진한다. 스스로 버그를 관리하는 것이다. 팀 전체가 이를 안다. 이는 제품이 양호한 상태이므로 언제든 제품을 배포할 수 있다는 것을 의미한다."

데브옵스와 지속적인 딜리버리를 수용하라

데브옵스DevOps는 개발과 운영을 합친 작업 방식을 말한다. 즉 팀이 새로운 사양에 대한 계획, 실행, 딜리버리, 운영에 대한 모든 권한을 가지고 있는 것이다.

비요크는 다음과 같이 말한다. "서비스가 중단되면 팀은 모든 일을 멈추고 문제를 해결해야 한다. 버그가 발견되거나 수정 사항이 생겼을 때 고치는 건 팀의 몫이다. 예전에는 뒤처리를 해주는 별도의 팀이 있었다. 하지만 누가 남이 저지른 실수를 수습하느라 시간을 허비하고 싶겠는가? 처음부터 끝까지 팀이 품질에 책임지도록 하면 팀은 품질에 온 힘을 바칠 수밖에 없다. 팀이 그 사양의 전 생애를 책임지는 것이다. 서비스가 자주 고장 난다면, 코드 품질에 문제가 있음을 뜻한다. 이 또한 팀에게 훌륭한 코드를 작성해야겠다는 동기를 부여해준다. 그렇게 그들은 끊임없이 품질을 관리한다. 자신이 창조한 사양은 자기 것이다. 어느 누구도 탓할 수 없다. 한 번에 완벽한 사양을 배포해야 한다는 압박도 사라진다. 문제가 생길 때마다 곧바로 해결하면 되기 때문이다."

"주기의 변화가 엄청난 차이를 만들었다. 이제 마감일이 3주 단위로 돌아온다." 비요크는 이어서 말한다. "3주는 별거 아니다. 전에는 선택지가 둘밖에 없었다. 마감일을 놓치면 2년을 더 기다리는 거다. 이젠 품질이 별로면 무리하게 배포를 밀어붙이지 않는다. 그냥 가지고 있다. 제때 배포하지 못한 건 안타까운 일이다. 대신 소급 검토할 때 이 부분에 대해 이야기를 나눈다. 뭘 잘못했나? 복잡성을 과소평가했나? 무엇을 놓쳤나? 약속 기일을 맞추지 못했다고 해서 소방 훈련을 하고 팀을 처벌하는 편보다, 품질이 형편없는데도 그대로 배포를 밀어붙이는(이게 더 최악이다) 편보다, 대화를 하는 편이 훨씬 낫다."

"이는 작업 과정에 엄청난 변화를 가져다주었다." 그가 덧붙였다. "전에는 다른 팀에 전가하는 일이 많았다. 사람들은 어떤 버그를 누가 만들었냐며 책임 소재를 가리기 바빴다. 버그를 쉽게 처리하기도 어려웠고 숫자도 많았다. 하지만 이젠 팀원들이 스스로 버그를 찾고, 수정하고, 문제를 해결한다. 버그와 관련한 준비 기간lead time(기획에서 실시까지의 준비 기간—옮긴이)이 많이 줄어들었다."

2년 전에는 코드를 매일 전달해야 한다는 생각에 골몰했다. 하지만 그것은 고객이 원하는 게 아니었다. 변화가 너무 잦았다. 어떤 사업체도 매일 코드를 전달할 필요는 없다. 이와 별개로 팀들은 훨씬 작은 업무 단위로 일하는 법을 배우고 있다.

끊임없이 모니터하라

모든 팀은 그들이 배포한 사양이 어떻게 사용되는지 정기적으로 모니터한다. 모니터 결과는 최우선 백로그backlog(스크럼 개발 프로세스에서 사용하는 용어로, 우선적으로 먼저 개발해야 하는 다른 시스템 때문에 개발을 보류한 시스템을 말한다—옮긴이)로 흘러 들어가는데, 이를 시나리오라고 부른다. 매달 프로그램 관리자는 계정의 측정 기준을 보고하고 다양한 측면으로 서비스를 측정한다. 그렇게 그룹은 "데이터에 정통한" 업체가 되는 법을 배운다. 하지만 "데이터 기반" 업체라고는 부르지 않는다. 큰 그림을 놓칠 위험이 있기 때문이다. 그들은 데이터를 수집할 뿐 아니라 두뇌와 직관도 사용한다. 그렇다고 데이터를 뒷전으로 미루지는 않는다. 데이터는 대개 대화의 우선순위다.

"완료"의 정의에는 올바르게 측정한다는 뜻도 있다. 팀들은 테스트를 하는 도중에, 그리고 가동 준비가 되자마자, 데이터를 보고 모니터를 한다. 모니터링은 배포한 다음에 하는 게 아니다. 이것은 출시 여부를 따지는 기준의 일부다.

코드가 운영체제에 반영되면 팀은 곧바로 묻는다. 사용자의 반응이 어떤가? 단계별 전환율이 높아지고 있는가? 사용자들이 충성 고객으로 진입하는가, 아니면 뜨내기 사용자에 머무는가? 사업을 발전시키기 위해 그들은 이렇게 측정 지표를 사용한다.

고객이 원하는 것을 경청하되, 그들의 필요를 충족시켜라

프로그램 관리자는 모든 종류의 고객 방문을 허락한다. 예를 들어 제품 사용자들이 마이크로소프트 컨설턴트와 함께, 고객 협의회에 있는 마이크로소프트 경영진 브리핑 센터의 가장 높은 곳(전략을 세우는 곳)을 정기적으로 방문하기도 한다. 또한 프로그램 관리자는 트위터로 항상 고객들과 대화를 나눈다.

팀은 고객들이 말하는 것을 맹목적으로 추종하지 않는다. 그들은 "쿠키 원칙"(비요크는 이렇게 부른다)을 따른다. "쿠키 한 접시가 있다고 치자. 사람들에게 먹고 싶으냐고 물으면 다들 그렇다고 답한다. 아무도 쿠키를 거절하지 않는다. 고객들에게 찾아가 '이 사양을 원하나요?'라고 물으면 뭐라고 답할까? 당연히 원한다고 말한다. 왜 안 그렇겠는가? 이것이 혁신자의 딜레마다." 그가 말한다. "세상에는 당신이 만들 수 있는 훌륭한 물건이 엄청 많다. 고객에게 귀 기울이되, 맹목적으로 따르지 마라. 프로그램 관리자는 고객이 원한다고 말하는 것에 경청하되, 그들이 필요로 하는 것을 만들어야 한다. 회사가 팔 수 있는 것 말이다. 그렇지 않으면 관리자로서 직무유기다."

상부의 지시에 잘 대처하라

비요크는 상사로부터 애자일 경영을 그만두라는 지시를 들어본 적이 없다. 우선 애자일 팀들이 굉장한 성공을 거두었기 때문이다. 성공을 통해 애자일은 성장하고 확산되었다.

"업무 부하에 균형을 맞추려고 팀 간에 일부러 작업을 분산하는 일은 거의 없다." 비요크가 말한다. "어느 팀이 뒤처진다고 해체하거나 팀원들을 이동시키지 않는다. 그냥 문제를 해결하라고 팀에게 요청한다. 우리는 한 팀을 12개월에서 18개월 동안 유지한다. 그게 팀이 원하는 거다. 팀을 유지하는 목적은 그들이 함께 소프트웨어를 잘 만들도록 하는 것이다. 그게 그들의 일이다. 스프린트를 세 번 진행할 때마다 팀이나 작업 중인 업무를 재편성한다면 좋은 결과를 내기 어려울 것이다. 회사는 최소 9개월에서 1년 동안 팀에 투자를 한다."

팀 오너십을 장려하기 위해 자기조직화된 팀을 활용하라

관리자는 직원들에게 주기적으로 원하는 팀을 선택하게 한다.[3] 그러면 팀원의 약 3분의 2가 원래 팀에 남기를 원한다. 따라서 새로 구성되는 팀은 많지 않다. 그렇지만 팀원들에겐 선택의 여지가 있다. 그 결과 오래가는 팀에 상당한 투자를 하게 되는데, 이는 팀원들의 행복과는 별개로 더 높은 성과로 이어진다.

팀에는 백로그, 즉 처리해야 할 일이 쌓여 있다. 비요크는 말한다. "물론 우선순위에 대해 충분히 논의한다. 하지만 관리자가 다음에 뭘 하라고 말하지 않는다. 팀이 관리자에게 허락을 구하지도 않는다. 그들은 항상 다음에 뭘 할지에 대해 이야기를 나눈다. 이런 식이다. '이봐, 이건 어때? 아님 저걸 해야 할까? 거기엔 이미 투자를 많이 한 것 같은데? 이번엔 이쪽으로 가는 건 어떨까?' 프로그램 관리자로서 나 역시 지도부와 비슷한 종류의 대화를 나눈다."

"이런 대화에는 상호 신뢰가 필요하다." 비요크가 말한다. "관리자라고 모든 일에 관여하고 모든 걸 다 알 순 없다. 관리자는 말하고 팀은 듣는다. 하지만 관리자의 말을 팀원들이 맹목적으로 따르지는 않는다. 서로 주고받는 식이다. 우리는 데이터를 바탕으로 대화한다. 그렇게 대화가 언제고 이어진다."

팀도 하나의 상품이라는 사실을 알아라

소프트웨어의 경우 제품 수명이 점점 짧아지는 추세다. 비요크는 이렇게 말한다. "전통적인 회계학에서 보면 상품이 사업 자산이다. 하지만 사업 자산이 이젠 상품을 전달할 수 있는 팀으로 바뀌고 있다. 팀은 제품보다 가치를 창출할 수 있는 수명이 훨씬 길다." 초점이 완전히 바뀐 것이다.

"마이크로소프트는 애자일을 수용하기 오래전부터 팀 문화를 받아들였다." 그는 말한다. "우리에겐 이미 강한 팀 문화가 존재했다. 팀 체제로 가지 않았다면 기민해지기가 훨씬 어려웠을 것이다."

마이크로소프트는 자사가 사람에게 투자하는 회사라고 생각한다.

어떤 조직들은 사람에게 투자하는 것을 투자라고 여기지 않는다. 그런 곳은 상사들이 부하 직원을 언제든 쓸 수 있는 자원으로 생각한다. "마이크로소프트는 그런 식으로 돌아가지 않는다." 비요크는 말한다. "그리고 경영 팀은 그걸 너무나 잘 안다."

시작부터 고품질의 제품을 만들어라

처음 애자일을 도입했을 때만 해도 마이크로소프트는 배울 것 투성이였다. 비요크는 말한다. "첫 스프린트에 3주 스프린트에 대한 합의가 있었다. 그런데 애자일에 동의한 지도부가 일이 잘될지 불안해했다. 그래서 스프린트를 다섯 번 거친 뒤 재조정하는 '스프린트 안정화 기간'을 마련했다. 그랬더니 몇몇 팀들이 '이제 버그 걱정은 하지 말자. 스프린트 안정화 기간이 있잖아!'라고 긴장을 푸는 게 아닌가. 당연히 엄청나게 많은 버그가 발생했고, 모든 팀이 합세해서 버그를 수정해야 했다."

그는 말한다. "이렇게 하라 해놓고, 실제론 저렇게 하라고 자극한 꼴이었다. 누가 그들을 탓하겠는가? 오히려 팀원들이 우리에게 불평했다. '다시는 그렇게 말하지 마세요!' 우리의 행동이 의도치 않은 결과를 낳은 사례였다."

무엇보다도 다음처럼 진행하지 않으려고 했다. 첫 스프린트에서 코드를 작성한다. 두 번째 스프린트에서 코드를 테스트한다. 세 번째 스프린트에서 버그를 수정한다. 우리가 세운 규칙은 이랬다. 매 스프린트마다 완성된 제품을 전달한다.

이것은 자율성 개념의 일환이기도 하다. 팀이 제품의 품질을 통제할 수 있으면 나중에 무슨 일을 하게 되든 놀라지 않는다. 주말에 일하는 것도 그중 하나다. 팀이 업무를 통제할 수 있으면, 통제 불가능한 일에 노출될 일도 없다.

코칭은 신중하게 사용하라

마이크로소프트에서 눈에 띄었던 건 외부 코치와 트레이너가 없다는 사실이었다. 처음에는 스크럼을 기본적으로 가르치고 훈련하는 프로그램을 외부에서 섭외했었다. 하지만 얼마 지나지 않아 어떤 훈련이 효과가 있고 없고를 파악하고서는 스스로 "코칭"을 하기 시작했다. 마이크로소프트의 직원과 관리자 일부가 사실상 애자일과 스크럼 코치가 된 것이다. 결과적으로 보면 외부 코치 없이 그냥 일을 진행한 셈이다.

최근에는 기본 훈련이 안 된 신입 직원들이 느는 분위기다. 그래서 훈련을 늘리는 것을 고려하고 있다. 동시에 "모두에게 해당하는 만능"의 해결책은 없음을, 다른 곳에선 통하는 훈련이 마이크로소프트의 문화에는 맞지 않을 수도 있음을 염두에 두고 있다.

상부의 지지가 중요하다

처음에 마이크로소프트 최고경영진은 애자일로의 전환을 지지하는 데 조심스러운 태도를 보였다. 이젠 그렇지 않다. 비요크는 말한다. "지금은 애자일이 소프트웨어를 만드는 현대적인 방법이라는 인식이 보편화되어 있다. 특히 팀을 애자일 조직으로 바꾸는 건 그렇게 어려운 일이 아니다. 열 명을 전부 붙잡고 훈련하면 가능하다. 하지만 어떻게 해야 4000명을 한 몸처럼 움직이게 할 수 있을까? 그게 과제였다. 어떻게 해야 대규모로 해낼 수 있을까?"

이 과제를 해결하는 데 결정적인 역할을 한 건 부사장 브라이언 해리의 적극적인 지지였다. 비요크의 경우, 스크럼과 애자일 프랙티스의 발판이 되어준 개발부에서 일한다는 점에서 유리했다. 비요크는 말한다. "우리가 사용자 시나리오user story가 뭔지 깨닫기도 전에, 고객들이 사용자 시나리오를 작성해준 것도 도움이 되었다. 그만큼 빨리 배워야만 했다."

"시간이 걸리는 작업이다." 비요크가 말한다. "우리는 이제 7년차다. 지금까지의 변화도 하루아침에 이루어진 게 아니다. 물리적으로 공간을 바꾼 게 마지막으로 한 일이었다. 먼저 팀을 한 공간에 집어넣고 훈련을 실시한 뒤, 3주 스프린트를 시도했다면 별 효과가 없었을 것이다. 애자일은 단계적으로 도입되어야 한다. 감정적으로 시간이 걸리기 때문이다. 한꺼번에 전부 바꿀 순 없다."

지금까지 기존 사업을 애자일로 바꾸는 과정에 대해 다뤄보았다. 그렇다면 새로운 시장을 대상으로 완전히 새로운 사업을 만드는 건 어떨까? 이 부분은 6장에서 살펴보자.

애자일 인사이드 5-1

위계질서를 약화하는 것이 답은 아니다

워크숍에 참석한 청중에게 내가 던지는 질문이 하나 있다. "조직이 애자일해지려면 직급을 몇 개까지 허용해도 될까요?" 두 개부터 일곱 개까지 다양한 답변이 돌아온다. 물론 대답하기 어려운 질문이다. 답은 얼마나 많은 직급이 있든 상관없다는 것이다. 중요한 것은 사고방식이다.

이를테면 마이크로소프트 개발부에는 여러 직급이 있지만 관료주의적 피라미드처럼 느껴지지 않는다. 대화도 다방향으로 이루어진다. 누구나 서로 대화할 수 있다. 올바른 사고방식을 갖추면 대화, 호기심, 유동성에 대해 올바른 정신이 생긴다.

이와 달리 위계가 하나밖에 없는 아주 작은 조직이라도 관료주의의 밧줄에 꽁꽁 묶여 있을 수 있다. 경직된 조직을 만드는 것은 사고방식이다. 이런 조직에서는 역량이 아닌 권위에 따라 결정이 내려지고, 뭘 하려고만 하면 법적 한계에 부딪치게 된다. 미국 전국경제조사국National Bureau of Economic Research의 연구원 줄리 울프Julie Wulf는 다음과 같이 말한다.

> 수년 동안 경영 컨설턴트와 유명 경제지들이 대기업들에게 위계질서를 약화시키라고 촉구해왔다. 직급 수평화(이른바 직급 체계 간소화)는 보통 기업의 위계 구조에서 계층을 없애고 관리자의 통제 범위를 확대하는 것을 의미한다. 수평화의 이점은 결정 권한을 아래로 양도해서, 고객과 시장 대응성을 강화하고 직원들의 책임감과 사기를 개선한다는 점이다. 그렇다면 직급 간소화가 약속대로 결정 권한을 아래로 양도했는가?[4]

울프의 결론은 '그렇지 않다'였다.

그녀는 약 15년 동안 300개가 넘는 미국 대기업을 견본으로 뽑아 보고체계, 직무 설명, 보상 구조 등에 관한 광범위한 데이터를 분석했다. 그리고 경영진과의 탐색 인터뷰(최고경영자가 무슨 말을 하는지) 및 경영진의 시간 활용 데이터(최고경영자가 무슨 일을 하는지) 자료를 수집해서 이 역사적인 데이터 분석을 보완했다. 그 결과 그녀는 직급을 간소화한 기업들이 오히려 상부에 더 많은 동제권과 의사결정권을 부여한다는 것을 발견했다. "수평화는 기대와 정반대의 결과를 가져올 수 있다"라고 그녀는 말한다. "종합적으로 봤을 때, 상부를 수평으로 만드는 것은 결국 중앙권력을 강화하는 복잡한 현상을 동반한다."

일반적으로 관리자들은 위계질서의 수평화를 외치면서도 계층적 언어로 사고한다. 아직 코페르니쿠스 이전의 내부 지향적인 사고방식에서 벗어나지 못해서다. 직급의 개수를 줄이는 것만으로는 충분하지 않다. 능력을 기반으로 한 상호작용(네트워크의 법칙)과 외부로 시선을 돌려 고객을 기쁘게 하겠다는 태도(고객의 법칙)를 수용하지 않는 한 말이다.

6장

완전히 새로운 시장을 여는 실행 전략

전략이 있다는 것은 눈앞의 사소한 것에서 높이 시선을 들어,
멀리 있는 본질적인 것을 보는 능력을 말한다.
즉 증상보다는 원인을, 나무보다는 숲을 보는 능력을 갖는 것이다.

| 로런스 프리드먼[1] |

애자일 사고방식과 프로세스가 점차 경영의 대세가 되어감에 따라 많은 기업들이 작업자의 능력을 최대치로 끌어내고, 모든 제품 개발 단계에 고객을 참여시키고, 고객이 중시하는 혁신을 창출하는 법을 배우는 중이다.

그렇지만 기존 고객을 대상으로 비용 절감, 시간 절약, 품질 향상을 꾀하며 여전히 기존 제품 및 서비스를 업그레이드하는(운영적 기민함) 데만 몰두하는 대부분의 조직들은 깨달아야 한다. 애자일 경영의 주된 재정 수익은 전략적 기민함(비고객을 고객으로 전환해 완전히 새로운 시장을 창출하는 것)의 프랙티스에서 비롯한다. 전략적 기민함이야말로 애자일 경영의 최전선이다.

전환이라는 표현 때문에 "근본적으로 다른 세 가지 카테고리를 혼동하는 것 같다." 이노사이트Innosight의 매니징 파트너 스콧 앤서니Scott Anthony의 말이다.

> 첫 번째 카테고리는 운영적 기민함이다. 지금처럼 일을 하되 더 잘, 더 빨리, 더 싸게 하는 것을 말한다. "디지털화"를 꾀하는 많은 회사들이 이 카테고리에 해당한다. 이들은 해묵은 문제들을 해결하기 위해 신기술을 사용한다. (…) 두 번째 카테고리는 운영 모델에 초점을 맞추는 것이다. "핵심 전환"이라고도 불리는데, 이는 현재의 사업 방식을 근본적으로 바꾸는 것을 말한다. 이런 유형의 훌륭한 본보기가 넷플릭스다. (…) 마지막이자 가장 확실하면서도 위험한 카테고리가 전략적 기민함이다. 이는 대문자 "T"를 붙일 만한 전환transformation이다. 회사의 본질 자체를 바꾸는 작업이기 때문이다. 액체를 가스로, 납을 금으로 바꾸는 것과 같다. 컴퓨터에서 소비자 가전으로 바꾼 애플, 광고업에서 무인 자동차로 옮긴 구글, 소매업에서 클라우드 컴퓨팅으로 바꾼 아마존, 약국 소매업에서 만성질환 치료로 옮긴 월그린스 등이 그 예다.[2]

오해하지 말길 바란다. 운영적 기민함이 나쁘다는 말이 아니다. 사실 운영적 기민함은 회사가 생존하기 위해 수용해야 하는 필수 토대가 되고 있다. 또한 전략적 기민함을 성취하기 위한 전제조건이기도 하다. 하지만 경쟁자들이 기존 제품과 서비스를 발 빠르게 개선하고, 시장 권력이 기업에서 소비자로 이동하는 요즘 시장에서는 이런 개선법으로 수익을 거두기 어려울 수도 있다. 게다가 시장 경쟁이 치열하고, 고객들이 믿을 만한 정보를 통해 제품을 선택할 수 있는 환경이 되다 보니 종종 공짜로(또는 그보다 낮은 비용으로) 품질 개선을 기대하기도 한다.

효율성 향상, 시간 절약, 품질 개선은 제한된 틀 안에서만 이루어진다. 클레이튼 크리스텐슨Clayton Christensen 외 공저자들이 《일의 언어》에서 설명하듯이 "치열한 경쟁 세계는 관습적으로 혁신의 타당성과 가능성을 엄격히 제약한다. 그러면서 고만고만한 회사들을 벤치마킹해 따라잡으라고 강조한다. 이들의 시선으로 보면 시장에서 점유율을 확보할 수 있는 기회는 매우 한정적이며, 대부분의 기업들이 제로섬 게임을 하면서 겨우 몇 퍼센트 점유율에 안주한다."[3]

"우리는 자본주의와 경쟁을 혼동하는 경향이 있다." 데이비드 브룩스David Brooks는 페이팔의 창시자이자 《제로 투 원》의 저자인 피터 틸의 말을 인용하면서 이렇게 말한다. "우리는 가장 치열하게 경쟁하는 자가 가장 앞선다고 생각한다. 누가 더 경쟁적인가를 가리는 경주에서 때로 어려운 것과 가치 있는 것을 혼동한다. 경쟁의 강도가 가치를 대신하는 것이다. 하지만 이미 완전히 자리 잡힌 치열한 시장에서 남들보다 조금 더 잘하는 것보다, 새로운 시장을 창조하고 그 시장을 완전히 지배하는 것이 더 가치 있을 수도 있다. 그쪽이 이윤도 훨씬 크고, 사회에 기여하는 가치도 더 크다."[4]

이것이 애자일 경영 혁명의 숨겨진 비밀이다. 주된 재정적 수익은 전략적 기민함, 즉 **시장을 창조하는 혁신**에서 나온다. 시장을 창조하는 혁신은 이전엔 존재하지 않던 시장을 열어젖히는 혁신이다.

→ 때로는 복잡하고 불편하고 비싼 제품을 훨씬 저렴하고 편리하고 접근하기 쉬운 제품으로 변형하기도 한다. 훨씬 많은 사람들이 구매하고 사용할 수 있도록 말이다. 그 예가 개인용 컴퓨터다.

→ 때로 사람들이 미처 깨닫지 못했던 숨겨진 욕구를 충족시켜서 상대적으로 비싼 가격에도 불구하고 필수 아이템으로 등극하는 신제품이 있다. 스타벅스 커피나 아이폰이 그 예다.

시장 창조형 혁신은 보통 고객의 불만을 해결하거나 기존 고객에게 뭘 원하는지 묻는 것으로는 나오지 않는다. 헨리 포드도 말하지 않았던가. 고객들에게 뭘 원하느냐고 물었더라면 더 빠른 말이라고 답했을 것이라고.[5] 시장 창조형 혁신은 일단 가능성을 발견한 뒤, 완전히 새로운 고객층을 기쁘게 할 무언가를 상상하고 전달하는 데서 비롯한다. 요컨대 아무도 실리콘밸리를 압박해서 개인용 컴퓨터를 만들라고 하지 않았다. 애플을 압박해서 아이폰을 만들라고 하지 않았다. 스타벅스를 압박해서 새로운 맛의 커피를 10억 개씩 만들라고 한 적이 없다. 이 회사들은 스스로 경험해본 뒤 고객들을 놀라게 하고 기쁘게 할 무언가를 제공했다. 제품이 수요를 창출한 것이다.

시장 창조형 혁신이야말로 주된 수익을 발생시킨다. 김위찬과 르네 마보안이 《블루오션 전략》에서 설명했듯이 그것이 우리를 이른바 수익성의 블루오션으로 이끌기 때문이다.[6] 그러면 조직은 기존 시장에 기존 고객이라는 상어가 우글거리는 핏빛 바다("레드오션")에서 다른 공급자들과 정면으로 경쟁하지 않고, 대신 경쟁자가 없는 시장 공간("블루오션")에서 고객에게 가치를 창출함으로써 고속으로 성장하고 높은 이윤을 창출할 수 있다. 이들 회사는 고객의 시선으로 세상을 바라보며 고객을 기쁘게 할 새로운 방식을 발견하는 게 아니다. 아예 새로운 방식을 창조한다.

→ 태양의 서커스Cirque du Soleil가 다 쓰러져가는 서커스 산업에 뛰어든 것도 그런 이유에서다. 그들은 동물 쇼를 없애고, 스타를 부각시키지 않았다. 대신 고도의 아크로바틱 기술에 세련된 춤과 노래를 결합함으로써 세계에서 가장 큰 극단을 창조했다. 전통 서커스가 사양길에 접어들었을 때, 태양의 서커스는 꽃길을 밟았다.

→ 애플은 고객의 눈으로 세상을 보고 고객을 기쁘게 할 방법을 찾으려고 노력했다. 그리하여 수익성이 낮은 '성숙한' 분야에서 수익성이 엄청 높은 분야로 전환할 수 있었다. 그 결과 1997년 사실상 파산에 이르렀던 애플은 현재 최대 자본 총액을 보유한 회사 중 하나가 되었다.

전략적 기민함의 세계에 성숙한 산업 같은 건 존재하지 않는다. 아직 상상력을 적용하지 않은 산업만이 존재할 뿐이다.

고객의 고민을 해결하는 것에서 멈춰선 안 된다

전략적 기민함은 주로 두 가지 방법으로 일어난다. 운영적 기민함의 부산물로서 발생하거나, 분명한 계획을 세우고 밀어붙여서 시장 창조형 혁신을 일으키는 것이다.

스포티파이의 '디스커버 위클리'는 기존 제품의 고민을 해결하려고 만든 기능이었다. 즉 수백만 개의 곡이 들어 있는 스포티파이의 방대한 라이브러리에서 기존 사용자들이 마음에 드는 음악을 찾는 데 겪는 어려움을 해소하기 위한 것이었다. 하지만 디스커버 위클리는 기존 사용자들이 겪는 애로사항을 해결하는 데서 그치지 않았다. 엄청난 성공을 거두면서 수천만 명의 사용자를 새로 끌어들였고, 사실상 그 자체가 하나의 브랜드가 되었다. 어떤 나라에서는 디스커버 위클리 플레이리스트가 스포티파이보다 더 유명해졌다.

스포티파이의 혁신은 주로 린 스타트업 원칙에 기초한다. 린 스타트업 원칙에서 말하는 혁신의 가장 큰 위험은 잘못된 가정을 토대로 일을 계속 쌓아나가는 것이다. 이런 위험을 피하려면 어떻게 해야 할까? 맨 먼저 마음속에 있는 것을 상상해야 한다. 그런 다음 그것을 원하는 고객이 있을지 확인한다. 시제품을 만든다. 그 뒤에 시제품을 수익화하는 데 도움이 될 만한 기능을 추가하면서 수정해나간다.

신제품이나 신기능의 개발을 결정하기 전에 팀원들은 조사를 통해 스스로 자문한다. "사람들이 정말 이것을 원할까? 이것이 진짜 문제를 해결해줄 수 있을까?" 시제품을 만드는 이유는 그 기능을 사용할 때 어떤 느낌일지, 사람들이 어떻게 반응할지 직원들로 하여금 감을 잡을 수 있도록 하기 위해서다.

아이디어가 유망해 보인다는 자신감이 생기면 "최소한의 기능만 갖춘 제품"을 만든다. 이 제품은 기능을 설명하기 위한 것이라 완제품과는 거리가 멀다. 그런 다음 극히 일부 사용자에게만 배포하는데 이때 성능을 모니터하기 위해 A/B테스팅과 같은 도구를 사용한다.[7] 이런 과정을 거쳐 원하는 성능이 나올 때까지 계속 사양을 조정한다. 그러고 나서 언어와 크기 조정 같은 운영상의 문제들을 해결하고 전 세계에 배포한다. 바로 이런 식으로 디스커버 위클리는 스포티파이에 수천만 명의 신규 사용자를 끌어 모으며 엄청난 성공을 거두었다. 이런 접근법의 경우, 기존 사용자를 대상으로 기존 제품을 개선할 때

효과가 좋다. 하지만 체계적으로 시장 창조형 혁신을 만들려면 몇 가지 한계가 있다.

첫 번째, 스타트업이 아닌 기성 기업의 애자일 팀은 기존 사용자의 편의를 증진시키는 제품을 만드는 데 집중할 수밖에 없다. 이렇게 해서 제품을 개선했는데 새로운 시장이 생겼다면 그건 우연히 얻은 행운이지 의도했던 목표가 아니다. 그러므로 시장 창조형 혁신을 꾸준히 일구기 위해서는 비사용자들에게 분명하게 집중할 필요가 있다.

두 번째, 시장 창조형 혁신을 일으키려면 가끔 기능을 제거할 필요도 있다. 역설적이지만 때론 적은 것이 많은 것이다. 요컨대 자사나 타사가 고객에게 높은 가치로 제공하고 있는 요소들을 제거함으로써 시장 창조형 혁신을 만들 수 있다. 그로 인해 사업이 단순해지면 가격도 낮추고, 동시에 신규 사용자도 엄청나게 끌어들이는 이중 효과를 얻을 수 있다. 전형적인 사례가 기내식, 라운지, 좌석 선택처럼 항공업계가 자랑스레 내세우던 서비스를 없애버린 사우스웨스트항공Southwest Airlines이다.

김위찬과 르네 마보안은 《블루오션 전략》에서 다음과 같이 지적한다.

> 사우스웨스트는 많은 편수의 고속 항공편을 제공한다. 그것도 유연한 서비스와 다수의 구매자가 혹할 만한 매력적인 가격에 말이다. (…) 회사가 강조한 요소는 딱 세 가지였다. 친절한 서비스, 속도, 그리고 많

은 편수의 항공편. (…) 기내식, 라운지, 좌석 선택에는 따로 투자하지 않는다. 그에 반해 사우스웨스트의 오랜 경쟁자들은 항공업계의 모든 경쟁 요인에 투자하기 때문에, 사우스웨스트의 가격 이점을 맞추기가 훨씬 힘들다.[8]

또한 사우스웨스트사는 고객 및 직원들과 함께 일하는 것을 즐기는 진정한 팀을 만들기 위해 부단히 노력했다. 서비스를 줄여 가격이 낮아진 데다 편수는 늘고 직원은 친절한 항공편은 많은 고객에게 구미가 당기는 종합선물세트였다.

하지만 인기 서비스를 없애는 것은 애자일 팀 차원에서 쉽게 결정할 수 있는 문제가 아니다. 애자일 팀은 보통 기존 고객의 요청에 따라 움직인다. 가장 흔한 게 부족한 기능을 추가하는 일이다. 그러므로 핵심 기능을 없애면 신규 고객을 유치할 수 있을 거라며 팀 차원에서 실험을 제안하거나 실행하기란 쉽지 않다. 소수의 기존 고객만 사용한다고 하더라도 그들에겐 가치 있는 기능일 것이기 때문이다. 게다가 기존의 기능은 보통 조직 내에 지지층이 있어서, 그것을 만든 팀은 유지하고 개선하는 편에 서게 된다. 따라서 상부에서 비고객을 신규 유치하기 위해 기존 기능을 없애겠다고 확고한 의지를 보이지 않는 한, 기능을 없애는 건 실현 가능성이 낮다. 상부의 지시로 밀어붙였는데 효과가 없을 수도 있다. 유나이티드항공United Airlines이 자회사인 테드항공Ted Airlines에 사우스웨스트의 저가 모델을 모방하는 데 애를 먹은 것도 그런 까닭이다. 물론 기존 방식으로 항공사를 운영하도록 내부 압박이 있었기 때문이기도 하다.

세 번째, 시장 창조형 혁신이 자사의 기존 제품을 집어삼키고, 본의 아니게 기업의 수익 흐름을 방해할 수도 있다. 그러니 애플이 아이폰에 음악 재생 기능을 탑재하기로 한 것은 쉽지 않은 결정이었다. 실제로 아이폰은 아이팟 시장을 잠식했다. 애초 스티브 잡스는 그 아이디어에 반대했다. 하지만 곧 애플 자신이 아이팟 시장을 교란하지 않으면 다른 경쟁자들이 할 게 뻔하다는 것을 깨달았다. 결국 애플은 아이폰의 더 큰 잠재적 이익을 위해 아이팟의 수익 흐름을 희생시키기로 했다. 이는 절대 쉬운 결정이 아니다. 그리고 이런 결정은 일반적으로 조직의 최상부에서 이루어져야 한다.

네 번째, 만약 회사가 기존 제품을 개선해서 즉시 결과를 내는 직원에게 인센티브를 제공하는 구조라면, 수익이 천천히 발생하는 "큰 계획"들은 수익이 빨리 나는 "작은 계획"들로 전락할 가능성이 높다. "당장 결과를 내라"는 압력은 최고의 인재들이 비싸고 느리지만 엄청난 이익을 낼 수 있는 작업에 매진하기 어렵게 한다. 이런 일이 없으려면 최고경영진은 구상에서 결과까지 시간이 길더라도 "큰 계획"의 중요성을 강조하고, 그들이 결과를 내도록 구체적인 동기 부여를 해주어야 한다.

마지막으로, 기존의 기능을 개선하는 작업은 우버나 에어비앤비처럼 저투자 시장을 창출하는 데 적합하다. 하지만 근본적인 기술 혁신을 요하는 문제에는 좋은 해결책이 아니다. 린 스타트업의 사고방식은 신제품에 엄청나게 투자해야 하는 시장 창조형 혁신에는 적절하지 않다. 누구도 최종 제품 및 서비스가 어떤 모습일지, 그보다 아이디어가 실현 가능할지조차 알 수 없기 때문이다. 때로 잠재적 사용자들에게 시제품을 내놓는 것도, 그들이 제품을 사용하면서 열광할지 확인하는 것도 불가능하다. 대부분의 경우 결정의 근거로 삼을 "하드 데이터"도 없다. 따라서 회사가 린 스타트업 사고에 젖어 있다면, 그 회사는 보통 "판돈이 큰 계획"은 무시하고 결국 "작은 계획"만 추구하게 된다.[9]

시장 창조형 혁신에 대한 체계적인 접근법이 부재하면, 이런 대규모 투자는 기업의 정책에 따라 결정된다. 즉 영향력도 목소리도 가장 큰 윗사람들이 결정을 내린다. 때론 실질적인 수치가 없기 때문에 매우 위험한 투자라 생각하고 포기하기도 한다. 만에 하나 상부에서 피 터지는 전투를 치르고 마침내 자본 집약형 혁신에 투자하기로 결정했다고 치자. 이럴 경우 추후 방향이 잘못됐다는 실제 데이터가 나와도 방향을 돌리기 어려울 수 있다. 재앙이 닥칠 게 불 보듯 뻔한데도 손해 보는 장사에 계속 투자하게 되는 것이다.

하지만 꼭 이렇게 된다는 말은 아니다. 시장 창조형 혁신을 이용해 성공을 지속시키는 분명한 원칙들이 있다. 그러려면 전략적 기민함의 기술과 과학을 이해할 필요가 있다.

제품이 아닌 가치에 집중하는 법

고객과 비고객 모두가 열렬히 원할 만한 새로운 제품 및 서비스 시장을 창조하려면 전략적 기민함에 체계적으로 접근할 필요가 있다. 목표는 경쟁이 거의 없는 제품과 서비스를 만드는 것이다. 그러면 아직 채워지지 않은 시장의 필요성을 충족시킬 수 있기 때문이다. 이른바 수익성의 블루오션을 찾는 것이다.

시장 창조형 가치 제안을 실천하려면 알려진 것에서 알려지지 않은 것(기존 제품에서 신제품)으로, 자사 제품을 사용하는 기존 고객에서 비사용자로 사고를 전환해야 한다. 이는 결국 욕구를 충족시키는 방식을 재정의하고, 그 과정에서 회사와 업계 내부의 편협한 사고에서 벗어나 외부적 요소로부터 고객과 비고객 모두를 위한 가치를 발견하는 것을 의미한다.

이는 또한 사고의 초점이 회사가 만드는 생산물을 넘어서, 고객 또는 최종 사용자를 위한 결과물로 바뀌어야 함을 의미한다. 프라이스워터하우스쿠퍼스PricewaterhouseCoopers의 컨설턴트인 노버트 슈와이터스Norbert Schwieters는 이렇게 말한다. "당신의 회사가 특정 제품이나 서비스(전력이든, 의료 기록 관리든, 자동차 부품이든)를 제공한다고 생각하지 말고, 결과물의 생산자라고 생각하라. 고객이 이동하고 싶어 한다고, 자동차 회사를 떠올리지 마라. 그것은 결과물일 뿐이다. 집이 춥다고 꼭 연료를 공급해야 하는 건 아니다. 그저 집을 따뜻하게 만들면 된다. (…) 그러면 고객은 물리적 제품의 소비를 줄이고 결과물, 편리함, 가치에 소비를 늘리게 된다."[10]

결과물을 고려할 때에는 현 제품 및 서비스의 주요 기능을 벗어나서 더 넓게 생각해야 한다. 항공사를 예로 들어보자. 기본적으로 항공사는 승객을 A공항에서 B공항으로 이동시킨다. 하지만 고객이 경험하는 것은 그것만이 아니다. 고객이 출발지에서 A공항까지 가는 경험, B공항에서 목적지까지 도착하는 경험도 포함된다. 공항 정문에서 비행기 안까지 걸어 들어가 기내에 착석하는 경험, 탑승 수속을 하고 보안 검색대를 지나고 수하물을 부치는 경험도 포함된다. 비행 중에 제공받는 서비스 경험, 즉 편안함, 편리함, 기내에서 원하는 행동을 할 수 있는지 여부(일을 하거나, 쉬거나, 놀거나)도 포함된다. 항공사 직원 및 다른 승객과의 소통의 질도 포함된다. 신뢰성 및 적시성은 물론이고 기상 문제, 항공편 지연, 오버부킹, 수하물 분실 등에 대한 처리 방식처럼 승객들이 당연하게 생각하는 서비스도 포함된다. 어쩌면 항공사 이미지나 서비스 수준의 "우수" 여부처럼 무형의 가치가 포함될 수도 있다.

항공편처럼 누가 봐도 단순한 결과물조차도 사실은 고객이 생각하는 전반적인 경험 또는 결과물을 구성하는 많은 요소들이 복잡하게 상호작용한 집합체다. 그러므로 "꼭 해야 할 일"과 같이 단순한 표현을 주의해야 한다. 1차적인 결과물만을 가리키는 것처럼 보여서 다른 가치들을 놓칠 수도 있기 때문이다.

《일의 언어》에서 크리스텐슨 및 공저자들은 "전형적인 시장 조사로 고객의 욕구를 정의한 뒤 실제 욕구에 반하는 가치들을 제공"해서는 안 된다고 주장한다. 그러면 "고객이 보내는 보다 넓은 사회적·정서적 차원의 호소는 고려하지 않고 기능적 요구에만 초점을 맞추게 된다. (…) 많은 경우 정서적·사회적 요구는 기능적 요구와 한 배를 타고 있을 확률이 높다. 아니, 어쩌면 항해사일 수도 있다."[11] 이를테면 롤렉스시계는 사회적 지위의 상징이고 그 가치는 무형의 상품에 기초한다.

또한 결과 지향적인 의사결정은 해당 산업에 대한 기존의 인식을 바꾸고 사고를 전환하는 것을 의미한다. 우리가 알던 20세기식 산업의 경계는 이미 무너지고 있다(〈애자일 인사이드 6-1〉 참조).

시장 창출형 혁신을 위한 네 가지 요소

시장 창조형 가치 제안에 유용한 전술playbook을 개척한 사람은 다름 아닌 실리콘밸리의 아이콘 스탠퍼드국제연구소SRI International(이하 SRI)의 커트 칼슨Curt Carlson과 그의 동료들이다(칼슨은 1999년부터 2014년까지 SRI에서 사장 겸 최고경영자로 재직했다). 그의 책 《혁신: 고객이 원하는 것을 창조하는 다섯 가지 규칙》에 이에 대한 이야기가 자세히 적혀 있다.[12] 예컨대 SRI가 "파격적 혁신을 위한 전술"을 통해 HD TV, 자회사 인튜이티브 서지컬Intuitive Surgical, 시리 등 다양한 제품을 개발한 이야기를 포함해 사업적 돌파구를 마련하기 위해 조직을 재설계하고 가치를 창출한 과정이 자세히 나와 있다.[13]

SRI의 전술은 가치 제안을 간결하고도 완벽하게 정의 내린다. 가치 제안에는 네 가지 요소가 있는데, 욕구Need, 접근법Approach, 비용 대비 이익Benefits per costs, 경쟁력Competition이다. 줄여서 NABC라고 부른다. "이 네 가지는 기본이다." 칼슨은 말한다. "알 만한 사람에게 간단하게 설명하지도 못하는데 거창한 보고서를 쓴다는 건 말도 안 되는 짓이다. 일단 이 기본 요소를 갖춰야 전체적인 사업 계획을 훨씬 효율적으로 개발할 수 있다."

욕구를 파악하라

시작은 결과물과 고객의 욕구에 집중하는 것부터다. 신제품을 만들라는 회사의 요구나 주주가치에 대한 요구가 아니다. 칼슨의 SRI 동료인 아난드 벤카타라만Anand Venkataraman은 이렇게 말한다. "고객이 무언가를 필요로 하는가? 얼마나 절실하게 원하는가? 그 해결책은 생명의 은인이 될까, 진통제가 될까, 보충제가 될까? 나아가 그 욕구를 어떻게 정량화할 수 있을까? 그 욕구가 한 사람의 것일까? 아니면 소수? 그도 아니면 전체 인구의 욕구일까? (…) 맨 처음 할 일은 눈에 보이는 대로 욕구를 기록하고 그 범위가 얼마나 큰지 알아내는 것이다. 생각만큼 크지 않다면(수많은 사람에게 영향을 미치지 않는다면) 크기를 키울 수 있을까? 욕구를 정량화하기 전까지는 이런 질문에 답을 구할 수도, 답을 다듬어 나갈 수도 없다. 그러므로 맨 먼저 당신이 생각하기에 이 욕구가 얼마나 큰지, 잠정적으로 숫자를 써두라."[14]

비고객을 파악하라. "물론 첫 번째 기항지는 고객이어야 한다."《블루오션 전략》의 저자들은 이렇게 말한다. "하지만 거기서 멈춰서는 안 된다. 비고객을 공략해야 한다. 고객이 사용자와 일치하지 않으면 사용자에게로 시야를 넓혀야 한다. (…) 이들과 대화하고 이들의 행동을 주시해야 한다. 자사의 제품과 함께 판매되는 보완 제품 및 서비스들을 파악하라. 그러면 관련 상품을 일괄 판매할 수 있는 기회를 통찰할 수 있다. 마지막으로 고객들이 자사의 제품 및 서비스로 채우는 욕구를 대신 충족시켜줄 만한 대안이 무엇인지 살펴볼 필요가 있다."[15]

시장을 연구하라. 스마트폰 같은 제품을 위한 글로벌 시장에 많이들 눈길을 돌리지만, 사실 대부분의 시장은 아주 잘게 세분화되어 있다. 좁은 틈새 하나만 공략하는 것은 실수일 수 있다. 당신에게 필요한 것은 여러 개의 좁은 틈새들을 아우르는, 시장에 두루 먹힐 제품 또는 서비스다. 시장 창조형 혁신은 현재 시장보다 더 큰 시장으로 이동하는 것을 의미한다.

접근 방식

"결국엔 고객의 특정한 욕구를 어떻게 해결하느냐의 문제다." 벤카타라만은 말한다. "그러려면 우선 자신만의 비법이 있는지 자문해

봐야 한다. 비법이 있다는 게 중요하다. 당신의 오리지널 아이디어가 얼마나 혁신적인지를 말해주기 때문이다. 게다가 비법이 진입 장벽을 형성해준다. 성공적인 기업은 자신의 아이디어를 최대치로 확장할 수 있는 독점적 기회이자 자극제가 되어주는 장벽이 필요하다. 장벽이 없으면 꼭 필요한 시기에 아이디어의 핵심을 정제하는 데 집중하지 못한다. 다른 사람들에게 점심을 뺏기지 않으려고 전전긍긍하느라 온 에너지를 허비하게 될 것이다. 결국엔 아이디어를 간소화해서 성공의 열쇠를 거머쥐기는커녕 오히려 훨씬 복잡하게 만들어 파멸을 초래할 수 있다."[16]

플랫폼에 대해 고민하라. 헤이든 쇼네시Haydn Shaughnessy는 이렇게 말한다. "외부화에 성공하면 사내 생태계를 변화시켜야 한다는 부담이 줄어든다. 그러면 경영진이 기지를 확장하는 문제로 고민할 필요가 사라진다. 애플의 경우를 보자. 그들은 외부에 약 50만 명의 개발자들로 이루어진 플랫폼을 만들었다. 이는 경영진이 내부에 앱 개발자 부대를 만드는 데 투자해야 한다는 행정적 부담을 던다는 뜻이다. 이러한 외부화는 규모를 관리하는 부담을 줄여주고, 확장 속도를 키워준다."[17]

슈와이터스는 이렇게 말한다. "이제는 다양한 분야에 결과물을 전달하기 위해 플랫폼 생태계를 개발하고 확장하는 식으로 판이 돌아가고 있다. 아마존도 이미 판매자들을 위해 플랫폼을 제공하고 있다. 모든 업계의 선도 기업들이 플랫폼을 제공해 자신의 입지를 강화하고 있다. GE와 지멘스 역시 거래, 운영, 물류 및 데이터 수집과 분석을 용이하게 하도록 각각 다양한 회사의 기계와 장치를 연결하는 클라우드 기반 시스템을 개발했다."[18]

디지털 역량을 확보하라. 전통적인 관점에서는 인접한 분야로 이동하는 것을 위험하다고 인식했다. 그래서 과거엔 기업들에게 핵심 사업을 고수하라고 조언하곤 했다. 그렇지만 일단 기업이 많은 양의 데이터를 처리할 능력을 확보하고 네트워크 방식으로 운영하게 되면, 아마존처럼 인접 분야로 과감하게 이동할 수 있게 된다. 결과적으로 핵심 사업은 더 이상 정적이고 고정적인 개념이 아니다. 오히려 핵심의 유동성이 역량을 급속도로 키워주면서 새로운 분야로 이동하는 것을 가능하게 해준다.

행동에 치우쳐라. "유럽에서 열리는 컨퍼런스에 참석했을 때였다. 거기서 만난 노키아 직원들이 일상생활의 디지털화에 대해 이야기하는 것을 들었다." 쇼네시가 말한다. "2005년이었으므로 그들의 이야기가 몹시 신기했다. 그들은 세상이 결국 전부 디지털화될 거라고 떠들었다. 그런데 웃긴 건 사람들을 하나로 연결시킨 것은 노키아가 아니라 페이스북이라는 사실이다. 웹에 광고를 판 것은 구글이었고, 스마트폰을 만든 것은 애플이었다. 그 모든 지식에도 불구하고 노키아는 한자리도 차지하지 못했다. 말만 그렇게 하고 인접 분야만 어슬렁거려서다. 노키아는 2005년부터 세계에 대한 자신들의 비전에 올인했어야 했다. 그들의 비전은 환상적이었다. 하지만 노키아가 그 비전으로 한 일은 여전히 자판이 달린 전화기를 만드는 것이었다."[19]

기존의 강점을 기반으로 하라. 존 헤이글John Hagel은 스테이트스트리트은행State Street Bank을 예로 든다. 그 은행은 "1793년에 생긴 매우 전통적인 소매 은행이었다. 1970년대에 들어서자 회사는 핵심 사업에 점점 압박이 들어오는 것을 느꼈다. 그 와중에 한 임원이 다른 사업 방식을 찾아야겠다고 깨우쳤다. 그리고 비슷한 고민에 처한 다른 은행들에 거래 처리 기능을 임대해주는 아이디어를 생각해냈다. 그의 아이디어는 시장의 요구와 딱 맞아떨어졌고, 아이디어는 급속도로 확장되었다. 시간이 지나면서 그들은 기존의 핵심 사업에서 벗어났다. 그 결과 사업, 프로세스 및 운영, 접근 방식, 문화를 새로이 규정하게 되었다. 효과는 아주 좋았다."[20]

확장하라. 대규모로 운영할 능력도 갖출 필요가 있다. 그러려면 아이디어는 단순히 "흥미로운" 것 이상이어야 한다. 또한 투자금을 회수할 만큼 충분히 큰 시장과, 큰 시장을 다룰 줄 아는 능력도 있어야 한다. 애플이 휴대전화 분야로 진출하면서 1년 안에 수십억 건의 거래를 처리할 수 있는 거대한 거래 엔진을 갖춘 것도 그런 이유에서다.

비용 대비 이익(고객과 생산자 모두 해당한다)

벤카타라만은 이렇게 말한다.

비용 대비 이익은 당신의 해결책이 고객의 삶을 얼마나 개선할지는 물론 얼마나 큰 차이를 만들어낼지 알려준다. 커다란 이익은 대개 정량화할 수 있다는 사실을 이해하는 것이 중요하다. 다른 곳에서 정보를 얻어와도 괜찮다. 때로 너무 막연해 보여서 정량화하는 게 불가능하다고 생각할 수도 있겠다. 하지만 이는 아직 면밀히 살펴보는 훈련이 안 돼 있어서 그렇다. 우리는 보통 고객의 욕구를 발견했다는 행복감에 빠져 비판적으로 검토하지도 않고 앞으로 마구 달려간다. 또는 자세히 들여다봤다가 틀렸다는 걸 알게 될까 봐 지레 겁을 먹는다. 하지만 훈련이 돼 있으면 두려움을 초월할 수 있는 용기와 조급한 행복감을 이길 수 있는 의지가 생긴다.

참을성, 인내심, 연습만 충분하다면 고객의 삶에서 진정으로 가치 있는 것들을 식별해낼 수 있다. 창의력을 발휘한 결과가 달러를 얼마나 절약했는지와 같은 숫자로 항상 귀결되는 건 아니다(사실 그런 일은 드물다). 때로 눈에 보이지 않는 이익도 정량화가 가능하다. 이를테면 취미 활동이나 가족이나 친구와 함께 보낸 여가 시간의 양, 특정 아이디어를 전달하기 위해 사용해야 하는 단어의 수, 특정 장소에 도달하기 위해 들인 노력의 양(이를테면 발자국이나 칼로리), 재미나 가치를 위해 경험에 계속 참여하고 몰입할 수 있는 시간의 양처럼 말이다. 심지어는 고유한 정량화 세포를 가진 다양한 이익들을 혼합하거나 묶어놓은 것일 수도 있다. 중요한 것은 정보를 수집한 다음, 잘못 계산했을까 봐 걱정하지 않는 것이다. 다시 돌아가서 수정할 수 있는 기회가 엄청나게 많으니 말이다. NABC(욕구, 접근법, 비용 대비 이익, 경쟁력)가 반복적인 틀이 라는 것을 기억하라.[21]

생산자의 관점에서 비용 대비 이익은 긍정적이어야만 한다. 비록 수익이 금전화될 때까지 시간이 걸리더라도 그렇다. 어떻게든 수익화될 거라는 막연한 희망만으로는 부족하다. 수익을 내기 위한 잠재적 방식은 처음부터 생각해야 하는 것이다.

생산자가 사용자 경험을 훼손하지 않고 사용자와 고객을 구분함으로써 금전적 이익을 거두는 간접적인 방법도 있을 수 있다(〈애자일 인사이드 3-2〉 참조). 이를테면 구글의 검색 서비스는 무료다. 하지만 구글은 데이터 중심 광고를 실어주고 엄청난 금전적 이익을 챙긴다. 사용자에게 제공되는 서비스가 무료이고 비마찰적인 것처럼 느껴지지만, 사실 구글은 보이지 않는 곳에서 수익을 거두고 있다.

경쟁자와 대안

벤카타라만은 이어서 말한다.

다른 사람들도 당신이 찾아낸 것과 똑같은 고객의 욕구를 찾아낼 수 있다. 많은 경우 젊은 혁신가들은 자신들의 아이디어가 너무나 과감해서 경쟁자가 없을 거라고 생각한다. 하지만 그건 잘못된 생각이다. 모든 아이디어와 제안은 자세히 들여다보면 전부 경쟁자가 있다. 백지에서 시작하긴 어려우니, 뭐가 됐든 당신이 떠올릴 수 있는 경쟁자를 적어도 하나 이상 적어라. (…) 첫 번째 경쟁자는 사용자들이 욕구를 해결하기 위해 아무런 조치도 취하지 않고 과거에 해오던 대로 계속하는 것이다. 그러니까 당신의 발명을 위협하는 가장 큰 경쟁자는 고객이 대안을 찾지 않는 것이다.

대부분의 사람들이 경쟁자를 식별하는 데 어려움을 느끼는 이유는 접근법만 생각하지, 경쟁자를 찾아야 할 필요성은 고민하지 않기 때문이다. 물론 접근법이 중심이 되는 건 자연스러운 일이다. 그것이 당신의 비법, 즉 당신에게 이익을 가져다주는 가치의 출발점이므로 마음이 저절로 기울 수밖에 없다. 하지만 경쟁자를 진정으로 이해하는 것은 아주 중요하다. 이때 NABC 틀을 사용하면 한 발 물러서서 당신이 발견한 멋진 접근법에 도취되는 데서 벗어날 수 있다. 고객의 욕구를 생각하고, 그 욕구를 해소하기 위해 누군가가 하고 있는 일, 할 수도 있을 일을 목록으로 만들어라. "고객의 욕구를 충족시키기 위해 나와 똑같은, 또는 비슷한 접근법을 취하는 사람이 있을까?"라고 생각하지 말고, "이 욕구를 충족시키기 위해 사람들은 어떻게 했을까? 또는 어떻게 할까?"라고 생각하라. 문에 알림 사항을 붙이는 접착테이프를 예로 들어보자. 이때 풀만이 경쟁자라고 생각하지 마라. 압정, 분필, 이메일, 페이스북, 트위터 모두 경쟁자가 될 수 있다.

일단 경쟁자를 철저하게 파악하고 목록을 작성했다면, 그 긴 목록 중 하나가 당신의 접근법이 될 것이다. 먼저 각 접근법의 장단점을 죽

늘어놓아라. 그런 다음 당신의 아이디어와 동일한 사용자(시장)를 표적으로 삼는 특정 경쟁자가 있는가? 그 경쟁자가 동일한 이익을 제공하는가? 제작 비용이 더 적게 드는가, 많이 드는가? 등등을 따져라. 대답이 당신에게 불리하다면 다시 처음으로 돌아가라. 욕구가 됐든, 접근법이 됐든, 조정해서 단점을 수용할 수 있는지 확인하라. 이 문제를 일찍 발견한 것을 다행으로 생각하라. 그러지 않았다면 근시안적인 아이디어를 상품화하기 위해 (수백만 달러까지는 아니더라도) 수천 달러를 투자했을 수도 있지 않겠는가.[22]

계속해서 반복하라

벤카타라만은 말한다. "NABC의 네 가지 요소를 전부 살펴보았다면 다시 욕구로 돌아가서 전 과정을 최대한 되풀이하며 살펴보라. 욕구에 대한 생각이 바뀔 수도 있다. 그러면 수정하라." 과학 이론을 수정하듯 말이다. 그는 말한다. "애초 생각했던 '욕구'에서 시작해서 한 번의 분석 주기를 거친 다음 다시 돌아와서 단점을 중심으로 개선하라. 여기저기 손을 볼 수도 있고, 근본적으로 바꿀 수도 있다. 하지만 핵심은 이거다. 고객의 욕구가 진짜이기만 하다면. (…) 단점을 없애려다가 실패해도 그때마다 약점이 보완되면서 좋아질 것이다. 최소한 NABC를 실천하면 가치 제안이 강력해진다는 것만큼은 분명하다."[23]

NABC는 조직 문화를 바꾸는 데 아주 중요한 역할을 할 것이다.

칼슨은 말한다. “NABC 가치 제안은 회사 내 모든 직책에 적용된다. 틀이 단순하면서도 기본적이기 때문이다. 회사의 모든 대화를 ‘고객의 욕구’로 시작하는 것이야말로 전환이다.”

7장에서 SRI의 사장 겸 최고경영자로서 16년 동안 일했던 칼슨의 이야기를 더 자세히 들어볼 것이다. 그가 SRI의 조직 문화를 어떻게 변화시켰는지를 통해 이 부분을 좀 더 깊이 알아보자.

애자일 인사이드 6-1

분야 간 경계의 붕괴

다국적 회계감사 기업인 프라이스워터하우스쿠퍼스(PwC)의 2016년도 보고서 〈산업의 미래: 허물어지는 경계〉[24]는 분야별 경계가 어떻게 무너지고 있는지를 기술하고 있다. "기술 변화가 빨라지면서 산업 질서가 새로이 재편되고 있다. 이제 대부분의 회사들도 더 이상 기존 활동 영역에만 안주하지 않는다. 이미 몇몇 회사들(애플, 아마존, GE 등)이 과감하게 새로운 산업 분야로 진출하는 데 성공했다. 이제는 다른 회사들 역시 전부 사업 방식을 바꿔야 할 것이다."[25]

이 보고서에서 언급하는 사례들은 재정의되고 재창조되는 모든 분야를 망라하고 있다.

- 통신: 과거 통신회사들은 통화 및 데이터 전송 사업에만 전념했다. 하지만 지금은 엔터테인먼트 콘텐츠 회사로 변모하고 있다.
- 자동차 회사: 미래의 자동차 제조업체는 수요에 맞추어 모빌리티 서비스(교통 서비스의 다른 말로, 버스나 지하철처럼 공공서비스 측면보다 이용자적 측면을 강조한다—옮긴이)를 제공할 것이다. 소비자들은 모빌리티 서비스를 통해 자동차를 주문하고 즉각적으로 욕구를 충족시킬 것이다.
- 전기 사업: 발전發電이라고 하면 고루한 산업이라 생각하겠지만, 이제 발전 산업도 스마트 인프라라는 미래에 직면해 있다. 발전 산업은 보안 및 온도 제어에서 통합 및 자동화 서비스로 다양하게 확장될 것이다. 대규모 에너지 관리, 건물 유지 관리 모니터링, 도시 자원 관리, 교통 효율성, 노인 돌봄 등도 여기에 포함된다.
- 하드웨어: 사물인터넷이 하드웨어를 바꾸고 있다. 제품에 센서를 달면 예측 유지 관리와 새로운 형태의 보안 및 모니터링이 가능해질 것이다.

- 의료: 의료 분야 역시 사물인터넷 센서를 도입하고 있다. 이를 통해 의료 전문가들은 데이터를 제공받고, 질병을 조기 진단하고, 실시간 추적 서비스를 제공할 수 있다.
- 개별 맞춤 서비스: 사물인터넷으로 인해 결과물, 편리성, 가치에 더욱 집중하게 될 것이다. 이를테면 사물인터넷을 이용하면 제품을 만들 때 소비자로부터 즉각적인 피드백을 얻을 수 있다.
- 3D 프린팅: 디지털 제작을 이용해 항공기 부품부터 정원 장식품까지 모든 것을 만들어낼 수 있다.

따라서 업계를 막론하고 모든 기업들은 기존 사업 분야를 넘어서 시야를 넓힐 준비를 해야 한다. "그렇다고 모든 산업의 경계가 사라질 거라는 의미는 아니다." 슈와이터스는 말한다. "하지만 당신이 기업의 리더라면 기술 변화의 충격파로 인해 10년 안에 회사의 주력 분야가 바뀔 수도 있음을 알아야 한다."[26]

애자일 인사이드 6-2

운영적 기민함에서 전략적 기민함으로 가는 길

전략적 기민함으로 가는 여정은 자연스러운 발전 과정을 따른다.

- 회사 차원에서 운영적 기민함을 수용하기 전에 먼저 한두 팀을 이용해 운영적 기민함을 실험한다(〈그림 6-1〉 참조).
- 애자일 경영법을 따르는 팀이 점점 늘어나다가 결국 부서 전체가 애자일을 수용한다(〈그림 6-2〉 참조).
- 회사 전체 또는 부서들이 대규모로 애자일 경영법을 수용하며 품질 개선 및 효율성 향상을 위한 역량 강화를 실시한다(〈그림 6-3〉 참조).
- 전사적 차원의 운영적 기민함이 새로운 시장을 창출할 능력을 갖춘 전략적 기민함으로 진화한다(〈그림 6-4〉 참조).

따라서 전략적 기민함은 운영적 기민함을 거친다. 오늘날 많은 회사들이 여전히 팀이나 부서 차원에서 운영적 기민함을 성취하는 법을 배우는 단계에 머물러 있다. 전략적 기민함(〈그림 6-4〉)은 고사하고, 운영적 기민함(〈그림 6-3〉)도 달성하지 못한 것이다.

우리가 실시한 조사에 따르면 애자일 팀의 80~90퍼센트가 애자일 팀과 조직 전체의 운영 방식 사이에서 긴장을 느끼고 있다고 답했다. 이런 긴장이 해소되지 않으면 회사가 "우리는 이미 애자일하다"라고 거짓 선언을 하며 조직 차원의 헌신을 한순간에 포기할 수도 있다. 그러면 결과는 뻔하다. 얼마 안 가 슬픈 현실을 인식하고, "애자일을 구현하자"며 처음으로 돌아가게 된다. 운영적 기민함은 회사 전체가 애자일 경영을 구현했을 때에만 온전히 이익을 낼 수 있다.

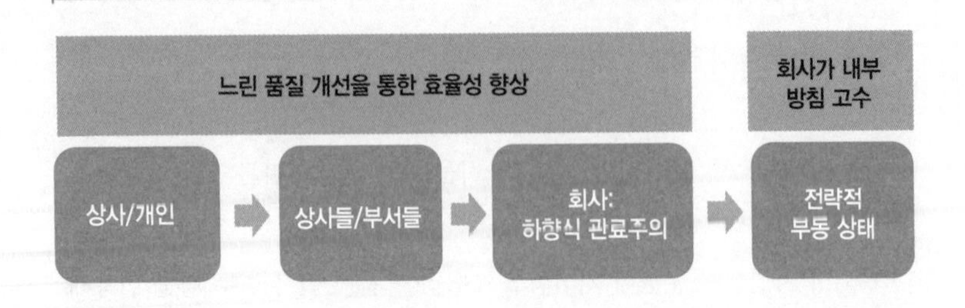

그림 6-1 | 20세기의 하향식 관료주의

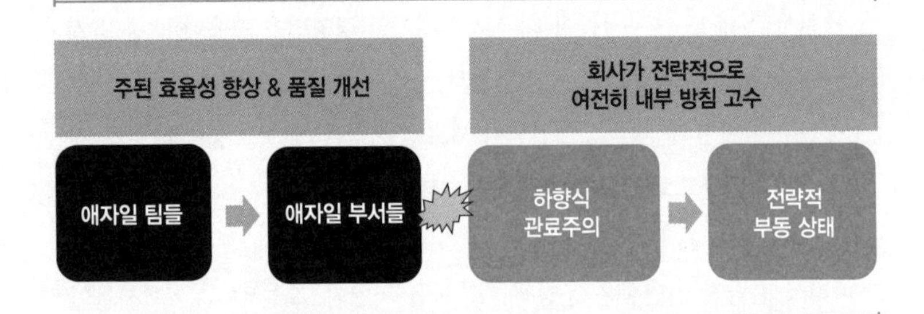

그림 6-2 | 팀/부서 차원에서의 운영적 기민함. 팀과 부서 내의 애자일 경영과 회사의 하향식 관료주의가 충돌한다.

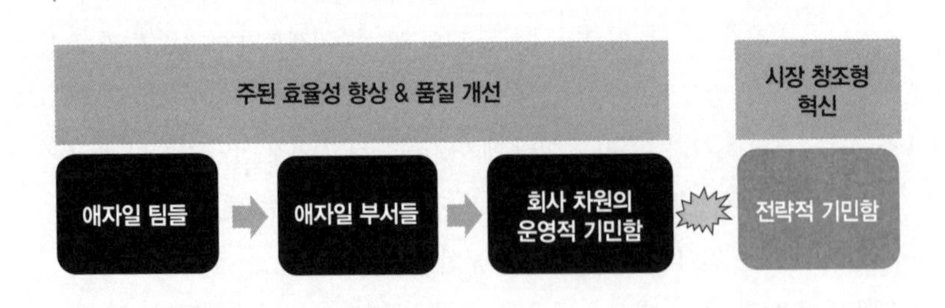

그림 6-3 | 전사적 차원의 운영적 기민함. 품질 개선 및 효율성 향상을 위한 역량 강화가 가능하다.

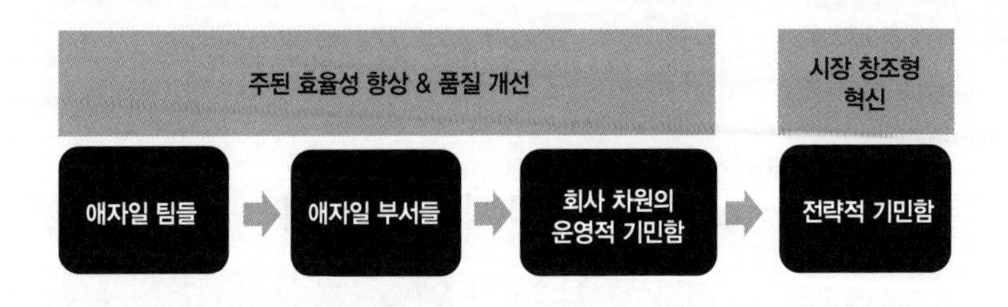

그림 6-4 | 시장 창조형 혁신은 전사적 차원의 운영적 기민함이 전략적 기민함으로 진화할 때 가능하다.

운영적 기민함을 성취하는 것은 필수다. 하지만 운영적 기민함으로는 재정적 안정성을 얻기에 충분하지 않다. 운영적 기민함을 완전히 성취한 회사라 하더라도 도달해야 할 지점이 있다. 바로 전략적 기민함이다.

그럼에도 운영적 기민함은 전략적 기민함을 성취하기 위한 중요한 전제조건이다. 회사가 '작은 팀의 법칙', '고객의 법칙', '네트워크의 법칙'에 따라 시장 창조형 계획을 신속하게 반복할 수 없다면, 계획이 성공할 가능성은 거의 없다.

7장

아이폰의 시리를 개발한 혁신의 힘

문화는 승부의 한 요소가 아니다. 문화 자체가 승부다.

| 루이스 거스너[1] |

애자일 경영을 시작하거나 전략적 기민함으로 바꾸는 것은 조직의 문화 자체를 바꾸는 것을 뜻한다. 이는 아마도 조직이 시도할 수 있는 가장 어려운 부분일 것이다. 조직 문화는 목표, 역할, 프로세스, 가치, 커뮤니케이션 관행, 태도 및 가정들이 서로 맞물려 돌아가는데, 이 중 다수는 무언의 합의로 움직인다. 그리고 이 요소들은 시스템을 강화하고 시스템이 조금이라도 변하는 것을 막기 위해 서로 결

속한다. 그렇기 때문에 린 프랙티스나 애자일 경영처럼 단일 요소만 도입해 바꾸게 되면, 한동안은 변화에 진전이 있는 것처럼 보이다가 결국 그 여러 요소들이 힘을 발휘하며 가차 없이 조직을 기존 문화로 되돌린다.

나쁜 소식은 조직 문화를 바꾸려는 대부분의 노력이 실패한다는 것이다. 이 때문에 어떤 이들은 그게 노력할 가치가 있는지 의문을 품기도 한다. 하지만 성공 사례도 분명 있다. 바로 SRI인터내셔널에 혁신 문화를 심은 커트 칼슨의 사례다.

1998년 커트 칼슨은 파산 위기에 처한 SRI에 사장 겸 최고경영자로 취임했다. SRI 본사는 캘리포니아 멘로파크에 있으며 1946년 연구기관으로 설립되었다. 원래는 스탠퍼드대학의 수탁자들이 캘리포니아(에 이어 나중에는 전 세계의) 경제 발전을 지원하기 위해 스탠퍼드연구소라는 이름으로 창설한 연구개발 및 혁신센터다. 현재 SRI는 독립 기관이다.

칼슨이 최고경영자로 취임했을 때, SRI는 경영 위기를 겪고 있었다. 사실상 파산 직전이었다. 변화를 꾀하지 않으면 자산을 모두 매각해야 할 상황이었다. 수년 동안 수익을 내지도 못했다. SRI는 컴퓨터 마우스, 개인용 컴퓨터 인터페이스, 최초의 아르파네트ARPA-net 메시지, 초음파 영상 등을 발명한 뛰어난 인재들을 보유한 것은 물론 전설적인 역사가 깃든 곳이었다. 하지만 조직 문화가 제 기능을 못하고 있었다. 칼슨의 전임자들이 하향식 통제를 더욱 엄격하게 시도해

보았지만 이는 혁신을 파괴하기만 했다. 그렇다고 상향식 기술 혁신을 시도하자니 혼란이 가중되었다. 조직은 몰락의 소용돌이에 빠졌다. 신뢰도 협력도 부족했다. 자원 공유도 제대로 이뤄지지 않았다. 운영 관리는 비효율적이었다. 그러다 보니 재정 성적이 형편없었다. 조직 문화가 치명적으로 악화돼 있어서 많은 이들이 회사가 존속할 수 있을지 의문을 품었다.

칼슨이 최고경영자로 임명되고 16년이란 세월이 지나면서 SRI의 조직 문화는 환골탈태했다. SRI의 규모는 세 배로 커졌고, 수익성은 개선되었으며, 세상을 변화시키는 많은 혁신을 일구어냈다. 그중 가장 유명한 결과물이 바로 아이폰의 개인 비서 시리Siri다.

칼슨의 지휘 아래 SRI는 고도로 협력적인 조직 문화를 창조했다. 또한 수십억 달러의 가치가 있는 시장 창조형 혁신도 만들어냈다. 나는 칼슨과 어떻게 조직 문화를 변화시켰는지에 대해 많은 이야기를 나누었다. 어떻게 SRI는 혁신 전문 기업이 되었는가? 수많은 전임자들의 실패와 달리, 어떻게 그는 성공할 수 있었는가? 어떤 요소가 그를 성공으로 이끌었는가?

흥미롭게도 SRI의 조직 문화를 바꾼 핵심 요소는 그가 "문화를 바꾸자"라고 말한 적이 한 번도 없다는 사실이었다. "사람들은 보통 자신들의 문화에 자부심을 느낀다." 그는 말한다. "그래서 누군가 조직에 갓 들어와서 문화를 바꾸자고 하면 사람들은 어리둥절해한다. '무슨 소리를 하는 거지? 우리 문화가 뭐가 잘못됐다는 거지?' 누구도 사람들이 그런 걱정을 하기를 원치 않을 것이다. 나는 직원들과 회의를 하면서 한 번도 '문화'라는 단어를 사용한 적이 없다. 그저 우리가 해야 할 일에 대해서만 말했다. 내겐 큰 주세가 몇 가지 있었다. 나는 그 주제를 언제나 반복했다. '문화를 바꾸자'라는 단어는 입에도 담지 않았다."

제대로 돌아가는 게 하나 없던 파산 직전의 회사

그렇다면 칼슨은 무슨 주제로 이야기했을까? SRI에 들어오자마자 칼슨은 창의적인 아이디어만으로는 충분하지 않다고 생각했다. 그래서 신속하면서도 연쇄적으로 대규모 혁신을 일으킬 방법을 개발하는 데 착수했다. 시작은 제품 오퍼링과 사업 모델에 설득력 있는 가설을 세우고 중요 고객 및 시장의 욕구에 초점을 맞추는 것이었다. 그러기 전까진 모든 기술 개발 노력이 시기상조(완전히 낭비까진 아니어도)라는 것을 꿰뚫어보았다. 혁신 노력이 전부 실패한 이유가 이 때문이라고 본 것이다. 고객도, 사업 모델도 없다는 것 말이다. 그의 계획은 애자일 경영의 특징을 다수 포함하고 있었다. 중요 고객 및 시장 기회에 초점을 맞추는 것, 신속하면서 지속적인 팀, 고객과의 공동 창조, 옹호자가 이끄는 자기조직화된 팀, 긍정적인 인간 가치 및 동기 부여, 성공 가능성을 보장하는 구체적인 가치 창조 방법 등이 여기에 속했다. 칼슨은 더 나아가서 기업 전체에 적용되는 가치 창조 전술을 마련해서 수십억 달러의 혁신을 지속적으로 창출하고자 했다.

칼슨은 SRI의 견고한 강점을 찾았다. 그중 하나는 회사가 실리콘밸리의 한가운데에 위치한다는 점이었다. SRI에는 그가 과거 일했던 대부분의 회사들만큼이나 기술적으로 우수한 인재가 많았다. 그러니 직원은 문제가 아니었다. 핵심 문제는 SRI가 세우고 있던 계획의 초점이었다. 대부분의 계획이 흥미롭긴 했지만 중요하지 않았다. 즉흥적으로 개발하고 관리한 탓이었다. 또한 직원들이 완벽한 팀을 이루지 못하고 따로 일을 하고 있었다.

칼슨이 SRI에 입성할 때 가진 무기는 SRI의 자회사인 사노프코퍼레이션Sarnoff Corporation을 성공적으로 혁신했다는 실적이었다. 칼슨은 사노프에서 HD TV(고화질 텔레비전)와 방송 영상 화질을 평가하는 시스템을 최초로 개발하는 데 앞장섰고, 이 두 기술로 기술&엔지니어링 에미상을 수상했다. 또한 연구개발 분야의 상업화를 개척했으며, 열두 개가 넘는 신생 회사를 설립하는 것을 도왔다.

이런 성과 덕분에 칼슨은 이사회의 지지를 받을 수 있었다. 이사회는 그의 가치 창조 방법을 깊이 이해하지 못했지만 그가 성공할 거라고 믿었다. 어쨌거나 그들은 수석 운영 관리자들이었고, 분야만 서로 다를 뿐 뛰어난 기술 전문가들이었다.

칼슨이 거둔 성과는 SRI의 직원들에게도 신뢰를 주었다. 그는 마케팅 담당자도, 재무 담당자도 아닌, 스스로 과학자이자 엔지니어로

서의 삶을 살고 최고의 성공을 누린 인물이었다. 진지한 기술 논문을 써왔으며 전문 컨퍼런스에서 발제도 했다. 이러한 신뢰성은 기술직 직원들에겐 중요한 요소였다. "단순하게 구조조정이나 할" 최고경영자가 올지도 모른다는 걱정을 불식시켜주었기 때문이다.

칼슨은 SRI의 기본적인 업무 방식을 바꾸어야 한다고 판단했다. 역대 회장들이 형편없었다는 말이 아니다. 그들은 나름 자신의 분야에서 성공한 전문가들이었다. 그리고 자신이 아는 대로 회사를 경영했다. 문제는 그들이 적용한 방법이 이제 한물간 경영 모델이라는 것이다.

칼슨은 SRI 입성과 동시에 핵심 고객과 시장 욕구에 초점을 맞추는 기본적인 변화가 필요하다고 생각했다. 그러려면 가치 창조형 방법론을 개발해야만 했다. 그래야 SRI가 글로벌 경쟁자들보다 더욱 높은 고객 가치를 구현할 수 있을 터였다. 목표는 새로운 고부가가치 기술 혁신을 제공하는 최고의 기업이 되는 것이었다. 글로벌 경제에서 SRI의 경쟁자는 지구상에 존재하는 모든 최고의 회사였다. 또한 그는 SRI가 재정적으로 성공하기 위해서는 시스템적으로 "큰 먹잇감"(수억 달러의 시장 가치를 가진 시장 창조형 혁신)을 사냥할 필요가 있다고 보았다.

나는 칼슨에게 SRI에 막 들어왔을 때 어떤 일이 있었는지 물었다. 그러자 그가 다음과 같이 이야기하기 시작했다.

"일부는 내 방식을 좋아했지만, 일부는 싫어했다. 그들은 세계 최고라는 염원이 말도 안 되는 꿈이라고 생각했다. 하지만 나는 가능하다고 확신했다. 사노프에서도 해냈기 때문이다."

"결국 부사장 여덟 명을 교체했다." 그가 말했다. "내가 해고한 게 아니다. 모두들 믿음직한 전문가들이었지만 새로운 방식을 원치 않았다. 결국 하나둘씩 제 발로 회사를 떠났다. 내가 취임했을 땐 회사가 기본적으로 파산 상태였다. 그래서 새로운 사람을 고용할 돈이 없었다. 지금 와서 생각해보면 참 흥미로운 경험이었다. 사업을 창조하는 방식을 배우는 실전 훈련이지 않은가!"

"처음엔 신규 인력을 고용할 자금이 없었다. 하지만 나는 그것을 단점이라고 생각하지 않았다." 칼슨은 말한다. "그래도 내 방식대로 일하고 싶어 하는 사람들을 찾을 수 있었다. 정말 대단한 사람들을 말이다. 요즘엔 수천 명의 직원이 필요하지 않다. 중요한 일에 달려들어 힘을 모아 생산적으로 일하고 싶어 하는 뛰어난 인재 몇 명만 있으면 된다. 그들은 그런 곳을 발견하면 알아서 찾아와 자리를 잡는다." 처음엔 힘든 순간도 많았다고 한다. 칼슨은 몇 가지 일화를 들려주었다.

"부임한 첫 달에 전화를 한 통 받았다. 한 팀이 아무에게도 말하지 않고 밤중에 연구실을 옮겼다는 것이었다. 상상해보라! 나는 부사장을 불러서 말했다. '원래대로 되돌려놓으세요!' 그가 말했다. '아뇨, 어렵기도 하지만 부정적인 결과만 낳을 것 같습니다.' 결국 나는 회의를 소집했고, 이렇게 설명했다. 지금부터 그런 행동은 금지라고.

한 번만 더 그러면 전 경영진이 짐을 싸야 할 거라고 말이다."

"미친 소리처럼 들릴 것이다. 딱 맞는 말이다. 미친 소리." 그가 말을 이었다. "조직이 수십 년 동안 몰락의 길을 걷다 보면 삐거덕거리기 마련이다. SRI에선 팀을 해치는 모든 종류의 행동들이 벌어지고 있었다. 매주 내용만 달라질 뿐이었다. 내게 왜 이 일을 맡았냐고 묻는 사람들도 있었다. 이유는 간단했다. 훌륭한 직원들이 많아서였다. 그리고 사노프에서 개척한 시장 창조형 혁신을 적용하면 바뀔 거라는 것을 알았다. 나에게는 이상적인 일이었다. 실리콘밸리에서, 수많은 뛰어난 동료들과 함께 일하는 것 말이다."

한 가지 유리한 점은 처음부터 칼슨에게 핵심 파트너 팀이 함께했다는 것이다. 핵심 팀이 없었으면 변화는 불가능했을 거라고 그는 말한다. 이들이야말로 SRI의 성공에 헌신하고, 혁신의 중요성을 이해하고, 혁신을 이루기 위해 소매를 걷어붙인 사람들이었다. 그들은 혁신을 실현시키기 위해 주 60시간 넘게 일했다. 그들이 없었다면 칼슨 혼자선 절대 해내지 못했을 것이다.

핵심 팀의 중심인물은 노먼 위너스키Norman Winarsky였다. 칼슨은 사노프에서 위너스키를 데려왔다. 그는 칼슨이 만난 가장 똑똑한 사람 중 하나다. 합리적이고 재미있고 속도 꽉 차 있고 인성도 훌륭했다. 게다가 그는 최고의 브레인스토밍 파트너였다. 위너스키는 SRI에서 새로운 벤처 부문과 라이선스 프랙티스를 주도했다.

핵심 팀의 또 다른 인재는 당시 몬태나대학의 교수였던 빌 월모트Bill Wilmot였다. 그는 세계에서 가장 뛰어난 커뮤니케이션 전문가 중 하나다. 실제로 그 주제로 교과서를 쓴 인물이기도 하다. 그는 팀 체제와 행동의 중요성을 이해했고 효과적인 의사소통 방법을 알고 있었다.[2]

"빌과 함께 일한 것은 내가 한 일 중 최고였다"라고 칼슨은 말한다. "우리는 매달 모든 조직원과 조직 내 문제들에 대해 열두 시간씩 이야기하며 주말을 함께 보냈다." 일례로 윌모트는 칼슨에게 어떤 일이 생겨도 화를 내지 말라고 조언했다. 태도는 단호하되 화는 내지 말라는 것이었다. 사람들이 왜 그렇게 행동했는지 이해만 하면 되었다. SRI의 많은 사람들이 그렇게 행동했다. 그들 모두 그곳을 사랑했고, 그곳이 성공하기를 바랐다. 하지만 뭐 하나 제대로 돌아가는 게 없었다. 그렇지만 그것은 그들의 잘못이 아니었다. 그들은 무력했고, 두려웠다. 그들이 하는 모든 행동은 살아남기 위한 행동일 뿐이었다.

또 다른 핵심 인물은 마케팅과 커뮤니케이션 책임자인 앨리스 레스닉Alice Resnick이었다. 칼슨은 모든 의사소통 문제와 직원 관련 활동에서 그녀와 협력했다. 칼슨은 말했다. "앨리스와 긴밀히 협력함으로써 모든 의사소통이 크게 개선되었다. 우리 모두 자신의 부족한 관점을 채워주는 현명한 파트너가 필요하다." 게다가 그녀는 직원과 고객 모두의 욕구를 꿰뚫어보는 통찰력을 가지고 있었다.

인사부장 지니 투커Jeanie Tooker도 핵심적인 역할을 했다. 그녀는 뛰어난 판단력과 인성을 지닌 사람이었다. 직원들은 그녀를 전적으로 신뢰했다. 이후 렌 폴리조토Len Polizzotto가 마케팅 부사장으로 SRI에 합류했다. 그는 가치 창조의 원리를 깊이 이해하고 근본적인 개념을 보충해주었다. 그들 모두 뛰어난 인간적 가치를 지녔고, 함께 일하면 즐거웠다.

결과를 낼 수밖에 없는 가치 창조 전략

칼슨은 혁신을 이루기 위해선 체계적인 프로세스가 필요하다는 사실을 알고 있었다. 1987년 사노프가 SRI의 자회사가 되었을 때, 칼슨은 어떻게 해야 조직을 체계적으로 혁신하고 원하는 형태로 자리 잡게 할 수 있는지를 이해하려 애썼다. 그가 이것을 배운 건 이때가 처음이었다. 당시 대기업에서는 가치 창조 기술 같은 건 배울 수도 없을뿐더러 잘 사용되지도 않았다. "대기업은 화려함으로 사람을 현혹시킨다." 그는 말한다. "하지만 비생산적인 경우가 너무 많다."

문제는 새로운 혁신과 벤처를 창조할 효율적인 육성 과정이 없다는 사실이었다. "우리는 열심히 일했다." 그는 말한다. "하지만 우리의 계획에는 성공에 필요한 품질과 고객 가치가 없었다. 가장 큰 도전 과제는 결과를 '낼 수밖에 없는' 조직의 기틀을 마련하는 것이었다. 그것이 우리에게 주어진 과제와 기회의 핵심이자 정신이었다. 그리고 직원들의 태도, 기술, 협동심을 변화시키는 것은 매일 일하는 방식에서부터 시작된다."

칼슨이 SRI에 들고 온 사고방식은 사노프에서 탄생한 것이지만 SRI에서 더욱 진화했다. 격주로 월요일마다 저녁 5시부터 9시까지 칼슨은 열다섯 명으로 구성된 그의 핵심 팀을 불러 모아서 "가치 창조 포럼"을 열었다. 피자와 콜라를 옆에 놓고서 칼슨과 위너스키를 비롯한 동료들은 차례대로 일어나서 현재 자신들이 추진 중인 계획에 대해 짧은 가치 제안 프레젠테이션을 했다. 프레젠테이션이 끝나면 나머지 팀원들이 어떤 점이 효과가 있고, 어떤 점이 개선이 필요한지 논평했다. 또한 모든 팀원이 혁신, 시장, 잠재 고객에 대해 깨달은 바를 공유해야 했다. "이것은 빨리 실패하는 법이 아니라, 빨리 배우는 과정이었다." 칼슨은 말한다. "빨리 실패하는 것은 굉장히 나쁜 생각이다. 목표는 항상 빨리 배우는 것이다."

이 과정은 별 성과를 거두지 못한 채 18개월 동안 진행되었다. 사람들은 자신이 뭘 하는지도 제대로 알지 못했다. 칼슨은 이때를 되돌아보며 이렇게 말한다. "초기에는 혁신이 뭔지, 가치 창조가 뭔지 몰랐다. 우리가 해냈다고도 생각했다. 하지만 사실은 RCA(사노프의 모회사)의 명성과 재정 자원으로 이룬 것이었다. 모두 굉장히 똑똑한 사람들이었다. 하지만 다들 어떻게 시스템을 혁신해야 하는지 알지 못했다. SRI에도 그 부분이 핵심이 될 터였다."

"처음 1년 동안 가치 창조 포럼에서 했던 프레젠테이션은 정말 끔찍했다." 칼슨은 말한다. "우리는 진정한 가치 제안이 어떤 방식으로 이루어져야 하는지도 몰랐다. 최소한 몇 개의 질문을 던져야 할까?

그 정도면 충분한지는 어떻게 알까?" 고민 끝에 칼슨의 팀은 가치 제안의 핵심(그가 NABC라고 부르는 것), 즉 6장에서 논의했듯이 새로운 혁신을 창출하는 틀을 고안해내게 되었다. 쉬지 않고 다양한 틀을 시도한 끝에 마침내 모두가 말했다. "바로 이거야! 뭐가 됐든 근본적으로 혁신을 하려면 최소한 이 네 가지 근본적인 질문에 답해야 해. 질문을 얼마나 추가하는지는 상관없어. 하지만 질문 목록이 이것보다 짧아서는 안 돼. 이 네 가지 질문 중에 하나라도 빠진다면, 그건 혁신을 위한 가치 제안이 아니야."

칼슨은 설명한다. "네 가지 질문이란 이거다. 중요 고객 및 시장의 욕구는 무엇인가? 이런 욕구를 해결하기 위해 어떤 접근법을 택할 것인가? 그 접근법의 비용 대비 이익은 어떤가? 그리고 그 비용 대비 이익을 경쟁자(대안)의 것과 비교해보면 어떤가?"

칼슨은 이 네 가지 질문에 대한 답을 "가치 제안" 또는 짧게 "NABC"(욕구, 접근법, 비용 대비 이익, 경쟁력)라고 부른다. "이 네 가지가 기본이다. 알 만한 사람에게 간단하게 이 네 가지를 설명할 수 없다면 거창한 보고서 같은 건 꿈도 꾸지 않는 게 좋다."

칼슨은 말한다. "NABC는 간단해 보이지만 사실 굉장히 심오하다. 고객에게 가치를 창조할 수 있는 근본적인 틀이기 때문에 기업 전체에도 적용할 수 있다. 모든 기능을 다 담고 있는 데다가 밈 meme(특정 메시지를 전달하는 재미있는 이미지로 주로 인터넷에서 유행한다—옮긴이)을 사용해서 짧고 기억하기도 쉽다. 거기다 이 밈은 모든 대화를 고객의 욕구에 초점을 맞추는 것으로 시작한다. 거기에 전환적 힘이 있다. 여기에 '중요 고객 및 시장의 욕구'와 '지속적인 팀의 반복'이라는 재료를 추가하면 조직 체계를 성공시키기 위한 기본적인 레시피가 완성된다. 내가 2014년에 SRI에서 은퇴했을 때에도 이런 원칙들이 전사적으로 적용되고 있었다. 얼마나 많은 회사들이 자사가 전사적으로 고객의 가치에 집중한다고, 고객 가치가 무엇인지 인상적으로 정의할 수 있다고 말할 수 있을까? 내 경험상 그런 회사는 아주 소수다."

하지만 추상적인 가치 제안으로는 부족했다. 옹호자champion, 즉 그 아이디어를 믿고 아이디어를 성공시키려고 노력하는 사람이 가치 제안을 장악하고 있어야 했다. 이는 헌신, 팀워크, 기업의 책임, 가치 창조 과정에 대한 온전한 참여, 인내에 관한 교리문답서가 필요함을 의미했다.

"모든 직원이 각자 자신의 자리에서 옹호자가 되었으면 했다." 칼슨은 말한다. "우리는 '관리자', '리더' 같은 용어들을 버렸다. 혼란스럽고 부적절할뿐더러 협력에 별 도움도 되지 않았기 때문이다. 회사 곳곳에서 옹호자들이 나타났다. 직책이 아니라, 실적과 열정이야말로 직원들을 격려하고 자원을 추가적으로 제공하는 지표였다. 우리의 규칙은 '옹호자가 없으면, 프로젝트도 없다. 예외는 없다'였다. 옹호자는 혁신에 성공하려면 뭐가 필요한지 이해할 뿐 아니라 인격적 자질, 인간적 가치, 높은 수준의 기술 등을 갖추고 있었다. 그들은 성공에 100퍼센트 헌신했다. 예외는 없었다. 우리는 이 모든 일이 어떤 의미를 갖는지 이해시키기 위해 전 직원을 대상으로 워크숍을 열었다. 그렇게 그들이 핵심적인 가치 창조 기술을 습득하도록 도왔고, 글로벌 혁신 경제 시대에 왜 옹호자가 되어야만 하는지를 이해시켰다." 칼슨은 이렇게 말한다. "나아가 우리는 이런 기술을 배우고 실천하는 것이 그들의 경력에 왜 중요한지도 분명히 알려주었다."

동시에 칼슨은 직원들과 한없이 소통했다. 직원들의 지지를 얻을 수만 있다면 뭐든지 했다. 강연을 했고, 팀들을 방문했다. 포럼을 열어서 사람들을 모았다. 매일 SRI로 출근했고, 카페테리아에서 매일 다른 직원들과 점심을 먹었다. 오래지 않아 칼슨이 합석하면 NABC 가치 제안에 대해, 그리고 SRI의 가치 창조 기술을 습득하는 것이 왜 그렇게 중요한지에 대한 이야기가 나올 거라는 걸 모두가 알게 되었다.

칼슨과 마케팅 및 커뮤니케이션 부서의 레스닉은 SRI의 가치와 전략을 요약한 "SRI 카드"를 만들자고 제안했다. 카드를 만드는 것 자체가 목표는 아니었다. 그보다는 SRI의 요구, 가치, 비전, 전략에 대한 실질적인 논의를 일으키는 것이 목적이었다. 공감대를 형성하는 데 3년이 걸린다면 다행스러운 일일 터였다. 기본적인 취지에 대해 직원들이 지지해야만 조직 전체를 끌고 나갈 수 있을 터였다. 그래서 그들은 쉬지 않고 회의를 했다. 그리고 모든 직급의 직원들로부터 피드백을 받았다. 그런 다음 다시 회의를 열었다. 이 과정을 수없이 반복했다. 그리고 마침내 피드백이 사라졌다. 어느새 직원들이 취지가 마음에 든다고 말하기 시작했다. 이는 중대한 사건이었다. 그 단계에 이르기까지 약 18개월이 걸렸다. 칼슨은 서두르지 않았다. 어떻게 앞으로 나아갈지 토론을 통해 합의를 끌어내는 게 중요했기 때문이다.

나는 사람들의 인식이 변하게 된 티핑 포인트가 있었느냐고 칼슨에게 물었다. "초반에 재밌는 일이 있었다." 그가 답했다. "당연히 SRI의 핵심 과제는 이윤을 창출하는 것이었다. SRI는 몇 년 동안 수익을 내지 못했다. 그래서 나는 그해 1달러만 수익을 내자고 목표를 세웠다. 우리는 그 목표를 '한 장만 벌자'라고 이름 붙였다. 금액이 적어 감흥이 적을 거라 생각하겠지만, 당시 전 직원들 사이엔 실패할 거라는 인식이 팽배했다. 도전을 좀 더 재미있게 만들기 위해 나는 공약을 걸었다. 목표 달성 시 전 직원이 참석하는 1월의 프레젠테이션에서 바이올린을 연주하겠다고 했다. 이래봬도 열다섯 살에 바이올린 연주자로 데뷔한 몸이었다. 그러니 문제없을 거라고 생각했다." 그는 말했다. "그해 우리는 1달러를 훌쩍 넘는 큰 이윤을 남겼다. 바이올린 연주일이 다가오고 있었다. 참으로 난감했다. 그날이 이정표였다. SRI가 안정적인 궤도에 재진입해 앞으로 나가고 있음을 공식적으로 축하하는 날이었다."

나는 칼슨에게 직원들의 동의를 얻기 위해 처음 몇 년 동안 어떻게 했냐고 물었다. 그는 모두를 일에 참여시키되 주로 얼리어댑터들과 일했다고 답했다. "100퍼센트를 얻을 순 없다." 그는 말한다. "내가 원한 방식으로 일하고 싶어 하는 사람들에게 집중했다. 하루아침에 모두를 개종시킬 순 없는 노릇이다. 그러려면 수년이 걸린다."

"전문가들에게 동기를 부여하려면 그들의 기술과 가치를 이용하는 게 중요하다." 그는 말했다. "가장 기본적인 원칙은 '성취'다. 엄청나게 똑똑한 사람들은 뭐든지 따지기 좋아한다. 그런 그들이 잠자코 동의하는 한 가지가 있으니, 바로 성취욕이다. 그것이 그들이다. 그것이 그들의 정체성이다. 또한 그것은 SRI의 강점 중 하나이기도 하다. 세상에 거대하면서 긍정적인 기여를 하고 싶어 하는 뛰어난 전문가들이 많다는 사실 말이다. 내가 한 모든 강연은 근본적인 필요성(변혁적 연구개발을 시도하고, 세상을 바꿀 만한 혁신을 창조하는 것)을 언급하는 것으로 시작했다. 그런 다음에 '어떻게'(가치 창조 전술) 할지를 설명했다.

기술에 돈을 쓰기 전에 해야 할 일

SRI가 거둔 가장 유명하면서 눈부신 성과 중 하나는 시리다. 시리는 지능형 개인 컴퓨터 비서이자 온라인 지식 항해사다. 시리는 자연언어 인터페이스를 이용해 질문에 답하고, 추천을 하고, 행동을 한다(웹 서비스에 요청 사항을 넘긴다). 게다가 사용자의 개별적 선호도를 학습하고 거기에 맞추어 지속적으로 개선해 맞춤식 결과물을 제공한다. 시리는 SRI가 7년 넘게 개발한 기능으로, 2010년 4월 수억 달러를 받고 애플에 팔았다.

시리는 NABC 접근법의 힘을 잘 보여준다. 시리는 SRI 인공지능 센터의 파생상품이자 미국 역사상 가장 큰 인공지능 프로젝트인 CALO 프로젝트(SRI가 주도하고, DARPA가 자금을 댔다)의 파생물로 1억 달러가 넘는 예산이 투입되었다.

칼슨은 말한다. "우리는 DARPA(미국 국방부 고등연구계획국)의 의뢰를 받고 인공지능 프로젝트를 진행하면서 한편으로 여러 개발 사업에 가치 제안 방식을 도입했다. 당시 우린 네다섯 개의 아이디어를 진행하는 중이었다. 시리도 그중 하나였다. 기술 작업에 대한 구상은 거의 끝났지만 매력적인 사업 모델이 부족했다. 그래서 우리는 큰 돈을 들이지 않고 가치 제안을 반복했다. 그렇게 2년이 지나서야 마침내 우리는 괜찮은 사업 모델 가설을 세울 수 있었다. 그제야 우리는 최고의 팀을 고용했다. 그런 다음 추가적인 리스크를 없애기 위해 새로운 팀과 함께 사업 모델 및 제품 콘셉트에 대한 가치 제안을 1년 더 반복했다. 세 번째 해가 끝날 무렵에야 우리는 초기 고객(가족의 친구들)들을 대상으로 시제품을 만들기 시작했다. 그리고 2009년 중반, 마침내 시리 주식회사가 분리 독립했다."

칼슨은 이어서 말한다. "대략 6개월 후 시리를 본 스티브 잡스가 시리 팀을 집으로 초대했다. 우리는 팔 생각이 없다고 말했다. 하지만 가격 조건이 너무 좋았다. 그래서 결국 이렇게 말하고 말았다. '좋습니다. 시리 주식회사를 애플에 팔죠. 애플에는 엄청난 혁신을 일으킬 플랫폼이 있으니까요.'"

시리는 2010년 4월에 애플에 팔렸다. 그리고 2011년 10월 아이폰에 탑재되었다. 시리는 애플이 휴대전화 시장을 변화시키고 아이폰을 "머스트 해브must-have" 휴대전화로 만드는 데 큰 공을 세웠다. 그 후 SRI는 다른 시장으로 눈을 돌렸고, 자연히 시리와 비슷한 기술을 사용하는 네 개의 다른 회사들은 SRI에서 독립하게 되었다.

사람들은 보통 시리의 대화 인터페이스, 개인적 문맥 인식, 서비스 위임, 음성 인식 엔진 등 시리에 사용된 기술에 쉽게 압도된다.

하지만 칼슨은 성공의 핵심 요인은 그런 기술적인 부분이 아니라고 강조한다. 그가 말한 핵심은 제대로 된 가치 제안이었다. "우리는 가치 제안을 다양하게 진행했다. 하지만 많은 돈을 쓰지는 않았다. SRI에 일어난 변화 중 하나는 기술에 막대한 돈을 쓰기 전에 제품 및 사업 모델에 확고한 작업 가설이 필요하다고 깨달았다는 사실이다. 이는 회사들이 저지르는 가장 큰 실수 중 하나다." 그가 말한다. "회사들은 한시바삐 제품을 만들고 싶어 한다. 우리도 그처럼 독자적으로 생존 가능한 사업 모델을 세우기 전에 회사를 매각했다면, 회사는 파산했을 것이고, 시리는 소리 소문도 없이 사라졌을 것이다. 1960년대부터 1980년대까지, SRI는 그런 식의 실수를 수없이 반복했다. 스무 개가 넘는 회사를 설립했지만 모두 실패작이었다. 아무런 사업 모델 없이 문 밖으로 나갔다가 파산한 것이다."

칼슨은 말한다. "SRI는 놀라운 업적을 거둔 뛰어난 인재로 가득했다. 하지만 성공을 보장하는 체계적인 가치 창조 프로세스가 부족했다. 특히 지금처럼 경쟁적인 시장 환경에서 이는 기업을 막론하고 더더욱 중요하다. SRI는 사내의 그 많은 천재들을 제대로 활용하지 못했다. 제록스에, 그다음엔 애플에 마우스 사용권도 거의 공짜로 허가했다. 이제는 그렇게 하지 않는다. 그렇게 하면 회사를 경영할 수 없다. 이는 SRI가 세상을 바꾸는 혁신을 일으키고도 인정을 받지 못한 이유이기도 하다."

칼슨은 연이어서 수십억 달러의 혁신을 일으키고 싶어 한다. 그러려면 장기적인 전략을 짤 수밖에 없다. 최고경영자의 재임 기간이 3년이라면 7년짜리 프로젝트에 뭣 하러 흥미를 가지겠는가? "3년 안에 스티브 잡스가 '우주에 흔적 남기기'라고 부른 그런 결과를 내기란 힘들다"라고 칼슨은 말한다. 이는 단기적인 주주가치만 추구하는 많은 회사들이 가진 근본적인 문제다. 몇 년 안에 수십억 달러짜리 신사업을 개발하는 건 불가능하다. 그리고 리더 중 누군가가 그런 혁신적인 제품의 개발을 지지하지 않는다면 회사는 그것으로 끝이다.

"그런 대기업들에 한 번 가보라. 현관에 들어서는 순간 여기가 타지마할인가 싶다. 하지만 놀라운 이야기를 들을 거라 잔뜩 기대하고 직원들과 대화를 하자마자 그냥 평범한 직장이라는 사실을 깨닫게 된다. 직원들은 죄다 풀이 죽어 있다. 누구도 거대한 아이디어를 좇지 않는다. 만에 하나 그렇다 하더라도, 그것을 개발할 메커니즘이 없다." 그는 이어서 말한다. "나는 종종 이런 회사들에서 걸어 나오면서 얼마나 많은 인재가 낭비되는가 하는 생각에 우울해진다. 이들 모두 치열한 글로벌 경제에서 살아남기 위해서라도, 훨씬 생산적인 회사로 탈바꿈해야 한다."

"문제는 책을 읽거나 수업을 듣는다고 10억 달러짜리 혁신을 시작하는 법을 배울 수 없다는 것이다. 이는 이론과 경험 모두를 필요로 하는 지식 분야다." 칼슨은 말한다. "경험을 통해 연습하지 않는다면 결과는 언제나 꽝이거나 제로가 될 것이다. 이것이 우리가 끊임없이 마주치는 거대한 과제다. 어떻게 해야 이런 아이디어들을 취하고, 조직에 적용할 수 있을까? 답은 경험이다. 하지만 그런 경험을 지닌 고위직은 여전히 많지 않다."

꿈쩍도 하지 않는 직원들을 움직이는 법

나는 칼슨에게 무엇이 SRI의 비전, 조직 디자인, 정신을 변화시켰는지 요약해달라고 부탁했다.

"첫 번째, 조직이 필요로 하는 기술, 가치, 신뢰성을 지닌 진짜 훌륭한 파트너 몇 명이 필요하다"라고 그는 말한다. "뭘 해야 할지 아는 사람, 나에게 없는 관점과 기술을 가진 사람들 말이다. 그게 핵심이다. 최소한 한 명은 있어야 한다. 아무리 똑똑해도 혼자로는 부족하다. 나의 아이디어를 시험하고, 모든 도전을 이겨내도록 도와줄 '동지'가 필요하다. 파트너는 내부 사람일 수도, 외부 사람일 수도 있다.

나의 경우 둘 다 있었고, 그래서 이상적이었다."

그는 말한다. "두 번째, 변화는 논리적인 단계를 거쳐 일어난다. 먼저, 변화의 필요성에 대한 합의가 있어야 한다. 문제가 산적한 회사에 첫발을 디디면 직원들이 묻는다. '왜 변화가 필요합니까?' 변화의 필요성을 명확히 제시할 때까지, 그들은 꿈쩍도 하지 않는다."

"그러다 필요성을 깨닫게 되면 그땐 이렇게 묻는다. '그럼 비전이 뭔가요? 어느 방향으로 가고 있는 건가요?' 그러면 비전을 개발할 준비가 된 것이다. 직원들의 지지를 얻어내기 위해 그들과 최대한 협력해야 한다." 그가 말한다.

"세 번째, 비전을 공유하고 나면 사람들이 묻기 시작한다. '네, 필요성도 비전도 알겠습니다. 그러면 계획이 뭔가요?' 필요성, 비전, 계획, 이 순서다. 하지만 많은 사람들이 필요성을 이해하고 비전을 공유하기도 전에 계획으로 뛰어든다. 그러면 직원들과 끊임없이 마찰이 일어나고 일이 틀어지게 된다. 모든 혁신이 그렇듯 첫 번째 목표는 필요성을 깊이 이해하는 것이다." 칼슨은 말한다.

"네 번째, 얼리어댑터에 집중하라. 사람들이 내 생각에 동의하는 것 같아도 대부분은 자연스레 신중한 자세를 취한다. 그러므로 초기에 원칙을 세우고 원칙을 증명하도록 도와줄 5~10퍼센트의 사람들, 즉 옹호자들을 찾아야 한다. 보통 10퍼센트는 내 의견에 절대 동의하지 않는다. 하지만 얼리어댑터가 내 편이 된다면 올바른 방향으로 잘 가고 있는 것이다. 그게 중요하다." 칼슨은 말한다. "옹호자는 일을 추진하고 모두에게 역할 모델이 되는 사람이다. 처음 SRI에 왔을 때 내게 그런 보물 같은 존재는 바로 빌 마크Bill Mark 정보 및 컴퓨팅 사이언스부 부사장이었다. 빌은 즉시 나의 전략을 수용했고, 실천했으며, 개선하도록 도왔다. 그의 팀은 시리를 비롯한 SRI의 주요 혁신 제품들을 창조해냈다."

그런 다음 칼슨은 말한다. "다섯 번째, 당신이 사용하는 언어가 중요하다. 나는 SRI 직원들과 회의를 하면서 단 한 번도 '문화를 바꾸라'거나 '더 열심히 일하라', 또는 '빨리 실패하라'처럼 사기를 꺾고 본질을 호도하는 표현을 쓴 적이 없다. 그보다는 파급효과를 키워라, 현명하게 일하라, 빨리 배우라고 말했다. 나는 우리가 꼭 성공해야 하는 구체적인 것들에 대해 말했다. 직원들이 내 말을 경청하고 이해하게끔 하려면 실행 가능한 거대한 주제를 매번 반복해서 말하되, 한 번에 두세 가지만 말해야 한다. 그렇지 않으면 이해는커녕 듣지도 않을 것이다. 그렇다 하더라도 주요 개념 몇 개를 이해시키는 데 하루 아침으론 턱도 없다. 나의 주제는 다음과 같았다. 하나, 중요 고객 및 시장의 욕구에 초점을 맞추어라. 둘, '파급적 혁신을 위한 전술'을 성공의 핵심 틀로 사용하라. 셋, 열정적이고 지속적인 팀을 만들고 고객으로부터 반복적으로 피드백을 받아서 빠르고 효율적으로 학습하라. 요약하자면 시장의 욕구, 파급적 혁신을 위한 전술, 지속적인 팀 반복이다."

"나는 이 메시지를 반복하고 반복하고 또 반복했다. 주제가 많지도 않았다. 그냥 몇 개였다. 언제나 같은 것들이었다. 다시 말하지만 언제나 성취에 대한 말로 시작했다. 위대한 일을 하는 것. 중요한 일을 하는 것. 긍정적인 차이를 만드는 것 말이다. 그게 사람들에게 동기를 부여한다." 그가 말한다. "특히 내가 SRI에서 함께 일했던 동료들은 더더욱 그랬다. 직원들은 회사의 질이 하향 평준화되거나 이래라 저래라 명령이 떨어질까 봐 걱정했다. 하지만 나는 그럴 생각이 없었다. 오히려 정반대였다. 우리는 그들의 성취욕을 자극하고 증폭시킬 생각이었다. 기본적인 연구와 주요한 시장 혁신을 통해서 말이다. 그렇게 하려면 유일한 방법은 팀의 천재성을 해방시키는 것이었다. 시간이 지나면서 우리가 그들의 열정을 공유하고 있으며, 이러한 목표에 헌신한다는 사실을 그들도 깨달았다."

"만약 내가 이 회사에 들어와서 고객이 원하는 대로 기준을 낮추고 SRI를 평범한 곳으로 바꾸려고 했다면 나는 아마 쫓겨났을 것이다. 많은 리더들이 그런 실수를 저지른다. 정확히 같은 단어를 사용하진 않지만, 전달하는 메시지는 기본적으로 같다. 요즘 같은 글로벌 혁신 경제에서, 해당 분야에서 최고가 되려고 발버둥치지 않으면 시장에서 사라지는 건 시간문제다. 게다가 동시에 회사가 직원들에게 경력도 쌓아주면서 성공에 필요한 필수적인 기술들까지 가르쳐주는 셈이었다. 사실상 엄청난 상생이었다."

"진지하게 성취하려는 자세를 보이지 않으면 사람들을 잃게 된다. 그게 직원들이 나를 가장 많이 시험한 부분이었다. 회의론자들은 항상 이런 식으로 물었다. '정말 이 일에 진지하게 임하고 있는 건가요? 아니면 요즘 핫한 경영법이라고 해서 시도해보는 건가요?' 그것은 테스트였다. 나는 최고경영자로서 말과 행동이 일치해야 한다는 사실을 잘 알았다. 이를테면 혁신의 옹호자 역할을 하면서 나도 다른 이들과 똑같이 가치 창조 원칙을 실천했다. 행동을 보면 그 사람이 무엇을 믿는지 금방 알 수 있다. 신념과 헌신이 부족하거나 냉소적이면 치명적이다. 나는 할 수 있는 모든 방식을 동원해 말했다. '그래요. 난 진지합니다. 우리는 큰일을 성취할 겁니다. 나는 SRI와 이곳 직원들이 거대한 파급효과를 일으키길 원합니다. 다 함께 힘을 모아 세상을 더 나은 곳으로 변화시킬 겁니다.' 항상 이렇게 대화를 나누었다." 그가 말한다.

"나는 가치를 창출하기 위한 과정, 즉 '파급적 혁신을 위한 전술'에 대해 끊임없이 이야기했다.[3] 이 전술엔 목표를 달성하기 위해 함께 일하는 법이 담겨 있었다. 언어, 개념, 프로세스에 대해서 주로 이야기하고 있는데, 이는 옹호자, NABC 가치 제안, 가치 창조 포럼과 같은 혁신을 성공시키기 위한 기본 요소들을 구현하는 법을 요약한 것이었다. 더불어 인간적 가치의 중요성도 강조했다. 팀원 중 한 명이라도 다른 팀원들을 존중하지 않는다면 그 팀은 함께 손발을 맞추며 일하기 어려울 터였다. 협력은 혁신에 필수적인 요소다. 특히 글로벌 혁신 경제에서 긍정적 인간의 가치는 점점 더 필수가 되고 있다"라고 칼슨은 말한다.

"이사회의 지지를 얻는 것이 중요하다. 내 경우 이사회가 우리의 성공을 마음에 들어 했다. 그렇다고 그들이 우리의 수행 방식에 완전히 적응했던 건 아니다. 그들은 이렇게 생각했다. 'NABC 가치 제안을 2주에 한 번씩 한다고? 이게 진지한 건가?' 나는 왜 이런 프랙티스가 성공의 기본이 되는지 끝내 그들을 이해시키지 못했다. 이런 방식이 (이런 방식으로 일하고 결과를 실제 경험해보지 않은 이상) 애매모호한 말장난 같거나, 혹은 못미더웠을 수도 있다. 400쪽에 달하는 사업 계획서를 들고 나오는 사람들에겐 이 방식이 풍부한 사상을 체계적으로 담은 것처럼 보이지 않는다. 혁신적인 성공의 근본에는 방법론이 있다는 사실을 이해하려면 당신 스스로가 가치 창조자가 될 필요가 있다." 그가 말한다. "핵심은 능동적인 학습이라는 기본 원칙을 토대로 하는 빠른 학습이다. 이는 굉장히 엄격한 학습 방식이다. 하지만 직접 경험하지 못한다면 깊이 이해하기 힘들다. 그래도 이 원칙들이 기본이다. 다음 세대의 혁신가와 경영 리더들은 이 점을 꼭 숙지해야 할 것이다."

문화를 바꾸는 일은 수많은 선수가 참가하는 대규모의 장기전이다. 결국 정신을 바꾸기 위해 조직적 도구들을 전부 휘둘러야 한다(〈그림 7-1〉 참조). 이때 사용하는 순서가 성공 가능성에 결정적인 영향을 미친다. 일반적으로 가장 효과적인 성공 전략은 칼슨이 했던 것처럼, 미래에 대한 이야기나 비전과 관련한 리더십 도구로 시작하는 것이다. 그런 다음 역할 정의, 측정 및 제어 시스템과 같은 경영 도구로

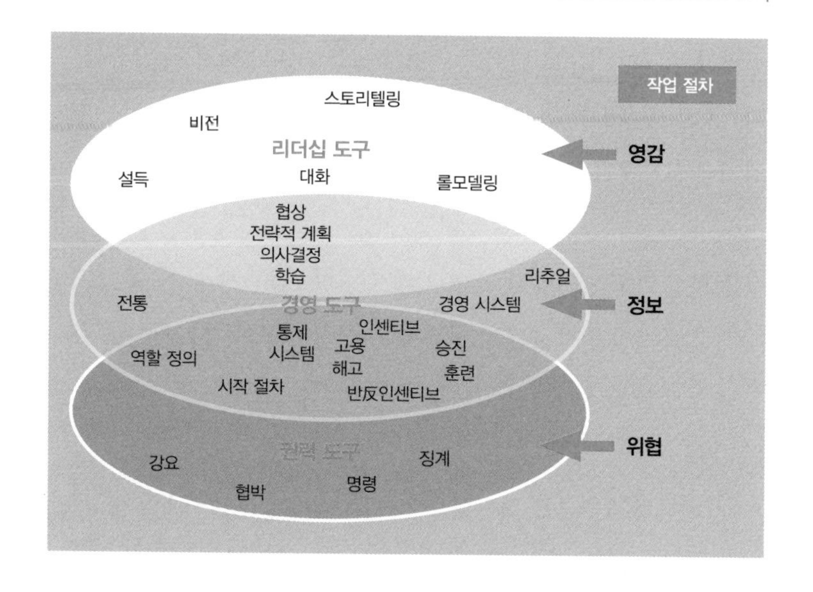

그림 7-1 | 조직문화를 바꾸는 일은 장기전이다. 리더십, 경영, 권력 도구를 모두 사용해야 한다.

변화에 쐐기를 박아야 한다. 이 모든 전략들이 실패하면, 그때 최후의 수단으로 강요와 처벌 같은 순수한 권력 도구를 사용하라.

엄격한 하향식 접근법으로 문화를 바꾸려던 시도는 애플에서도 있었다. 이는 1장에서도 대강 설명한 바 있다. 스티브 잡스는 수천 명의 상급 및 중급 경영자들을 해고한 뒤, 자신이 원하는 리더군을 세워 회사를 운영했다. 변화는 성공적이었다. 리더들이 고객에게 가치를 전달하는 것에 집착했고, 결국 가치를 전달하는 데 성공했기 때문이다. 또한 직원들이 훌륭한 제품을 만들겠다는 조직의 사명감에 미친 듯이 열정적으로 동참했기 때문이다. 그렇지만 대부분의 최고 경영자는 그런 식으로 변화를 단행할 힘을 가지고 있지도, 그것을 효과적으로 실행할 만한 지식을 갖추고 있지도 못하다. 그러므로 따라 하기에 실용적인 모델이 아니다.

문화를 바꾸려고 할 때 흔히 저지르는 실수들:

- 강제적인 권력 도구의 남용 및 리더십 도구의 저조한 사용
- 변화를 수용하게끔 영감을 주는 리더십 스토리텔링 사용의 실패[4]
- 비전과 계획으로 시작했으나, 애자일 경영을 뿌리내려 행동 변화가 자리 잡도록 하는 데는 실패

애자일 인사이드 7-1

SRI의 시리 개발을 위한 "NABC 가치 제안"

NABC 가치 제안을 어떻게 하는지 설명하기 위해 SRI인터내셔널이 (훗날 아이폰에 탑재된) 시리를 계획할 때 사용했던 첫 번째 액션 피치action pitch를 짧게 소개하고자 한다. "대부분의 사람들이 세우는 사업 계획에는 가치 제안이 빠져 있다." 칼슨이 내게 말했다. "시리의 경우 아이디어를 듣자마자 '할HAL'이라는 이름이 떠올랐다. 하지만 '할'로 대화의 포문을 연 뒤 바로 벤처캐피털 측을 대상으로 본격적인 홍보 시간을 가졌다. 주요 사업 계획에 대한 궁금증을 풀어주는 내용으로, 핵심은 마우스 클릭을 없애는 것이었다."

"우리에게 가장 큰 리스크는 기술이 아니었다." 그는 말했다. "그것은 그 사업 모델로 서비스에 필요한 중재 수수료를 받을 수 있느냐였다. 알다시피 잡스는 시리를 인수한 뒤 더 큰 시장을 공략하기 위해 중재 수수료 없이 시리를 아이폰에 탑재했다. 지금은 당연해 보이지만 당시엔 그렇지 않았다."

- 대상: 실리콘밸리 벤처캐피탈

- 판촉 문구: 영화 〈2001: 스페이스 오디세이〉에 등장하는 '할'은 컴퓨터 개인 비서다. 우리가 개발한 것은 바로 휴대전화에 탑재할 친근한 버전의 할이다. 이것이 오늘 소개할 제품이다.

- 욕구
  - 모바일 서비스는 수십억 달러의 시장 규모를 지닌 산업으로 연간 30퍼센트씩 성장하고 있다.
  - 키워드 검색은 시간 낭비이고 비효율적이다. 특히 모바일 기기에서는

더욱 그렇다.

- 애플리케이션을 찾기 위해 한 번 "클릭"할 때마다 사용자의 20퍼센트가 떨어져나간다. 세 번에서 다섯 번을 클릭한 다음에는 대부분의 서비스와 애플리케이션이 사실상 고객의 "눈 밖에 벗어나게" 된다.

- 접근법
  - 우리는 '할'과 유사한 컴퓨터 개인 비서를 개발했다.
  - 영어(차차 다른 언어로 확장할 계획)를 쓰는 휴대전화 사용자들이 음성 인식을 통해 정보 및 서비스를 검색하고 전달할 수 있다.
  - '할'의 거점 시장은 비즈니스 여행객 대상의 기본 서비스다. 하지만 최종적으로는 모든 소비자를 타깃으로 시장을 넓힐 예정이다.
  - 비즈니스 모델은 서비스 사용자로부터 나오는 중재 수수료다.
  - 시제품은 이미 개발되었으며, 첫 상업용 제품은 12개월 내에 500만 달러에 납품될 것이다.
  - '할'은 우수한 팀을 갖추고 있다. 그중엔 전 모토로라 X-팀 대표인 최고경영자 대그 키틀로스Dag Kittlaus, DARPA에서 수주받은 1억 달러 규모의 CALO 프로젝트의 전직 CTO였던 애덤 샤이어Adam Cheyer도 있다.

- 이익/비용
  - 사용자는 앱을 무료로 이용한다.
  - 기본 서비스에 대한 사용자의 욕구를 만족시키고 거래를 성사시킨다("유나이티드 278편 현재 상황이 어떤지 알아봐줘." 또는 "오늘 밤 묵을 호텔방을 구해줘.").
  - 열 배는 빠른 속도.
  - 호텔, 레스토랑 같은 서비스 제공자들이 저렴한 수수료(10달러 이상)로 추가 고객을 확보할 수 있다.

- 강력한 네트워크 효과를 통한 수십억 달러 규모의 글로벌 기회 창출.
- 할은 사용자의 행동을 학습해 시간이 지날수록 정확도가 높아진다(예: 사용자가 메리어트호텔을 선호함).

• 경쟁력
- 확장 가능한 비즈니스 모델을 갖춘 세계 최초의 컴퓨터 개인 비서.
- 컴퓨터 마우스와 키보드 검색 기능을 대체.
- 모바일 구글이나 빙과 비교해서 두 배에서 열 배까지 빠른 인터페이스.
- 강력한 지식 재산권: 1억 달러 이상을 투자받아 수년간 연구한 SRI 인공지능 개발의 결과물.

• 마무리: 금요일 아침 9시에 또 회의 약속을 잡을 수 있을까요?

| 2부 |

조직 혁신을 가로막는 익숙한 적들

더욱 많은 기업 리더들이 자사주 매입이나 배당금 인상 등을 통해
주주들에게 즉각 수익을 돌려주고 있다.
그러느라 혁신, 숙련된 인력,
장기 성장에 필요한 필수적인 자본 지출에 대한 투자를 줄이고 있다.

| 로런스 핑크Laurence Fink, **블랙록 최고책임자**[1] |

많이 들어본 이야기일 것이다. 유명한 글로벌 회사가 애자일 프랙티스를 자체적으로 실험해온 과감한 개척자들의 에너지와 능력 덕분에 애자일 전환을 시작한다. 최고경영진이 애자일 이니셔티브에 서명을 하고, 대규모 훈련과 코칭을 실시한다. 애자일 실무자들이 음지에서 모습을 드러내고, 애자일 경영이 회사의 공식적인 생활의 일부가 된다. 더 큰 규모로 실행 계획을 조율하기 위해 '애자일 지원팀'을 임명한다. 직원들이 향상된 일처리 방식을 수용하면서 계획이 탄력을 받는다. 고객에게 더 많은 가치를 제공하고자 하는 부단한 노력들을 문서화한다. 애자일 옹호자들이 조직 전체에 애자일을 퍼트리는 것을 돕는다.

애자일 실행 계획은 몇 년 동안 성공 가도를 달리고, 어느 순간 최고경영진이 승리를 선언한다. 그리고 "우리는 이제 애자일합니다"라고 발표한다. "앞으로 우리는 주주에게 가치를 전달하기 위해 좀 더 규율 잡힌 접근법을 취할 겁니다."

반발의 움직임이 조용히 뒤따른다. 하지만 상부에서 주의가 내려

온다. 지금까지 애자일을 지지하던 경영진이 교체된다. 회사의 애자일 옹호자들도 뿔뿔이 흩어지거나 해고되고 없다. 애자일 경영에 대한 회사의 공식적인 지원이 끊기고, 일은 규칙을 기반으로 형식적으로 변한다. 사기가 꺾인다. 훌륭한 직원들이 떠난다. 품질이 저하된다. 기술적 부채가 누적된다. 이유를 알 수 없는 시스템 장애가 발생한다. 혁신이 서서히 중단된다. 몇 년이 지나면 최고경영진 중의 누군가(보통 새로 온 사람이다)가 이렇게 묻기 시작한다. "왜 제대로 되는 일이 없는 거지? 여기 애자일에 대해 들어본 사람 없어?" 그러면서 애자일 전환이 다시 시작된다.[2]

이 책의 1부(1~7장)에선 애자일 경영의 긍정적인 원칙들에 대해 다루었다. 2부인 8장부터 11장까지는 왜 이렇게 주기적으로 퇴보 현상이 일어나는지, 그리고 이를 방지하려면 어떤 조치를 취해야 하는지를 알아볼 것이다.

안타까운 사실은 상장기업이나 경영대학원에서 심지어 오늘날까지 애자일 경영과 상충되는 관행들을 가르치고 있다는 점이다. 경영자 세대들은 애자일과는 완전히 다른 이론을 바탕으로 경력을 쌓아왔다. 따라서 애자일 경영을 지속 가능한 방식으로 키우고 싶으면 리더들은 애자일의 목표, 원칙, 프랙티스를 배우는 것을 넘어 기존의 신념, 이론, 프로세스를 버려야 한다는 사실도 알아야 한다.

마찬가지로 애자일 리더들은 상장기업에서는 팀이 업무를 훌륭히 해내고 고객을 기쁘게 하면 언젠가 인정받고 보상을 받을 거라는 가정이 제대로 작동하지 않음을 인식해야 한다. 또한 회사 내 다른 부서, 특히 경영진의 재정을 관리하는 부서가 어떻게 돌아가는지도 알 필요가 있다. 이는 결코 사소한 문제가 아니다. 회사의 목표와 관계 있는 문제이기 때문이다. 이를 아주 쉬운 질문으로 바꾸면 다음과 같다. 회사는 고객을 위해 가치를 창조하는 데 집중해야 하는가? 아니면 주주와 고위 경영진을 위해 가치를 착취하는 데 집중해야 하는가?

애자일 경영이 조직 내에서 지속적으로 번창하려면 리더들은 왜 이런 질문이 생기는지, 왜 이런 질문이 만연해졌는지, 그리고 어떻게 해야 이 질문에 선제적으로 대처할 수 있는지 이해해야 한다. 특히 기업들은 다음 네 가지 경영의 덫을 피해야 한다.

- 현재 주가에 반영된 주주가치를 극대화하는 데 집중하는 덫(8장)
- 자사주 매입 등을 통해 주가를 조작하는 덫(9장)
- 고객과 회사의 지속 가능성을 희생하고 단기 이익에 초점을 맞춘 비용 중심 경제학의 덫(10장)
- 더 생산적인 미래로부터 현재를 추론하는 대신, 과거로부터 미래를 유추하는, 회고적인 전략의 덫(11장)

8장

주가를 극대화하는 데 혈안이 된 기업들

언뜻 보기에도 주주가치는 세상에서 가장 어리석은 생각이다.

| 잭 웰치[1] |

《승부 조작하기》의 저자이자 경영계의 구루인 로저 마틴Roger Martin은 말한다. "한 번 상상해보라. 프로 미식축구 감독이 수요일에 기자 회견을 열어서, 일요일에 있을 경기에서 9점 차로 승리할 것이며 도박사들이 예측하는 것처럼 6점 차가 될 확률은 아주 적다고 발표하는 거다. 아니면 그 팀의 쿼터백이 경기 후 기자 회견에서 최종 베팅한 9점 차를 못 맞히고 3점 차로 이겨서 죄송하다고 사과하는 장

면을 떠올려보라. 감독이나 쿼터백이 이런다니 상상만 해도 어이가 없을 것이다. 하지만 기업의 최고경영자들은 이 두 가지를 다 한다."[2]

또한 경기에서 이기느냐가 아니라, 득점 차를 맞히느냐에 따라 감독과 최고의 코치들이 보상을 받는다고 생각해보라. 득점 차를 맞히면 엄청난 보너스를 받게 된다. 하지만 수차례 실패하면 연봉이 깎이고, 감독이 해고되고, 핵심 선수들이 방출될 수 있다. 팀의 승패와 상관없이 말이다.

또한 득점 차에 대한 기대치에 부응하기 위해, 감독이 선수들을 지도할 시간에 분석가 및 스포츠 담당 기자들과 다가올 경기를 전망하고 점수 차에 대한 기대치를 관리하기 바쁘다고 가정해보자. 그러면 당연히 몇 년에 걸쳐 48경기 중 46경기에서 점수 차를 알아맞힌, 즉 96퍼센트의 적중률을 자랑하는 감독이 존경받는 감독이 될 것이다. 48경기를 모두 본 사람들은 이렇게 결론 내릴 것이다. "점수 조작하는 거 맞죠?"

게다가 리그 전체가 고의로 경기 져주기, 점수 차를 넘지 않으려고 일부러 점수를 내주기, 잘 봐달라고 심판에게 돈 건네기("승부 조작"), 경기 결과에 대한 노골적인 돈 내기("도박") 등의 스캔들로 떠들썩하다면 어떨지 생각해보라.

미국 프로 미식축구가 이런 상황에 처한다면, 모두가 미식축구 경기가 도박과 조작으로 완전히 타락했음을 깨닫고 미국 프로 미식축구연맹에 이 상황에 개입해서 도박과 승부 조작을 근절하고 감독과 선수들이 경기에만 전념하게 해달라고 청원할 것이다.

바로 이것이 1962년 일부 선수들이 경기 결과를 놓고 푼돈 내기를 했다는 사실이 밝혀졌을 때 미국 프로 미식축구연맹이 취한 조치였다. 당시 그린베이패커스의 하프백이자 리그를 통틀어 가장 가치가 높은 선수인 폴 호능Paul Hornung과 디트로이트 라이온스의 스타 디펜시브 태클 알렉스 카라스Alex Karras가 자신들이 뛰었던 경기를 포함해 프로 미식축구 경기들에 베팅을 한 사실이 들통 났다. 미식축구연맹 위원(임기가 30년이다)이 된 지 몇 년 밖에 안 된 피트 로젤Pete Rozelle은 즉각 조치를 취했고, 호능과 카라스를 한 시즌 동안 출전 정지시켰다. 그 결과 미국 프로 미식축구는 도박이나 승부 조작을 근절할 수 있었다. 감독과 선수들은 경기로 내기를 하는 대신 경기에서 이기기 위해 피땀 흘려 노력하게 되었다.[3]

많은 상장기업들이 주가에 반영된 주주가치를 극대화하는 데 혈안이 된 오늘날의 기업 세계에서는 상황이 정반대다. 최고경영자 및 경영진은 회사가 손해를 보는 한이 있어도 주식시장에서 주가를 조작하는 데 여념이 없다. 그럴 만한 엄청난 동기가 있기 때문이다. 최고재무책임자를 대상으로 한 조사 결과에 따르면 "월스트리트의 목표를 충족시키고 '원만한' 소득을 벌어들이기 위해서라면 '경제적 가치를 포기할 것'이라는 대답이 78퍼센트였다. 순 현재가치가 긍정적인 프로젝트라도 취소할 수 있다, 즉 회사에 해가 가도 기꺼이 감수하겠다는 대답은 55퍼센트"였다.[4]

실제 경영 세계는 공장을 건설하고, 소프트웨어를 개발하고, 고객의 삶을 실질적으로 변화시키는 제품 및 서비스를 설계하고 생산하고 판매하는 세계다. 벌어들인 수익이 최종 수익에 달러로 찍히는 세계다. 건강한 경제에선 기업들이 고객을 위해 실질적인 가치를 창출하는 데 집중한다. 그렇게 경제는 꾸준히 성장한다.

실제 경영 세계는 다양한 투자자들이 회사의 주식을 거래하는 주식시장과는 다르다. 주식시장에서는 투자자들이 오늘을 기준으로 회사의 자원 및 활동을 평가한다. 그리고 그런 평가를 토대로 회사가 주주들에게 얼마나 많은 가치를 돌려줄지, 미래에 어떤 성과를 거둘지에 대해 기대치를 형성한다. 많은 요소들(실제 투자자와 잠재적 투자자의 견해, 회사의 현재 가치에 대한 평가, 주주들에게 가치를 돌려주려는 회사의 계획)에 대한 합의가 이루어지면서 회사의 주가를 결정한다. 어떤 투자자들은 장기적인 전망을 보고 투자하고, 또 다른 투자자들은 시장 변동성을 이용해 단기 차익을 노린다.

현재 주식시장에서 최고로 치는 경영자는 그런 기대치를 충족시키는 사람이다. 마틴이 말한다. "잭 웰치가 위상을 떨치던 시절 GE는 1989년 12월부터 2001년 9월까지 총 48개 분기 중 46분기나 애널리스트들의 예상을 맞혔다. 96퍼센트의 적중률을 기록한 것이다. 더 인상적인 사실은 46분기 중 41분기가 1페니까지 정확히 일치한다는 점이다. 완벽하게 적중한 분기가 89퍼센트에 달했다. 나머지 7분기 역시 허용 오차가 놀랍도록 적었다. 네 번은 예상치보다 2센트가 높았고, 한 번은 1센트가 높았으며, 또 한 번은 1센트가 부족했고, 마지막 한 번은 2센트가 부족했다. 12년간의 이런 부자연스러운 정확성을 보면 (…) 수익을 조작하지 않았을 가능성이 얼마나 될까?" 마틴은 답한다. "극히 낮다."[5]

이런 세상에서, 오직 헌신적인 최고경영자만이 예측 불가능한 고객들로 가득한 치열한 경쟁 시장에서 혁신이라는 힘들고 장기적인 업무를 해낼 수 있다.[6] 눈앞의 분기별 실적을 높이려고 비용을 절감해 주가를 끌어올리거나 주주를 위해 가치를 짜내려고 금융공학을 이용하는 것은 그에 비해 훨씬 간단하고 쉽고 개인적으로 안전하고 수익성도 좋은 방법이다.

사실상 상장기업의 최고경영자는 주식시장에 세심하게 주의를 기울일 수밖에 없다. 주가가 눈에 띄게 떨어지면 회계 규칙에 따라 영업권 손상 처리 대상으로 분류되기 때문이다. 그러면 회계 감사관들이 주가 하락을 자본 손실로 기록하라고 회사에 요구할 수도 있다. 더욱 염려스러운 것은 행동주의 헤지펀드가 경영진을 몰아내고 그 자리에 "주주 친화적인" 임원들을 투입하는 것이다. 따라서 대부분의 임원들은 주가를 떨어뜨리면 안 된다는 압박을 지속적으로 받게 된다.

2016년 3월까지 《이코노미스트》는 주주가치 중심 사고가 "경영계의 가장 큰 아이디어"라고 자랑스레 선언했다.[7] 그럴지도 모른다. 하지만 하버드 비즈니스스쿨 교수인 조지프 L. 바워Joseph L. Bower와 린

S. 페인Lynn S. Paine에 따르면 그러한 사고는 "기업 리더십의 핵심에 생긴 오류"이기도 하다. 그들은 주주가치를 극대화하는 행위가 "이론적으로도 문제가 있고, 법적으로도 혼란스럽고, 실무적으로도 손해가 크다"라고 적었다.[8]

심지어 GE의 최고경영자로 20년간 재임하면서 주주가치를 옹호하는 데 앞장서며 모범이 되었던 잭 웰치조차 혹독한 비판자로 돌아섰다. 그는 2009년 《파이낸셜 타임스》에서 다음과 같이 말했다. "언뜻 보기에도 주주가치는 세상에서 가장 어리석은 생각이다. 주주가치는 결과이지 전략이 아니다. (…) 기업의 주된 지지자는 기업의 직원, 고객, 그리고 제품이다. 경영자들과 투자자들은 주가 상승을 최우선 목표로 삼아서는 안 된다. (…) 단기 이익은 기업의 중장기적인 가치 상승과 맞물려야 한다."[9]

단기 주가에 대한 집착이 오늘날 상장기업들에 이토록 만연해 있다는 사실은 때로 애자일 실무자들에게 놀라움으로 다가온다. 이런 생각은 어디서 나온 것일까? 그 신봉자들은 마치 우주 불변의 진리인 양 지지하지만 그 기원은 놀라울 정도로 최근이다.

고객을 택할 것인가, 주주를 택할 것인가

20세기 중반 기업 운영에 관해 가장 널리 퍼진 사회적 통념은 이른바 "경영 자본주의managerial capitalism"였다. 1932년 아돌프 A. 베를Adolf A. Berle과 가디너 C. 민스Gardiner C. Means가 집필한 경영학 고전 《현대 기업과 사유재산The Modern Corporation and Private Property》에서 자세히 설명하듯이, 상장기업이라면 공익을 고려하며 다양한 이해관계자들의 요구에 균형을 맞출 전문 경영인을 두어야 한다는 아이디어였다.

그러자 문제가 생겼다. 조직이 혼란에 빠진 것이다. 전문 경영인이 이해 당사자들의 요구에 균형을 맞추어야 한다는 생각은 이론적으로는 훌륭해 보였다. 하지만 실제로는 일관성도 없고 우선순위도 뒤죽박죽인 경우가 잦았다. 때로 경영자들조차 프로세스를 이해하지 못했다. 결정이 들쭉날쭉해서 예측하기도 어려웠다. 문제, 해결책, 의사결정자라는 변덕스러운 조합이 우연히 일치할 때만 결론에 도달했다. 종잡을 수 없는 문제들이 시스템 안팎을 부유했다. 일부 이론가들은 이런 상황을 두고 "쓰레기통 경영"이라 불렀다.[10]

이런 식의 경영법으로는 세계화, 규제 완화, 신기술의 완력에 대처할 수 없었다. 전문 경영인이 제아무리 입장이 다른 이해 당사자들의 요구를 세심하게 살핀다 해도 변화 속도는 빨라지고, 경쟁은 심화되고, 고객의 힘은 커지는 상황, 즉 변화의 진짜 대재앙에 맞서기에는 역부족이었다.[11]

목적을 훨씬 명확히 할 필요가 있었다. 앞 장에서 논한 것처럼 일부 회사들은 피터 드러커를 따라 고객이 제일이라는 사실을 받아들였다. 도래하는 시장에서는 기업들이 고객에게 더 많은 가치를 전달해야 한다는 것을 깨달았다. 살아남으려면 기업이 근본적으로 혁신적이고 민첩해져야 했다. 결국 이는 린, 디자인 싱킹, 품질 경영, 그리고 마침내 애자일 운동과 같은 경영 프랙티스의 도래로 이어졌다.

하지만 다른 상장기업들은 반대로 방향을 틀어 주주에게로 눈길을 돌렸다. 이를 대변한 최초의 인물이 시카고학파 출신 경제학자인 밀턴 프리드먼이었다. 1976년 노벨 경제학상을 수상한 프리드먼은 1962년에 쓴 책 《자본주의와 자유》에서 "기업의 유일한 목적은 고객을 창출하는 것"이라는 피터 드러커의 견해를 일축했다. 그리고 "기업의 사회적 책임은 오직 하나, 바로 기업의 이익을 증대할 목적으로 기업 활동에 참여하고 자원을 이용하는 것이다"라고 선언했다.[12]

1970년 9월 13일, 프리드먼은 자신의 생각을 대중에게 알리기 시작했다. 그는 《뉴욕 타임스》에 기고한 칼럼에서 수익 창출에 전념하지 않는 기업 경영자들을 비난했다. 그가 보기에 그런 경영자들은 "타인의 돈을 보편적 사회 이익에 낭비하는 사람들"이었다.[13]

프리드먼은 경영진이 시장에서 진행 중인 변화의 대재앙에 효과적으로 대처하지 못하고 있다고 보았다. 그리고 1970년에 기고한 칼럼에서 이 문제를 단칼에 정리했다. 경영자들에게 오직 한 가지, 바로 주주를 위해 돈을 버는 것에만 집중하라고 주장한 것이다. 그 밖의 다른 것들은 다 부질없는 짓이었다. 주주가 회사의 소유주였다. 경영자들은 주주를 위해 일했다. 회사는 "법적 허구"였다(〈애자일 인사이드 8-1〉 참조).

글의 어조는 격렬했다. 회사를 위해 돈을 버는 목표 외의 것을 추구하는 경영진은 누가 됐건 "지난 수십 년 동안 자신도 모르게 자유사회의 근간을 훼손해온 지식 세력의 꼭두각시 노릇을 해온 셈"이었다. "분석이 조잡하고 정확하지 못하다"는 점에서 그들은 유죄였다. 심지어 직원, 고객, 기업에 불법적으로 "세금을 부과하는 비선출직 공무원"을 자처하는 것이었다.[14]

변화의 대재앙을 헤쳐 나가기 위해 고군분투하던 경영진에게 프리드먼의 제안은 거부할 수 없는 명확성을, 즉 수익을 내는 데만 집중하면 나머지는 저절로 해결될 것이라는 기대감을 제공했다.

프리드먼의 칼럼이 성공한 이유는 그의 주장이 지적으로 설득력이 있어서가 아니었다. 사실 그다지 설득적이지 않았다. 그보다는 경영진이 그의 주장을 믿고 싶어 했기 때문이었다. 수익성이 높은 길을 찾느라 필사적인 그들에게 프리드먼의 칼럼은 뜻밖의 선물이었다. 직원, 고객, 회사, 사회의 요청 사이에서 균형을 잡느라 걱정할 필요가 없어졌다. 오직 주주를 위해 돈을 버는 데만 집중하면 됐다. 그러면 애덤 스미스의 "보이지 않는 손"이 나머지는 다 알아서 해결해줄 터였다(〈애자일 인사이드 8-3〉 참조).

1976년 두 명의 새로운 대변인이 등장했다. 역대 가장 많이 인용되었지만 동시에 가장 적게 읽힌 비즈니스 칼럼의 집필자인 금융학 교수 윌리엄 메클링William Meckling과 마이클 젠슨Michael Jensen이었다. 그들은 자신들의 이론을 따르는 경영진에게 주식을 후하게 보상해 주주가치를 극대화하게 만들 경제적 근거를 정량적으로 제시했다. 그들의 글은 어떻게 해야 경영진의 개인적 이익과 기업 및 주주의 이익을 일치시킬 수 있는지를 설명했다. 주식 보상제도를 도입하면 경영진이 부분적 주인이 될 테고, 경영자들이 기업용 제트기 구입, 호화로운 본사 건설, 사치품 등에 현금을 낭비하는 것을 막아 또 다른 부분적 주인인 주주들을 보호할 수 있었다. 이제 경영자들이 주인처럼 행동할 터였다. 그리고 "올바른 일"(주인을 위해 돈을 버는 일)에 집중한 대가로 충분한 보상을 받을 것이었다.[15]

메시지는 유혹적이었다. 이 메시지로 인해 금융(즉 판매 수치, 비용, 예산, 수익 등 숫자라는 렌즈를 통해 기업을 평가하는 사람들)이 기업 이사회를 책임지게 되었다. 이제 중요한 건 딱 한 가지뿐이었다. 이 일이 회사의 주인을 위해 돈이 되는 일인가? 자연스레 경영진은 부분적 주인으로서 행복한 부작용을 겪을 수밖에 없었다. 그건 그 과정에서 부자가 되는 것이었다.

1980년대에 들어 로널드 레이건과 마거릿 대처가 이 메시지를 정치적으로 비호하고 나섰다. 기업은 기본으로 돌아가야 한다. 정부는 문제이지 해결책이 아니다. 기업은 돈만 벌면 된다. 메시지는 순수하고 단순했다. 칼 아이칸Carl Icahn 같은 기업 사냥꾼들이 이 메시지를 즐거이 주창하고 나섰다.

이런 현상을 가속화한 칼럼이 있었으니, 1990년 금융학 교수 마이클 젠슨과 케빈 J. 머피Kevin J. Murphy가 《하버드 비즈니스 리뷰》에 기고한 〈CEO 인센티브, 얼마인가가 아니라 어떻게 받느냐가 문제다〉였다. 이 글에서 그들은 많은 최고경영자들이 여전히 관료들처럼 보수를 받고 있으며, 그 덧에 관료들처럼 행동하게 됐다고 주장했다. 그들의 이익이 주주의 이익과 일치하도록 엄청난 양의 주식을 보수로 지불해야 한다는 주장이었다. 젠슨과 머피는 말했다. "세계 시장에서 회사의 입지를 강화해야 할 최고경영자들이 가치를 극대화하는 기업가가 아니라 정부 관료처럼 행동하는 게 말이 되는가?"[16]

그렇게 최고경영자들은 정말 기업가가 되었다. 하지만 자신들의 이익 때문이지, 기업의 이익 때문이 아니었다. 칼럼은 월스트리트에서 대단한 호평을 받았다. "주주가치를 극대화하라"는 문구가 폭발적으로 유행했다. 보상제도가 바뀌었다. 최고경영진에게 주식 기반의 보상제도를 실시하는 것이 표준이 되었다. 주주가치는 미국 자본주의의 복음이 되었다.

시간이 흐르면서 기업 사냥꾼들이 "행동주의 헤지펀드"라는 좀 더 온화한 용어로 교묘하게 이름을 바꾸었다. 그들은 현금을 훔치는 게 아니라 시민으로서의 고귀한 의무를 수행하는 척했다. 하지만 이름이 바뀐다고 경기 전략이 바뀌는 건 아니었다.

그들은 훨씬 체계적으로 가치를 착취하고 나섰다. 정교한 작전으로 기업의 지분을 매입하고 다른 주주(심지어 공공 부문의 연금 펀드까지)들을 영입했다. 경영진에게 "내재가치를 드러내라"고 압박하고 회사의 자산에 손을 대는 것이 목적이었다.

주주가치를 극대화하자는 이론을 요약하면 다음과 같다.

경영진을 포함한 전 직원은 주주에게 최대한 많은 돈을 벌어다준다는 목표에 집중하고 헌신해야 한다. 임원 주식 보상제도를 실시해 이런 목표에 집중하면 주주들에게 엄청난 이익을 가져다줄 뿐 아니라, 애덤 스미스의 "보이지 않는 손"이 사회적 자원을 최적으로 할당하게 될 것이다. 기업이 목표를 얼마나 잘 추구하고 있는지를 측정하려면 현 주가를 확인하면 된다. 주가야말로 회사의 가치를 솔직하게 반영하기 때문이다. 따라서 현 주가는 기업의 일상적인 활동을 평가하는 지표를 제공하는 동시에 기업의 장기적인 가치를 제시한다.

실물경제의 생산성과 역동성이 무너지고 있다

주위에 만연한 대부분의 나쁜 아이디어들과 마찬가지로, 주주가치론도 진리라 내세우는 주장이 몇 가지 있다. 첫 번째는 주주를 위해 장기적인 가치를 창출하는 것이 모두에게 좋은 일이라는 것이다. 기업이 고객을 잘 섬기고 직원이 고객을 위해 능력을 발휘하도록 조직을 꾸린다면, 회사와 주주 모두 번창할 것이고 사회는 더욱 번영할 거라는 주장이다.

두 번째, 결과물에 집중하는 것은 경영자들이 여기저기 사치를 하느라 현금을 낭비하는 행태(이른바 대리인 문제)로부터 주주를 보호하기 위해 중요하다는 것이다.

마지막으로 한 가지 명확한 목표를 가지고 회사가 성장하고 있는지 확인하면 20세기 중반에 만연했던 "쓰레기통 경영"처럼 복잡한 우선순위를 명쾌하게 푸는 데 분명 도움이 될 수 있다는 것이다.

하지만 여기엔 위험한 요소가 있었다. 그 한 가지 명확한 목표가 잘못된 것이라면 실용적으로, 재정적으로, 경제적으로, 사회적으로, 도덕적으로 재앙이 될 수도 있다는 점이었다.

이와 같이 주주를 위해 돈을 버는 데만 초점을 맞추라는 생각은 세련되지 못한 논리인 데다 학계의 지지자들도 예상치 못한 위험 요소를 품고 있었다(〈애자일 인사이드 8-4〉 참조). 이후 수십 년 동안 주주가치론은 주주에게 돈을 벌어다준다는 옹색한 약속을 지키는 데도 실패한 것은 물론 경제 전체에 걸쳐 생산 능력과 역동성마저 파괴하기 시작했다.

오늘날 그에 따른 경제 오작동의 징후는 도처에 널려 있다. 대형 제약회사가 약품 연구에서 손을 떼고 엄청난 자원을 투입해 조직적으로 다른 제약회사들을 사들이다가 하루아침에 무너진다.[17] 주류 언론사가 단기 이익에 해가 갈까 봐 사내 성희롱 문제에 눈을 감는다.[18] 세계적인 자동차 제조업체가 환경 규제를 피하려고 디젤 자동차에 불법 소프트웨어 장치를 장착한다.[19] 기업들이 연기금에서 투자한 돈을 빼돌려 치즈, 스카치위스키, 골프 코스에 쏟아 붓는다.[20]

정작 혁신적 투자처에는 재정 자원이 투입되지 않고 있다.[21] 스턴

경영대학원과 하버드 경영대학원의 경제학자들이 〈기업 투자와 주식 시장의 수수께끼〉라는 제목의 탁월한 논문을 통해 상장기업과 비상장기업의 투자 패턴을 비교한 바 있다. 그들은 (회사의 규모와 산업을 동일하게 유지하고) 둘을 비교한 결과, 미국의 비상장기업들이 상장기업보다 두 배 정도 투자를 더 많이 한다는 사실을 발견했다. 비상장기업이 총자산의 7퍼센트를 투자할 때, 상장기업은 겨우 4퍼센트만 투자했다. 학계의 경제학자들이 주주가치론을 내세우면서 예측했던 것과 달리, 주식 보상제도가 오히려 경영진을 기업가답지 않게 만든 셈이다. 결과적으로 이는 2008년 금융위기를 극복하는 데 걸림돌이 되었고, 기업의 혁신 능력을 제한했다.[22]

노동력에 미치는 영향도 컸다. 생산직 일자리가 인건비가 싼 외국으로 꾸준히 이탈했다. 그 과정에서 스스로 일자리 창출 기업임을 내세우던 상장기업들은 일자리 파괴자가 되었다. 카우프만재단의 제이슨 위언스Jason Wiens와 크리스 잭슨Chris Jackson은 다음과 같이 말한다. "사실상 1988년에서 2011년 사이 5년차 이상의 회사들이 그 8년을 제외한 시간 동안 그들이 창출했던 일자리보다 훨씬 많은 일자리를 없애버렸다."[23] (〈그림 8-1〉 참조)

주주가치 중심 사고는 심지어 세계 시장에서 미국의 경쟁력을 위태롭게 만들기도 했다. 하버드 경영대학원의 종합 보고서는 이렇게 말하고 있다. "시작은 1970년대 후반과 1980년대부터다. (…) 기업들은 숙련된 노동력, 공급자 네트워크, 대중 교육, 그리고 미국 경쟁력이 궁극적으로 의존하는 물리적·기술적 인프라와 같은 공유 자원에 대한 투자를 갈수록 줄였다."[24] 이런 것들이 전체적으로 맞물린 결과 "지난 10년 동안 세계 경쟁력에 전혀 노출되지 않은 지역 사업(행정, 의료, 소매업)에서만 신규 일자리가 대부분 창출되었다. 이는 미국 기업들이 세계 시장에서 경쟁력을 잃고 있다는 신호였다." (10장, 특히 〈애자일 인사이드 10-2〉를 참조하라.)

단기적 주주가치를 추구하는 행위는 근로자가 생산성을 향상시켜 일구어낸 거의 모든 이익을 임원을 포함한 주주들에게 돌아가게끔 만들었다. 이는 경제가 꾸준히 광범위하게 성장하던 이전 수십 년과 비교해 크게 달라진 점이다. 1980년까지 수십 년 동안 노동자에 대한 보상은 생산성 증가와 궤를 같이했다. 그러다 1980년 이후 수십 년 동안 대부분의 이익이 주주들에게 돌아갔다(〈그림 8-2〉 참조).[25] 이런 급진적인 자원 재분배는 시장의 어떤 경제적인 힘에 따른 것이 아니었다. 단 하나의 이해 당사자(임원진을 포함한 주주들)에게만 대부분의 이익을 재할당한 것은 임원들이 의식적으로 내린 결정이었다. 《파이낸셜 타임스》가 지적하는 바와 같이, 이런 집단적 결정은 "극도의 이해 충돌"을 나타낸다.[26]

또한 주주가치 중심 사고는 비정상적인 근로자 정책을 낳았다. 현재 미국의 근로자 약 3000만 명이 비경쟁 협정에 발이 묶여 현 직장을 떠난 뒤 경쟁사에서 일을 할 수도, 경쟁 사업체를 창업할 수도 없다. 놀랍게도 이 협정이 "일반적으로 적용되는 대상은 창고 직원, 패스트푸드 업체 직원, 심지어 도그시터dog sitter와 같은 저임금 노동자들이다." 적용 대상 역시 급속도로 증가하는 추세다.[27] 이렇게 되기를 원했던 회사들의 약탈적인 이기심을 제외하면 이런 협정을 확산시켜야 할 어떤 정당성도 찾아보기 힘들다.

이런 상황이 전체적으로 맞물려 근로자들의 사기도 떨어졌다. 근로자 다섯 명 중 오직 한 명만이 업무에 충실하며, 열정적으로 업무에 임하는 사람은 그보다도 적다.[28] 더 심각한 것은, 근로자 일곱 명 중에 한 명은 회사의 목표를 적극적으로 훼손하고 있다는 사실이다.[29] 빠른 혁신이 성공의 승패를 가르는 시장에서 이런 무임승차 현상은 심각한 단점이다.

단기 이익에 집중해 불법을 저지르는 월가의 은행들

주주가치 중심 사고는 특히 저금리와 경제 저성장이라는 환경에서 수익을 창출해야 하는 금융권에서 두드러진다. 당초 금융권에서 시행하던 관행은 고객이나 사회의 이익에 부합하진 않더라도 불법은 아니었다. 일부는 가격 부풀리기 수법을 이용해 고객, 특히 취약층에 요금을 숨겨 부과하는 방법을 모색했다. 또 다른 일부는 자사가 발행한 증권이 하락하는 쪽에 돈을 거는 등 시스템으로 내기를 하기 시작했다. 초고속 트레이딩 같은 일종의 요금 징수 방식을 도입한 곳도 있었다. 시스템을 이용할 수 있는 유리한 위치를 활용해 요금을 착취한 것이다. 일부 회사는 자기자본으로 파생상품에 투자해 이익을 챙기는 제로섬 게임으로 사회에 이익을 주기는커녕 오히려 엄청난 리스크를 안겨주었다. 그리고 채용 및 보상 관행을 통해 이런 활동을 장려하며 월스트리트의 기업 문화로 영구히 자리 잡도록 했다.[30]

이런 관행들은 조금씩 옆길로 새더니 불법으로 빠져들었다. 많은 주요 은행들이 담보권 행사를 남용하고, 마약상과 테러리스트의 돈을 세탁해주고, 탈세를 방조하고, 무가치한 증권을 사도록 고객을 오도하는 등 광범위한 불법 행위를 저질렀다. 2008년 이후 이런 범법 행위로 인해 매겨진 순 과징금 및 법정 비용만 3000억 달러가 넘었다.[31]

주주가치 중심 사고의 결과는 여기서 그치지 않았다. 2015년 씨티은행과 JP모건체이스를 포함한 다섯 개 은행이 중범죄를 저지른 사실을 인정했다. 바클레이, 스코틀랜드왕립은행, UBS 또한 전 세계 금리에 영향을 미치는 중대한 국제 사기 행위에 가담한 점에 대해 유죄가 인정되었다. 해당 은행들은 60억 달러에 달하는 벌금을 부과받았다. 하지만 고위 간부들은 감옥행은 고사하고 어떤 처벌도 받지 않았다. 해임된 건 하급 간부들뿐이었다. 이 은행들은 중범죄를 저질렀음에도 평상시처럼 영업을 지속하고 있다.[32]

2015년 JP모건체이스는 또 다른 범죄로 3억 700만 달러의 벌금을 물어야 했다. JP모건은 저가형 뮤추얼펀드 대신 고가의 헤지펀드와 자체 뮤추얼펀드에 거액의 자금을 투자했다. 그리고 증권거래위원회(SEC)의 규정을 어기고 이 사실을 고객에게 숨겼다. 당시 결정문에 따르면, "숨겨진 위반 사실이 수없이 많았다."[33]

2016년에는 웰스파고Wells Fargo가 매출을 올리기 위해 수백만 개의 가짜 계좌를 만든 사실을 시인했다. 하급 관리자들이 수없이 반대해왔음에도 불구하고 10년 이상 계속되어온 관행이었다.[34]

돌아가는 상황을 봤을 때 수 세기 동안 은행이 도덕의 보루였다는 사실을 떠올리기란 힘들다. 오늘날 월스트리트는 단기적 이익에만 집중할 뿐, 자신들의 행동이 타인이나 사회에 어떤 영향을 미치는지에는 거의 관심이 없다는 게 내부자의 전언이다. 금융인들은 더 이상 금융 시스템의 책임자로서 맡은 바 소임을 다하지 않는다. 원칙을 따르고, 삶을 긍정하고, 도덕을 지키던 금융의 오랜 전통은 오늘날 현금 쟁탈전 앞에서 퇴색되고 말았다.[35]

주주 행동주의자들은 "실적이 저조한 기업들"에게 "내재가치를 드러내라"고 요구한다. 이런 말은 그들이 어떤 고귀한 사회적 목적에 봉사한다는 인상을 주기 때문에 실제 지역민들과 지역 공동체의 삶에 어떤 영향을 미칠지 간과하게 한다. 약 100년 동안 강철과 베어링을 제조해온 오하이오주 캔턴의 한 회사, 팀켄Timken Company의 예를 들어보자. 이 회사는 여전히 제품을 만든다는 본업에 충실한 그런 회사다. 이 지역의 다른 회사들과 달리, 팀켄은 인건비를 아끼려고 공장을 해외로 이전하는 대신 수년간 지역 사회에 막대한 자본 투자를 했다.

일례로 팀켄은 "제철소를 확장하기 위해 2억 2500만 달러를 지출했다. 혁신을 통해 높은 마진을 올리는 맞춤형 철강 제품 시장을 지배하고, 한국, 일본, 독일의 경쟁자들보다 앞서가기 위해서였다. (…) 철강산업은 첨단기술로 보이지 않을 수도 있다. 하지만 이 분야도 연구와 혁신이 중요하다. 현재 팀켄스틸이 판매하는 제품의 약 3분의 1은 개발된 지 채 5년도 안 된 것이다."[36] 팀켄은 가족 경영 회사로, 수익의 상당 부분을 고임금 및 학교와 예술 분야에 대한 기부 형태로 캔턴에 투자한다. 여러모로 팀켄은 훌륭한 기업 시민일 뿐 아니라, 훌륭한 관리로 높은 수익률을 자랑하는 회사이기도 하다. 2014년 6월 이전까지 10년 동안 팀켄의 주식은 좋은 투자처였다. S&P 500개 기업들이 평균 75퍼센트의 실적을 낼 때 팀켄은 200퍼센트의 성적을 올렸다.

하지만 금융산업에서 보기엔 그것으로 충분하지 않았다. 이 이야기엔 금융권 출신의 주인공이 두 명 등장하는데, 그중 하나가 릴레이셔널인베스터스Relational Investors다. 릴레이셔널사는 캘리포니아를 기반으로 활동하는 헤지펀드 회사로, 시장에서 저평가되고 실적이 저조한 기업들에게 주식 거래를 통해 장기적으로 성장시켜주겠다고 공언하고 다닌다.[37] 하지만 실제론 기업의 지분을 취득하고 "가치를 드러내라"고 압박한 다음, 빚을 내서 자사주를 매입해 주주에게 자산을 돌려주고 주가를 더욱 높이라고 요구하는 수법을 쓴다. 그런 뒤 이익을 착복하고 다음 희생자를 먹잇감으로 삼는다. 자신이 공격한 회사가 재정적으로 취약해지건 말건 신경 쓰지 않는다.

릴레이셔널사가 팀켄을 급습한 건 수없이 그래왔듯이 세심하게 계획된 작전에 따른 것이었다. 그들은 팀켄이 주주에게 자원을 돌려주게끔 유인하려고 인프라 및 세밀한 전문 지식을 이용했다. 반면 팀켄의 순진한 경영진은 앞으로 일어날 일들에 대한 경험이 전무했고, 언론과 법적 맹공격에 대처할 준비도 제대로 되어 있지 않았다.

릴레이셔널사의 공격은 성공적이었다. 그들은 주주가치를 높이기 위해 팀켄을 두 개의 회사로 분리했다. 그렇게 팀켄과 팀켄스틸이 탄생했다. "릴레이셔널사는 주당 약 40달러에 지분을 인수하여 70달러에 팔았다. 그 결과 75퍼센트의 차익, 즉 1억 8800만 달러를 벌어들였다."[38]

그 과정에서 릴레이셔널사는 일자리를 창출하지도, 실제 사람들을 위한 제품이나 서비스를 만들지도 않았다. 팀켄의 경영자들과 근로자들이 수년 넘게 피땀 흘려 벌어들인 돈만 쏙 뽑아갔을 뿐이다. 그렇다고 추후 팀켄이나 캔턴의 일자리 시장에 어떤 일이 일어날지 걱정할 필요도 없었다. 1년도 채 되지 않아 릴레이셔널사는 팀켄과 팀켄스틸의 주식을 전량 매도했다.[39]

그 후 두 회사의 주가가 곤두박질쳤다. 릴레이셔널사가 구조조정을 하면서 부풀려놓은 주가는 거품처럼 푹 꺼졌다. 2017년 초반 S&P 500 지수가 한참 상승할 때, 팀켄은 주가의 3분의 1 이상을, 팀켄스틸은 주가의 3분의 2 이상을 잃었다.[40]

이 이야기의 두 번째(이자 더욱 놀라운) 주인공은 바로 캘리포니아

교사퇴직연금, 캘스터스CalSTRS다. 이들은 캘리포니아의 교사와 그들의 가족을 대표하는 조직으로 가입자만 거의 100만 명에 이른다. 또한 전 세계에서 열한 번째로 큰 공적 연기금이기도 하다. "싸움을 시작할 때만 해도 캘스터스가 소유한 팀켄 지분은 1600만 달러였다. 반면 릴레이셔널사는 2억 5000만 달러였다. 하지만 릴레이셔널사의 코치 아래 어느새 캘스터스의 지분은 10억 달러 이상으로 늘었다."[41] 캘스터스는 릴레이셔널사의 급습을 속일 완벽한 위장막이었다. "팀켄은 릴레이셔널사가 공격하기에 리스크가 큰 목표물이었다. 잘못하면 주식시장에서 좋은 성적을 내는 존경받는 가족 경영 기업을 공격해서 쉽게 돈을 벌려고 하는 고든 게코(올리버 스톤 감독의 영화 〈월스트리트〉 속 주인공으로, 권력욕과 돈에 대한 탐욕으로 가득한 전형적인 월스트리트의 인물—옮긴이)처럼 비칠 수도 있었다."[42] 하지만 캘스터스와 같은 연기금을 공적 파트너로 삼음으로써 회사를 쪼개면 공적으로 기여하는 바가 클 거라는 기만적인 시나리오를 설득할 수 있었다. 결국 자금 사정이 좋지 않던 캘리포니아의 교사들이 사악한 재벌이 오하이오주 캔턴을 습격하도록 도와준 셈이다.

참으로 난감한 이야기다. 하지만 이들 중 그 누구도 비난하기 어렵다. 캘리포니아의 교사들과 그들이 가입한 연기금 측은 저금리라는 어려운 환경에서 상환 능력을 유지하기 위해 최선을 다했다. 대부분의 교사들은 아마 릴레이셔널사의 작전이 오하이오주 캔턴 마을 주민들에게 어떤 영향을 미쳤는지 들어본 적도 없을 것이다. 팀켄의 경영자들이 조직 해체를 막기 위해 최선을 다했다 해도 가족 경영 회사가 릴레이셔널사와 같은 교묘한 약탈자들의 상대가 될 리 만무했다. 그런 짓을 했다고 릴레이셔널사를 몰아붙이기도 어렵다. 쥐를 공격했다고 고양이를 탓하기는 어렵지 않은가. 순진한 경영자들을 속여 연약한 회사를 공략한 다음 돈을 뜯어내는 것이 헤지펀드의 생리다. 그게 헤지펀드가 하는 일이다. 비난받아 마땅한 것은 바로 실제 고객에게 실제 제품과 서비스를 제공하면서 경제를 성장시키는 장기 투자를 희생하고 단기적인 이익을 좇도록 유도하는 사회 시스템이다.

팀켄의 사례는 수백 건 중 겨우 하나일 뿐이다. 그 수는 2013년 200건에서 2015년 300건으로 꾸준히 늘고 있는 추세다.[43] 심지어 대기업이라고 피해갈 수도 없다. 포춘 100대 기업과 포춘 500대 기업에 속한 많은 회사들이 지난 몇 년 동안 표적이 되어왔다.[44] 이제는 중소기업까지 목표로 삼고 있는 만큼, 전체 숫자는 여전히 높다.[45]

기업 실적 감소에도 오르는 경영진의 성과급

주주가치 사고는 원래 경영자들이 조직의 이익보다 자신의 이익을 위해 행동하는 "대리인" 문제를 해결하기 위해 고안된 것이었다. 그런데 아이러니하게도 오히려 대리인 문제를 악화시키고 이를 거시경제 문제로 키워버렸다.

전국적으로 기업 실적이 감소할 때조차 경영진의 성과급은 급증

했다. 1978년에서 2013년까지, 최고경영자의 성과급은 놀랍게도 937퍼센트나 증가했다. 그에 반해 일반 노동자의 성과급은 겨우 10퍼센트 상승하는 데 그쳤다.[46] 최고경영자 대 중간 근로자의 월급 비율은 이제 1000 대 1로, 격차가 3300만 달러 정도다. 그중 82퍼센트는 주식으로 받은 것이다.[47]

이런 말도 안 되는 격차는 단순히 최고경영자의 독자적인 행동으로 탄생한 결과가 아니다. 봐주기 관행까지 겹쳐 문제는 심화된다. 《어카운팅 리뷰The Accounting Review》에서 발표한 연구를 보면, 최고경영자와 공개적으로 친분 관계를 밝힌 이사들의 62퍼센트가 놀랍게도 연구개발 예산을 삭감해서라도 최고경영자 친구의 보너스를 보장해줄 것이라고 답했다.[48]

주주가치를 최초로 부르짖던 학계 인사들이 내세운 근거는 다음과 같다. 최고경영자에게 주식을 주면 주인처럼 행동하며 회사의 장기적인 이익을 위해 참을성 있게 계획하고 일할 것이다. 하지만 이들 교수들이 깨닫지 못한 것이 있었다. 임기가 점점 짧아짐에 따라 최고경영자들이 (비상장기업의 영구적인 주인들과 달리) 회사가 잘나가는 동안 최대한 많은 성과급을 챙기고자 하는 유혹에 빠진다는 사실이었다. 주식으로 성과급을 받은 상장기업의 경영진은 비상장기업의 주인들과 완전히 다르게 행동한다는 조사 결과도 있다. 다시 말해 자신을 위한 단기 이익을 향해 직진한다는 것이다. 주주가치 사고가 애초 지양하던 바로 그 방향으로 말이다.[49]

《파이낸셜 타임스》의 로빈 하딩Robin Harding의 말처럼 "더 이상 기업의 지배구조와 경영진의 급여를 형평성 문제로 생각하지 말고, 이제 상류층의 거시경제적 문제로 생각해야 할 때다."[50]

몇 년 동안 이런 일탈적 행위들로 인해 실물경제가 얼마만큼의 대가를 치렀는지는 확실히 알 수 없었다. 금융공학적 효과에 가려져 있었기 때문이다. 다행히 딜로이트센터 포디에지에서 모든 미국 기업들을 대상으로 한 권위 있는 연구가 진행되었다. 결과는 어땠을까? 1965년부터 2015년까지 상장기업의 생산성은 꾸준히 감소했다. 기업 실적(자산수익률)이 가장 좋을 때를 기준으로, 미국 기업들의 실적은 50년 전과 비교하면 겨우 4분의 1에 그쳤다(〈그림 8-3〉 참조).[51]

더 심각한 문제가 있다. 금융공학이 금융산업의 과도한 성장으로 이어졌다는 사실이다. 현재 금융산업의 크기는 수십 년 전과 비교하면 약 세 배에 달한다.[52] 이러한 성장은 월스트리트에서 일하는 사람들에겐 이익일 것이다. 하지만 경제적 관점에서 보면 금융자원과 인적 자원이 잘못 배분되는 결과를 초래한다.[53] 실제 국민에게 이익을 주는 활동에 배분되어야 할 인력과 자금이 라스베이거스 도박판과 별반 다를 게 없는, 비생산적인 활동에 배분되고 있는 것이다.

이것이 경제에 미치는 부정적인 영향은 엄청나게 크다. 국제통화기금(IMF)이 실시한 연구에 따르면, 미국에서 과도한 금융산업 성장에 들어가는 직접 비용은 연간 GDP의 약 2퍼센트다(〈그림 8-4〉 참조).[54] 다시 말해 만약 금융산업의 크기가 적절한 수준이었다면, 미국 경제는 최근 몇 년처럼 1~2퍼센트 성장이라는 암울한 성적 대신 연간 3~4퍼센트 성장이라는 정상적인 경기 회복세를 누리고 있을 거라는 말이다. 이는 연간 3000억 달러 이상의 경세 성징을 지헤하는 엄청난 경제적 장해물이다. 사실상 미국 경제의 과도한 금융화는 주된 거시경제적 문제로 떠오르고 있다.

이 장의 초반으로 다시 돌아가 보자. 프로 미식축구에서 이러한 일들이 일어난다면 어떻게 됐을까. 모든 사람이 "실제 경기"가 도박과 승부 조작으로 타락했음을 깨닫고 프로 미식축구연맹에 이 상황에 개입해 팀을 축구 경기장으로 되돌려놓으라고 요구했을 것이다. 하지만 비즈니스에서는 "실제 경기"가 온갖 도박과 조작으로 타락하더라도, 아무 일도 없는 것처럼 그대로 진행된다. 대부분의 규제기관과 입법자들이 강 건너 불구경만 하기 때문이다.

경고의 목소리가 들리는 것도 사실이다. 경영대학원 교수 조지프 L. 바워와 린 S. 페인은 주주가치 사고를 "기업 리더십의 핵심적 오류"라고 맹렬히 비난한 바 있다.[55] 그렇지만 금융 언론들은 기업의 실책 하나 하나를 표준을 벗어난 예외적 상황으로 간주하는 경향이 있다. "나쁜 일이 일어나고 있다"라고 《이코노미스트》도 인정한다. 하지만 그게 주주가치 때문이라고 탓하지 않는다! "시장에서 일어나는 광기는 주주가치의 규칙을 따라서가 아니라, 위반하기 때문에 발생하는 것이다. 1999년과 2000년에 일었던 인터넷 거품, 2004년에서 2008년 사이에 일었던 차입매수(LBO) 붐, 그리고 은행 파산 모두 그렇다. 이런 낭패스러운 일들이 일어나는 것은 관리 방식과 인간 본성의 실패이지, 아이디어의 실패가 아니다."[56]

"관리 방식과 인간 본성의 실패"를 지적하고 비난해서는 증거를 객관적으로 살펴보기도, 주주가치 사고에서 벗어나기도 어렵다. 경영진의 금전적 이익을 제도화하고, 금융 포식자를 합법화함으로써 관리 방식의 실패와 인간성의 결함을 작동시킨 것이 바로 주주가치 사고의 본질이다.[57] (〈애자일 인사이드 8-2〉 참조)

"표준을 벗어난 예외"가 사라질 기미가 보이지 않으면, 예외가 표준이 되었음을, 무언가 조치를 취해야 함을 사회도 깨달아야 한다. 특히 반복되는 행동양식으로 인해 처참한 재정적 · 사회적 · 거시경제적 결과가 발생할 때는 더더욱 그렇다.

정책 및 사회 변화와 관련한 광범위한 논의는 12장에서도 다룰 것이다. 그렇지만 조직 내 모든 애자일 리더들에게 더욱 시급한 문제는 어떻게 해야 주주가치 사고의 폐해로부터 애자일 경영을 지킬지 알아내는 것이다. 확실한 선택은 무엇일까? 그냥 싫다고 말하는 것이다! 일부 최고경영자들은 이미 선언했다. "세상에서 가장 어리석은 생각"이라고 비난한 잭 웰치가 그 시작이다.

- 뱅시Vinci그룹의 회장이자 최고경영자인 자비에르 윌리야드Xavier Huillard는 주주가치 사고를 "완전히 바보 같은 생각"이라고 말했다.[58]

- 알리바바의 최고경영자 마윈은 "고객이 1번이다. 직원은 2번이다. 주주는 3번이다"라고 선언했다.[59]
- 유니레버의 최고경영자 파울 폴만Paul Polman은 "주주가치 숭배 현상"을 맹렬히 비난했다.[60]
- 홀푸드의 최고경영자 존 맥키John Mackey는 "이윤의 극대화를 기업의 목표로 삼고 모든 구성원을 목표를 이루기 위한 수단으로 취급하는" 기업들을 규탄했다.[61]
- 세일즈포스의 회장이자 최고경영자인 마크 베니오프Marc Benioff는 여전히 만연한 이 비즈니스 이론이 "잘못됐다"고 주장했다. "사업이란 단순히 주주를 위해 이익을 창출하는 것이 아니라, 세계를 더 나은 곳으로 만들고 직원의 가치를 향상시키는 것이다."[62]

세계 최대 기관투자가인 블랙록BlackRock의 최고경영자 래리 핑크Larry Fink는 S&P 500개 기업의 최고경영자 전원에게 서신을 보내 장기 전략을 제시하라고 촉구했다. 그는 기업들이 "혁신과 숙련된 인력, 핵심적 자본에 투자하는 지출이 적다"라고 적었다.[63]

하지만 안타깝게도 대부분의 상장기업들이 그의 요청에 응답하지 않았다. 한 가지 이유는 가장 형편없는 금융공학 메커니즘인 자사주 매입의 유혹에 굴복했기 때문이다.[64] 이에 대해서는 다음 장에서 자세히 알아볼 것이다.

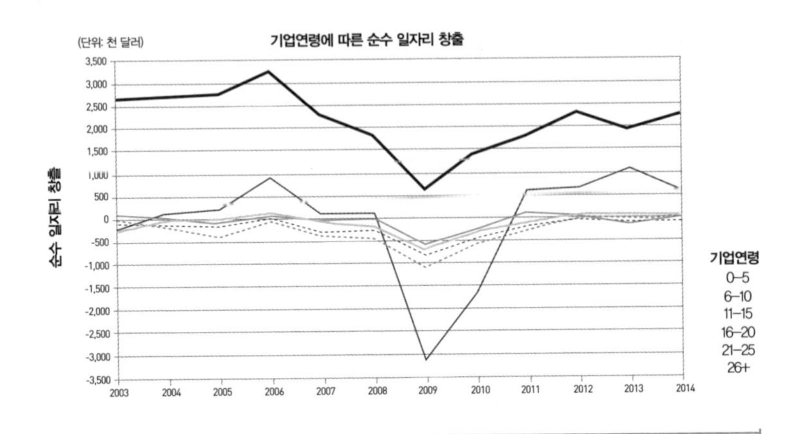

그림 8–1 | 생산직 일자리가 인건비가 싼 외국으로 꾸준히 이탈하면서 일자리 창출 기업임을 내세우던 상장기업들은 일자리 파괴자가 되었다.[65]

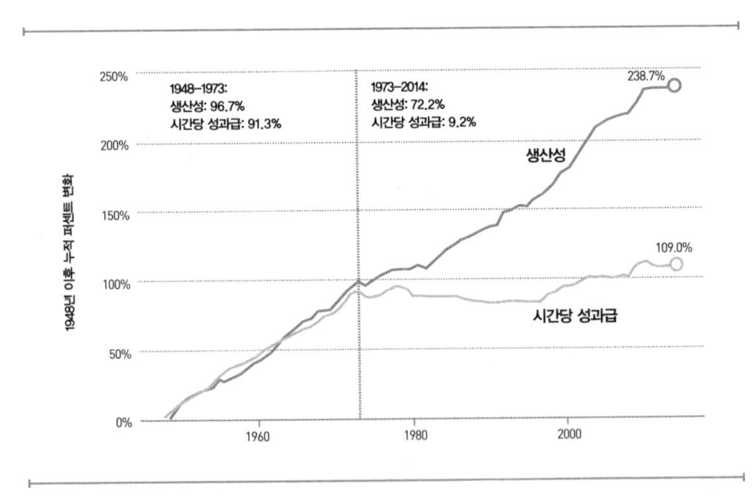

그림 8–2 | 1980년까지 수십 년 동안 노동자에 대한 보상은 생산성 증가와 궤를 같이했다. 그러다 1980년 이후 수십 년 동안 대부분의 이익이 주주들에게 돌아갔다.[66]

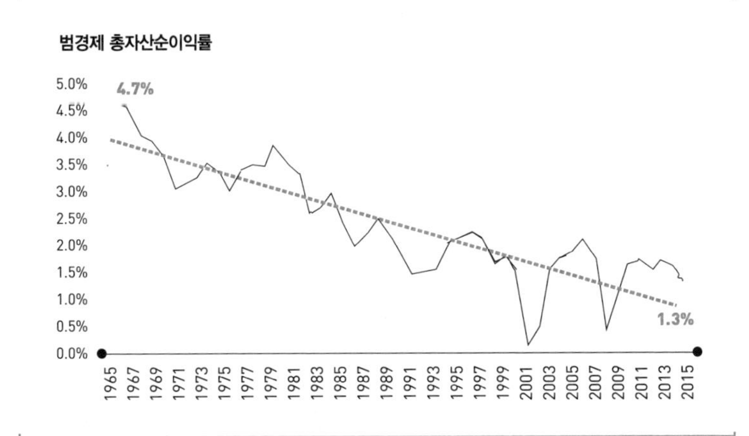

그림 8-3 | 변화 지표: 미국 기업들의 총자산순이익률(ROA) 1965~2015. 총자산순이익률로 측정해보았을 때, 기업들의 실적은 하락 추세를 보이고 있다.[67]

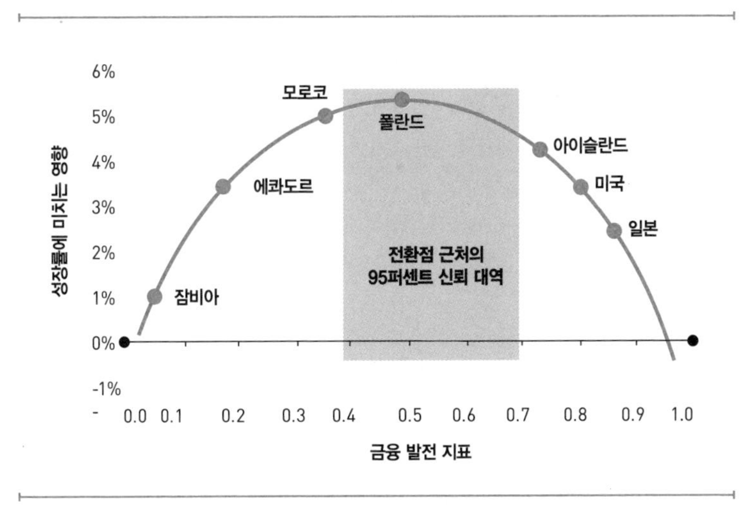

그림 8-4 | 금융 발전이 국가 성장률에 미치는 영향[68]

애자일 인사이드 8-1

주주가치를 위하는 불건전한 법적 사례

기업은 허구라는 개념은 거시경제학자들이 가지는 특유의 환상으로, 이는 이미 결론을 정해놓고 증명하는 식으로 도출한 게 아닌가 싶다. 당연히 이 개념은 법의 시험대에 오른 적이 단 한 번도 없다.

또한 주주가치 사고의 옹호자들은 주주가치를 극대화하는 것이 법이 요구하는 것이라고 주장한다. 하지만 법학과 교수 린 스타우트Lynn Stout는 《주주가치의 신화》[69]라는 책에서 주주가치론이 역효과를 낳을 뿐 아니라, 법적으로도 불건전하다는 사실을 보여준 바 있다. 주주가 회사를 소유하는 게 아니라는 의미다.

> 법이 말하는 바를 잘 살피면 주주는 채무자, 직원, 공급자처럼 계약자에 가깝다. 이사들은 주주에게 어떤 이익도 줄 의무가 없다. 하지만 적절하다고 생각하는 최고의 방법으로 이익을 할당할 수도 있다. 그 돈으로 직원들에게 급여를 더 주거나, 연구에 투자해도 된다. 법정은 이사회에 스스로 판단할 자유를 허락한다. 법은 인수와 파산 시에만 주주에게 특별한 배려를 제공한다. 회사가 파산하면 주주는 남은 재산을 얻는 "잔여 재산 분배 청구권자"가 된다.[70]

애자일 인사이드 8-2

진정한 주주가치란 무엇인가?

《이코노미스트》는 2016년에 다음과 같이 선언했다. "오늘날 주주가치가 사업을 지배한다." 비록 주주가치 사고가 (기사에서도 인정하듯) "서구 경제가 대부분의 국민에게 더 큰 풍요를 안겨주지 못한다는 인식을 부채질"하고 있으며, "투자 회피, 과도한 보수, 높은 레버리지, 어리석은 인수, 회계 사기, 자사주 매입 열풍(미국에서 매입한 자사주만 1년에 6000억 달러에 이른다)을 포함한 온갖 나쁜 행위에 대한 면허증"처럼 인식되는데도 말이다.[71]

"이런 일들이 일어나는 건 맞다"라고 《이코노미스트》도 인정한다. "하지만 이 중 어떤 것도 주주가치와는 큰 관련이 없다"라고 말한다. 기사에 따르면, 진정한 주주가치론이란 그와는 다른, 순수하고 고귀하고 사회적으로 유익한 무언가다. 진정한 주주가치는 "현금 흐름을 최저 목표수익률(자본 제공자가 기대하는 위험 조정 수익률)과 비교해 판단해봤을 때, 투입한 자본 대비 적절한 수익을 올린" 활동에 투자하는 것이다.

다시 한번 말해달라고? 마지막 문장을 잘 이해하지 못했다고 해도 괜찮다. 당신만 이해를 못한 게 아니다. 《이코노미스트》에서 소개한 책(《가치 평가: 기업의 가치 측정과 관리Valuation: Measuring and Managing the Value of Companies》, 맥킨지&컴퍼니 지음)에 따르면, 대부분의 최고경영자들도 그 문장을 완전히 이해하고 실행할 금융 머리를 가지고 있지 않기는 마찬가지다.

그러면 실제론 어떻게 돌아갈까. 크레디트스위스Credit Suisse가 실시한 최신 연구를 보면, 주요 투자 결정은 대부분 투자를 제안한 경영진의 평판과 최고경영자의 "직감"을 바탕으로 내려진다. 최고경영진이 주가 상승의 대가로 엄청난 보상을 받는 상황에서 "직감"이 그에게 뭐라고 말할 것 같은가? "주주가치"를 기반으로 한 결정은 현재 주가를 끌어올리라는 결정에 다름

아니다.[72]

따라서 오늘날 사업을 지배하는 것은 주주가치론의 타락한 버전, 즉 기업의 목적이 현재 주가에 반영된 주주가치를 극대화하는 것이라는 생각이다. 그러니 대부분의 기업이 "현금 흐름을 최저 목표수익률과 비교해 판단해봤을 때, 투입한 자본 대비 적절한 수익을 올린" 활동에 투자할 거라는 주장은 환상인 셈이다.

단기 주가 중심의 주주가치론이야말로 일간 경제 뉴스들이 당연하게 간주하고, 거대 상장기업의 경영진이 의지하고, 행동주의자 헤지펀드가 사업 방식으로 채택하고, 규제 당국 · 기관투자가 · 애널리스트 · 정치인들이 지지하고, 단순한 상식으로 통용되는 것이다. 《이코노미스트》의 기사가 기술하는, 유해한 결과를 초래하는 주범은 다름 아닌 이런 버전의 주주가치론이다.

경영대학원이나 《가치 평가》와 같은 경영 교과서에선 "최저 목표수익률 대비 장기적인 주주가치"를 신중하게 계산해 주주가치 개념을 가르치고 널리 퍼뜨릴지도 모른다. 하지만 실제 경영계를 지배하는 것은 단기 주가 중심의 주주가치론이다.

그게 아니면 뭐란 말인가? 1976년 메클링과 젠슨이 그 유명한 논문 〈기업 이론〉에서 꼽은 주주 이론의 가장 큰 매력은 조직의 일상적인 의사결정에 명확하면서 단순한 척도를 제공했다는 것이다. 그로 인해 경영자들은 이렇게 자문하게 되었다. "이 행동이 분기별 수익을 증대시켜 주가를 올리는가? 그렇다면 하라. 아니면 하지 마라." 이런 명확성이 주주가치론을 수용하게끔 만든 것이다.[73]

안타깝게도 이런 명확성은 단기적 사고, 비용 절감, 혁신 저해, 주주가치에 대한 집착을 퍼뜨리며 온갖 폐해를 초래한 주범이기도 하다.

애자일 인사이드 8-3

애덤 스미스와 주주가치 사고의 철학적 기원

주주가치론이 구체화된 것은 1970년대지만, 그 지적 근원은 애덤 스미스의 《국부론》(1776)과 이기심을 악에서 미덕으로 기적처럼 바꾸어놓은 "보이지 않는 손"으로 거슬러 올라간다. 사업가는 사적인 이익을 꾀함으로써 "보이지 않는 손에 이끌려 자신이 의도하지 않은 목적을 추구하게 된다. (…) 자신의 이익을 좇음으로써 의도했을 때보다 훨씬 효과적으로 사회적 이익을 좇게 되는 것이다."

애덤 스미스가 사익을 순수하게 추구했다고는 믿기 어렵다. 이는 그와 정반대 의견을 제시하는 그의 저서 《도덕감정론》에서도 알 수 있다.[74] 그럼에도 수 세기 동안 경제학자들은 "보이지 않는 손"이라는 비유를 채택했고, 사익 추구를 현대 경제학의 심리학적 근간이라며 칭송해왔다. 사익이 세상을 최고로 만든다는 사실을 보여주기 위해 우아한 수학적 모델들(현실 세계와 관계가 모호한)까지 개발해왔다.

따라서 프리드먼, 메클링, 젠슨은 "보이지 않는 손"이라는 비유를 가져옴으로써 기업이 사회 전체에 걸쳐 무한정 자기 이익을 추구할 수 있는 자격증을 신청한 셈이다. 직업적으로 길잡이가 되어주는 비유를 밀어붙여 논리적 결론을 이끌어낸다고 해서 누가 그들을 비난하겠는가? 돈을 벌고자 하는 이기심이 악이 아니라 미덕이라면 왜 죽어라 전속력으로 그것을 추구하지 않는 것인가? 사업가들이여, 오로지 사익만 추구하라, 그러면 모두가 잘살게 될 터이니!

안타깝게도 이론가들은 현실 구조에서 중요한 측면 하나를 놓쳤다. 바로 '우회의 법칙Principle of Obliquity'이다.[75] 복잡한 사회적 상황에서 목표를 달성하는 최고의 방법은 때로 우회해서 접근하는 것이다. 중앙으로 직진한다는 계획은 최고의 경제 운영법이 아니다. 정면 공격이 최고의 군사전략인 경우도 드물다. 자신의 계획을 큰 소리로 선언한다고 총리나 대통령이 될 수 있는 것도 아니다. 행복을 직접 추구하는 게 행복해지는 최고의 방법이 아니다. 사업도 마찬가지다. 이윤을 직접적으로 추구하는 게 이윤을 창출하는 최고의 방법은 아니다.

최근 수십 년 동안 비즈니스의 역사는 성공으로 가는 지름길을 발견하기 위해 복잡성은 무시한 채 선형적 사고만 열심히 추구해왔다. 프리드먼, 메클링, 젠슨은 갓 태동한 주류 경제심리학을 받아들이느라 인간의 정신과 마음의 반反직관적인 특징을 놓쳤다. 그들은 복잡한 목표 지점에 도착하는 최고의 방법은 그리로 직진하는 것이라고 생각했다. 하지만 그렇지 않다. 복잡한 환경은 어지럽고 비선형적인 방식으로 작동한다. 타인의 행동과 의도, 그리고 우리의 행동과 의도에 대한 타인의 반응이 우리가 계획하고 실천할 때 고려해야 할 핵심 요소다. 목표를 직접적으로 표현하거나, 목표에 대해 대화를 나누는 것은 목표를 달성하는 데 방해만 될 수도 있다.

목표를 노골적으로 명시하면 복잡한 환경이 반작용을 일으킬 수도 있으므로 목표를 완곡하게 표현하는 것이 일반적으론 더욱 효과적이다. 돈을 버는 것은 성공적인 사업의 결과이지 목표가 아니다. 언제나 그랬다. 시장 권력이 판매자에서 구매자로 이동한 것이 이런 진실을 재조명하고 있지만 말이다.

기업의 목표이자 돈을 버는 최고의 방법(실제로 지속 가능한 유일한 방법)은 고객을 창출하는 것이다. 돈 놓고 돈 먹기 식으로 번영의 지름길을 찾을 수 있다는 생각은 위험한 착각일 뿐이다. 번영은 실제 사람을 위해 실제 제품과 서비스를 만드는 데서 나온다. 변동성으로부터 차익을 얻는 카지노 도박장에서 나오는 게 아니다.

애자일 인사이드 8-4

주주가치의 예상치 못한 리스크

1976년 금융학 교수 메클링과 젠슨이 쓴 글은 역사상 가장 많이 인용되었지만 가장 덜 읽힌 비즈니스 칼럼 중 하나다. 정교한 수학으로 가득한 이 글은 보통 주주가치를 극대화하고 주주가치론을 따르는 임원들에게 주식을 성과급으로 넉넉하게 지불하는 관행에 수치화된 경제적 근거를 제공하는 것으로 여겨진다. 하지만 이 글의 핵심 논지에는 예상치 못한 리스크들이 있다.

메클링과 젠슨의 칼럼은 임원들에게 주식을 보상하는 관행이 단기적으로 어떤 영향을 미치는지에만 단편적으로 초점을 맞췄다. 그러다 보니 주가에 반영된 주주가치를 추구하는 행위가 장기적으로 어떤 영향을 미치는지에 대해선 "미래의 분석가들이 풀어야 할 중요한 숙제다"라고 설명한다. 이들 저자들로서는 결코 분석할 수 없는 문제였던 것이다.

이 칼럼은 경영진이 "현 채권자와 주주들을 희생시켜서 자신의 배를 불릴" 수도 있음을 예견했다. 하지만 이런 위험 요소가 현실이 되지는 않을 거라고 믿었다. 해당 부분을 살펴보자. "그 사실이 알려지면 훗날 외부에서 미래 자본을 조달할 때 조건이 불리해질 것임을 그 임원도 예상할 수 있을 것이다. 결국 '성인聖人'에게 돌아가는 혜택은 커지고, 대리인 비용은 줄어들게 된다."

하지만 이 칼럼은 주주의 이익을 돌보는 "성인聖人"이 회사의 이익에 '등을 돌리고' 사악한 임원 겸 주주로 돌변할 수 있다는 것은 예측하지 못했다. 경영진이 주주 및 기업 사냥꾼들과 공모해 고객, 직원, 심지어 기업까지 희생시키고 기업으로부터 가치를 쥐어짜낼 수도 있었다. 뿐만 아니라 이런 위험 요소가 현실화되면 그 규모가 엄청날 수도 있었다. 하지만 그들은 어떤 것도 알아차리지 못했다.[76]

이론가들이 예측하지 못한 건 이뿐만이 아니었다. 경영진이 주주에게 수익을 안겨주기 위해 일해야 한다는 생각으로 회사가 돌아가기 시작하면, 결국 끔찍한 자기충족적 예언이 일어날지도 몰랐다.[77] 경영진이 주주의 장기적 이익을 돌보는 "성인"이 되고자 하는 마음을 버리고 탐욕스럽게 사익만 좇는 기괴한 존재로 변할지도, 엄청난 성과급과 연금 혜택을 자기 주머니에 챙길지도 몰랐다.[78]

이론가들은 조직에 닥칠 위험에 대해서도 신경 쓰지 않았다. 그들에게 조직은 그저 "법적 허구"에 불과했다(〈애자일 인사이드 8-1〉 참조). 경제학자들이 사는 이론적 세계에서는 한 기업이 쓰러져도 다른 기업으로 대체하면 그만이었다. 그러니 기업들, 나아가 전체 사업 분야(거기에 담긴 사회적 자본까지)를 해체하는 데 막대한 경제적 · 사회적 비용이 들 수도 있음을 깨닫지 못했다. 또한 주주의 이익을 높이기 위해 인건비가 저렴한 외국으로 생산기지를 이동하면 국내의 생산성에 돌이킬 수 없는 타격을 입힐 수도 있음을, 그렇게 한 번 잃어버린 생산성은 쉽게 회복할 수 없음을 이해하지 못했다.[79]

직원들에게 닥칠 위험에 대해서는 더더욱 걱정하지 않았다. 그들에게 직원은 자본의 이익을 위해 봉사하는, 대체가능한, 심지어 쓰고 버릴 수 있는 자산에 불과했다. 그들이 보기에 직원들은 실직하면 언제나 또다시 직장을 얻었다. "직원은 고용주의 부당한 대우로부터 보호받고 있다." 밀턴 프리드먼은 이렇게 상상하며 만족해했다. "일을 주는 다른 고용주가 있기 때문이다."[80] 이론가들은 수천만 명의 미국 근로자들(심지어 하급직까지)이 직장을 떠난 뒤 경쟁업체에 취직하거나 경쟁업체를 차리는 것을 금지하는 비경쟁 협정에 발이 묶이는 때가 올 거라고는 상상하지 못했다.[81]

또한 기업에서 너무 많은 가치를 착취하는 바람에 양질의 일자리를 제공하는 "다른 고용주"들이 사라지고 없을 거라는 위험도 예측하지 못했다. 수십 년 넘게 대부분의 상장기업에서 이런 일이 되풀이되면서 거시경제에 영향을 미칠 거라는 점도, 결국에는 실제 제품과 서비스를 찾는 고객이 줄어들고 투자 기회마저 제한될 거라는 점도 예상하지 못했다. 거시경제학자들의 입에, 밀턴 프리드먼이 말했던 "수요 부족"이라는 말이 오르내릴 거라는 것도, 그리하여 디년간의 경제 침체에 빠지게 될 거라는 점도 몰랐다.[82]

또한 주주가치론과 하향식 지휘 통제 경영이 위험한 동맹을 맺을지도 모른다는 점도 걱정하지 않았다. 기업이 주주가치 및 현 주가를 극대화하는 것을 목표로 삼고 이를 위해 최고경영진에게 후한 보상을 제공하게 되면, 최고경영진은 지휘 통제 체계를 사용할 수밖에 없게 된다. 주주와 최고경영진을 위해 돈을 버는 것은 직원에겐 본질적으로 기운 빠지는 일이기 때문이다. 그렇기에 직원들의 사기를 꺾는 한이 있더라도 복종을 강요해야 한다. 하지만 이론가들은 직원들의 무기력이 지식 노동자의 헌신적인 혁신에 의존하는 경제의 발목을 잡을지도 모른다고는 걱정하지 않았다. 기업을 어떻게 운영하는지는 경제학자들에겐 큰 관심사가 아니었다.

또한 이론가들은 기업이 직원 훈련 및 재교육에는 투자하지 않고 주주에게 즉시 이익을 돌려주기 위해 인건비가 저렴한 곳으로 공장을 옮긴다면, 미래 사업 창출에 필요한 숙련된 근로자를 구하기 어려운 날이 올 거라는 위험을 깨닫지 못했다.[83]

고객에 대해서도 크게 걱정하지 않았다. 고객의 입장에서는 기업이 제공하는 제품이 마음에 들지 않으면 밀턴 프리드먼이 말한 것처럼 다른 곳으로 옮겨가면 그만이었다. "고객은 판매자의 부당한 대우로부터 보호받는다. 다른 판매자들이 널렸기 때문이다."[84]

더불어 한 나라의 기업 대부분이 고객을 위한 혁신에 투자하지 않고 주주에게 자원을 돌리기만 좋아한다면, 불만을 품은 고객들이 자신에게 훨씬 신경 쓰는 "다른 곳"의 기업과 거래를 할 수 있다는 위험도 인식하지 못했다. 물론 그렇게 되면 결국 산업 전체나 국가 경제의 역동성이 위태로워질 터였다.[85]

게다가 주주의 수익을 높이기 위해 인건비가 저렴한 국가로 공장을 이전했을 때 공동체에 미칠 타격에 대해서도 신경 쓰지 않았다. 그들은 "시장의 마법"과 "창조적 파괴"가 단기적 가치 착취로 발생한 손해를 메울 거라고만 생각했다. 가치 착취의 규모가 너무나 커서 공동체의 피해를 손 볼 자원이 불충분하다는 건 상상하지 못했다.[86]

그리고 미래에 투자할 자원을 주주와 경영진에게로 돌림으로써, 세계 시장에서 회사를 키우고 타사들과 경쟁할 역량도, 모든 시민에게 양질의 삶을 제공하는 능력도 위태롭게 할 수 있음을 예측하지 못했다.[87] 중앙은행에서 저렴하게 돈을 빌려 엄청나게 투입해야만 번성하는 것처럼 보이는 상황이 오리라고도 예상하지 못했다. 또한 조직 및 현실 경제에 가치가 낮은 쉬운 일(즉 주가를 올리는 일)을 할 때는 금전적으로 강하게 동기 부여를 하는 반면, 가치가 높은 어려운 일(즉 시장을 창출하는 기회에 투자함으로써 사업을 성장시키는 일)을 할 때는 구조적으로 의욕을 꺾음으로써, 대부분의 경영진이 조직 및 현실 경제에 별 가치가 없는 이기적인 활동에만 힘쓰게 할 거라는 위험은 예측하지 못했다.

하지만 바로 이런 위험들이 이후 40년 동안 실제로 나타나기 시작했다.

프리드먼은 선한 의도의 오류를 지적한 것으로 유명하다. 그는 《자본주의와 자유》에서 다음과 같이 말했다. "권력의 집중은 유해하다. 권력자들의 의도가 아무리 선하다고 해도 그렇다." 물론 정부를 두고 한 말이었지만, 이 격언은 그가 민간 분야에 남긴 유산에 대한 예언이 되었다.

저명한 경제학자로서 프리드먼은 경제 정책 및 경영 관행에 큰 영향을 미쳤다. 하지만 영향력이 크면 책임도 크기 마련이다. 프리드먼의 신조는 그가 의도한 것과 정반대의 결과를 낳았다. 프리드먼은 훌륭한 사람이었다. 그의 의도도 선했다. 하지만 그의 글이 낳은 결과는 유해하다. 그 의도가 아무리 선하다고 해도 그렇다. 그의 추종자들은 그가 "미국 경제를 살렸고", "자본주의에 치료제"를 제공했다고 주장한다.[88] 안타깝게도 우리는 치료제가 질병보다 더 유해함을 뒤늦게 깨닫고 있다.

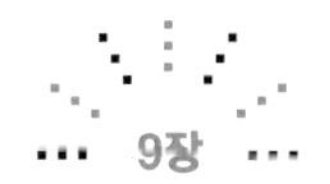

9장

자사주 매입이라는 기업용 코카인

자사주 매입은 일종의 기업용 코카인이 되어버렸다.
이 코카인을 흡입하면 잠시 동안은 천하무적인 것 같은 느낌이 들지만
약점과 공허함은 가려진 채 그대로 남아 있다.

|《이코노미스트》[1] |

1787년 러시아의 여제 예카테리나 2세가 궁정 대신들과 외국 대사들을 대동하고 크림반도, 즉 "신新러시아"로 6개월의 유례없는 여행길에 올랐다. 당시 크림반도는 전쟁으로 황폐해진 상태였다. 적이 다시 침공할지도 모른다는 두려움 속에서 떠난 그 여행의 목적은 크림반도가 재건 작업과 러시아 정착민의 이주로 얼마나 부흥을 이루고 있는지를 러시아의 동맹들에게 보여주는 것이었다.

지역 재건과 정착민 이주를 담당하는 관리가 여행길에 동행했다. 그 관리는 그리고리 포템킨Grigory Potemkin으로, 재건 담당이라는 공식적인 역할과 섹스에 굶주린 여제의 애인이자 침실 파트너라는 비공식적인 역할을 즐거이 수행했다.

그런 포템킨에게 난처한 문제가 생겼으니, 바로 재건이 뜻대로 되지 않았다는 것이었다. 애인인 여제를 실망시키고 싶지 않았던 이 원기 왕성한 인물은 기발한 아이디어를 떠올렸다. 마을이 부흥한 척 꾸며낼 수 있는데, 왜 실제로 재건하는 수고를 들인단 말인가?

포템킨은 일꾼들을 시켜 이동식 마을을 만들었다. 그리고 여제의 바지선이 도착하기 전에 농부처럼 분장한 부하들을 보내 마을이 있는 척 꾸몄다. 밤에는 황량한 땅 한복판에 불을 활활 지펴놓고 거짓 정착촌을 연출했다. 이를 본 여제와 외국인 수행단은 안심했다. 여제의 바지선이 다음 마을로 출발하면 집들을 모두 해체해서 다음 날 저녁 여제가 도착하기 전에 하류에 마을을 재건하곤 했다.

포템킨 개인으로선 성공적인 계략이었다. 여제는 그의 다양한 봉사에 흡족해했고, 그는 권력을 더욱 공고히 했다. 하지만 러시아로선 불만족스러운 결과였다. 마을을 방문했던 대사들이 진짜 마을과 가짜 마을의 차이를 간파했고, 포템킨의 정적들이 그의 속임수를 비난했다. 여제가 방문한 뒤 얼마 안 있어, 크림반도는 러시아와 오스만 제국이 벌인 전쟁의 소용돌이에 휘말렸다.

200년의 시간이 지난 오늘날, 우리는 포템킨의 전술이 자사주 매입이라는 기법을 통해 어떻게 기업에 적용되고 있는지를 볼 수 있다. 전술의 완패 소식을 공표한 사람은 경제학 교수 빌 라조닉Bill Lazonick이었다. 그는 혁신적인 기업체가 생산성을 높이는 데 어떤 역할을 하는지에 대해 수십 년 동안 뚝심 있게 연구해온 인물이다. 영국의 산업혁명, 일본이나 중국의 세계적이고도 역사적인 사례들을 폭넓게 참고하면서 미국 경제의 금융화 추세를 집요하게 연구했다. 또한 혁신 기업의 미시경제학에 근거해 엄격한 경제 성장 이론을 구축해왔으며, 시장의 마법을 옹호하는 주류 경제학자들의 신념에 체계적으로 도전했다. 시간이 지나면서 그는 주류 경제학적 사고와 현재의 비즈니스 관행을 비판하는 선도적인 비평가가 되었다.

기업의 가치를 착취해 주가를 높이는 지름길

1993년, 3년 동안 세 권의 책을 출간한 뒤 라조닉은 엘리트 사립대학의 종신 교수직을 떠나 매사추세츠주립대학교 로웰 캠퍼스로 옮기는 남다른 학문적 행보를 보였다. 혁신적인 사고를 할 수 있는 더 많은 자유를 가지기 위해서였다.

수십 년 동안 라조닉의 연구는 주로 학계의 경제학자들 사이에서만 알려져 있었다. 그러다 2014년에 상황이 달라졌다. 라조닉의 논문이 《하버드 비즈니스 리뷰》에 실리면서였다. 그는 수많은 상장기업들이 거시경제적 수준에서 주가 조작이라 칭할 만큼 자사주 매입

에 열중하고 있다는 글을 써서 기업계에 놀라움을 안겨주었다.[2]

수십 년에 걸쳐 꼼꼼히 자료를 수집하고 경제학적 분석을 곁들여 내린 그의 결론에 누구도 반박하기 어려웠다. 다른 주류 잡지들도 이 주제를 다루었다. 《이코노미스트》는 자사주 매입을 "기업용 코카인 중독 현상"으로, 《로이터통신》은 "제 살 깎아먹기"로, 《파이낸셜 타임스》는 "극도의 이해 충돌"이라 불렀다. 2015년 3월 라조닉의 논문은 올해 최고의 《하버드 비즈니스 리뷰》 논문에 주어지는 HBR 맥킨지 상을 받았다.[3]

어째서 세계에서 가장 크고 존경받는 수많은 회사들이 그토록 엄청난 규모의 주가 조작에 관여한 것일까? 왜 규제 당국은 그런 행위를 여전히 용인하는 걸까?

라조닉에 따르면 이유는 간단하다. 1980년대에 기업들이 현 주가에 반영된 주주가치를 극대화하기 시작하면서 비용 절감, 직원 사기 저하, 혁신 능력 감소 등의 피해가 속출했고, 그에 따라 조직과 주주들을 위해 진짜 가치를 창출할 실질적인 역량이 감소하기 시작했다. 최고경영진은 딜레마에 빠졌다. 주주가치를 높이겠다고 약속했건만, 주주가치를 위한다고 하는 행동들이 그 가치를 창출할 능력을 체계적으로 파괴하고 있었던 것이다. 그러면 어떤 조치를 취해야 할까?

그들은 놀라운 지름길을 발견했다. 왜 주주를 위해 새로운 가치를 창출하는 수고를 들인단 말인가? 그냥 자사주를 매입해서 조직이 이미 축적해놓은 가치를 착취해 (자신은 물론) 주주들에게 가치를 직접 전달하면 되지 않겠는가? 주식의 수를 줄이는 간단한 산수만 거치면 기업은 주당순이익을 올릴 수 있었다. 그러면 주가, 즉 단기적인 주주가치가 상승했다.

물론 주가를 끌어올리기 위해 중요한 자원을 분산시킴으로써, 미래 고객에게 새로운 가치를 창출하고 혁신할 능력을 더욱 저해할 수도 있었다. 하지만 그게 무슨 걱정이란 말인가? 운이 좋으면 회사가 고객에게 실질적인 가치를 더해줄 장기적인 능력이 약화되었다는 게 명백해질 때쯤, 그런 결정을 내렸던 경영진은 보너스까지 두둑하게 챙기고 무사하게 은퇴한 뒤일 텐데 말이다. 가치 창출 능력을 상실하는 것은 다른 사람이 신경 써야 할 문제가 될 것이었다.

그저 뜻하지 않은 문제가 하나 있을 뿐이었다. 대규모로 자사주를 매입해서 주가를 대폭 끌어올리는 것은 주가 조작에 해당하므로 불법이었다. 하지만 문제없었다! 다행히 1982년 레이건 정부에서 증권거래위원회가 증권거래법 제10b-18항을 제정했기 때문이다.

당연히 주가 조작을 합법화한다고 발표한 건 아니었다. 그러면 정치적인 저항이 일어날 게 뻔했다. 증권거래위원회는 굉장히 복잡한 규정을 통과시켜 주가 조작이 여전히 불법인 것처럼 보이게 하면서 그 사실을 적발하거나 법적 제재를 가하기 어렵게 만들어 기업을 보호했다.

증권거래위원회가 내놓은 복잡한 규정이란 다음과 같다. 이해하기 어려워도 이해해달라. 그게 이 문장들의 핵심이다. 이해하기 어렵게 만드는 것 말이다.

이 규정에 따르면, 한 회사의 이사회는 고위 간부들에게 일정 금액의 주식을 재매입할 권한을 부여할 수 있다. 이후 경영진은 회사의 주식을 더 매수할 수 있는데, 단 조건이 붙는다. 그 금액이 이전 4주의 일일 평균 거래량의 25퍼센트라는 '세이프 하버safe harbor'를 넘지 않는다는 것이다. 하지만 기업에는 일일 재매입건에 대해 보고할 의무가 없다. 따라서 특별 조사를 하지 않는 한 증권거래위원회는 회사가 25퍼센트 제한을 위반했는지 여부를 판단할 방법이 없다. 이 규정은 주가 조작이 여전히 불법이라는 환상을 유지한다. 그렇지만 기업들은 사실상 아무런 규제 없이 공개 시장에서 자사주를 매입할 수 있다. 더 좋은 건, 주식 매수가 음지에서 일어나기 때문에 대중은 어떤 일이 일어나는지 알 수 없다는 점이다.

그렇게 해서 수문이 열렸다. 이렇게 시작된 자사주 매입의 규모는 아찔할 정도다. 라조닉의 조사 결과에 따르면, 2006년부터 2015년까지 S&P 500 지수에 10년 넘게 이름을 올린 459개 회사가 자사주 매입에 퍼부은 돈은 3조 9000억 달러다. 이는 순수익의 54퍼센트에 이익 배당금의 37퍼센트를 더한 금액이다. 이익의 나머지 10퍼센트 중 상당 부분은 해외 조세 피난처로 빠져나갔다. 2004년부터 2013년까지 미국, 캐나다, 유럽의 기업들 전체가 매입한 자사주 규모는 6조

9000억 달러였다. 그 10년 동안 미국의 모든 상장기업들이 매입한 자사주 규모만 약 5조 달러에 이른다.[4]

이론적으로 증권거래위원회는 주가 조작을 막기 위해 사태에 개입하고 조사에 착수할 수 있다. 하지만 실제론 아무런 조치도 취하지 않고 있다. 라조닉은 말한다. "자사주를 매입해 주가를 조작했다는 이유로 증권거래위원회가 소송을 진행한 경우는 거의 없다."

사실 증권거래위원회는 최근 그 문제에 대해 어떤 조치도 취할 수 없다고 스스로 인정한 바 있다. 2015년 7월 위스콘신 출신 민주당 상원의원 타미 볼드윈Tammy Baldwin이 오바마 행정부가 임명한 증권거래위원회 수장인 메리 조 화이트Mary Jo White에게 자사주 매입으로 인한 주가 조작 문제를 조사해달라고 요청했다. 이에 대한 화이트의 대답은 제10b-18항의 보호 규정에 따라 요청에 응할 수 없다는 것이었다. 주주 친화적인 현 트럼프 정부에서는 이 규정을 바꿀 가능성이 더욱 요원해 보인다.[5]

물론 모든 자사주 매입이 나쁜 건 아니다. "주가가 회사의 생산 능력의 실제 가치를 '진짜로' 밑돌 때, 그리고 실 투자 계획에 해를 끼치지 않고 자사주를 매입할 만큼 충분한 이익을 냈을 때"에는 충분히 그럴 수 있다.[6]

하지만 이런 경우는 "현대엔 극히 일부에 불과하다"라고 라조닉은 말한다. "구체적인 계획에 따라 장외 입찰을 하는 경우가 그런 예외다." 수조 달러의 자사주 매입이 대부분 공개 시장에서, 주로 주가가 높을 때 이루어졌다. 공개 시장에서의 자사주 매입은 일반적으로 "생산력을 높이기 위한 투자금을 희생시킨 결과다."[7]

자사주 매입이 거대한 규모를 그대로 유지하는 건 아니다. 오히려 증가 추세다. 《파이낸셜 타임스》는 2015년 미국 기업들이 "자사주 매입에 흠뻑 취했다. (…) 지금 시장은 올해 이익 배당금과 자사주 재매입을 통해 1조 달러 이상의 이익을 주주에게 돌려줄 기록적인 순간을 눈앞에 두고 있다"라고 보도했다. 이런 일들이 주가가 사상 최고치일 때 벌어지고 있는 것이다(〈그림 9-1〉 참조).[8]

자사주 매입 관행은 2008년부터 중앙은행이 은행 시스템을 통해 대기업에 돈을 저렴한 이자로 무제한 빌려줄 수 있도록 조치를 취하면서 더욱 쉬워졌다. 이 조치로 인해 대기업들은 실질적으로 어떤 비용도 치르지 않고 엄청나게 많은 돈을 빌릴 수 있게 되었고, 대출금을 자사주 매입 자금으로 사용해 주주와 경영진의 배를 불릴 수도 있게 되었다.

중앙은행이 내세운 명분은 경제 불황을 이기고 경제를 활성화하자는 것이다. 하지만 경제 불황이 9년이나 지난 지금까지 여전히 저렴하게 대출을 받는 게 가능하고, 여전히 경제는 침체 상태에서 허우적대고 있다.

시인 월리스 스티븐스Wallace Stevens는 돈을 시에 비유한 바 있다. 하지만 돈은 정보와 더 닮았다. 장기간에 걸쳐 무이자로 많은 돈을 빌릴 수 있게 되면, 돈이 무한하다는 착각을 불러일으켜 정부와 기업체 모두 타락하게 된다. 중앙은행의 조치로 인한 최고 수혜자는 일반 대중이 아니라 주식을 소유한 사람들이다. 주식시장이 치솟으면 주식 거래자들과 자산을 소유한 사람들은 기뻐 날뛴다. 하지만 그 결과 포템킨만 배를 불릴 뿐 실질적 번영은 없다.

주주가치는 결과이지 목표가 아니다

자사주 매입의 주된 수혜자에는 주주 행동주의자들도 있다. 이를테면 최근까지 수십 년 동안 행동주의 헤지펀드는 다량의 주식을 매입한 다음 회사의 성공에는 아무 기여도 하지 않은 채 기업에 자사주를 대거 매입하도록 압박해왔다. 이런 거래는 실물경제에는 아무런 이익을 주지 못하고 행동주의자들에게만 엄청나게 많은 자원을 이전시켰다.

자사주 매입은 시장 창조형 혁신을 통해 고객에게 새로운 가치를 전달하는 데 사용할 자원을 주주의 수중으로 빼돌린다. 그러면서 유출된 자원이 일자리를 창출하는 다른 경제 분야에 쓰인다고 억지 주장을 한다. 그 돈이 가치를 착취하는 다른 계책에 자금원으로 쓰이는 현실을 무시하고서 말이다.

라조닉은 다음과 같이 지적한다. 자사주 매입은 "수익을 얻는다는 확실한 보장도 없이 위험을 무릅쓰고 기업에 투자한 다른 경제 참여자들"의 정당한 주장을 무시한다. "납세자들(이들의 세금이 기업체를 뒷받침한다)과 근로자들(이들의 노력이 생산성을 향상시킨다)은 위험을 감수한 만큼, 적어도 주주만큼 강하게 이익을 주장할 수 있다."[9]

사실상 많은 상장기업들이 "역 다단계 금융사기"를 당해왔다. 다단계 금융사기는 가치가 높은 회사라는 거짓말로 투자를 유치한다. 반면 역 다단계 금융사기는 가치가 높은 회사를 인수해서 체계적으로 가치를 쥐어짜낸다. 겉으로는 이익을 내는 것처럼 보이지만 사실상 주주에게 자원을 넘겨줌으로써 기업의 수익 능력을 체계적으로 파괴하는 것이다.

거시경제 차원에서 보면 회사의 가치를 체계적으로 쥐어짜내는 것은 최고경영자 개인의 판단 실수도, 드물게 일어나는 비정상적 일탈의 문제도 아니다. 이는 근본적인 제도 실패의 문제다. 최고경영자들은 자신의 회사로부터 가치를 짜내면서 다른 회사의 최고경영자들도 똑같은 일을 하도록 돕는다. 이사회는 최고경영진에게 똑같은 일을 하도록 장려한다. 경영대학들은 어떻게 해야 그런 일을 할 수 있는지 가르친다. 기관의 주주들은 최고경영자들과 공모한다. 규제 당국은 직급이 낮은 개별 범죄자들만 조사하고 시스템의 실패에는 무관심하다. 중앙은행은 간접적으로 돈줄을 대면서 그로 인한 경제적 결과에는 눈을 감는다(이에 대해선 〈그림 9-2〉를 참조하라).

이제는 사회 지도층이 잘못된 제도를 고쳐야 할 때다. 대기업이 대규모로 주가를 조작하게끔 방조하는 증권거래법 제10b-18항의 "세이프 하버"를 폐지하는 등 명백한 조치를 취하고, 더 나아가 체계적인 해결책을 마련해야 한다. 문제를 해결하기 위해선 많은 기관들의 협조도 필요하다. 기업, 기업 이사회, 투자자, 특히 기관투자가, 입법자, 규제 당국, 경영대학원, 중앙은행 모두 다르게 생각하고 행동해야 한다.

변화의 시작점은 물론 월스트리트여야 한다. 2017년 중반 이미 변화의 조짐이 보이기 시작했다. 현재 투자자들은 자사주 매입에 주력해온 회사들을 처벌하고 있다. "기업도, 투자자도, 자사주 매입에 대한 열병은 끝났다." 골드만삭스의 수석 주식 전략가 데이비드 코스틴David Kostin은 고객들에게 이렇게 말했다. "경험상 굉장히 높은 가격에 주식을 되산 기업들은 아니나 다를까 주가가 하락할 때가 되면 자신들의 행위를 후회한다."[10] (12장과 〈애자일 인사이드 12-2〉에서 이 문제에 대해 다시 다룰 것이다.)

애자일 리더들이 풀어야 할 가장 시급한 과제는 투자 자원으로 자사주를 매입하라는 계속된 압력에 어떻게 대처해야 하는가이다. 정답은 이런 압력에 순응하는 것이 필수가 아니라 선택임을 인지하는 것이다. 일부 회사들은 가치를 짜내는 게임에 동참하지 않겠다고 처음부터 공표하기도 한다. 가장 두드러진 예가 아마존이다. 아마존은 단기적인 주주가치에 집중한 적이 없다. 아마존에서 주주가치는 결과이지 사업의 목표가 아니다. 아마존의 사업적 목표는 시장 주도다. 단기 이익에는 변동이 있을 수 있어도, 주가를 보면 아마존의 장기 전략은 꽤나 좋은 반응을 얻고 있다.

아마존의 최고경영자 제프 베조스Jeff Bezos는 이렇게 말한다. "우리는 시장 리더십을 가장 잘 보여주는 지표를 기준으로 먼저 스스로를 측정한다. 즉 고객과 수익의 증가, 고객이 꾸준히 우리 제품을 구매하는 정도, 브랜드의 강화가 기준이다. 우리는 고객 기반, 브랜드, 인프라를 확장하고 활용하기 위해 적극적으로 투자해왔고, 앞으로도 그럴 것이다. 그렇게 오래가는 프랜차이즈를 설립하기 위해 나아갈 것이다."[11]

아마존은 주주가 아니라 고객에 집착한다. "처음부터 우리의 관심사는 고객에게 매력적인 가치를 제공하는 것이었다." 베조스는 말한다. 장기적인 주주가치는 "우리의 시장 주도권 위치를 확장하고 공고히 한 직접적인 결과가 될 것이다. 시장 리더십이 강해질수록 경제적 모델도 강력해진다. 시장 리더십은 매출 증대, 수익성 향상, 자본 유입 속도 향상, 투자 대비 수익률 강화로 직접 전환될 수 있다."[12]

중간에 고객 가치에 헌신하는 것도 불가능하지 않다. 예를 들어 파울 폴만은 유니레버의 최고경영자로 취임한 첫날, 주가에 반영된 주주가치를 극대화할 생각이 없다고 주주들에게 공표했다. "네덜란드 출신의 폴만은 취임 즉시 주주들에게 통지했다"라고 《포브스》의 칼럼니스트 앤디 보인턴Andy Boynton은 말한다. "그는 회사의 분기별 연차보고서는 물론 주식시장에 대한 수익 지침서를 더 이상 공개하지 않겠다고 선언했다. 장기적인 전망이 중요하다고 생각해서다. 폴만은 한 걸음 더 나아가 주주들에게 이러한 공평하고, 분배 가능하고, 지속 가능하고, 장기적인 가치 창조 모델이 마음에 들지 않으면 다른 회사에 투자하라고 권고했다. '첫날에 해고될 수는 없다고 생각했다.' 폴만은 훗날 이렇게 말했다. 유니레버의 주가는 곧바로 폭락했다. 하지만 폴만은 아직 최고경영자 자리를 지키고 있다. 주가는 금세 급등했고 유니레버는 실제 고객들에게 실질적인 가치를 지속 가능한 방식으로 전달함으로써 번영의 길을 걷고 있다."[13]

핵심은 단기 이익에 초점을 맞추고 대규모로 자사주를 매입하는 관행이 실제로는 주주가치를 파괴한다는 사실을 투자자에게 교육하는 것이다. 아마존, 유니레버, 버크셔해서웨이는 주주가치 게임에 동참하지 않겠다고 투자자들에게 분명히 밝혔다. 그렇지만 이들 회사들은 단기 이익을 무시했다는 이유로 징계를 받기는커녕 투자자들의 강력한 지원을 받고 있다(〈그림 9-3〉을 참조하라).[14]

따라서 단기 경영을 해야 한다는 압박은 대부분 스스로 자초하는 것이다. 비즈니스 리더들이 어떻게 행동하는지에 따라 모여드는 투자자의 성향도 달라지기 마련이다. 주주를 "기업용 코카인"에서 해방시키는 첫 번째 단계는 스스로 거기서 벗어나는 것이다.[15]

자사주를 매입하기 위해 자원을 투입하라는 상장기업 내부의 압력은 애자일 경영에 심각한 역풍을 몰고 올 수 있다. 한쪽에서는 애자일 경영으로 고객에게 가치를 더해주려고 최선을 다하는데, 다른 한쪽(최고경영진)에서는 주식시장의 압력을 이기지 못하고 자사주를 매입하려고 자원을 동원하는 상황이 벌어질 수도 있다.

리더들이 이러한 압력에 굴복하면 기업들은 정신분열적 상태가 된다. 자사주를 매입하는 데 더 많은 자원을 투입할수록 혁신에 투자할 자원이 부족해진다. 그리고 혁신이 부족한 탓에 자사주를 더 많이 매입해야 하는 지경에 이른다. 주가를 끌어올리는 것이 최우선 관심사인 세계에서는 고객을 위한 시장 창조형 혁신에 들어가는 투자를 줄일 가능성이 높다.

상장기업의 애자일 경영자가 풀어야 할 과제는 애자일 경영을 이러한 압력으로부터 보호하기 위해서 어떻게 해야 할지 살피는 것이다. 첫 번째 단계는 문제의 성격과 심각성을 파악하는 것이다. 많은 애자일 경영자들이 자신의 손이 닿지 않는 부서에서 어떤 일이 벌어지는지 인식하지 못한다. 그러다가 최고경영진이 혁신에 투입할 자원을 현재 주가를 끌어올리는 쪽으로 돌리라는 포고령을 내리면 그제야 깜짝 놀란다.

현실적으로 애자일 경영자가 자사주 매입이라는 "기업용 코카인" 중독에서 최고경영진을 해방시키지 못하면, 그리고 그들의 주주가치 중심 사고를 바로잡아주지 못하면, 아무리 애자일 전환에 애써봤자 그 삶이 그리 행복하지도, 그리 길지도 않을 것임을 직시해야 한다. 그렇게 되면 애자일 경영이 조직 전체를 장악하거나, 주주가치 중심 사고가 애자일 경영을 박살낼 가능성이 높아진다.

애자일 경영자들은 회사가 고객에 신경 쓰면 주주에게도 훨씬 좋다고 주장해야 한다. 그 반대가 거짓이라는 건 긴 말이 필요 없다. 회사가 단기적으로 주주에게 신경 쓰면, 고객에게 돌아가는 혜택은 사라지고, 아이러니하게도 주주에게 돌아가는 이익도 금세 사라지고 만다. 지속 가능한 미래를 창조하는 것(단기적인 금융 기회로는 절대 이룰 수 없다)은 실제 고객에게 제품 및 서비스를 제공하는 현실 시장이다. 따라서 애자일 경영은 조직에 의미와 동기는 물론 실질적인 미래를 준다. 애자일 경영자는 최고경영진에게 "기업용 코카인"이 기분을 잠깐 좋게 해주는 대가로 기업의 건강을 처참하게 해친다는 사실을 가르쳐야 한다.

애자일 경영자들이 이 싸움에서 이기려면, 오늘날 주주가치 중심 사고로 의사결정을 내리도록 만든 비용 중심 경제학에 대해서도 파악하고 있어야 한다. 이와 관련한 내용은 10장에서 다룰 것이다.

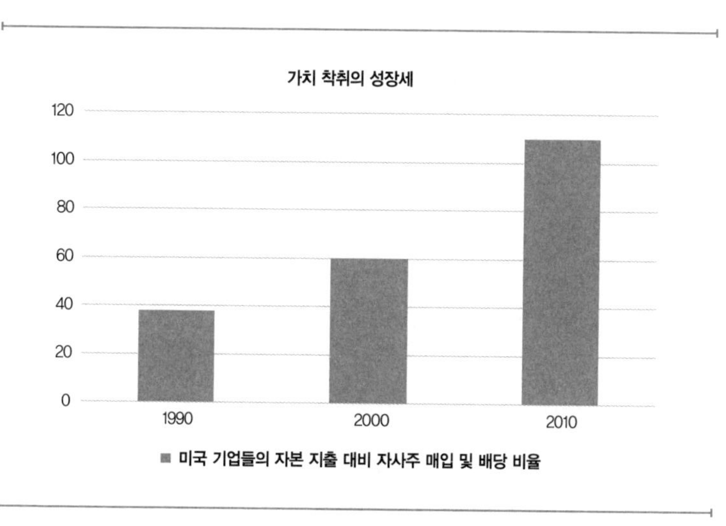

그림 9-1 | 자사주 매입 규모는 계속해서 증가하고 있다.

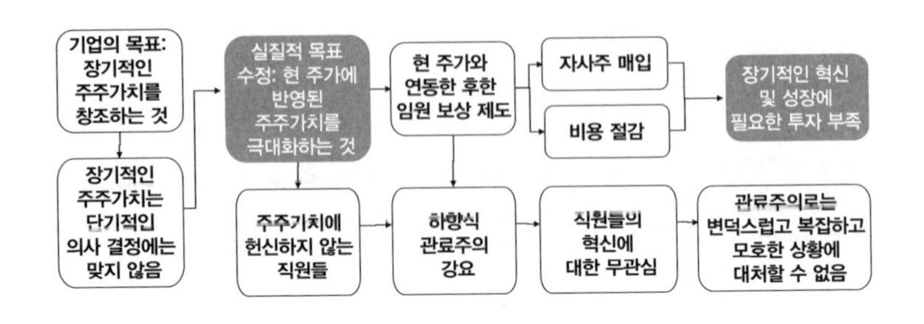

그림 9-2 | 가치 착취의 악순환

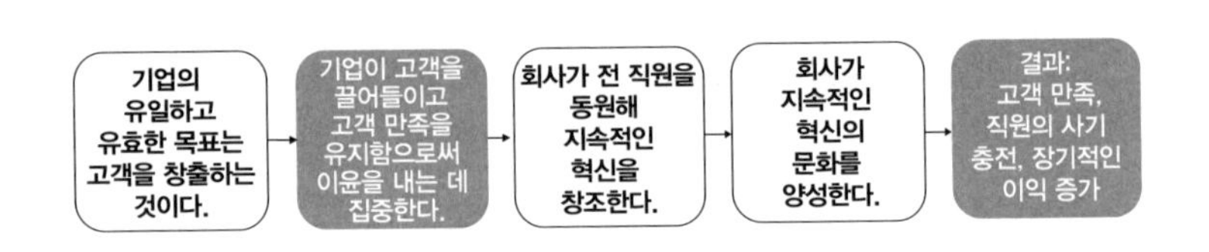

그림 9-3 | 장기적 가치 창출의 선순환

애자일 인사이드 9-1

자사주 매입 방어하기

경영진은 주로 다섯 가지 이유를 대며 공개 시장에서의 자사주 매입을 정당화한다. “회사를 소유하고 있는 주주들을 돕는 것이다.” 또는 “주가 희석을 막기 위해서다.” 또는 “주가가 낮을 때 사들여서 기업을 강화하려는 것이다.” 또는 “좋은 투자 기회가 없어서다.” 또는 “주주들이 그 돈을 일자리 창출에 쓸 것이다.” 하지만 이런 변명들 중 어느 것도 정당성이 없다.

- 주주를 위해 가치를 창출한다? 틀렸다! 공개 시장에서의 자사주 매입은 대부분 일시적으로만 이익을 가져다줄 뿐 시스템적으로 장기적 주주가치를 죽인다. 가치를 짜내는 것이지 창출하는 것이 아니다.
- 기업의 미래에 대한 확신을 보여주는 것이다? 라조닉이 지적했듯이, “지난 20년 넘게 미국의 주요 기업들은 상승장에서 자사주를 매입해서 급격한 하락장에서 매도하곤 했다.” 이게 무슨 미래에 대한 확신을 보여주는 것인가? 경영진이 “비싸게 사서, 팔 때는 또 싸게 팔다니”, 이게 대체 무슨 게임이란 말인가? 답은 명확하다. 이건 주가 조작이다.
- 임원들이 스톡옵션을 행사해서 주가가 희석되는 걸 상쇄한다? 나쁜 생각이다! 이는 애초에 스톡옵션을 행사하는 목적, 즉 장기적인 성과를 장려하는 목적에 위배된다.
- 투자할 곳이 없다? 연막작전이다! 이는 최고경영진이 새로운 투자 기회를 발굴하는 주된 역할을 수행하지 못하고 있다는 뜻이다. 사실상 간부들은 지속적인 혁신을 창출하는 힘든 일은 제쳐두고 펜대만 굴리며 자신과 동료들을 위해 돈을 버는 데 골몰한다. 최고경영진이 사실 제 역할을 하지 못하고 있는 것이다.

- 주주가 그 돈을 일자리를 창출하는 데 사용할 것이다? 비겁한 변명이다! 돈이 돈을 쫓는 경제에서는 수조 달러를 혁신에 투자해 일자리를 창출할 상장기업은 많지 않다. 대부분 그 돈은 돈을 쫓기 위해 쌓아둔 돈에 더해져서, 다음 금융 붕괴를 위한 포석을 깔아준다.

자사주 매입과 같은 관행은 경영진의 세계를 도덕적 판단은 유보하라는 생각으로 물들여 그들에 대한 불신을 야기한다. 경영진은 시스템을 놓고 내기한 대가로 보상을 받는다. 그리고 가치를 창출하기보다 거래하는 데 대부분의 시간을 쓴다. 그러다 보니 어느새 일을 통해 사회에 공헌하는 법을 망각하게 된다. 고객은 착취의 대상이 되고 직원은 일회용 자원이 된다.

올바른 자기 이익은 가치 착취라는 악순환(〈그림 9-2〉)에서 벗어나, 가치 창출이라는 선순환(〈그림 9-3〉)을 받아들이라고 기업들에 지시한다.

10장

비용 중심 경제학의 함정

비용 절감은 기술 혁신과 투자의 이점이다. 하지만 진짜 목표는 가치 창출이어야 한다.

| 존 맥매너스[1] |

"숫자는 선택의 여지를 주지 않는다." 최고재무책임자(CFO)는 이렇게 말한다. "해외의 인건비가 훨씬 저렴하면 생산성은 다소 떨어지더라도 아웃소싱을 주는 게 싸게 먹힌다." 상장기업의 애자일 경영자들은 종종 이런 선언에 대면한다. 제조업체보다 소프트웨어 개발업체에서 이런 주장이 훨씬 논리적으로 들릴 수도 있다. 가상세계에서는 지리적 위치가 중요하지 않다는 논리 때문이다. 소프트웨어

는 어디서 개발하든 그것을 필요로 하는 장소로 즉시 전달될 수 있다. "숫자는 명쾌하다. 그러니 해외로 나가야 한다."

하지만 최고재무책임자의 숫자는 어디에서 나오는 걸까? 그들의 근본적인 가정은 무엇일까? 이런 논의를 하는데 애자일 경영자들이 고작 애자일 선언문의 자명한 전제만 들고 나온다면 무기도 없이 전쟁터에 나오는 것과 같다. 이런 상황에서 우위를 점하려면 애자일 경영자들도 재무 회계, 거기에 쓰이는 도구, 숫자에 담긴 의미, 이런 숫자가 애자일 경영과 맺고 있는 관계 등을 어느 정도 이해해야 한다.

애자일 경영자라면 비용 절감 문제가 전통적인 경제학을 어떻게 선점했는지 이해할 필요가 있다. 로널드 코스Ronald Coase는 1937년에 쓴 논문으로 노벨 경제학상을 받았다. 그 논문에 따르면 기업이 존재하는 이유는 거래 비용을 절감하기 위해서다.[2] 제품이 물품의 형태일 때는 일리 있는 이론이다. 하지만 맞춤화되거나 차별화된 복잡한 제품 및 서비스가 느는 데다 시장 권력이 판매자에서 구매자로 바뀌는 등 경제 환경이 꾸준히 변하는 상황에서는 내부 효율성보다 고객에게 저렴한 비용으로 더 많은 가치를 전달하는 것이 갈수록 중요해지고 있다.

이런 현상은 소프트웨어 분야에서 특히 두드러진다. 수십 년 전 회사의 시스템이 거대하고 느리고 단일한 형태를 띨 때만 해도 효율성에 초점을 맞추는 게 옳았다. 하지만 오늘날 단가가 0에 가까워지고, 저장 공간이 무한해지고, 시스템이 즉각 작동하고 상호작용하게

되면서, 어떤 가치를 더할 수 있는지가 경쟁우위를 전적으로 결정하게 되었다.[3]

그럼에도 최고재무책임자들은 계속해서 비용 절감을 강조하고 있다. 그것이 단기 이익을 향상시켜 주가를 끌어올리는 가장 빠른 방법이기 때문이다. 때로는 기업이나 주주의 장기적 이익에는 반하는 단기적인 수익 증진법을 테이블에 올려놓기도 한다. 이와 관련해 델Dell의 안타까운 사례를 한 번 살펴보자.

숫자가 모든 것을 결정한다?

텍사스주 라운드록에 본사를 둔 델은 컴퓨터를 개발하고 판매하는 다국적 컴퓨터 기술 회사다. 델의 이야기는 클레이튼 크리스텐슨 등이 공저한 《파괴적 의료혁신》에도 일부 실려 있다.[4] 수십 년 전 델은 생산비를 낮추기 위해 대만의 전자 제조업체인 에이수스텍ASUSTeK에 델컴퓨터 내부에 들어가는 간단한 회로판을 주문 생산하기로 결정했다. 상장기업이었던 델은 해외에 업무를 위탁하면 운영 비용을 절감해 대차대조표에서 제조 비용 일부를 줄일 수 있다는 사실을 월스트리트에도 알렸다. 델과 에이수스텍 모두 협정에 만족했다. 두 회사 모두에게 윈윈인 결정이었다.

그러던 어느 날 에이수스텍이 흥미로운 제안을 들고 왔다. "이제껏 성공적으로 회로판을 만들어왔습니다. 그러니 저희가 귀사를 위해 마더보드도 만들어드리는 게 어떨까요? 어쨌거나 회로 제조는 귀사의 핵심 역량도 아닌 데다가 우리가 만들면 가격도 훨씬 낮출 수 있습니다."[5]

델은 제안을 받아들였다. 주주를 위해 단기적으로 돈을 벌어야 한다는 관점에서 보면 이치에 맞는 제안이었기 때문이다. 수익에 별 지장이 없는 데다 담당 직원을 줄여 인건비가 절감되면서 이윤도 크게 향상되었다. 에이수스텍은 수차례 델을 방문했고, 마더보드에 이어 컴퓨터 조립, 공급망 관리, 컴퓨터 설계 작업까지 넘겨받았다. 그때마다 델은 제안을 받아들였다. 수익에 지장이 없는 데다 직원을 고용하는 데 들어가는 비용을 절감함으로써 이윤도 크게 좋아졌다. 하지만 마지막으로 찾아온 날, 에이수스텍이 방문한 건 델이 아니었다. 그들은 소매상을 찾았고, 자사의 브랜드는 물론 어떤 브랜드의 컴퓨터든 20퍼센트 저렴하게 제공할 수 있다고 제시했다. 《파괴적 의료 혁신》은 이 일화를 이렇게 마무리 짓는다.

> 빙고. 한 회사가 무너졌고, 다른 회사가 그 자리를 꿰찼다. 어떻게 이런 일이 일어난 것일까? 이 이야기에 어리석은 결정은 없다. 두 회사의 경영자들 모두 경영대학 교수들과 최고의 경영 컨설턴트들이 시키는 그대로 했을 뿐이다. 즉 수익성이 높은 활동에 집중하고, 수익성이 낮은 활동은 버림으로써 수익성을 향상시키는 일을 했다.[6]

델의 관점에서 보면 이런 일련의 결정이 일리 있는 것이었다고 저자는 말한다. 아웃소싱을 결정할 때마다 돌아오는 이익이 컸기 때문이다. 매번 수익에 별 지장이 없었고, 이윤도 크게 향상되지 않았는가. 그랬더니 최종 결과는? 에이수스텍은 델의 강력한 경쟁자로 등극한 반면, 델은 혁신과 성장에 필요한 기술 지식을 상실한 한낱 브랜드로 전락해버렸다.

다행인 건 이야기가 끝난 뒤다. 결국 델은 죽지 않았다. 하지만 고객을 기쁘게 하는 고품질의 제품을 제공할 수 있도록 비상장기업으로 변신해 근본적으로 다시 태어나야 했다. 그 움직임은 어느 정도 성공을 거두고 있다. 최근 컴퓨터를 교체하려고 시장 조사를 한 결과, 나의 요구 조건과 가장 부합하는 컴퓨터가 델의 컴퓨터라는 사실을 알았다. 결국 델은 죽지 않았다. 하지만 해외 업무 위탁이라는 죽을 고비를 넘긴 후에야 값비싼 교훈을 얻었다.

이 이야기를 들은 사람들은 보통 손익을 꼼꼼히 계산한 결과가 해외 위탁 결정을 "좌우했다"고 생각한다. 하지만 그 숫자의 이면을 자세히 들여다보면 실상은 그렇지 않다. 델의 경영자들이 (고객을 기쁘게 하겠다는 마음을 버리지 않고) 무엇이 델의 미래를 보장하는지 좀 더 면밀히 조사했다면, 자신들이 사업을 성장시킬 능력을 꾸준히 상실하고 있을 뿐 아니라 실제로 사업을 죽이고 있음을 깨달았을 것이다. 크리스텐슨과 그의 동료들이 말한 것과 반대로 이 이야기에는 어리석은 결정이 있다. 바로 델이 "좋은 경영"을 하지 않은 것이다.

지금 와서야 하는 말이지만, 델은 외국에 장거리 공급망을 운영하는 데 드는 비용 및 위험, 국가 간 임금 격차가 좁혀질 가능성, 자동화 증가로 인한 인건비의 감소, 전문 지식의 손실 비용, 더 낮은 비용으로 더 나은 제품을 만들어 훗날 델을 위협할 경쟁업체(에이수스텍)가 탄생할 수도 있는 비용을 고려했어야 했다. 미래 사업을 무력화한 어마어마한 비용이 계산에서 빠져 있었던 것이다.

비용(특히 인건비)이라는 좁은 측면에서만 비용, 위험, 이익을 계산하는 것은 현재의 사업이 계속 성장할 것이라고, 그 밖의 비용은 중요하지 않다고 가정하는 것이다. 델이 자신들의 선택에 따른 모든 기회비용과 위험을 정확히 판단했다면 어떤 재앙이 닥쳐올지 알았을 것이다.[7] 많은 분석가들이 그러한 결과를 내리도록 만든 툴을 비난하지만, 사실 그들이 비난해야 할 건 그런 툴을 사용해서 비용 중심 경제학의 함정에 빠지게 만든 사고방식이다.

애자일 경영자들의 눈에는 반품률 계산 같은 고달픈 업무를 파악하는 것이 고객을 기쁘게 하는 멋진 신제품을 만드는 흥분에 비하면 따분하게 보일 수도 있을 것이다. 하지만 바로 이런 따분한 디테일이 애자일 경영의 미래가 걸린 전투에서 승패를 좌우할 수 있다. 애자일 경영자들이 숫자의 본질을 이해하고 재무 회계를 분석하려고 노력하지 않는다면, 다음과 같이 주장하는 사람들에 의해 대변에 밀려날 수도 있다. "숫자가 모든 것을 결정한다!" "숫자는 거짓말을 하지 않는다!"

명심하자. 숫자의 문제도, 숫자를 다루는 사람들의 문제도 아니다. 전통적인 경영법이 많은 부분 잘못되었지만, 한 가지는 옳았다. 바로 측정의 중요성이다. 피터 드러커도 거듭 말하지 않았던가. 측정할 수 없다면 개선하기 힘들다. 어떤 분야에선 믿을 만한 측정 방법이 부족하긴 하지만 말이다.[8] 측정과 관련한 주된 어려움은 경영자들이 엉뚱한 것을 측정할 때 발생한다. 콩을 세는 게 어려운 이유는 세는 행위가 잘못돼서가 아니라 콩을 실수로 잘못 셀 수도 있어서다. 경영자들은 단순히 생산품이 아니라 고객과 관련된 사업을 움직이는 여러 요소들을 모두 계산해야 한다. 그리고 좋은 측정법이 없다 싶으면 자신들의 판단력을 사용해야 한다.

다른 분야도 그렇지만, 여기서도 핵심은 경영 마인드다. 주주를 위해 기업에서 가치를 짜내겠다는 마인드를 가지고 숫자를 대하면, 고객을 위해 수익성 있는 가치를 창출하는 마인드를 가졌을 때와는 전혀 다른 결론을 내리게 될 것이다.

제조 공장을 해외로 옮기는 게 최선일까?

미국 상장기업들의 해외 업무 위탁 문제에 대해서도 살펴보자. 지난 수십 년 동안 미국의 전 업종이 단기적 비용 절감을 위해 생산기지를 해외로 이전했다. 맹목적인 탈출 시도가 줄줄이 이어졌다.

《포춘》 선정 500대 기업의 경영진 중 한 명은 내게 이렇게 말했다.

중국행은 거의 대부분 금융 애널리스트가 결정했다. 그들은 경영진에게 중국으로 이전할 계획이 없으면 "매수" 권고안을 지지할 수 없다고 말했다. 최종 결정권자인 경영진은 스톡옵션으로 엄청난 보상을 받지 않는가. 얼마 후 회사에서 중국어 수업을 들으라는 지시가 내려왔나. 이들은 자신들의 결정이 장기적으로 어떤 결과를 가져올지 너무나 잘 알고 있다. 또한 자신들의 임기가 끝난 다음(당연히 스톡옵션 행사도 끝난 다음) 이 난장판을 해결해야 할 불쌍한 후임들에 대해 굉장히 안타까운 마음도 가지고 있다. 스톡옵션으로 똘똘 뭉친 애널리스트 커뮤니티와 경영진의 위험한 동맹은 (중국에서의 인건비 절감에 대해서는 조목조목 따지면서 수십만 달러가 드는 여행 경비에 대해서는 입도 뻥긋 하지 않는 비용 처리 회계사들의 단순한 변명만 봐도) 제조업체들이 왜 미국을 떠나는지를 잘 설명해준다.

해외 업무 위탁에 드는 비용을 통합 계산하는 문제는 오늘날 많은 기업들이 여전히 풀어야 할 숙제다. 회사들은 제안서를 분석할 때 인건비 같은 기본적인 비용만 계산하지 말고, 추후 국제 공급망이 확장되면서 생길 총비용 및 위험도 고려해야 한다. 이를 계산해주는 앱도 있다. '리쇼어링 이니셔티브Reshoring Initiative'라는 이름의 이 앱은 웹사이트를 통해 해외 업무 위탁에서 발생할 모든 위험과 비용을 계산하는 분석 도구를 제공한다. 웹사이트의 이름은 'Total Cost of Ownership Estimator'다.[9] 다행히 사용비는 무료다.

사이트에 접속하면 일련의 질문이 나온다. 각 행선지에서 공급되는 부품 가격은 얼마인가? 얼마나 멀리 위치하고 있는가? 공급업체를 얼마나 자주 만나러 가는가? 지적 재산이 위태로워질 가능성은 얼마나 되는가? 얼마나 오래 관계를 지속할 것 같은가? 그런 뒤 답변을 이용해 스물다섯 개의 다양한 비용을 계산한 뒤 '총원가 비용'에 반영한다.

"제조업을 해외에 위탁한 많은 회사들이 셈을 제대로 하지 않았다." MIT 출신 엔지니어이자 리쇼어링 이니셔티브의 창립자인 해리 모저Harry Moser가 내게 한 말이다. "컨설팅 업체인 아치스톤Archstone에서 실시한 연구에 따르면, 해외 업무 위탁을 결정할 때 60퍼센트가 전체적인 총비용이 아니라, 가격과 인건비 같은 아주 기본적인 비용만 계산한다고 한다. 그러니 대개 진짜 위험과 비용이 드러나지 않는다."[10]

모저는 말한다. "가끔씩 기업들은 해외에 업무를 위탁하면 미국에 있을 때보다 가격이 30퍼센트 저렴해지지만, 총비용을 전부 계산하면 오히려 비용이 30퍼센트 늘어난다는 사실을 깨닫는다. 이 사실을 기꺼이 인정한다면, 업무를 다시 가져오는 게 이득이라고 생각하게 될 것이다."[11]

그렇다면 왜 그렇게 많은 똑똑한 경영자들이 똑같은 실수를 하는 것일까? 산수 실력이 부족해서일까? 아니다. 단기 이익(으로 보이는 것)을 창출해 주가를 올리겠다는 충동에 따라 의사결정을 내리기 때문이다.

이를 부추기는 또 다른 요소는 이머징 마켓에 제조 업무를 위탁하면 미국 기업들의 하향식 관료주의로 인해 발생하는 노동 문제를 없앨 수 있다는 믿음이다. 제품 생산을 해외에 위탁하면 생산비를 절감할 수 있을 뿐 아니라, 일자리를 없앰으로써 노조까지 완전히 제압할 수 있다. 이런저런 이유로 많은 경영자들이 회사가 낭떠러지로 떠밀리는데도 나 몰라라 하고 있는 것이다.

안타깝게도 해외 업무 위탁이 미치는 영향은 개별 회사에만 국한되지 않는다. 수십 년 동안 기업들은 엄청나게 많은 제조산업을 해외로 이전했다. 그 바람에 미국 산업계는 경제 성장의 핵심인 차세대 첨단 제품을 발명하거나 제조할 능력을 상실하게 되었다. 이는 게리 피사노Gary Pisano와 윌리 쉬Willy Shih가 그들의 대표적인 논문 〈미국의 경쟁력 회복〉에서도 지적한 바다.[12] 이 논문은 어떻게 해서 미국이 수많은 첨단 제품을 개발하고 제조하는 능력을 잃어버렸는지를 (대개 미국에서 발명된 기술을 중심 사례로) 잘 보여준다. 일례로 아마존은 미국에서 킨들을 제조할 수 없다. 만들고 싶어도 만들 수 없다. 미국에는 더 이상 전문 지식이 존재하지 않는다.[13]

피사노와 쉬는 이렇게 말을 잇는다.

> 그래서 한 지역의 제조업이 쇠퇴하면 연쇄 반응이 일어난다. 일단 제조업을 아웃소싱하기 시작하면 공정공학에 대한 전문 지식을 유지하

기 어려워진다. 공정공학은 제조업과 시시각각 상호작용해야 유지 가능하기 때문이다. 공정공학 능력이 없으면 차세대 공정 기술에 대해 고급 연구를 수행하기가 점점 어려워진다. 새로운 공정을 개발할 능력이 없으면 더 이상 새로운 제품을 개발할 수 없게 된다. 선진 공정공학과 제조업 기반시설이 부족해진 경제는 장기적으로 기술 혁신 능력을 상실하게 된다.

피사노와 쉬는 무서울 정도로 긴 "상실" 기술 목록(일부는 미국에서 발명한 것이다)과 더불어, 그보다 훨씬 길고 염려스러운 "상실 위기에 처한" 산업 목록을 나열했다.[14]

하지만 미국으로 돌아오는 회사들도 있다. GE가 약 8억 달러를 들여 켄터키주 루이빌에 있는 어플라이언스파크의 (거의 버려져 있던) 거대한 시설에 생산 시설을 재가동했다는 이야기가 찰스 피시먼Charles Fishman을 통해 《애틀랜틱》에 보도되었다.[15] 2012년 GE는 최첨단 저에너지 온수기와 첨단 프렌치도어 냉장고를 제조하기 위해 새로운 조립라인을 가동했다.[16]

GE가 "값싼" 중국 공장을 떠나 "비싼" 켄터키주의 공장으로 혁신적인 온수기 제조라인을 가져오자 희한한 일이 벌어졌다. "소비재 가격이 내렸다. 제조에 투입되는 노동력이 줄었다. 품질이 좋아졌다. 심지어 에너지 효율성도 높아졌다. 중국 생산이 아닌데도 가격이 약 20퍼센트나 저렴해졌다."[17]

피시먼은 이어서 설명한다. "출고 시간도 크게 단축되었다. 지오스프링 온수기를 공장에서 미국 소매상까지 가져오는 데 5주가 걸리곤 했다. 4주는 중국을 출발하는 선박에서, 1주는 부두에서 세관을 통과하는 데 소요되었다." 그는 말한다. "이제 온수기(와 식기세척기와 냉장고)는 제조 공장에서 곧장 어플라이언스파크의 창고로 옮겨졌다가 로웨Lowe와 홈데포Home Depot로 배달된다. 공장에서 창고로 출고되는 데 30분밖에 걸리지 않는다."[18]

제조라인을 되찾으며 새로운 사실도 발견했다. 원래 GE 온수기는 설계는 루이빌에서, 생산은 중국에서 했다. 제조 시설을 본국으로 되가져오면서 회사는 자체 설계에 문제가 있다는 사실을 발견했다. 구리 튜브가 용접하기 어렵게 얽혀 있었던 것이다.

결국 GE 설계자들은 용접공들과 힘을 모아 온수기를 다시 설계했고, 더욱 저렴하고 제작하기 쉽게 만들었다. 작업자들이 설계자와 한 테이블에 앉음으로써 온수기를 조립하는 데 걸리는 작업 시간이 열 시간(중국)에서 두 시간(루이빌)으로 단축되었다.

피시먼은 말한다. "수년 동안 너무 많은 미국 회사들이 실질적인 제조 업무를 부수적인 업무로, 일반적이고 교환 가능하고 상대적으로 가치가 낮은 사업 부문으로 취급했다. 제품을 정밀하게 디자인했더라면, 좋은 디자인을 만들었더라면, 도면이 정확했더라면, 저렴한 공장을 빌리고 품질을 검사했더라면, 공장 근로자들이 어떤 언어를 쓰는지 누가 신경 썼겠는가? (…) 이것은 요리도 안 하면서 요리책을 쓰는 것과 같았다. (…) 제조 시설을 밖으로 이전할 땐, 거기에 내재된 지식도 밖으로 나간다. 그리고 다시는 가져오기 힘들다."[19]

GE의 가전제품 디자인 책임자인 루 렌지Lou Lenzi는 피시먼에게 말한다. 이제야 미국 기업들은 깨닫고 있다. 제품 제조를 아웃소싱하면 "사업 전체가 아웃소싱과 함께 떠난다"는 것이다.[20]

원가 계산 그 이상의 것

최고재무책임자들은 비용 중심 경제학을 전적으로 신뢰하는 경향이 있다. 따라서 신중한 애자일 경영자라면 최고재무책임자가 어떤 사고방식을 가지고 있는지에 대해 최대한 사전 정보를 많이 가진 채 책임자 및 해당 부서 직원들과 토론하는 것은 물론, 근본적인 가정을 정면으로 공격할 때도 주의를 기울여야 한다.

고로 애자일 경영자라면 최고재무책임자의 책임 및 법적 한계에 대해 철저하게 이해하는 것에서부터 시작해야 한다. 최고재무책임자는 재무회계기준심의회Financial Accounting Standards Board가 발표하는 일반회계원칙Generally Accepted Accounting Principles(GAAP)에 따라 법적으로 재무 회계를 수행할 필요가 있다. 이런 규정은 증권거래위원회와 기타 국내 및 국제 규제기관들에서 강제하는 것으로, 최고재무책임자는 이런 규정을 이행할 수밖에 없다. 하지만 법에도 한계가 있다. 이를테면 원가 계산의 규칙을 적용해야 한다는 법적 요구 사항은 없다.

전반적인 재무 회계 틀을 벗어나지 않는 선에서, 최고재무책임자는 필수적인 정기 재무 보고에 쓸 회계 시스템을 선택할 자유가 있다. 따라서 회사가 다르면 회계 시스템이 달라지며, 때로 같은 회사나 조직이라도 부서가 다르면 회계 시스템이 달라질 수 있는 것이다.

많은 회사들이 원가 계산과 비용, 특히 인건비를 줄이는 데 집착한다. 최고경영자 및 관리자 개인은 애자일 경영을 지원하려고, 혁신을 장려하려고, 고객에게 더 많은 노력을 기울이려고 최선을 다할 수 있다. 하지만 원가 계산이라는 강력한 틀에 갇혀 있으면 최고재무책임자가 애자일 경영의 요점(비용 절감이 아니라 더 낮은 가격에 가치를 제공하는 것을 목표로 삼는다는 사실)을 놓칠 위험에 계속 노출된다.

여기서 풀어야 할 숙제는 전통적인 사고를 가진 회계사가 원가 계산 이상의 것을 생각하도록 회사의 진정한 목표, 즉 고객 및 최종 사용자에게 더 낮은 가격에 더 많은 가치를 전달하는 데 집중하게 만드는 것이다. 많은 경우 애자일 경영은 적은 업무로 많은 가치를 창출해 결과적으로 비용을 절감한다. 하지만 최고재무책임자가 가치에 신경 쓰지 않으면 비용 절감의 길이 보이지 않을 수도 있다.

많은 회계사들이 원가 회계 자체가 문제라는 데는 동의한다. 하지만 회계가 워낙 느리게 움직이는 업종이다 보니, 이를 대체할 회계법에 합의하기가 쉽지 않다.

이런 시스템을 한 걸음 당길 새로운 회계법이 있으니, 바로 현금창출회계throughput accounting다.[21] 엘리야후 골드랫Eliyahu Goldratt이 공장을 관리하기 위해 개발한 회계법으로, 제품 및 서비스가 조직을 통과하며 이동하는 속도를 주적하는 방식이다.

현금창출회계가 애자일 경영의 완벽한 해결책은 아니다. 하지만 원가 회계보다는 발전한 형태다. 회계상에 고객 가치를 통합하려는 회사라면, 외부 보고를 위해 여전히 일반회계원칙(GAAP)을 따라야 한다고 하더라도 내부용으로 이 방법을 사용할 수 있다.

최고재무책임자가 현금창출회계를 이해한다면 애자일 경영자와 당장이라도 린과 애자일 경영의 가치에 대해 합리적인 토론을 할 수 있게 된다. 그런 최고재무책임자는 "어떻게 해야 비용을 줄일까?"라는 생각에서 벗어나, 고객에게 가치를 더해준다는 사고방식의 중요성을 이해할 것이다.

이어서 진행 중인 작업에 드는 비용, 지연의 위험성, 꾸준한 흐름의 중요성, 고객의 충족되지 않은 욕구에 관해 대화를 나눌 수도 있다. 어쩌면 그 앞에서 〈그림 10-1〉처럼 기존의 "폭포수" 방식과 반복 작업 주기를 이용한 방식을 비교하는 차트를 그리게 될지도 모른다.

애자일 경영은 짧은 주기가 한 번씩 끝날 때마다 고객에게 가치를 제공한다. 반면 폭포수 접근법은 모든 구체적인 사항을 한꺼번에 담은 하나의 정교한 계획에 따라 일을 진행한다. 모든 조각을 하나로 합치면 투자가 성과로 돌아올 거라는 기대감을 가지고 꾸준히 비용을 발생시키는 것이다.

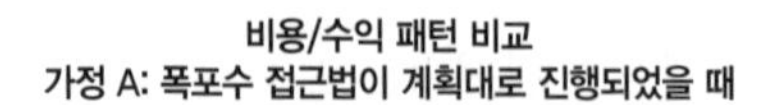

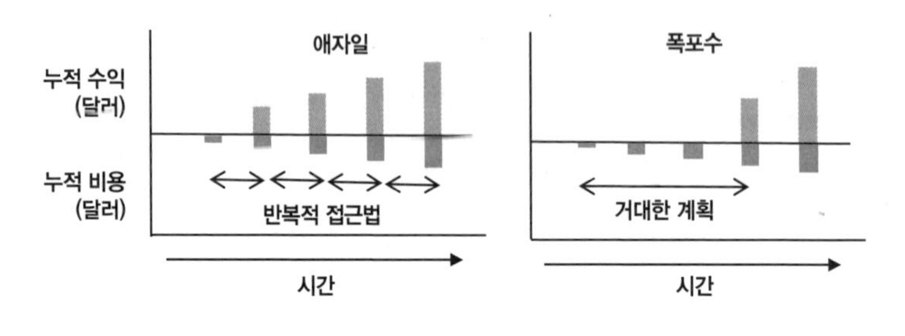

비용/수익 패턴 비교
가정 B: 프로젝트가 지연되었을 때

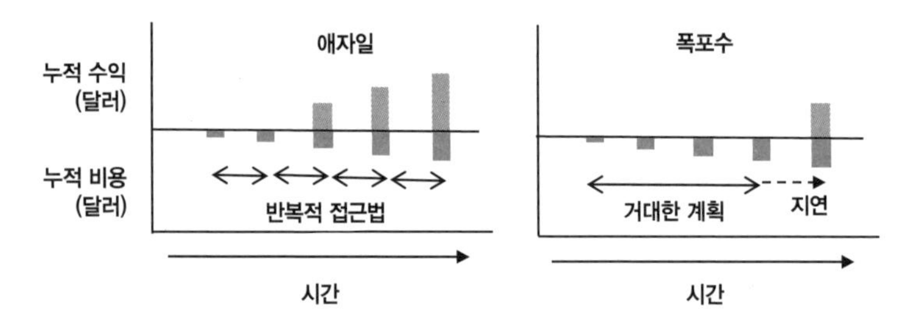

그림 10-1 | 애자일 경영은 잠정적인 수익 없이 지속적으로 지출만 늘리는 위험을 피하는 데 유리하다.

전통적인 사고방식을 가진 원가 계산 담당자조차 잠정적인 수익 없이 지속적으로 지출을 늘리는 것이 얼마나 위험한지 〈그림 10-1〉을 보면 확인할 수 있을 것이다. 상황이 아주 안정적이거나 업무가 완벽하게 예측 가능한 경우가 아니라면 업무가 지연되거나 기술적 문제가 발생할 위험이 굉장히 높다. 너무 많은 자금을 투자했기 때문에 조금만 지연되어도 타격이 엄청나다. 반면 1장의 에릭슨 사례에서 보았듯이, 가치를 조금이라도 일찍 전달하면 수익을 개선하고 위험을 줄일 수 있다.

또한 애자일 경영은 최종 사용자가 실제로 사용하고 중요시하는 사양, 제품, 서비스에 집중한다. "혹시나 몰라서" 탑재한 사양들, 고객이 사용하지 않을 것 같은 사양들은 쳐다보지도 않는다. 이런 식으로 가치가 낮은 업무를 제거해 비용을 체계적으로 절감한다.

따라서 비용 중심 경제학의 관점을 받아들이더라도 애자일 경영법이 전통적인 폭포수 접근법을 압도할 방법이 있다. 그럼에도 왜 비용 중심 경제학에서 가치 중심의 애자일 사고로 전환해야 하는지 깊이 있게 이해하지 못하면, 이러한 성공들은 그저 전술로만 남게 될 것이다.

애자일 인사이드 10-1

기술 부채, 규제 부채, 브랜드 부채

2015년 9월 폭스바겐은 도요타를 제치고 세계에서 가장 크고 성공적인 자동차 회사 자리를 꿰차기 위해 승승장구하던 중이었다. 그러던 폭스바겐이 갑자기 환경 규제를 피하기 위해 약 1100만 대의 자동차에 불법 소프트웨어를 장착한 혐의로 제재를 받는다는 소식이 전해졌다. 당초 회사가 자동차 수리 비용을 충당하기 위해 추산한 충당금은 73억 달러였다. 하지만 여러 나라에서 조사가 시작되면서 충당금은 183억 2000만 달러로 늘어났다.[22]

대차대조표에도 오르지 않는 이 수상쩍은 숨겨진 부채의 정체는 무엇일까?

기술 부채: 많은 유능한 경영자들이 "기술 부채"의 중요성에 대해 무지하다. 기술 부채란 보이지는 않지만 언젠가 해결해야 하는 일종의 품질 문제다. 단기 목표를 달성하기 위해 양질의 제품을 생산하기를 포기할 때 기술 부채가 축적될 수 있다.

또한 경영자들이 개발자들에게 상호의존적인 소프트웨어 시스템에 "급히" 처리해야 할 "미미한 수정 사항"이 있으니 고치라고 명령하면서 시스템 아키텍처의 변경 사항을 통합할 시간을 주지 않을 때 기술 부채가 커질 수 있다. 최고경영진은 주로 갑자기 시스템 장애가 일어나고서야 이런 문제를 인식하게 된다. 시스템 간 의존성으로 인해 한 부분이 고장 나면 다른 서브시스템도 고장이 나는 탓에 벌어지는 일이다. 그러다 보면 결국 총체적인 시스템 장애가 일어날 수도 있고, 사업 전체가 갑자기 멈추게 될 수도 있다.

이런 재난 사태는 최고경영진에게 상호의존적인 시스템일수록 제대로 수정하는 게 얼마나 중요한지를 공짜로 가르칠 수 있는 중요한 기회가 되기도 한다. 성과 목표를 달성하기 위해 원칙을 무시하는 것은 어리석은 짓이다. 제때 해결하지 않으면, 나중에 한꺼번에 훨씬 큰 대가를 치러야 한다.

또한 최고경영진이 단기적인 관점을 재고하고, 애초에 일을 제대로 하지 않은 데 따른 장기적 비용이 얼마나 큰지 인식하는 계기가 될 수도 있다. 뿐만 아니라 기술 부채가 누적되면 어떻게 지원 비용이 증가하는지, 새로운 사양을 추가하는 게 얼마나 어려워지는지, 예상치 못한 복잡성이 얼마나 느는지, 어떻게 시스템 장애 사태로 이어지는지도 배우게 된다.

규제 부채: 소프트웨어를 이용해 지름길을 찾으려다 엄청난 규제를 받을 수도 있다. 어떤 나라에서는 시스템 실패가 발생하면 책임자에게 형사 책임 및 징역형과 같은 처벌이 내려지기도 한다. 폭스바겐은 고의로 환경 규제를 어긴 대가로 수십억 달러에 달하는 벌금형을 받았다. 하지만 그게 다가 아니다.

브랜드 부채: 시스템을 수리하고 벌금을 내는 데 드는 비용은 폭스바겐이 입은 최종적 손해의 일부에 지나지 않는다. 조너선 카포프Jonathan Karpoff, 스콧 리D. Scott Lee, 제럴드 S. 마틴Gerald S. Martin이 《양적 금융 분석 저널》에 발표한 연구에 따르면, 고객의 신뢰를 잃은 대가는 그보다 몇 배 더 높을 수도 있다.[23] 법적 조치를 받은 585개 회사를 대상으로 조사한 결과, 매출 감소 및 계약 비용과 금융 비용 증가로 인한 미래 현금 흐름을 현재 가치로 환산했을 때, 법률 및 규제 시스템을 통해 부과된 벌금을 전부 합친 금액의 7.5배가 넘는 손실이 예상되었다.

폭스바겐의 사례를 보면 그 이유를 알 수 있다. 폭스바겐도 인정했듯, 그들은 배출가스 검사 실시 여부를 감지하는 소프트웨어 스위치를 자동차에 설치했다. 검사가 시작되면 스위치가 켜져 배출가스 저감 장치를 작동시킨다. 그러나 일반 주행 시에는 작동을 멈추어 미국의 법적 허용치보다 10배에서 40

배가 많은 오염물질을 배출한다.

폭스바겐이 이런 일을 벌인 건 환경을 싫어해서가 아니었다. 엔진을 일반 주행 모드로 작동해야 성능과 연비가 획기적으로 향상됐기 때문이다. 사실상 환경 친화적이면서도 강력한 엔진을 내세우던 폭스바겐의 광고는 사기였다. 폭스바겐의 엔진은 둘 중 하나만 가능할 뿐, 두 가지를 모두 하는 건 불가능했다. 만약 일반 주행 시에도 환경에 최적화된 상태로 달리도록 판매되었다면, 주행 시 힘은 떨어지고 연비는 훨씬 낮아졌을 것이다.

따라서 기업 및 투자자들은 숨겨진 기술, 규제, 브랜드 부채가 대차대조표에 적힌 금융 부채보다 더 중요할 수 있음을 알아야 한다.

애자일 인사이드 10-2

미국 대 독일의 제조업

해외 업무 위탁에 따른 일자리 감소 문제는 국가 간 인건비 차이로 인한 불가피한 결과라는 의견이 많다. 하지만 연구들을 보면 국가마다 영향을 받는 정도가 다르다는 것을 알 수 있다. 2000년과 2009년 사이 미국에서는 제조업 일자리의 33퍼센트가 사라진 반면, 독일에서는 11퍼센트만 사라졌다.[24]

미국처럼 독일도 글로벌 무역 시스템에 의해 움직인다. 하지만 독일의 많은 회사들이 미국과 달리 개인 소유다. 그들은 현재 주가에 반영된 주주가치를 극대화하는 미국의 관행을 모방하지 않는다. 기업의 개인 소유주들은 단기 이익에만 집중하는 것이 장기적으로 진정한 부를 창출하는 데 방해가 된다는 사실을 안다. 그래서 자사주 매입과 같은 금융공학 장치에 관심을 갖지 않는다. 주식이 실제보다 잘 팔리는 것처럼 보이게 할 생각이 없는 것이다.

또한 독일은 2000년대 내내 기술 혁신에 유리한 환경을 조성하기 위해 제조업의 경쟁력을 강화했다. "독일은 2000년대 내내 경쟁력을 강화하려고 광범위한 경제 개혁을 단행했다. 여기에는 조세 법규의 경쟁력 강화, 견습 프로그램 및 산업 적용력이 높은 응용 연구개발에 대한 투자 확대 등이 있다. 경제 불황기엔 미국처럼 근로자를 즉각 해고하기보다 단기 작업 프로그램을 도입하기도 했다. (…) 독일만이 아니다. 일본, 한국, 네덜란드, 대만, 심지어 중국을 포함한 미국의 경쟁국들이 2000년대 내내 민간 기업의 경쟁력 및 혁신 잠재력을 뒷받침하는 과학, 기술, 혁신 생태계를 강화하기 위해 부단히 노력했다."[25]

그렇지만 미국의 상황은 다르다. 기업들은 주주가치를 극대화하는 데만 골몰하느라 숙련된 노동력, 공급망, 대중 교육, (미국의 경쟁력이 궁극적으로 의존하고 있는) 물리적 인프라 및 기술적 인프라와 같은 공유 자원에 대한 투자를 줄였다.[26] 미국 기업들은 제조업의 경쟁력을 뒷받침하는 정책 환경을 쇠퇴시켰다.

11장

뒤돌아봐서는 답을 찾을 수 없다

과거로부터는 미래를 논리적으로 유추할 수 없다.

| 존 듀이 John Dewey[1] |

전략 수립은 수십 년 동안 기업의 주요 활동이었다. 그렇다면 왜 전략은 주주가치를 극대화하거나, 자사주 매입이라는 "기업용 코카인"에 의존하거나, 해외로 업무를 대거 위탁한 결과로 재앙이 닥칠 거라는 사실을 알려주지 못했을까? 전략으로도 어쩔 수 없었던 걸까? 아니면 전략 수립이라는 관행 자체가 잘못된 걸까? 이 질문에 답하려면 모니터그룹Monitor Group의 안타까운 사례를 돌아볼 필요

가 있다.

모니터그룹은 1983년에 전설적인 비즈니스 사상가 마이클 포터Michael Porter가 공동 설립한 전략 컨설팅 회사다. 2012년 11월 모니터사는 청구서를 지불할 돈이 없어 결국 파산 신청을 했다. 왜 고액 연봉을 받는 모니터사의 컨설턴트들은 자신들의 전공인 전략 분석을 이용해 회사를 구하지 못한 걸까?

모니터사의 종말은 마른하늘에 날벼락처럼 찾아오지 않았다. 죽음의 소용돌이는 오랫동안 휘몰아쳤다. 그러다가 2008년 금융위기가 닥치면서 컨설팅 의뢰가 급격히 줄어들었다. 2009년에 협력사들로부터 450만 달러를 선불로 빌리고 보너스 2000만 달러의 지급을 연기해야 했다. 그것으로도 모자라 이후 사모펀드 칼티우스 캐피털 매니지먼트Caltius Capital Management로부터 5100만 달러를 추가로 빌렸다. 2012년 9월부터 매사추세츠주 케임브리지 본사 사무실의 월세가 밀렸다. 2012년 11월 칼티우스와 약속한 이자 지급일을 놓쳤고 결국 채무불이행으로 회사는 파산 위기에 몰렸다.[2]

정작 집안 문제엔 무관심해서였을까? 자기 자식 신발 수선하는 건 까맣게 잊은 구두 수선공처럼? 아니면 전략 틀을 실행하려고 애썼는데, 제대로 안 된 걸까? 그도 아니면 전략을 잘 실행했는데, 효과가 없었던 걸까?[3]

모니터사의 이야기는 이상하기 그지없다. 이야기는 1969년, 마이클 포터가 하버드 경영대학원을 졸업하고 찰스강을 건너 하버드 경제학과에서 박사학위를 따면서부터 시작한다. 경제학을 공부하면서 그는 일부 기업과 산업에서 실제로 초과 이익이 꾸준히 발생한다는 사실을 발견했다. 구조적 장벽이 높아 경쟁자가 진입하기 어려운 분야였다. 공공의 이익을 우선시하는 학계의 경제학자들에게 저조한 경쟁으로 발생하는 초과 이익은 해결해야 할 중요한 문제였다.

하지만 포터는 경제학자들이 문제라고 여긴 이런 상황이 사업적 관점에선 추구해야 할 해결책이라고 생각했다. 그야말로 묘책이었다. 평균 이상의 수익을 무한정 내는 엘도라도라니? 거기다 구조적 장벽이 영원히 보호해주기까지 한다면? 그것이야말로 기업 경영자들이 찾던, 더할 나위 없는 풍요로움으로 가는 지름길이었다!

자리만 잘 잡으면 구조적 장벽이 평균 이상의 수익을 영원히 보장해주는데, 왜 과감한 신제품이며 서비스를 만드는 위험과 번거로움을 감수한단 말인가?

이런 수법을 "전략의 규율discipline of strategy"이라고 부르는 건 어떨까? 구조적 장벽의 보호를 받는 회사가 "지속 가능한 경쟁우위"를 차지하게 될 거라고 발표하는 건 어떨까?

엄청난 수임료를 받는 전략 분석가들이 방대한 양의 데이터를 수집해서 정보를 분석해주면 낮이 가고 밤이 오듯 수익이 끝없이 찾아오는 엘도라도를 발견하게 될 거라고 선언하는 건 어떨까? 어떤 최고경영자가 영구적인 이익을 안정적으로 창출하는 법을 알고 싶어 하지 않겠는가? 그러니 그런 욕구를 만족시켜줄 수 있는 컨설팅 회사를 차리는 건 어떨까?

지속 가능한 경쟁우위라는 신화

그리하여 1979년 3월 마이클 포터는 《하버드 비즈니스 리뷰》에 〈경쟁력은 어떻게 전략을 만드는가How Competitive Forces Shape Strategy〉라는 논문을 통해 자신의 연구 결과를 발표했다. 이듬해에는 이어 《마이클 포터의 경쟁전략》이라는 책도 발간했다.[4] 그의 책은 사업 전략에 혁명을 일으켰다. 마이클 포터는 비즈니스 전략의 새로운 질서를 마련했다. 그의 위상은 "아리스토텔레스가 형이상학에서 차지하는 위치"에 버금갈 정도였다.[5]

게다가 그는 '사업 전략'이라는 갓 태동한 직종을 경영의 하위 분야들을 하나로 통합하는 지배적 규율로서 제시했다. 심지어 "경영의 목적이자 경영 교육의 목적"이라고 정의하기도 했다.[6]

1983년 포터는 컨설팅 회사 모니터그룹을 공동 설립했다. 이 회사는 수십 년 동안 고객들로부터 수억 달러의 수수료를 챙기며, 맥킨지, 베인앤컴퍼니, 보스턴컨설팅그룹 같은 다른 컨설팅 회사들에게 먹을거리를 제공했다.

조앤 마그레타Joan Magretta가 2012년에 출간한 《마이클 포터 이해하기》에 따르면, 포터는 "경쟁 및 전략 분야의 거인"이 되었다. "경영학과 비즈니스 학계에서 그는 가장 많이 인용되는 학자다"라고 그녀는 말한다. "동시에 그의 주장은 전 세계 기업과 정부 지도자들이 실제로 가장 널리 사용하는 아이디어다. 그의 틀은 전략 분야의 토대가 되었다."[7]

그런데 한 가지 걸리는 점이 있었다. 회사에 "지속 가능한 경쟁우위"를 찾아주는 이 거대 기업의 지적 기반이 무엇이었을까? 포터가 경쟁자가 진입하기 힘든 흥미로운 신사업 라인을 창조하는 법을 제시했을지도 모른다. 아니면 기존 사업에서 높은 수익을 낼 수 있는 경영 활동을 제시했을 수도 있다. 하지만 기존의 산업 구조를 추론해서 평균 이상의 수익을 무한정 낸다? 이건 유니콘과 플로지스톤(물질이 연소될 때 빠져나간다고 알려진 상상 속의 입자. 18세기에 플로지스톤설은 허구로 밝혀졌다—옮긴이)이 존재하는 상상의 세계에서나 가능한 것이다. 그렇지만 아이러니하게도 성배를 찾는 것처럼 그 목표가 불가사의할 정도로 찾기 어렵다는 사실이 경영진으로 하여금 그 목표에 매달리도록 더욱 자극하는 상황이 되었다.

이러한 전략적 계획을 세우기 위해선 대규모 데이터를 수집하고 분석할 필요가 있었다. 당연히 경쟁적 지형의 모든 측면들도 탐구해야 했다. 하지만 미래에 대한 데이터는 없으므로 데이터 수집은 과거를 토대로 했다. 과거로부터 미래를 추론한 것이다. 또한 알려진 것에 관한 데이터만 있어 데이터가 편향될 수밖에 없었다. 이는 아무리 분석해봤자 현재 업계에 대해 아는 것 이상의 정보는 얻을 수 없음을 의미했다.

따라서 자세한 분석으로부터 얻은 전략적 자신감은 본질적으로 회고적이었다. 미래가 과거와 매우 다를 수 있다는 가능성은 겉보기에 견고하고 종합적인 자료와 분석에 가려졌다. 그러다 보니 소규모 경쟁 업체들이 빠르게 성장해 업계에 침투해도 큰 위험으로 인식되지 않았다. 경쟁자들의 예상치 못한 움직임이 분석에서 자주 누락되었다. 기술, 고객 태도, 생활방식의 변화도 놓쳤다. 사업의 기대 수명을 과대평가하는 경우도 많았다. 전반적으로 (철저히 과거 자료를 분석한 결과를 토대로) 미래가 안전하다고 확신했지만 그건 허상이었다.

하지만 대규모 회고 전략은 계속되었다. "철저한 분석", "강단 있는 결정," "어려운 선택" 같은 말들을 남발하면서, 과거의 산업 구조를 연구하면 지속 가능한 경쟁우위를 선점할 수 있다는 주장이 아무런 근거가 없는 것임을 숨겼다. 경영대학원에서는 전략적 접근법을 필수과목으로 가르치며 여러 세대에 걸쳐 경영진에게 이런 생각을 주입했다. 그렇다고 해서 전략 컨설팅 사업에 해가 될 건 없었다.

과거의 초과 이익을 설명할 땐 이런 개념적 틀이 유용했지만 미래의 초과 이익을 예측할 땐 아무 도움이 안 됐다. 회고적 전략은 사후 판단에서는 100퍼센트의 정확성을 보였다. 하지만 예상치 못한 것과 의외의 것은 놓쳤다. "전략가들이 예지력을 결여했다는 게 중요한 게 아니다. 핵심은 그들의 이론이 실은 이론이 아니라는 것이다. 그저 '세심하게 정리한' 이야기일 뿐이다. 이것을 적용할 수 있는 유일한 곳은 과거를 이해하는 것이지, 미래를 예측하는 게 아니다."[8]

어쩌다 전략은 길을 잃게 됐을까? 어쩌다 비즈니스계는 전략을 미래 예측에 하등 쓸모없는 애물단지로 만든 것일까? 포터가 전략의 개념을 잘못 파악한 것일까? 애자일 경영은 전략을 필요로 할까? 이런 질문에 답하기 위해서는, 먼저 전략의 역사를 개괄적으로 살펴볼 필요가 있다.

전략은 사실 아주 오래된 개념이다. 일찍이 기원전 6세기 중국 제나라 장수이자 병법가인 손자가 쓴 병법서 《손자병법》의 등장과 함께 시작되었다. 《손자병법》은 오늘날 군사 지도자들에게도 유용한 통찰력과 격언으로 가득하다.

- 전쟁은 가능하면 피해야 하는 필요악이다.
- 경제적 손실을 피하기 위해 전쟁은 신속히 끝내야 한다.
- 학살과 잔혹행위는 저항을 일으킬 수 있으므로 피하라.

그럼에도 군사전략에 대한 체계적인 고찰이 시작된 것은 18세기 후반, 인간 활동의 모든 측면에 이성을 적용해야 한다는 계몽주의가 태동하면서부터다. 이때부터 사람들은 군대를 정렬하고 배치하기 위해 지도상에 완벽하고 종합적인 계획을 세우는 것을 전략이라 여겼다. 실제 작전을 실행하는 것은 전술의 문제로, 적어도 이론적으로는 상부가 명령하면 하급 병사들이 계획대로 전술을 펼쳤다.

하지만 전략과 실행의 괴리로 인해 의사소통이 잘못되거나 계획대로 작전이 실행되지 않을 위험도 있었다. 게다가 고도의 전략 구상에 현장 상황에 대해 생생하고 구체적인 정보를 가진 이들의 통찰력이 빠질 가능성도 높았다.

시간이 흘러 전략의 좌절은 19세기 독일 이론가 카를 폰 클라우제비츠Carl von Clausewitz의 출현으로 이어졌다. 그 유명한 (하지만 미완성인) 《전쟁론》에서 그는 전략은 "원초적 폭력, 증오, 적대감, 이 세 가지 요소로 구성된다"라고 주장했다.[9] 인간은 "전쟁의 안개" 속에서 행동할 수밖에 없으며, 예상치 못한 다양한 요소들이 상호작용해서 "마찰"을 일으켜 영향을 미치기 때문에 합리적 계획의 역할은 아주 제한적일 수밖에 없다는 것이다.

구상과 실행 사이에서 발생하는 "전쟁의 안개"와 "마찰"이라는 개념은 1857년 프로이센(훗날 독일)의 참모총장으로 임명된 헬무트 폰 몰트케Helmuth von Moltke에 의해 더욱 발전했다. 그를 유명하게 만든 격언이 바로 "그 어떤 작전 계획도 처음 적군을 대면하는 순간 쓸모없어진다"이다.[10]

어떤 면에서 폰 몰트케는 애자일 경영의 대부라고 볼 수도 있다. 불확실성에 대처하기 위해, 폰 몰트케는 '임무형 전술Auftragstaktik'이라는 개념을 고안했다. 이는 종합적인 전략 설계하에서 주도권 분산을 강조하는 전략적 접근법이다. 그에겐 계획을 종합적으로 완벽하게 세울 시간이 없었다. 그는 초반에 병력을 어떻게 동원하고 집중할지 계산한 뒤, 군 내 모든 직급의 리더들이 종합적인 전략 설계하에서 시시각각 변하는 상황을 판단하고 결정해야 한다고 믿었다.

20세기에 들어 폰 몰트케의 믿음은 군대에서 꾸준히 힘을 얻었고, 어느 샌가 미국 육군의 공식적인 교리가 되었다. 적어도 전장에서는 그랬다. 그에 따라 육군의 공식적인 전쟁 이론은 정보를 기반으로 한 "상세형 지휘 detailed command"와 행동 지향적인 "임무형 지휘 mission command"로 나뉘게 되었다.[11]

상세형 지휘는 세계가 결정론적이고 예측 가능하고 질서정연하고 확실하다고 가정하는 반면, **임무형 지휘**는 세상이 확률론적이고 예측 불가능하고 무질서하고 불확실하다고 가정한다.

상세형 지휘는 권력의 집중화, 강요, 형식, 엄격한 통제, 강제적 규율, 복종, 준수, 최종적 결정, 상부의 능력에 대한 집중 등의 특징을 가진다. 한 마디로 관료주의로 이어진다. 반면 임무형 지휘는 권력 분산, 자발성, 비공식성, 느슨한 통제, 자율적 규율, 자주성, 협력, 민첩한 결정, 모든 서열의 능력에 대한 집중 등 본질적으로 애자일 경영의 특징을 지니고 있다.

임무형 지휘식 전략은 전체 조직에 대한 높은 이해도를 바탕으로 작전에 좀 더 유연하게 접근하도록 유도한다. 전반적으로 더욱 민첩해지고 효율적인 조직이 되는 것이다.[12] 20세기에 들어서 군대는 정보 기반 전략에서 임무형 지휘 전략으로 꾸준히 변해오고 있으며, 특히 전쟁이 비대칭이 되면서 그런 추세가 강하다.

기업들이 번번이 파괴적 혁신에 실패하는 이유

군대가 하향식 정보 기반 전략을 포기하고 있던 그 순간, 기업 전략가들은 반대로 그것을 받아들이고 있었다. 1980년대에 출현한 비즈니스 전략은 주로 상부가 일방적으로 정교한 계획을 명령하는 하향식 정보 기반 전략을 개념적 틀로 삼는다.

이런 접근법은 과점적이고 안정적이고 예측 가능한 시장에서는 적합할 수도 있다. 하지만 당시 비즈니스 세계에선 정확히 반대의 일들이 벌어지고 있었다. 세계화, 규제 완화, 신기술이 출현해 과거 1970년대에 하버드 경영학과를 걱정하게 만든, 그리고 젊은 마이클 포터를 흥분하게 만든, "영속적인 초과 이익"을 창조하던 장벽의 대부분을 허물어버리고 있었던 것이다.

이런 접근법은 전략의 역사적 진화라는 큰 흐름에서 벗어나는 일탈이었다. 과거 데이터를 토대로 한 정보 기반 전략을 폭넓게 채택한다는 것은 전략적 계획을 실행해봤자, 그 결과가 과거와 "똑같을" 수밖에 없다는 뜻이다(〈애자일 인사이드 11-1〉 참조). 이는 또한 왜 기업들이 파괴적인 혁신을 번번이 놓치는지도 설명해준다.[13] 과거의 정보를 토대로 정보 기반 전략을 추구하면서 파괴적 혁신을 이루기란 쉬운 일이 아니다.

하지만 정보 기반 전략만이 비즈니스 전략에 내재한 유일한 문제는 아니었다. 또 다른 문제가 있었으니, 바로 전략의 개념 그 자체였다.

포터는 1979년 《하버드 비즈니스 리뷰》에 기고한 논문 〈경쟁력은 어떻게 전략을 만드는가〉를 시작으로 정식으로 펜대를 잡았다. 이 논문은 "학술 연구와 비즈니스 관행의 한 세대를 이루었다"라는 자랑스러운 문구와 함께 2008년 《하버드 비즈니스 리뷰》에 다시 실렸다.[14]

1979년에 쓴 그의 논문은 다음과 같은 이상한 문장으로 시작한다. "전략의 본질은 경쟁에 대처하는 것이다."[15] 사실상 포터가 생각하는 전략 개념의 핵심은 경쟁자들로부터 기업을 보호하는 것이다. 또한 전략, 기업, 기업 교육의 목표는 경쟁의 파괴력으로부터 기업을 보호할 안전한 피난처를 찾는 것이다.

이를 위해 전략가는 다섯 가지 요인을 고려해야 한다고 포터는 주장했다. 공급자의 협상력, 구매자의 협상력, 기존 기업 간의 경쟁, 신규 진입자의 위협, 대체재의 위협(〈그림 11-1〉 참조)이 그것이다. 이러한 요인이 전부, 아니 일부라도 강해지면, 산업은 더욱 경쟁적으로 변하고, 결국 초과 이익에 대한 전망치가 낮아지게 된다. 전략의 목표는 이런 요인들이 가장 적게 작용하는 곳에 회사를 위치시키는 것이다. 바로 그곳에 "지속 가능한 경쟁우위"의 열쇠가 있다.

요컨대 포터의 칼럼은 피터 드러커의 근본적인 통찰력을 무시했다. 1954년 피터 드러커는 사업의 유일하게 유효한 목적은 고객을 창출하는 것이라고 주장했다. 하지만 포터의 경쟁 기반 모델에서 고객은 협상력이 있을 때만 전략과 관계를 맺는다. 다섯 가지 경쟁 요인

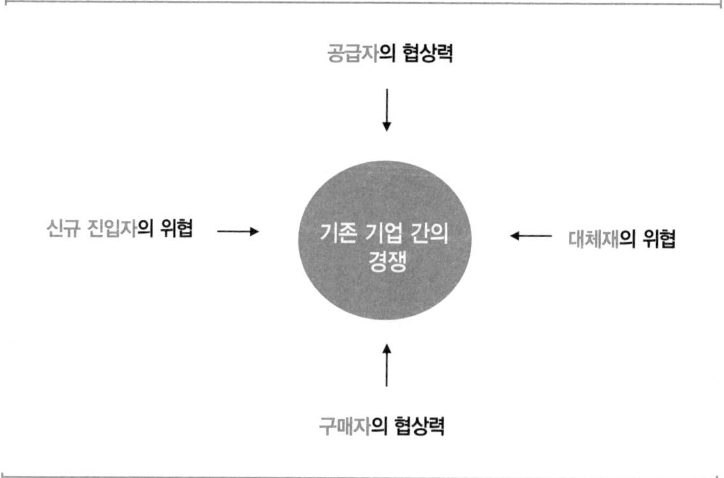

그림 11-1 | 포터의 주장에 따르면 전략가는 기업을 보호하기 위해 다섯 가지 요인을 고려해야 한다.

(five forces)의 기저에 놓인 사고는 3장에서 논의했던, 코페르니쿠스 이전의 경영 이론이다. 이 이론에서는 회사가 상업적 우주의 중심이고, 고객은 상대적으로 덜 중요한 주변부에 불과하다. 그나마 눈에 보이기라도 한다면 말이다(〈그림 3-2〉 참조).

또한 전략의 본질을 경쟁에 대처하는 것으로 정의하면 사업을 제로섬 게임으로 오해하게 된다. 1979년 《하버드 비즈니스 리뷰》 논문에서 포터는 이렇게 말했다. "산업의 경쟁 상태는 다섯 가지 기본적인 요인에 달려 있다. (…) 이런 요인의 집합적 세기가 산업의 궁극적인 이익 잠재력을 결정한다."[16] 이를 토대로 하면 한 산업에서 궁극적인 이익 잠재력은 그 수가 유한하게 정해져 있다. 즉 어떤 회사가 얼마만큼 챙기느냐가 유일한 문제가 된다.

하지만 건강한 사업이란 "전쟁이나 스포츠와 다르다. 한 회사가 성공한다고 경쟁 회사가 꼭 실패할 필요는 없다. 스포츠에서의 경쟁과 달리 모든 회사가 자기만의 경기를 펼칠 수 있다"라고 조앤 마그레타는 말한다. "전쟁이나 스포츠보다 적합한 비유는 공연 예술이다. 훌륭한 가수나 배우는 수없이 많다. 이들은 각자 다른 방식으로 성공하고 두각을 나타낸다. 각자 관객을 찾아내고 만드는 것이다. 공연이 훌륭할수록 관객은 늘어나고, 예술은 번성하게 된다."[17]

여기서 문제는 "전략의 본질"이라는 개념이다. 전략의 본질은 경쟁에 대처하는 것이 아니다. 전략은 여러 경쟁자들 가운데 단 한 명의 승자를 가리는 대회가 아니다. 고객에게 가치를 더하는 것이다. 포터의 다섯 가지 요인 모델은 결국 고객이 사업적 성공의 결정요인이라는 기본 요점을 놓치고 있다.

이런 생각의 오류(전략의 목적은 고객에게 가치를 더하는 게 아니라 경쟁자를 물리치는 것)는 시장 권력이 판매자에서 구매자로 이동하면서 당연히 곤란한 상황에 처하게 되었다. 이제 고객이 선택권은 물론, 선택지에 대한 믿을 만한 정보, 다른 고객과 소통할 수 있는 능력까지 갖추게 되었기 때문이다.

포터가 1950년대의 과점적 기업들을 바탕으로 연구하고 이론을 세울 때만 해도 경쟁의 구조적 장벽은 광범위하고 견고하고 본질적으로 영원해 보였다. 하지만 반세기가 지나면서 세계화와 인터넷의 열풍이 불어 이런 장벽의 대부분을 허물었고 고객을 시장의 주인으로 만들어버렸다. 의료와 국방처럼 정부가 규제를 통해 보호하는 몇몇 분야를 제외하고 사업체들의 안전지대는 더 이상 존재하지 않는다. 국가 간 장벽이 무너졌다. 지식이 상품이 되었다. 신기술이 눈부신 혁신과 급속한 변화를 부채질했다. 기존 시장으로의 진입이 놀랄 만큼 쉬워졌다. 난데없이 신제품과 신규 진입자가 나타나 오래된 산업을 죽이고 새로운 산업을 창출하며 산업 전체를 재편성했다.

"산업의 이익 잠재력"은 유한하지 않은 것으로 드러났고, 따라서 누가 얼마만큼 몫을 챙기는지도 더 이상 중요하지 않다. 이익 잠재력은 오히려 굉장히 탄력적인 개념으로 변했다. 한순간 이익이 극적으로 팽창하다가도 갑자기 붕괴했으며, 경쟁자도 혁신도 바람같이 나타났다. 파괴적 혁신으로 인해 "지속 가능한 경쟁우위"를 점하고 있다고 믿었던 기업들이 줄줄이 무너졌다. 노키아, 코닥. 소니, 리서치인모션, 모토로라, 휴렛팩커드, 보더스, 서킷시티, 시어스, JC페니 등 한때 잘나가던 산업 리더들의 형세가 얼마나 기울었는지 한 번 보라.

아니면 아마존, 애플, 페이스북, 구글, 넷플릭스가 창출한 거대한 사업들을 보라. 모두 고객에게 새로운 가치를 제공한 기업들이다. 이들은 단순히 "산업의 잠재적 이익"을 대거 착취하거나 "산업의 구조적 장벽을 이용"하지 않는다. 그보다는 새로운 거대한 시장을 창조한다.

따라서 포터의 글에서 시초한 개념적 오류부터 모니터그룹의 파산까지는 일직선으로 이어져 있다. 모니터사는 경쟁자가 가진 다섯 가지 요인에 의해 무너진 게 아니다. 모니터사를 죽인 것은 고객이 더 이상 그들이 제공하는 것을 사고 싶어 하지 않는다는 사실이다. 모니터사는 고객에게 가치를 더하는 데 실패했다. 결국 고객들은 이를 깨달았고, 모니터사의 서비스에 돈을 쓰기를 중단했다. 그리하여 모니터그룹은 파산했다. 모니터사를 붕괴시킨 건 오늘날 시장의 유일한 지배세력, 다섯 가지 요인에서 빠져 있던 세력, 바로 고객이다.

혁신은 최고경영자의 일이다?

따라서 모니터그룹이 파산한 것은 그리 놀랄 만한 일이 아니다. 그보다 흥미로운 건 다음 질문이다. 어째서 모니터그룹은 그렇게 오랫동안 그런 엉터리 상품으로 그토록 많은 돈을 벌 수 있었을까? 지속 가능한 경쟁우위를 점할 수 있는 곳에 회사를 배치해야 한다는 포터의 주장이 정치적, 사회적, 재정적으로 최고경영진에게 엄청나게 매력적으로 다가왔다는 점에서 일부 해답을 찾을 수 있다.

전략적 계획에 대한 포터의 접근법에는 몇 가지 가정이 있다. 첫 번째, 전략은 시장과 제품을 선정하는 문제다. 두 번째, 이런 결정이 회사가 창조하는 가치를 책임진다. 세 번째, 최종 결정자는 최고경영자다. "포터는 모든 전략가들을 대변해 전략은 '선택의 궁극적 행위'

라고 말한다. 조직의 최고 전략가는 리더, 즉 최고경영자가 되어야 한다는 것이다."[18]

그렇게 구상된 전략은 "경영 세계를 '고위 경영진'과 '나머지', 두 부류로 나눈다." 따라서 전략은 "고위 경영진의 기능을 정의하고 '사회적 하급자'들의 기능과 구분한다.[19] 조직의 최고위층에서 이루어지는 것이 전략적 경영이다. 그 밖의 모든 것은 하찮은 운영 업무들에 지나지 않는다.

전략 컨설턴트들은 "전략적 경영과 하급 운영 관리를 명확히 구분한다. 전략적(즉 최고) 경영은 다차원적 행렬을 해석하는 복잡하고 사색적이고 이지적인 활동이다. 반면 운영 관리는 시장 수익률을 맞추기 위해 시장 관행을 기계적으로 복제하기만 하면 되는 일이다. 유능하지만 덜 지적인 유형에 적합한 행동 형태인 것이다."[20]

따라서 컨설턴트를 중심으로 한 전략 수립은 최고경영자가 "초超 결정권자"라는 신화를 부채질하고 최고경영진의 성과급을 치솟게 하는 데 제물로 쓰였다. 이런 식으로 전략적 계획을 세움으로써 최고경영진은 정치적, 사회적, 재정적으로 거짓 위세를 키울 수 있었다.

이런 전략 업무를 담당하는 컨설턴트들은 보통 고객의 욕구에 대해 깊은 이해나 경험을 가진 사람들이 아니었다. 자동차를 만들거나, 휴대전화를 만들거나, 훌륭한 소프트웨어를 만드는 전문가들이 아니었다. 흔히 현실적인 문제들에 재정적 해결책을 제공하는 시간제 학자들이거나 숫자를 다루는 사람들인 경우가 많았다. 하지만 그것은 문제가 되지 않았다. 그들의 가장 중요한 역할은 최고경영진이란 존재에 깃든 용맹한 신에게 의례적으로 경의를 표하며 아첨하는 일이었기 때문이다.

전략 기획은 최고경영진만이 미래에 적합한 전략적 계획을 선택할 수 있다고 주장하며 상부의 결정을 하부에 강요하는 기능을 수행했다. 독단적으로 구상한 계획이라 실제 시장에 맞지 않을 수도 있었지만, 그보다 중요한 건 누가 결정하느냐였다. 세상이 점차 변덕스럽고 불확실하고 복잡하고 모호하게, 이른바 '뷰카(VUCA)'해지면서 혹여 상부에서 훌륭한 계획을 세우더라도 정세가 급변해 금세 무용지물이 되기도 했다. 하지만 그것 역시 중요하지 않았다. 최고경영진이 자신에게 부여된 성스러운 권력으로 그러한 문제들을 해결할 터였다. 새로운 컨설턴트가 그 과정에서 도움을 주는 건 당연한 일이었다.

하향식 접근법으로 전략을 세우는 것은 기업의 의식이었다. 이것이 "최고경영자들에게 가지는 의미는 고대 종교가 부족장들에게 가지는 의미와 같았다." 전직 전략 컨설턴트인 매슈 스튜어트Matthew Stewart는 《위험한 경영학》에서 이렇게 말한다. "이런 의식은 근본적으로 통치자들의 신성한 통치권, 즉 은밀한 형태의 정치적 이론에 대한 것이다." 이것은 "기우제 때 추는 의식적 춤과 같다. 실제 날씨에는 아무런 영향을 미치지 않지만, 의식에 참여하는 사람들은 영향을 미친다고 생각한다."[21]

결국 기우제 춤의 정체가 들통 나고 말았다. 기존 산업 구조를 연구해서 "지속 가능한 경쟁우위"를 찾는다는 주장은 점점 설득력을 잃어갔다. 일류 경영대학원의 교과과정에는 여전히 포함돼 있었지만, 파산이 가까워질수록 모니터그룹 자신도 포터의 다섯 가지 요인 모델을 더 이상 팔지 않게 되었다.[22]

반면 애자일 경영에서 경쟁우위는 위치하는 게 아니라 지속적으로 창조하는 것이다. 전략은 장소가 아니라 활동이다. 애자일 경영은 산더미 같은 과거의 데이터를 연구하는 것만으로는, 경쟁자들이 무엇을 하고 있을지 면밀히 살피는 것만으로는, 미래에 대해 알 수 없다는 사실을 안다. 사실상 급속한 기술 변화의 세계에서 미래의 산업구조는 분명 현재와 다를 것이라고 인식하는 것이다.

따라서 정보 기반 전략이 실패했다고 해서 애자일 조직에는 전략이 필요 없다는 뜻이 아니다. 애자일 경영도 장기적인 기회 및 위협에 대비해 대책을 준비해야 한다. 6장에서 논의한 바와 같이, 애자일 경영에서 전략의 중심 과제는 다음과 같은 질문에 답하는 것이다. 미래에는 고객들이 욕구를 어떻게 충족시킬까? 현재 판매하는 제품 및 서비스가 실제 고객 또는 잠재적 고객의 수많은 욕구 중 아주 일부를 해소해주고 있다면, 그건 무엇일까? 그런 욕구를 충족시키고 수익을 내려면 우리 조직은 어떤 접근법을 취해야 할까? 이런 접근법을 취하면, 비용 대비 이익이 얼마나 발생하는가? 우리가 경쟁자들보다 이것을 더 잘할 수 있는가? 리스크는 어떻게 관리해야 할까?

애자일 경영에 적합한 전략적 접근법은 전략을 최고경영진의 고유한 영역에서 해방시키고, 네트워크의 법칙에 따른 포괄적인 프로세스를 구현하는 것이다. 아이디어는 어디서든 나올 수 있다. 미래를 상상하고 바꾸려면 조직 전체(그리고 그 너머)의 통찰력을 동원해야 한다.

애자일 경영은, 전략은 혁신이며 혁신은 모두의 일이라는 인식 아래 최고경영진만이 미래를 보는 지혜의 열쇠를 가지고 있다는 신화를 거부한다.[23] 또한 조직은 권위의 계층이 아니라 역량의 계층으로 네트워크를 이루며 운영된다고 생각한다. 잠재적 변화를 새로운 고객 가치를 전달할 기회로 전환하고 그에 따른 계획을 실현하기 위해서는 다원적인 사고가 필요하다.

전략 수립 시 조직 전체를 포함시키면 전략과 실행 사이의 장애물(전략 실패의 주요 원인)을 효과적으로 제거할 수 있다. 해커톤과 신병훈련소 같은 장치들을 마련해 혁신의 중요성을 강조함으로써 어디서든 새로운 아이디어를 도출하도록 만들 수도 있다.

이러한 변화에 대한 영감은 새로운 것이 아니다. 19세기 헬무트 폰 몰트케와 20세기 군대의 임무형 지휘에서 유래한 것이다. 이제 경영자들은 20세기 후반 비즈니스 세계에서 전략으로 통하던 '정보 기반 훈련'을 잊어야 한다.

전략은 서열을 막론하고 모든 리더들이 전체적인 전략 설계 안에서 유동적으로 진화하는 상황을 시시각각 판단하고 결정하는 것을 말한다. 여기서의 전략은 세상이 확률적이고 예측 불가능하고 불확실하다는 것을 인정할 뿐 아니라 분산화, 자발성, 비공식성, 느슨한 통제, 자기규율, 주도권, 협력의 필요성을 받아들인다. 민첩하게 수용 가능한 결정을 내리는 조직은 서열 구분 없이 능력을 이용하는 데 집중한다.

조직 전체를 포함시켜 전략을 구현하는 것은 경직되고 계층적이고 일방적인 의사소통이 횡행하는 하향식 관료주의에서는 불가능한 일이다. 따라서 21세기형 비즈니스 전략을 수립하는 것은 경영의 개념 자체를 수정하는 것을 의미한다.

애자일 인사이드 11-1

"하던 대로 하기" 전략

2010년 전략 컨설턴트 세자르 마이나르디Cesare Mainardi와 아트 클라이너Art Kleiner가 글로벌 기업의 최고경영진이 전략을 결정하는 기창한 과정을 화려하게 묘사한 적이 있다. 그렇다면 회의 결과는 어땠을까? 일련의 전략들을 검토한 뒤, 최고경영진은 또다시 "하던 대로" 하기로 결정했다.[24]

> 오전 8시. 대형 글로벌 포장식품 업체의 임원 회의실. (…) 지난 두 달 동안 열다섯 명의 고위급 인사들로 구성된 전략팀이 성장 옵션을 모색하며 세 가지 기본 전략을 분석 검토해왔다. 지금은 각 전략을 20분짜리 프레젠테이션으로 간결하게 요약하는 시간이다. 첫 번째 옵션은 혁신에 초점을 맞추는 것. 두 번째 옵션은 고객과 더 가까워지는 것. (…) 세 번째 옵션은 비용을 절감하고 핵심 인수 절차를 완료해서 (…) 더욱 적극적으로 경쟁하여 (…) 해당 카테고리의 리더가 되는 것이다.
>
> 화면이 꺼지자 최고경영자가 앞으로 몸을 기울이며 간단한 질문을 던진다. "어떤 전략을 택해야 승산이 있겠는가?" 말투가 침착하고 직설적이라 살짝 긴장한다. (…)
>
> 승산에 대한 질문을 둘러싸고 다양한 층위의 토론이 벌어진다. 이후 몇 주 동안 집행부는 세 가지 전략에 대해 깊이 있게 이야기를 나눈다.
>
> 결국 임원들은 해당 카테고리의 리더가 되자는 전략으로 의견을 모은다. 그 전략이 그들이 이미 가지고 있는 능력과 가장 잘 맞기 때문이다.

다시 말해 회사는 막대한 비용과 시간을 들여 전략을 검토하고선, 결국 살짝 손만 본 채 항상 해오던 대로 하기로 결정했다. 결정 과정이라는 것은 그저 형식에 가깝다. 가치 있는 내용은 아주 일부에 불과하다.

애자일 인사이드 11-2

선택지 추리기 및 포트폴리오 경영

진지하게 미래 전략 계획을 세우다 보면 수많은 선택지를 만들게 된다. 이런 선택지들을 어떻게 관리해야 할까? 전통적인 경영에서는 결정 장애를 겪다가 아무거나 하나를 선택하고 나머지는 무시하는 일이 비일비재하다(〈애자일 인사이드 11-1〉 참조).

선택지 추리기 및 포트폴리오 경영은 일찌감치 하나를 선택했다가 일이 잘못되어 막대한 손실을 떠안지 않아도 되는 미래 투자 방식이다. 컬럼비아 경영대학원 교수 리타 건서 맥그래스Rita Gunther McGrath는 《경쟁우위의 종말》에서 다음과 같이 말한다.[25]

> 기성 조직들은 새로운 아이디어에 너무 많은 돈을 쏟아 붓는 경향이 있다. 성공 가능성이 매우 불확실한데도 마치 무슨 일이 일어날지 정확히 아는 것처럼 행동하는 것이다. 최악의 경우 일이 계획대로 되지 않았을 때 매몰 비용을 단념하기가 두려워 일을 그대로 밀어붙인다. 그 결과 고통스러우면서도 값비싼 실패로 이어지는 경우가 많다. 이리듐 프로젝트Iridium project처럼 엄청난 제품 실패부터 8억 5000만 달러를 들여 소셜네트워킹 사이트 비보Bebo를 매입한 AOL의 처참한 인수 계획까지 다양한 사례가 있다. 환경이 불확실할 때는 불확실성이 감소했을 때만 자원을 투자하는 것이 효과적인 접근법이다. 즉 선택지 추리기의 핵심 원칙을 사용하는 것이다.

기업들은 포트폴리오 접근법을 통해 다양한 잠재적 혁신을 관리할 필요가 있다. 특정 시장을 창출하는 혁신의 경우 초반에는 성공 가능성이 낮기 때문에 혁신을 다양하게 추구할 필요가 있다. 포트폴리오를 구성할 때는 혁신에 소요되는 시간대가 각기 다르도록 주의해야 한다. 여기엔 진정한 시장 창조형 혁신도 있을 것이고, 효율성 및 실적 향상형 혁신도 있을 것이다(실제 시장 창조형 혁신과 실적형 혁신을 결정할 때는 리더가 균형을 맞출 필요가 있다).

또한 회사들은 리스크도 낮고, 수익률도 낮고, 기회는 점진적으로 증가하는 관료적 혁신의 포트폴리오가 되지 않도록 조심해야 한다. 과감하고 장기적인 시장 창출형 기회를 추구할 수 있도록 경영진이 경계를 넘나드는 협력을 보장해야 한다.

마찬가지로 제 역할을 하지 못하는 사업 및 프로그램을 수정하거나 폐기할 때도 주의해야 한다. 망해가는 프로그램을 살리려고 부서들이 과도한 자원을 계속해서 쏟아 붓지 않도록 최고경영진이 반드시 개입해야 한다.

에필로그

두 개의 다른 세계

간절히 원하면 꿈이 아니다.

| 테오도르 헤르츨[1] |

지금까지 우리는 두 개의 다른 세계를 살펴보았다.

1부 1~7장에서 묘사한 세계에서는 건강한 투자, 활기찬 노동력, 지속적인 혁신, 높은 수익을 내는 조직과 그곳에 속한 사람들을 보았다. 모두가 언제 어디서나 모든 것과 연결되는 뷰카(VUCA)한 세상에서 그들은 평온하다. 이들 조직은 작은 팀의 법칙, 고객의 법칙, 네트워크의 법칙을 추구함으로써 수많은 고객에게 즉각적이고 친밀하고 비마찰적인 가치를 제공하는 방향으로, 궁극적으로는 자신과 사회에 가치를 전달하는 방향으로 발전하고 있다.

그들의 성공 원칙은 이해하기 쉽다. 사람들은 타인을 기쁘게 하는 일을 할 때 가장 일을 잘한다. 같은 일을 하며 즐거워하는 사람들과 가치 있는 무언가를 할 때 더 좋은 성적을 낸다. 업무 주기가 짧아 모든 사람이 결과물을 금세 확인할 수 있다. 쌍방향으로 소통하고 모두가 진행 중인 일들에 접근할 수 있어서 문제도 빨리 해결된다. 혁신이 일어난다. 고객들은 심지어 드러낸 적 없는 욕망이 충족되는 것을 보고 놀란다. 일이 재밌어진다. 우리가 방문한 회사 중 그 어느 곳도 이런 원칙을 완벽하게 구현하진 못했지만, 그들 모두가 완벽을 향하는 과정에 있었다.

8장부터 11장까지 살펴본 또 다른 세계에서는 이와 다른 원칙을 따르는 사람들과 조직들을 보았다. 모두가 언제 어디서나 모든 것과 연결되는 뷰카(VUCA)한 세상이 그들은 불편하다. 단지 제자리에 머물기 위해 더 빨리 뛰어야 하기 때문이다. 명령대로만 움직이는 무력한 직원들을 데리고서는 오늘날 시장의 요구, 즉 즉각적이고 친밀하고 비마찰적인 가치를 규모에 맞게 지속적으로 전달하라는 요구를 충족시킬 수 없다. 그들은 주로 현상을 유지하고 기존 사업을 보호하는 데 주력한다. 또한 단기적 주주가치, 자사주 매입, 비용 중심 경제학, 회고적 전략에 빠져서 미래로 가는 발걸음을 스스로 붙잡는다. 부족한 실적을 감추기 위해 금융공학을 이용해서 성공한 척 위장하기도 한다.

후자의 조직에서는 일하기가 지독하게 힘들다. 일터로 가는 직원들의 발걸음이 가볍지가 않다. 깨어 있는 시간의 대부분을 상사를 위해 돈을 버는 데 쓰기 때문에 능력을 최고치로 발휘하기 어렵다. 이런 세계에서 승자는 몇몇 개인과 기업일 뿐, 전체 사회는 패자가 된다.

두 세계의 상대적인 크기만 보면 그림은 우울하다. 오늘날 전자(조직을 운영하는 새로운 방식)보다 후자(전통적인 하향식 관료주의)로 조직을 운영하는 상장기업이 훨씬 많기 때문이다. 사회 각층의 많은 사람들이 여전히 새로운 방식보다 전통적인 방식을 믿고 지지하고 보호하고 있다. 게다가 이를 뒷받침하는 이론에 대한 광범위한 지원과 그 어느 때보다 높이 치솟는 주식시장이 이런 사고방식과 그에 따른 행동을 강화하고 있다.

하지만 중요한 소식은 두 세계가 완전히 다른 궤적을 그리고 있다는 사실이다. 새로운 세계는 관련자들에게 영감과 활력을 불어넣으면서 실질적으로 번영하고 성장하고 번창하며, 진화와 재창조를 이어나가고 있다.

다른 세계는 실질적으로 쇠락의 길을 걸으며, 관련자들, 심지어 엄청난 (하지만 일시적으로) 금전적 결실을 맛본 사람들의 사기조차 꺾고 있다. 세상의 발전을 가늠하는 진정한 척도는 주식시장의 호황이나 주주를 위한 단기적 이익이 아니다. 불꽃이 꺼져가는 실물경제,

미래를 낙관하지 못하는 수많은 사람들의 절망, 흔들리는 사회 구조, 심각한 당면 과제들로 교착상태에 빠진 정치야말로 진짜 척도다.

훨씬 흥미로운 소식은 대부분의 거대 상장기업에도 이제 새로운 방식으로 일하며 변화를 옹호하는 실무자들이 거대한 섬을 이루고 있다는 점이다. 어떤 섬들은 매우 크다. 일부 글로벌 기업에는 스스로를 기업의 변화를 위한 "휴면 세포sleeper cells"라고 정의하는 거대한 사단이 있을 정도다.

고위 경영진은 이런 불손한 섬들을 이따금 불안한 눈빛으로 바라본다. 그렇다고 이들을 무시할 수도 없다. 이유는 단순하다. 전통적인 관료적 관행으로는 현대의 소프트웨어를 관리하는 게 불가능하기 때문이다. 소프트웨어를 개발할 때는 애자일 경영을 추구할 수밖에 없다. 그러니 변화는 협상이 불가한 사항이다. 경영진이 애자일 경영을 지지하지 않으면 최고의 개발자들이 조직을 떠난다. 소프트웨어가 "세상을 집어삼키며" 모든 사업 모델에 전례 없이 중요해지고 있는 상황에서, 내부에서부터 변하라는 압력은 결코 중단되지 않을 것이다.

변화에 왜 이렇게 오랜 시간이 걸릴까?

변화를 지지하는 이런 섬들의 열정과 야망은 때로 전통적인 경영자들을 불쾌하게 만들었다. 이 문제는 부분적으론 사회적인 문제다.

부리던 하인이 자기 위치를 망각하고 대저택을 점령하고 있는 것과 비슷하니 말이다. 《블룸버그 비즈니스위크Bloomberg Businessweek》에서 폴 포드Paul Ford가 이러한 문화 충돌을 재미있게 묘사한 바 있다. 기사는 한때 성공 가도를 달렸으나 이젠 진퇴양난에 빠진 한 임원의 이야기로 시작한다. 그는 이제까지 쌓은 경험과 기술이 새로운 환경에서 무용지물이 되는 것을 경험한다. 이해하기 어려운 언어, 파악하기 힘든 경영 관행, 편치 않은 사람들, 경영자로서의 생존을 위협하는 현실적인 문제들. 그 와중에 소프트웨어 개발은 갈수록 예산에서 큰 비중을 차지하며 조직과 그의 미래를 점령한다. 이 이야기는 그가 차츰 현실을 파악하며 해피엔딩을 맞이하는 것으로 끝난다. 하지만 현실은 그렇지 않은 경우가 많다.[2]

그럼에도 최고경영자들 스스로가 급변하는 시장에 대처하기 위해 조직을 개선해야 할 필요성을 인식하면서, 윗선에서부터 애자일 경영에 대한 노력이 시작되는 추세다. 사실상 "왜 우리가 변해야 하지?"라는 질문이 "저들이 하는 걸 왜 우리는 못하는 거지?"라는 질문으로 바뀌고 있는 것이다.

《하버드 비즈니스 리뷰》, 《이코노미스트》, 《파이낸셜 타임스》 같은 유력한 경영지들도 이 운동에 가세하고 있다.[3] 이사회 및 자산운용사 역시 자신이 투자하는 기업의 주가와 더불어 건강에도 점점 관심을 보이고 있다.[4] 비즈니스 생태계가 많은 부분 무너지자, 기업들이 올바른 자기 이익을 실천해야겠다고 인식하게 된 것이다. 요컨대 비즈니스 리더는 단순한 자본주의의 실천가가 아니다. 그보다는 시장 시스템의 지속 가능성을 강화해야 할 책임이 있는 관리인에 가깝다.

왜 이렇게 변화에 오랜 시간이 걸릴까? 왜 이 두 세계에 그렇게 큰 간극이 있을까? 전무후무한 기술 혁신 시대에 왜 이렇게 많은 조직이 신속하게 태세를 전환해 실질적 성장을 촉진하기보다 금융공학에 기대서 현상 유지만 하고 있을까? 이미 우리는 변화의 뿌리 깊은 속성, 기존의 습관 · 태도 · 관행을 바꾸는 것의 어려움, 최고경영진이 현상 유지에만 관심을 갖게끔 만드는 막대한 금전적 보상 등 그에 대한 몇 가지 이유를 살펴보았다.

역사적 관점에서 봤을 때, 이렇게 다른 두 세계가 장시간 나란히 존재해왔다는 건 놀라운 일이 아니다. 세상에 "신기술"이 출현하고 그 결과 "신경제"와 거기에 어울리는 "새로운 경영법"이 나타나고 그와 더불어 "금융 광풍"이 일어났던 것도, 한편에서 많은 회사들이 이런 변화를 부인하며 "과거와 똑같은" 방식을 고수하던 것도, 역사상 처음 있는 일이 아니다. 카를로타 페레스 교수는 《기술혁명과 금융자본》이라는 책에서 일찍이 역사 속에서 일어났던 유사한 현상들을 유려하게 묘사함으로써 현재 상황과 그로 인한 잠재적 결과를 조명하고 있다.[5]

"역사는 똑같이 반복되지 않는다. 다만 비슷할 뿐."[6] 마크 트웨인은 이렇게 말했다. 물론 눈앞에 놓인 구체적인 과제들이 독특한 시대적 현상이긴 하다. 세계화, 규제 완화, 지식 노동, 놀라운 신기술, 특히 인터넷과 모든 산업에서 점점 커져가는 소프트웨어의 역할까지. 그런 점에서 우리가 전례 없는 상황에 처한 건 맞다. 하지만 역사는 애자일 경영자든, 기업의 리더든, 그냥 관련 시민이든, 조직 운영을 더 나은 방식으로 빠르게 전환하는 데 관심 있는 모든 사람들에게 교훈을 던진다.

요컨대 지난 몇 백 년 동안 우리는 반복되는 패턴을 보아왔다. 언제나 혁신적인 집단이 모여 기술 혁명을 일으켰다(〈애자일 인사이드 12-1〉 참조). 1790년대(운하), 1840년대(철도), 1890년대(철강), 1920년대(대량생산), 1990년대 이후(컴퓨터와 통신), 수차례 변화가 연이어 일어났다. 그때마다 세상을 보는 눈과 투자할 돈이 있는 사람들에겐 엄청난 수익을 거둘 새로운 가능성이 열렸다. 그 과정에서 신기술에 맞는 새로운 조직 운영 방식이 등장했다. 뒤이어 고수익에 대한 기대 및 과잉 투자를 동반하며 금융 광풍이 일어났다. 매번 일확천금을 거둘 수 있다는 기대가 불가항력적으로 생겼다.

투기성 단기 자금이 흘러들었다. 투자자들은 신기술이 만든 진짜 기회를 착취했다. 그러다 실물경제에 대한 투자가 뜸해지자 돈으로 돈을 벌기 시작했다. 기업들이 상품과 서비스가 오가는 실물경제에 관심을 끊고 카지노 경제에 열중하면서 금융 부문이 경제를 장악했다. 한동안 "신경제"와 "돈 놓고 돈 먹기"가 과열되며 파격적인 수익률에 정신이 팔렸다. 모두가 지속적으로 수익을 거둘 것이라 생각했다.

'돈 놓고 돈 먹기' 경제에서 승리한 사람들은 더욱 부자가 되었지만, 일반 시민들은 아무것도 얻지 못했다. 금융 광풍 속에서 투자자들은 신기루를 쫓았나. 결국 거대한 금융 붕괴 사태(여러 차례)가 일어났고 경제가 상당 부분 황폐화되었다. 그렇지만 생산적인 거품 속에서 조직하고 관리하고 소비하는 훨씬 좋은 방법들이 마련되었다. 신기술과 기반시설에 대한 투자가 이루어졌다. 새로운 종류의 조직이 만들어졌고, 조직을 운영하는 새로운 방식이 등장했다.

붕괴 사태가 굉장히 심각한 동시에 국가 지도자들이 굉장히 현명할 땐, 지도자들이 새로운 제도를 마련해 경제를 안정시키고 미친 듯이 날뛰는 금융 부문을 통제했다. 실제 사람들에게 실제 재화와 서비스를 제공하는 일이 다시 경제의 중심을 꿰찼다. 반면 금융 분야와 돈으로 돈을 버는 카지노 방식은 조연으로 밀려났다. 이렇게 상황이 좋아지며 일종의 "황금기"가 뒤따랐다. 적당히, 하지만 꾸준히 경제가 성장했고, 혜택이 골고루 돌아갔다. 많은 사람들이 두루두루 번창했다. 경제가 다시 선순환에 접어들었다.

하지만 사회가 돈으로 엄청난 돈을 버는 것에 대한 환상을 깰 만큼 붕괴 사태가 심각하지 않거나, 정치 지도자가 날뛰는 금융을 통제할 제도를 마련할 만큼 충분히 현명하지 않을 땐, 국가는 다양한 방식으로 쇠락했다. "황금기" 대신 "핵겨울"이 뒤따랐다.

어떤 경우엔 카지노 경제가 지속되고 금융 부문이 계속 미쳐 날뛰었다. 실물 경기는 퇴보했고, 금융은 파탄 났으며, 소득 불평등은 악화되었다. 또 다른 경우엔 금융 광풍을 과잉 진압해 금융권을 과도하게 규제하는 바람에 은행의 순기능을 방해했고 결국 실물경제의 발전을 가로막았다. 또는 국가 기업이 경제를 관리 운영하는 끔찍한 정치적 결과를 초래하기도 했다.[7]

세상과 새롭게 상호작용하는 법

오늘날 우리는 어디쯤에 있을까? 1990년대의 기술 거품을 만든 동력은 넘치는 기회였던 반면, 2001년부터 2007년까지의 거품을 만든 동력은 손쉬운 대출이었다. 페레스는 말한다. "첫 번째 경우, 신기술에 대한 흥분이 돈을 무한정 노름판으로 끌어들였다. 두 번째 경우, 손쉽게 거금을 대출받을 수 있다는 흥분이 투자자들에게 돈으로 돈을 벌 방법을 새로이 찾도록 자극했다."[8]

2008년에 경제가 붕괴하고 정부가 은행들을 긴급 구제하고도 아직 카지노 경제는 지속되고 있다. 경제 붕괴 후 부실 은행들을 정리하고 금융 시스템에 대한 신뢰와 자신감을 회복하기 위한 규정을 마련하려는 대대적인 노력이 있었다. 하지만 근본 원인이 해결되었는가를 보면, 결과는 복합적이다.[9] 금융 부문은 여전히 비대한데 금융 규제는 과도한 관료주의만 낳고 있는 형국이다. 은행의 범법 행위를 막을 효과적인 보호책은 제공하지도 않으면서, 이제는 그나마 있는 보호책들을 폐기하자는 이야기도 나온다. 사실상 2008년 경제 붕괴를 일으켰던 끔찍한 행동들이 무한 반복될 위험에 처해 있다.

경제 성장은 부진한데 기업 이익과 주식시장은 호황을 누리는 현상은, 넘치는 기회(사물인터넷)와 여전히 손쉬운 대출이 합세한 결과를 반영한다. 2017년 중반 현재 투자자들은 세금을 감면받을 가능성과 해외에 묶어둔 수조 달러를 다시 들여와서 자사주를 매입하고 주주들에게 전달할 가능성을 꿈꾸며 군침을 흘리고 있다. 많은 상장기업들이 단기적 주주가치, 비용 중심 경제학, 회고적 전략의 덫에 걸려 있다. 물론 예외도 많다. 그리고 대부분이 내부로부터의 변화를 주장하고 있다. 하지만 경제 침체가 지속되고, 소득 불평등이 심화되고, 금융 붕괴가 이어지고, "핵겨울"이 장기화될 가능성이 여전히 크다.[10]

경제가 꾸준히 성장하고 널리 번창해 사회가 새로운 "황금기"로 접어들려면, 사회 전반에 걸쳐 많은 주인공들이 강한 리더십을 보여줄 필요가 있다(〈애자일 인사이드 12-2〉 참조). 이런 과제를 해결하기 위해선, 민간 부문이 금융공학을 이용하고, 가치를 착취하고, 돈으로 돈을 버는 데 집중할 게 아니라, 실제 재화와 서비스로 고객에게 새로운 가치를 제공하고, 그리하여 경제 성장에 기여하도록 다시 헌신해야만 한다.

이 책의 한 가지 목표는 조직을 보다 생산적으로 운영하고자 하는 사람들이 사용할 수 있는 지식 체계에 주목하는 것이었다. 이미 조직을 생산적으로 운영하는 법에 대한 우리의 이해는 상당하며, 전 세계 수만 개 조직들도 자사의 관행에 이를 반영하고 있다. 이제 우린 관련 사실에 대해 깊은 지식을 가지고 있다. 어떻게 해야 다르게 할 수 있는지도 안다.[11]

사실상 업무를 완수하고 조직을 운영하는 새로운 방식이 나타난 것이다. 이는 단지 거대한 아이디어가 아니라, 변혁적인 아이디어다.

학생들보다 학업 능력이 뛰어난 로봇, 슈퍼버그를 죽이는 자외선처럼 세상을 개선하는 거대한 아이디어와는 종류도, 규모도, 영향력도 다르다.[12] 이런 중요한 아이디어들은 컨퍼런스와 테드 톡스TED talks의 단골 소재다. 하지만 이것들을 받아들인다 해도 우리가 세상을 생각하는 방식이 근본적으로 바뀌진 않는다. 근본적 변화 없이 기존 생활방식에 더해지고 녹아들 뿐이다. 세계관을 뒤집어놓지도 않는다. 우리는 기존의 틀 안에서 그것들을 받아들인다.

하지만 변혁적 아이디어는 우리의 사고 틀을 바꾼다. 세상을 이해하고 상호작용하는 새로운 방법을 창조하기 때문에 기존의 틀 안에서는 그것들을 평가할 수 없다. 그것들은 미래를 개선하는 방식에 대해 더욱 생산적인 가설로 이어진다.

우리는 이미 3장에서 변혁적인 아이디어의 사례를 살펴본 바 있다. 천문학에서의 코페르니쿠스 혁명이 그것이다. 코페르니쿠스 혁명은 천문학에서만 거대한 아이디어가 아니었다. 이것은 우주를 다른 방식으로 사고하도록 만들었을 뿐 아니라 엄청난 사회적 · 정치적 결과를 간접적으로 동반했다. 천문학에서 논의하던 모든 개념들을 평가하는 진보적 틀이 되었고, 동시에 사회를 조직하는 방식을 변화시켰다. 코페르니쿠스가 처음부터 이 아이디어를 완성했던 건 아니었다. 갈릴레오, 케플러, 뉴턴, 그리고 결국 아인슈타인을 거치면서 아이디어는 조금씩 커져갔다. 그렇게 수 세기를 거치며 훨씬 거대한 아이디어가 되었다.

이와 마찬가지로 경영계의 코페르니쿠스적 혁명(마음 내키는 대로 불러도 된다)도 새로운 운영 프로세스나 더 나은 브랜드나 인재 관리처럼 단순히 조직 운영법을 향상시키는 다양한 아이디어들 중 하나가 아니다. 이것은 인간이 세상에서 큰일을 이루기 위해서는 어떻게 협력해야 하는가를 고민하는 근본적으로 다른 사고방식이며, 따라서 이를 성취하기 위한 다른 모든 아이디어들을 평가하는 새로운 사회적 프레임이다.

이런 다른 업무 방식은 미래에 대한 아주 흥미진진한 전망을 제시한다. 현재를 이해하는 데 도움을 줄 뿐 아니라 더 나은 미래를 가리킨다. 이것은 일을 하는 사람에게도 좋고, 결과물을 받는 사람에게도 좋고, 업무를 조정하는 조직에도 좋고, 사회에도 좋은, 세상을 향한 실용적인 길이다.

경영계의 코페르니쿠스 혁명은 미래에 대한 색다른 비전을 제공하는 동시에 현재 일어나는 일들에 대해 다차원적인 비평을 가한다. 우선 고객이 중심으로 떠오른 급변하는 세상과 보조를 맞추지 못하는 현재의 많은 경영진들을 **실무적 차원**에서 비판한다. 새로운 업무 방식은 무엇보다 현대의 소프트웨어를 관리하는 데 필수적이다. 모든 회사들이 자신들의 명운을 소프트웨어에 의존하는 상황에서, 애자일 경영은 조직 전체에 걸쳐 그 존재가 부각될 수밖에 없다.[13]

또한 애자일 경영은 현 경영계의 **금융적 측면**에 대해서 비판한다. 애자일은 주주가치를 강화하는 데만 몰두하는 것은 회사에 도움이 안 된다는 것을 보여준다. 주주가치 중심 사고는 단기 실적에만 집중하도록 유도해 결국 주주가치를 파괴하는 덫이다. 새로운 업무 방식은 이런 문제점들을 안타까워하면서 이를 해결할 실행 가능한 방법을 제공한다.

애자일 경영은 오늘날의 경영진을 **법적으로도** 비판한다. 엄청난 자원(지난 10년 동안 약 7조 달러)을 자사주를 매입하는 데 투입하는 것은 사실상 주가 조작이다. 따라서 경제의 재정 건전성을 회복하기 위해서는 중단되어야만 한다.

또한 현재 조직 운영법을 **경제적으로** 비판하면서 기업에서 가치를 쥐어짜는 방식으로 돌아가는 경제의 끝이 좋을 리가 없다고 전망한다. 애자일 경영은 이젠 경제를 결정하는 요소가 비용이 아닌 가치라는 사실을 경제학자들에게 일깨워준다.[14] 이는 시장의 "보이지 않는 손"의 신화를 거부하고, 실제 시장에서 벌어지는 상황을 살펴본다는 것을 의미한다. 노벨상 수상자 조 스티글리츠Joe Stiglitz가 지적했듯이, "보이지 않는 손이 자주 보이지 않는 이유는 자주 거기 없기 때문이다."[15]

또한 현 사회 리더들을 도덕적으로 비판한다. 경영진 및 주주들을 위해 자사주를 매입함으로써 기업으로부터 가치를 짜내는 행위는 제도적으로 이기심을 발현한 것으로 비윤리적이다. 현 인센티브 제도는 경영진이 잘못된 행동을 하도록 유도한다. 사회 리더들이 비윤리적인 행위를 일상적으로 저지르면 사회 가치가 훼손되다 못해 결국 파괴된다.

또한 주가 조작, 지루한 업무, 커지는 소득 불평등을 불가피한 개념처럼 받아들이는 사회를 정치적으로 비판한다. 새로운 운영 방식에는 사회를 다르게 조직하고 운영하리라는 비전이 담겨 있다. 이는 넓은 의미에서 특정 정당의 연단보다 정치적이다. 그렇다고 민주당, 공화당을 나눌 순 없다. 예전부터 있던 최고의 방법들에서 가져왔다는 점에서는 보수적이다. 개인의 자유, 자율 경영, 기업가 정신, 혁신, 정부 개입으로부터의 독립에 기반을 두고 있기 때문이다. 하지만 평등주의 정신에 입각한다는 점에서는 민주적이다. 애자일 경영은 소수를 위해 가치를 착취하는 것보다 모두를 위해 번영을 창조하기를 열망한다. 기업 사냥꾼과 은행이 결정적 지배력을 발휘하기보다 보조적인 역할을 하는 사회를 지향한다.

또한 목표와 결과를 혼동하는 사회를 철학적으로 비판한다. 주주가치는 결과이지, 목표가 아니다. 측정 자체나 결과가 목표가 되면 그런 측정은 부정확해지기 마련이다. 바로 이런 혼란이 현재 일어나는 많은 경제적 문제들의 근본적인 원인이다.

따라서 새로운 작업 방식은 전환적인 아이디어다. 모든 전환적인 아이디어들과 마찬가지로, 이것은 다른 아이디어들을 평가할 수 있는 지적 프레임을 창조한다. 그리고 이 시대의 실용적 · 금융적 · 경제적 · 사회적 · 정치적 · 윤리적 딜레마에서 벗어나는 길을 제공한다. 진척 상황을 측정하고 목표를 설정하는 기준을 정해준다. 또한 정치인들이 정치적 논쟁을 벌일 수 있는 틀을 만들어준다. 조각조각 맞추는 퍼즐이 아니라, 조직과 사회가 더 나은 방향으로 나아가려면 어떻게 기능해야 하는지에 대해 광범위한 이론을 제시한다. 즉 새 시대를 밝히는 전망을 제시하는, 일관성 있는 이야기인 것이다.

인간의 존엄성이 살아 숨 쉬는 조직

새 시대가 도래하는 게 맞다면, 이 시대는 언제부터 시작된 것일까? 1860년대에 헬무트 폰 몰트케가 임무형 전술을 창안했을 때부터? 1970년대에 도요타가 훗날 린 생산이라고 알려진 생산 시스템을 만들었을 때부터? 2001년에 애자일 선언이 등장한 후부터? 2016년에 권위 있는 경영지 《하버드 비즈니스 리뷰》에서 애자일을 수용했을 때부터?[16] 그도 아니면 아직 기지개도 못 펴고 발버둥만 치고 있는 건 아닐까? 언젠가 구성 요소들과 세부 사항들이 제대로 작동하는 미래가 되어서야 완전히 가동되는 건 아닐까? 이런 질문은 천문학계의 코페르니쿠스 혁명이 정확히 언제 시작되었는지를 묻는 것처럼 사실상 무의미하다. 사모스의 아리스타르코스 때부터? 아니면 코페르니쿠스? 아니면 갈릴레오? 아니면 케플러? 아니면 뉴턴? 다른 혁신적 아이디어와 마찬가지로, 애자일의 시대는 아주 오래전에 그 역사적 뿌리를 두고 있다. 그리고 최종적으로 완성되려면 수십 년은 더 걸릴 것이다.

새 시대가 도래하고 있다는 사실은 우연이 아니다. 데이비드 브룩스가 말한 것처럼 우리는 "사회의 본질이 어떻게 변할지 알 수 없는" 시대에 살고 있다.[17] 기독교, 계몽주의, 마르크스주의처럼 과거의 일부 거대 사상들이 그 영향력을 잃고 있다. 민주주의, 진리, 과학, 언론의 자유, 도덕성 등 이전 세대에선 무조건적으로 받아들였던 여타 사상, 가치, 가설들은 공격의 대상이 되고 있다. 근본적 가설들은 하루가 멀다 하고 포퓰리즘 정치인들의 조롱거리가 되고 있다. 미래 전망도 암울하긴 마찬가지다. 부자는 더욱 부유해지고 대다수의 서민들은 오를 거란 희망 없는 월급을 받으며 지루한 일을 하느라, 또는 일자리가 없어서, 힘없이 발걸음을 옮기는 디스토피아가 올 거라는 우려스러운 전망이 커지고 있다. 사회정치적 질서가 지금보다 불안정해질 거라는 염려도 늘어난다.

도래하는 새 시대는 모든 사람이 훨씬 활기차고 번창하고 의미 있는 생활 및 업무 방식으로 살아야 하고, 이를 상상하고 실험하고 실행할 수 있어야 한다는 마음에서 비롯한 것이다.

도래하는 새 시대는 밝은 앞길을 제시한다. 이는 다양한 배경을 가진 많은 사람들의 몫이다. 하지만 아직은 많은 면에서 불완전하다. 참여자도 대부분 학자나 정책 전문가가 아니라 행동 지향적인 일반인들이다. 최근까지도 그 유명한 《전략과 리더십》을 제외하고는 학계나 심지어 일반 경영학 저널에서도 이런 움직임에 대해 거의 언급한 적이 없다.[18] 그럼에도 직장 내 투지 넘치는 주인공들이 말로만 떠들기보다 직접 소매를 걷어붙이고 나선 덕에 이런 변화의 움직임이 대규모로 가열 차게 추진되고 있다. 이들이야말로 실제 세계의 개척자들이다. 정책 이슈를 이야기하고 글로 쓰는 것도 좋지만, 뭐든 하려 하고 행동으로 옮기는 사람들이 있으면 더 좋다. 이것이 가장 현실적이고 핵심적인 차원에서 일어나는 정책이자 정치다.[19]

새 시대가 성공하려면 진실을 똑바로 보고 오롯이 가치에 헌신해야 한다. 그러기 위해선 필요할 땐 서열을 부수고, 불쾌한 진실과 마주하고, 이제껏 실패했던 것들을 넘어서는 용기를 가져야 할 것이다. 혹여 이런 운동의 주도자들이 핵심 가치에서 벗어나게 되면 그들 역시 불러 책임을 물을 것이다.

새로운 업무 방식을 지지하는 움직임이 점점 가시화되면서 실행 방법, 주안점, 전문 용어 등 세부 사항들에 대한 논의가 이어질 것이다. 관행도 개선될 것이다. 보다 정교한 대책도 등장할 것이다. 방향이 잘못되면 금방 알아볼 것이다. 일부 관행은 폐기처분될 것이다. 하지만 앞으로 나가기 위해 방향이 수정될 때까지 기다릴 필요는 없다. 넓게 봐서 어느 방향으로 가야 할지는 명확하기 때문이다.

요컨대 새 시대는 커다란 깨달음의 가능성을 제시한다. 즉 우리 조직과 사회가 기능하는 방식에 변혁이 일어날 것임을 암시한다. 이 책에 등장하는 아이디어들은 그 가능성을 인식하고 박수치고 격려하고 육성하고 퍼뜨리라는 초대장이면서, 견고한 이익 세력의 방해로부터 그 가능성을 지키려는 시도다.

새 시대는 거대한 사회적 의제를 제시하는 동시에 흥미롭게도 일을 소규모로 진행하는 것에 집착한다. 애자일 시대는 어마어마한 규모로 우리를 위협하는 과거의 고딕 대성당이나 오늘날 글로벌 대기업의 고층 건물보다, 인간적인 크기를 유지하려고 최선을 다하던 초기 르네상스 건축물에 가깝다.[20]

처음 이 방식을 마주했을 때 경영자들이 보인 반응은 왜 그렇게 작은가였다. 그렇게 작은 팀들로 어떻게 그토록 큰 글로벌 문제를 해결하고 규모에 맞게 조직을 운영할 수 있단 말인가? 다행히 새로운 조직 운영법이라면 작은 팀들 사이의 네트워크가 대규모 조직을 원활히 운영하도록 만들 수 있다.

다가오는 애자일의 시대에서는 모든 작업자가 자신이 누구를 위해 일하는지 명확히 알 수 있다. 그럴 때 개인은 자신의 힘이 완전하다고 의식하고, 스스로를 내외부의 모순에서 해방된 책임 있는 인간으로 느낀다.

20세기에 "인간의 존엄성"이라는 단어는 무시무시한 전쟁의 참혹

함, 영혼이 사라진 모순투성이 일터에서 매일 박살나는 인간 정신, 집요하게 돈을 좇는 부자들의 이기심을 목도한 사람들의 입에서 희화화되며 죽어갔다.

하지만 도래하는 애자일 시대의 역학은 타인에게 기쁨을 주는 인간에 초점을 맞춘다. 조직(이나 사회)이 이런 사고방식을 가진 사람들로 채워지게 되면, 조직 자신과 하나가 되고, 결과물을 받는 대상과 하나가 되고, 일을 하는 사람과 하나가 되고, 더 큰 사회와 하나가 될 수 있다. 그런 세상에서는 "인간의 존엄성"이라는 의미가 새로워지고 활기를 얻게 될 것이다.

황금기와 핵겨울의 역사

분기, 연도, 심지어 수십 년 단위로 비즈니스를 분석하면 그보다 긴 변화 주기를 놓칠 수도 있다. 하지만 변화 중심으로 역사를 길게 돌아보면 현재의 딜레마뿐 아니라 다음에 어떤 일이 일어날지도 알 수 있다. 역사를 다음의 다섯 가지 주요 시대로 단순화하는 것이 도움이 될 것이다.

- 1790년대: 운하
- 1840년대: 철도
- 1880~1890년대: 철강
- 1910~1920년대: 대량생산
- 1970년대 이후: 컴퓨터 및 통신

1790년대: 운하

1790년대 영국에서 가장 흥미로운 신기술이 '운하'였다는 사실을 아는 사람은 많지 않다. 산업혁명이 일어나면서 공장의 기계화가 영국 지방 경제를 변화시키기 시작했고, 증가하는 무역량을 뒷받침하기 위해 도로, 다리, 항만, 운하가 급속도로 팽창했다. 운하 건설에 돈이 유입되면서 '운하광Canal Mania' 이라는 현상이 나타났다. 일부 투기성 단기자금이 프랑스 혁명을 피해서 유입되기도 했다. 운하에 줄줄이 투자금이 쏟아졌다. 그중에는 필요하지 않은 자금도 있었다. 그렇게 엄청나게 많은 돈이 유입되다가 1797년 운하 패닉이 일어났다. 신기술에 과잉 투자가 이루어져 갑자기 금융 거품이 터진 것이었다. 엄청난 돈이 증발했다. 엄청난 낭비와 고통이 따랐다. 하지만 운하광들의 돈이 기반시설을 세우는 데 투입되었고 영국 경제를 재건하는 데 쓰였다.

1840년대: 철도

1840년대 영국을 무대로 또 다른 신기술이 폭발적인 반응을 얻었다. 바로 철도였다. 철도 여행이 사회를 변화시켰고, 이에 자극을 받아 놀라운 투자 붐이 일었다. 모든 사람들이 엄청난 부를 가져다줄 이 흥미로운 신기술에 투자하고 싶어 했다. 사방에서 돈이 쏟아져 들어오면서 1840년대에 철도광이 생겨났다. 대대적인 투자가 이루어졌고, 사람들은 큰돈을 벌었다. 그러다 1847년 철도 패닉이 일어났다. 혼란한 틈을 타서 어떤 사람은 부자가 되었고, 어떤 사람은 파산했다. 가난한 자들은 대열에서 낙오했다. 혼란이 가라앉았을 땐, 수요보다 훨씬 더 많은 철도가 영국에 만들어진 뒤였다.

뒤이어 평온한 시기가 찾아왔고, 사람들은 과잉 건설된 철도망을 합리화했다. 역시나 철도광들에겐 많은 낭비와 고통이 따랐다. 하지만 나쁘기만 한 건 아니었다. 이번에도 이들이 영국 경제를 재건하는 기반시설에 자금을 투입했기 때문이다. 경제가 상대적으로 안정된 이 시기 동안 철도로 도입된 새로운 경영 관행이 제도화되었고, 이익의 일부가 전역에 골고루 돌아갔다. 한동안 일종의 "황금기"가 이어졌다.

1880~1890년대: 철강

이후 영국 경제가 금융화와 해외 투자로 인해 수렁에 빠지면서, 미국과 독일 경제가 앞으로 치고 나갔다. 1880년대와 1890년대에 부상한 신기술은 철강이었다. 국제 전신 및 전기의 개발로 대륙 간 무역과 여행이 활발해짐으로써 세계 경제가 크게 변하던 때였다. 또다시 "신기술"과 "신금융의 가능성"이 "신경제"에 대한 흥분을 불러일으켰다. 금융 시장에 엄청난 현금이 유입되었다. 모두가 시장에 뛰어들고 싶어 했다. 그러다 미국, 프랑스, 이탈리아, 호주, 뉴질랜드, 남아프리카공화국, 아르헨티나에서 다양한 형태로 차례차례 붕괴 사태가 일어났다.

시장 폭락에 한 풀 꺾인 미국과 독일의 금융계는 한동안 실물경제 투자에 집중했고, 그 결과 상황이 안정되었다. 하지만 아르헨티나는 안타깝게도 세계 경제 주역의 대열에서 이탈하고 말았다. 철강에 투자하지 않았던 영국도 글로벌 경제에서 주도권을 잃기 시작했다. 변화와 더불어 엄청난 낭비와 고통이 수반되었지만, 그와 동시에 세계 경제를 바로 세울 기반시설에 자금이 투입되기도 했다. 그 후 과도한 독점이 무너지고 소득 불평등이 해소되는 상대적으로 평온한 시기가 찾아왔다.

1910~1920년대: 대량생산

20세기 초반 투자자들은 헨리 포드의 자동차 산업에서 대량생산의 가능성을 보고 또 한 번 흥분하기 시작했다. 기회가 또다시 찾아온 것이다. 1920년대까지 주식시장은 미국 경제를 움직일 만큼 커다란 주 동력원으로 성장했다. 주식시장은 끝없는 강세장을 보이며 성장을 보장했다. 모두가 현금을 투자하고 싶어 했다. 1929년 주식시장이 폭락할 때까지는 그랬다.

뒤이은 불황은 깊고도 길었다. 그러다 글래스-스티걸법Glass-Steagall Act이 제정되면서 금융권은 기업이 실수요자를 위해 제품 및 서비스를 생산하는 "안정적인" 실물경제와의 연결고리를 다시 찾았다. 효력을 발휘하는 데는 시간이 걸렸지만 발동이 걸리자(그리고 2차 세계대전으로 막대한 투자가 이루어지자), 수십 년 동안 경제가 성장하고 공동으로 번영하는 경제적 "황금기"가 찾아왔다.

1990년대 이후: 컴퓨터 및 통신

20세기가 끝나기 수십 년 전부터 뜨거운 신기술이 부상했다. 컴퓨팅 기술과 디지털 통신이 모든 분야를 접수하기 시작한 것이다. 컴퓨터 칩은 강력하면서도 저렴했다. 컴퓨터 칩의 등장은 무수히 많은 사업적 가능성을 열었고, 전 세계인의 삶의 방식과 근무 방식을 바꾸었다. 그 후 수십 년 동안 엄청나게 큰돈이 생겼다 사라졌다. 1990년대 호황기는 "신경제"가 도래했음을 알렸다. 어디에나 수익의 기회가 있었다. 모두가 새로운 투자 기회를 잡으려고 몰려들었고, 돈을 버는 것이 보편적 관심사가 되었다.

신기술로 놀라운 수익을 거둬들이자 과감해진 금융계는 기술 너머로 투자 범위를 넓혔다. 수익은 엄청났지만 지속 가능하지 않았다. 2000년에 닷컴 거품이 터졌고, 실리콘밸리에 "핵겨울"에 버금가는 불황이 찾아왔다. "말도 안 되게 윤택"하던 시절이 막을 내렸고, 실리콘밸리를 호령하던 닷컴 시대의 "마법사"들은 정신을 차릴 수밖에 없었다. 컴퓨터가 사회를 변화시키고 있었지만, "신경제"를 지배하는 건 구경제의 근본적인 규칙이라는 사실이 드러났다. 여전히 실제 고객에게 가치와 이윤을 주는 것이 중요했던 것이다.

닷컴 거품 붕괴로 인한 고통과 낭비는 어마어마했지만 불황이 끝났을 땐 컴퓨터와 통신의 신경제를 일으킬 귀중한 물리적 · 제도적 기반시설이 마련되어 있었다. 엄청난 양의 광케이블이 깔렸다. 기업들의 컴퓨터 시스템은 현대화돼 있었다. 실리콘밸리에는 거대한 소셜네트워크가 구축되어 애플, 아마존, 페이스북, 구글 같은 (새로운 방식의 조직 운영법을 활성화할) 차세대 경제 주자들을 육성할 준비가 돼 있었다. 과정은 어려웠지만 결국 생산적인 사회 기관 중 일부가 재건되었다.

2001년까지 실리콘밸리에 대한 투자는 위축되었다. 하지만 고위험 고수익에 대한 금융권의 욕구는 그대로였다. 금융권은 닷컴 광풍이 부는 동안 실물경제에 대한 관심으로부터 꾸준히 멀어졌다. 실제 고객을 위해 제품 및 서비스를 생산하는 활동에 투자하고 수익을 얻는 것에 더 이상 만족하지 못하게 된 것이다. 그 대신 그들은 돈으로 돈을 벌어 엄청난 수익을 올리는 새로운 방법을 모색했다.

몇 년 지나지 않아 중앙은행의 방임으로 인해 금융권은 다시 한번 놀라운 수익을 거둬들였다. 이번에는 부동산이었다. 짧은 기간 동안 미국은 다시 한

번 축배를 들었다. 경제는 활황이었다. 자산을 소유한 모든 이들이 더욱 부유해졌다. 하지만 도처에 경고 표시가 널려 있었다. 과도한 대출, 어리석은 투자, 탐욕스러운 은행, 일부러 이해하기 어렵게 만든 낯선 신규 금융 상품들, 운전대를 잡은 채 잠든 규제기관들, 형편이 안 되는 시민들에게 집을 사라고 홍보하기 바쁜 정치인들. 뛰어난 분석가들이 끝내 파국을 맞을 거라고 예측했지만, 그들의 목소리는 조용히 묻혔다.[21] 리먼브라더스가 몰락하면서, 금융 시스템은 얼어붙었고 글로벌 경제는 거의 붕괴 지경에 이르렀다.

월스트리트는 실리콘밸리를 고통에 몰아넣었던 핵겨울을 피할 수 있었다. 정부가 대형 은행들을 대상으로 구제 금융을 실시한 덕분이었다. 하지만 메인 스트리트는 그렇게 운이 좋지 못했다. 수많은 중소기업들이 파산했다. 일자리가 사라졌다. 저축도 바닥났다. 부동산 가치는 폭락했다. 주택 가격이 하락하면서 집이 은행에 넘어갔다. 중산층이 감소했다.

재고가 엄청날 만큼 불필요한 집들이 만들어졌다. 하지만 대개 비생산적인 투자였다. 이전의 금융 거품(운하, 철도, 철강, 대량생산, 닷컴)과 달리, 여윳돈이 없는 시민들이 주택에 투자한 탓에 경제는 앞으로 나가지도, 세계와 경쟁하지도 못하는 상황에 처했다. 주택 공급은 남는 것 없는 순수한 소비였다. 주택 거품에는 금융 마법사들의 주머니를 채워주었다는 사실을 제외하면 긍정적인 점이 거의 없었다. 몇 년 동안 남아도는 빈집들이 무거운 시체처럼 경제를 짓누르며 앞으로 나가지 못하게 잡아당겼다.

2017년 중반 경제 성장은 미미한데 주식시장은 호황인 지금의 현상은 넘치는 기회(사물인터넷)와 손쉬운 대출금이 복합적으로 작용한 결과다. 아직 많은 상장기업들이 단기 주주가치, 비용 중심 경제, 회고적 전략의 덫에 갇혀 있다. 하지만 그보다 많은 전향적인 기업들이 애자일의 시대를 앞당기고 있다.

애자일 인사이드 12-2

변화는 어떻게 일어나는가: 행동을 위한 의제

애자일 경영의 목표(재정적으로 지속 가능한 방식으로 고객을 기쁘게 하는 것)는 상장기업들에 여전히 만연해 있는 생각, 즉 기업의 목표는 현 주가에 반영되는 주주가치를 극대화하는 것이라는 생각과 상충한다. 경영대학원은 주주가치 중심 사고를 가르치고, 경제지에서는 주주가치 중심 사고를 당연한 듯 주장하고, 대규모 상장기업 경영진은 주주가치 중심 사고에 의존하고, 행동주의 헤지펀드는 주주가치 중심 사고를 운영 방식으로 채택하고, 규제 당국은 주주가치 중심 사고를 공개적으로 지지하고, 기관투자가들은 주주가치 중심 사고를 실천하고, 은퇴 계획을 세우는 시민들은 주주가치 중심 사고에 기대고, 애널리스트와 정치인들마저 주주가치 중심 사고를 수용한다.

그 결과 상장기업의 모든 리더들은 단기 이익을 위해, 주주의 이익을 위해, 이해 당사자들을 희생시키고 현재 주가를 높이는 데 집중하라는 엄청난 압박을 느끼게 된다. 그리고 그 과정에서 애자일 경영의 목표와 관행을 훼손하게 된다. 우리는 이 책에서 그렇게 부당한 결정을 내릴 수밖에 없는 개인이 아니라 어긋나버린 시스템 전체를 다루었다. 개인은 스스로 통제할 수 없는 시스템에 갇혀 있는 셈이다.

이런 시스템의 부정적인 결과를 생각해보면 사회는 심각한 재정적 · 사회적 · 정치적 문제에 맞닥뜨릴 수밖에 없다. 이제 우린 주주가치 중심 사고가 애초의 의도와는 정반대의 효과를 낳는다는 것을 안다. 사회적으로 비생산적인 단기주의를 초래하고, 투자를 마비시키며, 체계적으로 가치를 파괴한다는 것도 안다. 또한 주주의 이익을 위해 기업에서 가치를 쥐어짜는 데 집중하면 해당 기업에겐 해롭고, 고객에겐 비생산적이고, 직원들에겐 불리하고, 궁극적으로 사회에 유해하다는 것도 안다. 또한 금융권의 실책이 수 세기 동안 내려온 은행가들의 사회 기둥으로서의 전통을 훼손했다는 것도 안다. 또한 이러한 실수들이 부당하게도 모든 사업가와 은행가들을 악마로 만들어버렸다는 것도 안다. 또한 이젠 그런 악마화로 인해 시민들이 비즈니스의 자비로운 역할이 국가 번영의 원동력이 되어왔으며 건강한 금융 시스템이 선량한 사회의 핵심 요소였음을 망각하게 되었다는 것도 안다.[22]

이제 우린 조직을 더 나은 방식으로 운영할 방법을 안다. 비즈니스와 은행이 더 나은 방향으로 나아가게끔 하려면 어떻게 해야 할까? 수많은 다양한 주인공들이 제 역할을 할 필요가 있다.

- 최고경영자
- 이사회
- 최고재무책임자
- 금융권
- 규제 당국
- 평가기관
- 투자자
- 정치인
- 경영대학원
- 언론
- 사상 지도자

각각의 역할을 살펴보자.

최고경영자(CEO)

변화를 위해선 먼저 최고경영자의 행동이 바뀌어야 한다. 1~7장에서 말했듯이, 많은 최고경영자들이 여전히 분기별 경영을 하고 전통적 패러다임 안에서 단기적 결과만을 중시하고 비용을 절감하고 주주를 위해 가치를 짜내고 있다. 하지만 다른 한편에서 일부 최고경영자들은 미래 수익에 대해 분기별 지침을 제공하는 뻔한 속임수에 동참하기를 거부하고 직원들을 성장시킴으로써 혁신의 문화와 장기적 가치를 만들어오고 있다.

애플, 아마존, 구글, 유니레버 같은 상장기업들과 더불어 개인 소유의 많은 기업들, 그리고 중소기업들이 고객에게 가치를 전달하는 것이 우선임을 인식하고 있다. 물론 이들 중 어느 회사도 완벽하지 않다. 애플과 같은 일부 회사는 가끔씩 대규모로 자사주 매입에 관여하고 있다. 하지만 대체로 이들 회사는 단기로 주가를 극대화하는 것보다 고객과 기업에 장기적 가치를 더하는 데 초점을 맞추고 있다.

고객이 주인인 시장에서 (주가보다 고객에 집중하는) 근본적으로 다른 경영법이 꾸준한 성공의 토대가 되면서 이런 회사들이 경제에서 차지하는 비중은 점차 늘고 있다.

하지만 상장기업의 최고경영자들은 여전히 그와 반대로 가라고 강하게 압박하는 세상에 살고 있다. 한나 아렌트가 지적한 것처럼, 사회 전체가 잘못된 방향으로 가면 많은 이들이 아무 생각 없이 같은 방향으로 가며 보상이 시키는 대로 행동하게 된다.[23]

요컨대 주주가치를 우선시하는 최고경영자들은 부정행위자가 아니다. 고의로 부정을 저지르는가를 따졌을 때 그렇다. 자신의 회사와 사회에 큰 손해를 끼치는 행동을 정상으로 여기고 심지어 크게 보상까지 하는 상황에 놓여 있기에 그렇게 행동하는 것이다. 많은 최고경영자들이 쉬운 길을 택하고 현상 유지를 받아들이며 언젠가 사회가 변하길 기다린다. 하지만 최고경영자라면 자신의 행동이 타인에게 어떤 영향을 미치는지 곰곰이 생각하고 이해할 수 있다. 그러므로 단순히 현상만 유지할 게 아니라, 어떻게 해야 경영진

답게 행동할 수 있는지 고민해야 한다. 조금 뒤에 설명하겠지만, 사회 전체의 행동은 최고경영자의 생각을 자극하고 변화의 속도를 높이는 데 도움이 될 수 있다.

이사회

보상위원회가 눈앞에 수백만 달러의 보너스를 매달아놓고 최고경영자에게 무책임하게 행동하도록 부추기는 상황에서 최고경영자가 다르게 행동하기를 기대할 수는 없다. 주식으로 급여를 지급하는 것 자체가 큰 문제이므로 통제가 필요하다. 본질적으로 이런 제도는 최고경영진에게 단기 실적에 집중하도록 부채질한다. "주식을 기반으로 한 급여 제도 전반을 강하게 제한해야 한다"라고 빌 라조닉 교수는 말한다. "인센티브 보상제는 주식으로 올린 성과가 아닌 혁신적 역량에 대한 투자 성과를 기준으로 적용되어야 한다."[24]

문제는 개인이 아니다. 구조적인 해결책이 필요하다. 그러려면 이사회 및 보상위원회의 구성을 재검토해야 한다. "현재 이사회를 지배하는 것은 다른 최고경영자들이다. 그들은 동료를 위해 임금 인상안을 비준하는 것에 굉장히 너그럽다." 위험을 함께 부담하는 사람들, 이를테면 "납세자와 근로자도 이사회에 포함시켜야 한다"라고 라조닉은 말한다. "그래야 대표들이 통찰력과 열의를 가지고 경영진으로 하여금 혁신과 가치를 창출할 가능성이 높은 곳에 자원을 배분하도록 만들 것이다."[25] 또한 경영자가 고객에 대한 가치 전달 측면에서 꾸준히 성과를 내면 보상을 해야 한다. 투자자에겐 단기 이익을 비롯해 경영진이 이런 부분에서 어떤 성과를 내고 있는지에 대해 자세한 정보를 제공해야 한다.

최고재무책임자(CFO)

또 다른 중요한 주인공은 최고재무책임자들이다. 이들은 매일 의사결정 과정에서 조직 전체에 걸쳐 주주가치론을 강화하며, 보통 "단 하나의 재무 기능"을 수호하는 역할을 한다. 요컨대 최고재무책임자의 모든 결정 및 행동은 고객에게 가치를 전달하는지가 아니라 단기적인 주당 이익에 어떤 영향을 미치는지를 바탕으로 이루어진다.

재무 기능은 조직의 장단기적 이익, 특히 고객의 주된 역할을 고려해 재정립될 필요가 있다. 물론 재정적 측면도 여전히 고려해야 한다. 하지만 그것이 행동을 유발하는 유일한 동인은 아니다. 10장에서 보았듯이, 다양한 지표와 다양한 사고를 활용할 필요가 있다.

금융의 기능을 새로이 정의한다는 건 최고재무책임자의 역할을 새로이 정의하는 것을 의미한다. 즉 최고재무책임자는 비용 절감에만 집중하지 말고, 기업이 꾸준히 혁신하고 고객에게 가치를 더해주면서 지속적으로 이익을 낼 수 있도록 보조하는 역할을 해야 한다. 이익은 결과이지 목표가 아니다.

이는 단지 새로운 평가 기준을 마련하고 다른 경영 마인드를 적용하는 것을 넘어, 권력 이동의 문제이기도 하다. 누가 회사를 지휘하는지에 대한 것이다. 현재는 비용 절감으로 분기별 이익이라는 눈에 보이는 성과를 올리는 데다, 최고경영진에게 보너스까지 안겨주므로 재무 부서가 주도권을 쥘 수밖에 없다. 그렇지만 최고재무책임자가 회사의 제품과 서비스에 대해 언제나 잘 알거나 신경 쓰는 건 아니다. 반면 고객을 이해하고 그들을 위해 실질적인 가치를 창출하는 직원(제품 엔지니어, 디자이너, 마케터)들은 분기별 수익 면에서 "눈에 보이는 성과를 올릴" 수 없기 때문에 구석으로 밀려나 있었다. 애자일의 시대에는, 이렇게 측면으로 밀려난 선수들이 더 큰 목소리를 내야 한다.

최고재무책임자가 순순히, 자발적으로, 일방적으로 권력을 내려놓지 않을 건 자명하다. 그러니 이사들과 최고경영자들이 주주가치, 분기별 이익, 비용 절감이 아니라, 고객 가치를 기업의 새로운 행동 지침으로 삼아야 한다.

금융권

건강한 경제에서는 금융권, 특히 은행이 중요한 역할을 한다. 금융권은 경제라는 신체에 돈이라는 혈액을 흐르게 해서 건강을 지키고 증진시키는 혈액 순환 시스템 같은 역할을 한다. 그들은 상품과 서비스를 실물경제에서 거래할 수 있는 금융 상품으로 바꾼다. 시민들의 저축은 예금을 통해 생산 자금을 필요로 하는 사업체로 흘러 들어간다. 근로자들은 담보 대출을 통해 미래 수입을 집과 맞바꾼다. 주택 소유자들은 보험을 통해 재정적 위험을 분산시키고 금전적 재앙을 피한다. 그 밖에도 금융권은 일자리 창출, 소매점 건설, 주택 구입, 공장 및 시설 투자를 가능하게 하고 위험을 상쇄하게 해준다.

은행이 이렇게 기능할 때, 은행가들은 훌륭한 시민이자 공동체의 기둥 역할을 하게 된다. 1920년대 호황기 이후 반세기 동안은 미국 금융권에서 이런 선순환이 일어났다. 하지만 그 후에 금융이 지나치게 발달하고 돈이 돈을 낳는 현상이 기승을 부리며 장기적인 경기 침체를 낳았고, 월스트리트 사람들을 가는 세로줄무늬 정장 차림에 잘난 척하고 보너스에 굶주린 사기꾼 이미지로 만드는 데 일조했다. 과연 이런 현상은 바뀔 수 있을까?

로버트 쉴러Robert Shiller는 말한다. "금융 자본주의는 아직 완성되지 않은 발명품이다. 따라서 세심하게 앞으로 끌고 가야 한다. 무엇보다도 중요한 것은 더욱 확장하고 민주화하고 인간화해야 한다는 것이다. 그래야 금융기관들이 더욱 긍정적으로 영향력을 전파할 수 있는 때가 온다. 이는 사람들에게 정보에 마음껏 접근하고 인적 · 전자적 자원을 활용해 기회를 적극적이고 지능적으로 이용함으로써 금융 시스템에 동등한 자격으로 참여할 능력을 부여하는 것을 의미한다. 또한 사람들이 스스로를 냉소적인 금융기관의 공격적이고 이기적인 행태의 희생자가 아니라, 금융 자본주의의 진정한 일부로 느낀다는 것을 의미한다."[26]

올바른 자기 이익은 금융권이 현재의 과잉화를 멈추고 실물경제의 순환 시스템 역할을 다시 한번 해주기를 바라고 있다. 규제 당국(필수적이면서도 유용하다)이 그런 변혁을 일으키는 데 보조 역할을 할 수도 있다. 하지만 금융계 내부에서 먼저 그런 변화의 움직임이 일어나야 한다.

규제 당국

규제 당국 또한 중심적인 역할을 해야 한다. 증권거래법 제10b-18항이 제공하는 "세이프 하버"를 폐지하는 것은 당연한 수순이다. 사실상 기업이 주가 조작에 발을 담그고도 아무런 처벌을 받지 않게 만드는 법은 없애야 한다.

그렇지만 더 중요한 것은 규제 당국이 규제의 기능에 대한 관점을 달리해야 한다는 점이다. 개인(보통 최고경영진보다 아래 직급들이다)의 잘못을 찾아내는 것을 넘어 시스템의 실패를 찾는, 더 중요한 기능을 해야 한다는 말이다. 대부분의 대기업이 가치 파괴적인 행동을 일삼을 때 규제 당국은 개별 범죄자만 상대해서는 안 된다. 그보다는 지배적인 사업 방식이 사회 이익과 상충되는 시장에 변화를 일으킬 방법을 주도적으로 고민해야 한다.

이를테면 조직이 목표(혁신과 고객을 위한 가치 전달)를 잘 달성하고 있는지에 대해 정기적인 보고를 요구해야 한다. 현재는 대부분의 대기업이 투자자에게 이 같은 정보를 제공하지 않는다. 그렇지만 고객 만족도를 측정할 수 있는 표준적인 방법이 있다. 현재 수백 개의 주요 기업들이 순수추천고객지수Net Promoter Scores를 지표로 삼고 있으며, 필립스, 슈왑, 인튜이트, 프로그레시브, 알리안츠 등 일부 회사는 결과를 발표하고 있다. 적절한 감사를 거쳐 이런 정보를 주주에게 보고하는 게 의무가 되어야 한다.

평가기관

평가기관 역시 중요한 역할을 해야 한다. 이들은 2008년 금융위기 때 일부 굉장히 위험한 관행을 묵인하고 보상했을 뿐 아니라, 그에 대해 상당한 보상을 받기까지 했다. 평가기관은 특히 말도 안 되게 저렴한 대출금을 투입해서 자사주를 매입하는 경우 발생하는 유해한 결과에 대해 유심히 관찰해야 한다.

투자자

투지자의 역할도 중요하다. 주가의 단기 변동만 주시하는 거래자들(특히 초고속 거래자)은 더욱 엄격하게 규제를 받아야 한다. 시장 변동성을 일으키는 주범인 단기 거래에 세금을 부과하는 국제 협약을 마련할 필요가 있다.[27]

일부 투자자들은 단기 수익만 계속 추구할 것이다. 그렇지만 공개 시장에서 자사주를 매입하는 행위를 불법으로 규제하고 단기 거래에 세금을 부과한다면, 공개된 배당금 형태로밖에는 가치 착취를 할 수 없게 되며, 그 밖의 가치 착취는 정당화하기도 어려워질 것이다. 기업들은 단순히 주가를 조작하기보다는 수익을 얻기 위해 노력하게 될 것이다.

장기적 가치에 관심 있는 투자자라면 단기 수익을 좇는 것이 어리석인 일임을 알아야 한다. 수익이 어떻게 만들어졌는지 개의치 않고 분기별 수익을 따지고 단기 이익에 초점을 맞추고 그에 따라 보상을 한다면, 이는 비합리적인 행동에 가담하는 것일 뿐 아니라 수익을 해치는 일에 힘을 보태는 것이다. 그러므로 주주를 위해 실질적인 가치(즉 고객 기쁨)를 창출하는 성과로 눈을 돌릴 필요가 있다.

기관투자가들은 특히 주가의 단기적 움직임에 동요하지 않고 앞으로 나갈 길을 보여줄 책임이 있다. 세계 최대 자산운용사인 블랙록의 회장 겸 최고경영자인 로런스 핑크는 2015년 미국 경제계에 보낸 공개서한에서 배당금과 자사주 매입을 늘리기 위해 자금을 대출받는 행위를 그만두라고 요청한 바 있다. 그와 동시에 기관투자가들은 경영자들이 흔히 단기 수익을 기반으로 보상을 받는다는 사실에 대처해야 한다. 따라서 주요 주주들 스스로가 단기적 가치 착취에 가담하기를 멈추어야 한다.

정치인

정치인의 역할 역시 중요하다. 우리는 옳은 편에 서서 싸울 의지를 가진 정치 지도자를 원한다. 하지만 기업 로비스트들이 정치에 막강한 영향력을 행사하는 번잡한 정치 풍토에서 이런 지도자를 상상이나 할 수 있을까? 도리스 컨스 굿윈Doris Kearns Goodwin은 《공적 권위란 무엇인가The Bully Pulpit》(사이먼&슈스터, 2013)에서 20세기 초반 미국의 심각했던 경제 상황을 논하며, 어떻게 루스벨트 대통령이 오직 자신의 목소리만으로 은행, 노동, 산업에서 행해지는 부당함에 반대했는지 이야기한다. 당시 의회는 그의 목소리에 귀를 막고 꿈쩍도 하지 않았다. 그래도 그는 실제 사람들에 대해 이야기했고 그의 이야기는 사방에서 회자되었다. 그게 중요하다. 수십 년 후 루스벨트 대통령은 책임 있는 기업 지도자들과 함께 보다 공정한 사회를 만들기 위해 싸우기도 했다. 그런 과감한 리더십이 있었기에 개혁을 추진해서 결국 성공을 이끌어낼 수 있었다. 오늘날 우리는 변화의 필요성을 이해하고 그것을 끌고 나갈 용기 있는 정치적 지도자가 필요하다.

경영대학원

학계 또한 주주가치론을 무조건 받아들이기를 멈추어야 한다. 그들은 더 나은 아이디어, 즉 기업의 최우선 목적은 고객 창조라는 사실을 체계적으로 가르칠 책임이 있다. 주주가치론을 옹호하는 경제학 교과서는 반드시 수정되어야만 한다.[28]

언론

애널리스트와 언론 또한 어떤 식으로 성과를 올리는 게 기업에 좋은지에 대해 생각을 고쳐먹어야 한다. 주식이 "미친 듯 팔려" 기분이 날아갈 것 같을 때도 애널리스트는 그런 실적의 근간이 무엇인지를 분석할 필요가 있다. 정말 실적이 좋아서 주가가 상승하는 것인가, 아니면 최악의 금융공학이 장난을 친 것인가? 이 책에서 인용한 많은 칼럼들에서 보았듯이, 많은 애널리스트들이 이미 이런 의문들을 제기한 바 있다. 이젠 이런 생각이 표준이 되어야 한다.

또한 애널리스트와 언론인들은 올바른 행동을 화세로 올려야 한다. 소소한 분기별 수익 변화에 집착하지 않고 고객을 기쁘게 하는 회사들에 주목하고 그들을 칭찬해야 한다.

사상 지도자들

드러커 포럼Drucker Forum과 같은 세계적인 기관들은 포용적 자본주의 연합Coalition for Inclusive Capitalism, B팀B Team, 깨어 있는 자본주의Conscious Capitalism, 스콜재단Skoll Foundation, 카우프만재단Kauffman Foundation처럼 이미 이 분야에서 활동하고 있는 사상 지도자 및 연합들을 한데 모을 역사적 책임이 있다. 또한 현재 경제 · 경영계에 일어나는 문제점들의 근본 원인에 대해 합의를 도출하고, 더 나은 미래를 위해 적극적으로 글로벌하게 연대해야 한다.

대부분의 권력, 자원, 인센티브가 현상 유지 쪽에 서 있는 상황에서 이렇게 거대한 사회적 · 정치적 의제를 제시하는 것이 현실적일까? 민주주의 발전, 노예제 폐지, 오존층 보호, 기후 변화 막기처럼, 모든 거대한 사회적 운동이 이런 질문과 순리처럼 마주했다. 거대한 사회 운동은 언제나 위압적인 도전에 직면한다. 하지만 마거릿 미드Margaret Mead의 격언을 들으면 용기가 생길 것이다. "의식을 갖고 사회에 참여하는 소수의 시민이 세상을 바꿀 수 있다는 걸 잊지 마라. 사실 그게 세상을 바꾸는 유일한 길이기도 하다."

프롤로그 애자일이 바꾸고 있는 일의 세계

1 앨런 머리의 다음 표현을 참고한 것이다. "우리는 기술이 모든 사람과 모든 것을 언제 어디서나 연결하는, 신산업혁명의 한가운데에 살고 있다. 이는 제로에 가까운 생산가, 엄청난 수익률, 플랫폼 경제 등으로 특징지어지는 경제적 역동성을 창조하는 상호적 데이터의 광범위하고 지능적인 네트워크 덕분이다." A. Murray, "Six Fundamental Truths About the 21st Century Corporation," *Fortune*, October 22, 2015, http://fortune.com/2015/10/22/six-truths-21st-century-corporation/. 이 글에서 일부를 빌려온 것은 맞지만, 내 책은 기술이나 데이터로 경쟁우위를 점할 수 있다고 강조하지는 않는다. 그보다는 기술이나 데이터를 효율적으로 사용하는 다른 경영법을 더욱 중시한다. 더불어 고객 및 최종 사용자를 위해 결과물을 내는 것, 즉각적이고 친밀하고 비마찰적인 가치를 대규모로 전달하는 것을 강조한다. 오늘날 기술과 데이터는 대부분 상품이다. 다음 역시 참고하라. G. Colvin, "Why Every Aspect of Your Business Is About to Change," *Fortune*, October 22, 2015, http://fortune.com/2015/10/22/the-21st-century-corporation-new-business-models/.

2 아마존은 수년 동안 수익 목표를 달성하지 못했다는 이유로, 아니 수익에 아예 주력하지도 않았다는 이유로 애널리스트들로부터 비판을 받았다. 지금 아마존은 다른 모든 상장 소매 기업들을 합친 것보다 더 크다. Jeff Desjardins, "The Extraordinary Size of Amazon in One Chart," *Business Insider*, January 3, 2017, http://www.businessinsider.com/the- extraordinary-size-of-amazon-in-one-chart-2017-1.

3 구글은 1996년에 래리 페이지와 세르게이 브린에 의해 설립되었다. 현재 구글의 모기업은 알파벳주식회사로, 2015년 10월 2일 구글의 두 창업자가 세운 미국의 다국적 대기업이다.

4 A. Murray, "The End of Management," *Wall Street Journal*, August 21, 2010, http://www.wsj.com/articles/SB10001424052748704476104575439723695579664.

5 한 가지 핵심적 이유를 들라면, 내부 주도형 혁신과 신기술이 만들어낸 변화를 고객이 원치 않거나 사기 싫어할 때가 많다는 것이다.

6 스크럼 얼라이언스 주식회사의 회원이 50만 명이 넘고 그 숫자가 급속도로 증가하는 데서 변화의 규모를 알 수 있다. 그렇지만 애자일 경영의 증가가 필연적인 건 아

니다. 이 책의 후반부에서 설명하지만, 애자일 경영의 일부만 택할 수도 있고, 아니면 전혀 실행하지 않을 수도 있다.

7 애자일 경영의 많은 요소들이 애자일 선언문 이전부터 존재했다. 태곳적부터 예술가들은 반복적으로 작업을 해왔다. 대작은 보통 계획대로 완성되기보다 시행착오를 거쳐 진화했다. 19세기에 프로이센(훗날 독일)의 참모총장 헬무트 폰 몰트케는 불확실성에 대처하기 위해 '임무형 선술'이라는 개념을 개발 적용했다. 1930년대에는 벨 연구소의 품질 전문가 월터 슈하르트(Walter Shewhart)가 반복적 작업 관행을 활성화시켰다. 허버트 A. 사이먼의 책 《인공의 과학The Sciences of the Artificial》(Cambridge, MA: MIT Press, 1969)에서 비롯한 디자인 싱킹 역시 애자일과 겹치는 부분이 많다. 자기조직화된 팀은 수십 년 동안 신제품 개발의 주체였다. 반복 작업을 할 때마다 재고를 줄이고 고객에게 가치를 전달하는 것은 린 제조의 핵심으로, 50년 전 도요타가 고안한 것이다. 지속적인 자기개선은 반세기 이상의 품질 향상 운동으로부터 물려받은 유산이다. 고객 만족도 및 그것이 성장에 미치는 영향을 측정하는 방법은 컨설팅 회사 베인앤컴퍼니의 프레드 라이켈트(Fred Reichheld)와 동료들이 25년 넘게 체계적으로 연구해온 분야다.

8 애자일 소프트웨어 개발 선언문(http://www.agilemanifesto.org/)은 자체 조직된 기능혼합팀의 협업을 통해 요구 사항이 반영되고 해결책이 진화한다고 본다. 전문은 1장의 〈애자일 인사이드 1-1〉에 있다. 애자일 선언문에서 말하는 가치의 의미에 대해 더 알고 싶다면, 피터 스티븐슨의 다음 글을 참조하라. "How 'Agile' Are You?," August 31, 2016, https://saat-network.ch/wordpress/wp-content/uploads/2016/08/Peters-5-Question-Agile-Assessment-RC2.pdf. 또한 다음을 참고하라. "Five Simple Questions to Determine If You Have the Agile Mindset," *Scrum Breakfast* (blog), August 25, 2016, http://www.scrum-breakfast.com/2016/08/five-simple-questions-to-determine-if.html.

9 제조업에서 애자일을 실천하던 많은 역사적 선례들을 생각하면, 제조업에 애자일 경영을 재도입하려고 분투하는 것은 아이러니한 일이다. 예시로 다음을 참고하라. H. Takeuchi and I. Nonaka, "The New New Product Development Game," *Harvard Business Review*, January 1986, https://hbr.org/1986/01/the-new-new-product-development-game. 또한 다음을 참고하라. S. Denning, "Transformational Leadership in Agile Manufacturing," *Forbes.com*, August 1, 2012, http://www.forbes.com/sites/stevedenning/2012/08/01/transformational-leadership-in-agile-manufacturing-wikispeed/. *Scrum*(New York: Crown Publishing, 2014, 35–36)에서 제프 서덜랜드와 J. J. 서덜랜드는 W. 에드워드 데밍(W. Edwards Deming)의 PDCA(계획하고plan, 실천하고do, 확인하고check, 행동하라do) 사이클 방식으로

종이비행기를 만듦으로써 제조업에서 애자일 경영이 어떤 역할을 하는지를 이해하기 쉽게 설명한다.

10 S. Denning, "The Best-Kept Management Secret on the Planet," *Forbes. com*, April 12, 2012, http://www.forbes.com/sites/stevedenning/ 2012/04/09/the-best-kept-management-secret-on-the-planet-agile/.

11 Innosight, "Creative Destruction Whips Through Corporate America: S&P 500 Lifespans Are Shrinking," February 2012, http://www.innosight.com/innovation-resources/strategy- innovation/upload/creative-destruction-whips-through-corporate-america_final2015.pdf.

12 Martin Reeves, Simon Levin, Daichi Ueda, "The Biology of Corporate Survival," *Harvard Business Review*, January-February 2016, https:// hbr.org/2016/01/the-biology-of-corporate-survival.

13 M. Andreesen, "Why Software Is Eating the World," *Wall Street Journal*, August 20, 2011, https://www.wsj.com/articles/SB100014240 53111903480904576512250915629460.

14 SD러닝컨소시엄(SDLC)은 버지니아주에 등록된 비영리 법인이다. 저자는 SDLC의 무급 이사다. SDLC의 2016년 보고서 "The Entrepreneurial Organization at Scale"은 다음 사이트에서 확인할 수 있다. http://sdlearningconsortium.org/ index.php/home/what-we-have-learned/full-report-2016/. SDLC의 전신은 2015년에 스크럼얼라이언스로부터 후원을 받았다.

15 2016년 11월 18일, 런던 비즈니스스쿨에서 전략 및 기업가 정신을 가르치는 교수이자 딜로이트 혁신 및 기업가정신연구소에서 소장으로 활동 중인 줄리언 버킨쇼(Julian Birkinshaw)는 우리가 "애자일의 시대"에 살고 있다고 도발적인 선언을 한 바 있다. S. Denning, "The Age of Agile: What Every CEO Needs to Know," *Forbes.com* December 9, 2016, https://www.forbes.com/sites/stevedenning/2016/12/09/the-age- of-agile-what-every-ceo-needs-to-know/.

1장 단 한 명의 고객을 위한 플레이리스트

1 P. Drucker, *Innovation and Entrepreneurship* (New York: Harper & Row, 1985), 313.

2 C. Johnson, "Who Are We?? Chris Johnson from Idea to Execution: Spotify's Discover Weekly," *SlideShare*, November 15, 2015, http://www.slideshare.net/MrChrisJohnson/from-idea-to- execution-spotifys-discover-weekly/2-Who_are_WeChris_Johnson_ Edward.

3 Adam Pasick, "The Magic That Makes Spotify's Discover Weekly Playlists So Damn Good," *Quartz*, December 21, 2015, http://qz.com/ 571007/the-magic-that-makes-spotifys-discover-weekly-playlists-so- damn-good/.

4 Ibid.

5 Michael Harte, "Digital Transformation in Banking," YouTube video, 19:49, July 13, 2015, https://www.youtube.com/watch?v=d6mqxccvZj0.

6 D. K. Rigby, J. Sutherland, and H. Takeuchi, "Embracing Agile," *Harvard Business Review*, April 2016, https://hbr.org/2016/05/ embracing-agile.

7 M. Lurie, "The Five Disciplines of Agile Organizations," in *Agility Hackathon E-book: Compilation of Participants' Experiences and Learnings* McKinsey & Company, April 2016.

8 SD러닝컨소시엄의 2016년 현장 방문 보고서는 다음 사이트에서 확인할 수 있다. http://sdlearningconsortium.org/index.php/home/what- we-have-learned/full-report-2016/. 스크럼 얼라이언스가 주관한 러닝컨소시엄의 2015 현장 방문 보고서는 다음 사이트에서 확인할 수 있다. http://sdlearningconsortium.org/index.php/home/what-we-have- learned/full-report-2015/.

9 A. Murray, "Six Fundamental Truths About the 21st Century Corporation," Fortune, October 22, 2015, http://fortune.com/2015/10/22/ six-truths-21st-century-corporation/.

10 에릭슨의 사례는 다음 보고서에서 처음 발표되었다. "The Entrepreneurial Organization at Scale," Report of the SD Learning Consortium, November 9, 2016, 3, http://sdlearningconsortium.org/wp-content/ uploads/Report-r28-NOV-9-2016-PUBLIC-VERSION.pdf. 이는 CCL(Creative Commons license)에 따라 이곳에 복제한 것이다.

11 크레이그 스미스(Craig Smith)가 기술한 애자일 방법 40가지는 호주 디자이너 린 카잘리(Lynne Cazaly)의 재치 있는 그래픽으로 다음 기사에 잘 묘사돼 있다. Steve Denning, "Explaining Agile," *Forbes.com*, September 8, 2016, http://www .forbes.com/sites/stevedenning/2016/09/08/explaining-agile/.

12 General Stanley McChrystal, *My Share of the Task: A Memoir* (New York: Penguin Publishing Group, Kindle Edition, 2013); Mihály Csíkszentmihályi, *Creativity: Flow and the Psychology of Discovery and Invention* (New York: Harper Perennial, 1996).

13 J. Clifton, "Workplace Disruption: From Annual Reviews to Coaching," *Gallup.com*, February 15, 2017, http://www.gallup.com/opinion/ chairman/203876/workplace-disruption-annual-reviews-coaching.aspx.

14 E. Schmidt and J. Rosenberg, *How Google Works* (New York: Grand Central Publishing, 2014), 86.

15 J. Kotter, *Accelerate* (Boston: Harvard Business Review Press, 2014).

16 이중 운영체제에 대해선 다음 책을 참고하라. Kotter, Accelerate, and S. D. Anthony, C. G. Gilbert, and M. W. Johnson, Dual Transformation: How to Reposition Today's Business While Creating the Future (Boston: Harvard Business Review Press, 2017). 지식생산 필터와 디자인 싱킹에 대해선 다음 책을 참고하라. R. Martin, The Design of Business (Boston: Harvard Business Review Press, 2009). 마틴은 지식생산 필터를 3단계로 설명한다. 먼저 조직이 미스터리를 파악하고, 그다음 판단력을 이용해 비즈니스 경험법칙을 세우고, 마지막으로 정확한 해결책인 알고리즘을 마련한다.

17 Alvin Toffler, *Future Shock* (New York: Random House, 1970), 10–11.

18 Sources include Herbert A. Simon, *The Sciences of the Artificial*(1969); R. McKim, *Experiences in Visual Thinking*(1973); B. Lawson, *How Designers Think*(1980); and R. Buchanan, "Wicked Problems in Design Thinking," *Design Issues 8, no. 2*(Spring 1992). Design thinking was further adapted for business purposes by the design consultancy IDEO.

2장 어디서나 혁신이 일어나는 작은 팀의 법칙

1 E. F. Schumacher, *Small Is Beautiful: Economics as if People Mattered* (London: Blond & Briggs, 1973), 259.

2 H. Shaughnessy, *The Elastic Enterprise: The New Manifesto for Business Revolution* (Dublin, Ohio, Telemachus Press, 2012).

3 "뉴턴"은 애플이 개발 및 판매한 개인용 정보 단말기(PDA) 시리즈다. 애플은 1987년에 플랫폼을 마련해 1993년에 첫 기기를 출시했다. 이 제품은 1998년 2월 27일에 공식적으로 생산을 종료했다. 애플의 전임 최고경영자, 존 스컬리에 따르면, 뉴턴의 개발에 들어간 투자금은 약 1억 달러다.

4 R. Stross, "Billion Dollar Flop: Airforce Stumbles on Software Plan," *New York Times*, December 9, 2012, http://www.nytimes.com/ 2012/12/09/technology/air-force-stumbles-over-software-modernizationproject.html. S. Denning, "Reconciling Innovation with Control: A $1.3 Billion Lesson in Agile," *Forbes.com*, December 11, 2012, https://www.forbes.com/sites/stevedenning/2012/12/11/reconciling-innovation-with-control-the-air-forces-1-3-billion-lesson-in-agile/.

5 Stross, "Billion Dollar Flop."

6 Stross, Ibid.

7 "SAAB JAS-39 Sweden (Super Fighter)," YouTube video, 2:51, October 13, 2011, https://www.youtube.com/watch?v=SOw0Og0i8pA.

8 S. Joshi, "Gripen Operational Cost Lowest of All Western Fighters: Jane's," *StratPost*, July 4, 2012, http://www.stratpost.com/ gripen-operational-cost-lowest-of-all-western-fighters-janes.

9 Ibid.

10 B. Sweetman, " Is Saab's New Gripen the Future of Fighters?," *Aviation Week and Space Technology*, March 24, 2014, http://aviationweek.com/defense/saab-s-new-gripen-future-fighters.

11 J. Hirsch, "Elon Musk: Model S Not a Car but a 'Sophisticated Computer on Wheels," *LA Times*, March 19, 2015, http://www.latimes .com/business/autos/la-fi-hy-musk-computer-on-wheels-20150319story.html.

12 S. Denning, *The Leader's Guide to Radical Management* (San Francisco: Jossey-Bass, 2010), 118-121.

13 H. Takeuchi and I. Nonaka, "The New New Product Development Game," *Harvard Business Review*, January 1986, https://hbr.org/ 1986/01/the-new-new-product-development-game.

14 J. P. Womack and D. T. Jones, *The Machine That Changed the World: The Story of Lean Production—Toyota's Secret Weapon in the Global Car Wars That Is Now Revolutionizing World Industry* (New York: Free Press, 1990). 이에 따르면 도요타 방식(이 책에선 "린"이라고 부른다)의 공장과 전통적인 라인(이 책에서는 "대량생산"이라고 부른다)의 공장 사이에는 엄청난 결과 차이가 있다. 이는 측정 가능한 모든 설계적 부분에서 린 접근법이 훨씬 생산적이어서 생긴 것이지, 일본과 미국이라는 지역의 차이가 아니다. 사실 최고의 공장 중 일부는 미국에, 최악 중 일부는 일본에 있었다. 원인은 공장을 운영하는 방식이었다. 누가 공장을 운영하는가도 문제되지 않았는데, 연구 결과 품질과 생산성 면에서 최고 등급을 받은 공장은 일본 공장이 아니라 멕시코 에르모시요에 있는 포드 공장이었다.

15 이 현장 방문은 2015년엔 스크럼 얼라이언스가 주관하는 '창조경제를 위한 러닝컨소시엄'의 후원으로, 2016년과 2017년엔 SD러닝컨소시엄의 후원으로 이루어졌다.

16 J. Rozovsky, "The Five Keys to a Successful Google Team," *re:Work* (blog), November 17, 2015, https://rework.withgoogle.com/blog/fivekeys-to-a-successful-google-team/; C. Duhigg, "What Google Learned from Its Quest to Build the Perfect Team," *New York Times*, February 25, 2016, https://www.nytimes.

com/2016/02/28/magazine/what- google-learned-from-its-quest-to-build-the-perfect-team.html.

17 S. Denning, "The Joy of Work: Menlo Innovations," *Forbes.com*, August 2, 2016, http://www.forbes.com/sites/stevedenning/2016/08/02/ the-joy-of-work-menlo-innovations/.

18 D. H. Pink, *Drive* (New York: Riverhead Books, 2009).

19 S. Denning, "From CEO Takers to CEO Makers," *Forbes.com*, August 20, 2014, http://www.forbes.com/sites/stevedenning/2014/08/20/from- ceo-takers-to-ceo-makers-the-great-transformation/.

20 프레더릭 라루(Frederic Laloux)의 *Reinventing Organizations: A Guide to Creating Organizations Inspired by the Next Stage of Human Consciousness* (Nelson Parker, 2014)에서 주장하듯이, 일반적으로 애자일 운동은 "인간 의식의 다음 단계"에 대해 "뉴에이지"식으로 이야기하는 것을 피한다. 또한 직함, 관리자, 위계질서 없애기를 주장하는 수평적 조직 문화 운동(holacracy movement)처럼 극단적 언어를 구사하지도 않는다. 다음을 참고하라. S. Denning, "No Managers, No Hierarchy, No Way," *Forbes.com*, April 18, 2014, https://www.forbes.com/sites/stevedenning/2014/04/18/no-managers-no-hierarchy-no-way/; and S. Denning, "Making Sense of Zappos and Holacracy," *Forbes.com*, January 15, 2015, https://www.forbes.com/sites/stevedenning/2014/ 01/15/making-sense-of-zappos-and-holacracy/; S. Denning, "Is Holacracy Succeeding at Zappos," *Forbes.com*, May 23, 2015, https://www.forbes.com/sites/stevedenning/2015/05/23/is-holacracy-succeeding-at-zappos/. 애자일 경영에도 위계질서는 존재한다. 하지만 대부분 권위 중심이 아니라, 역량 중심의 위계질서다.

3장 회사가 아닌 사용자가 원하는 일을 하라

1 "Attribution of Schopenhauer's Three Stages of Truth," discussion in "Quotes Debunked," November 5, 2012, https://www.metabunk.org/ attribution-of-schopenhauers-three-stages-of-truth.t897/.

2 코페르니쿠스는 태양 중심의 우주관을 처음으로 공식화한 사람이 아니다. 태양 중심 모델을 최초로 제시한 인물은 고대 그리스의 천문학자 겸 수학자인 사모스의 아리스타르코스(기원전 310?~230?)다. 클라우디우스 프톨레마이오스는 코페르니쿠스가 지동설을 성공적으로 부활시키기까지 지배적 사상이던 천동설을 주장했다. 코페르니쿠스 이후 요하네스 케플러가 케플러의 법칙을 만들어 행성 운동을 보다 정확하게 설명했고, 아이작 뉴턴이 중력 및 동역학의 법칙으로 이론적 설명을 뒷받침

했다.

3 로마 가톨릭 신학 및 왕권신수설의 타당성은 부분적으로 지구가 우주의 물리적 중심이라는 생각을 바탕으로 하며, 그로써 신의 관심을 정당화했다. 하지만 지구가 끝없이 광대한 우주의 작은 먼지 조각이라는 사실이 명백해지면서 그 타당성에 강한 의문이 제기되었다.

4 T. Kuhn, The Copernican Revolution: Planetary Ast*ronomy in the Development of Western Thought* (Boston: Harvard University Press, 1957), 94.

5 P. Drucker, *The Practice of Management* (New York: HarperCollins, 1954), 37.

6 Ibid.

7 M. Jensen and K. Murphy, "CEO Incentives—It's Not How Much You Pay, But How," *Harvard Business Review*, May 1990, https://hbr .org/1990/05/ceo-incentives-its-not-how-much-you-pay-but-how.

8 R. Gulati, *Reorganize for Resilience* (Boston: Harvard Business School Press, 2010).

9 K. R. Jamison, *Exuberance: The Passion for Life* (New York: Knopf, 2004), 5.

10 J. Clifton, "Workplace Disruption: From Annual Reviews to Coaching," *Gallup.com*, February 15, 2017, http://www.gallup.com/ opinion/chairman/203876/workplace-disruption-annual-reviews- coaching.aspx.

11 A. Koller, "Stephen Fry on Things He Had Learned in Life," *Design Research* (blog), January 17, 2013, http://blog.andreaskoller.com/2013/ 01/stephen-fry-on-things-he-has-learned-in-life/.

12 S. Denning, *The Leader's Guide to Radical Management* (San Francisco: Jossey-Bass, 2010), 118-120.

13 T. L. Friedman, *That Used to Be Us: How America Fell Behind in the World It Invented and How We Can Come Back* (New York: Farrar, Straus and Giroux, 2011), 95.

14 "Scott Galloway at DLC 2017," YouTube video, 23:06, January 20, 2017, https://www.youtube.com/watch?v=cFxdgZ1az9s&feature= youtu.be&t=15s.

15 S. Galloway, "Alexa: How Can We Kill Brands?," *No Mercy/No Malice*, May 12, 2017, https://www.l2inc.com/no-mercy-no-malice/ alexa-how-can-we-kill-brands.

16 전통적인 하향식 관료주의에서는 권위를 중심으로 계층이 수직을 이루고 다양한 부서와 분과로 구성되다 보니 업무가 조직 전체에 걸쳐 지체되는 일이 허다하다. 그럼에도 누구도 알아차리거나 어떤 조치를 취하지도 않는다. 보통은 업무가 줄줄이 늘어서 처리되기만을 기다린다. 승인 절차가 업무 진행을 방해한다. 고객은 답변을 듣기 위해 하염없이 기다린다. 한쪽에서 선의로 만든 비용 절감 조치가 다른 쪽의 업무 속도를 늦추고, 결국 고객에게 가치를 전달하는 일정을 지연시킨다. 대규모로 제품

을 생산할 때에 특히 문제가 되는데, 재공품(在工品) 및 재고의 양을 극대화하고, 영업 자본 및 물품 보관 비용을 직접적으로 발생시키고, 품질 문제를 감추고, 2차적 부작용을 일으키기 때문이다.

17 G. Stalk, "Time—The Next Source of Competitive Advantage," *Harvard Business Review*, July 1988, https://hbr.org/1988/07/ time-the-next-source-of-competitive advantage.

18 P. Noonan, "A Caveman Won't Beat a Salesman," *Wall Street Journal*, November 18, 2011, https://www.wsj.com/articles/SB10001424052970203611404577044613194688678.

19 J. Tapper, "General Electric Paid No Federal Taxes in 2010," *ABCNews.com*, March 25, 2011, http://abcnews.go.com/Politics/general- electric-paid-federal-taxes-2010/story?id=13224558.

20 S. Denning, "Retirement Heist: How Firms Plunder Workers' Nest Eggs," *Forbes.com*, October 19, 2011, https://www.forbes.com/sites/stevedenning/2011/10/19/retirement-heist-how-firms-plunder-workers- nest-eggs/.

21 S. Denning, "Why Are Fannie and Freddie CEOs Paid So Much?," *Forbes.com*, November 16, 2011, https://www.forbes.com/sites/ stevedenning/2011/11/16/why-are-fannie-freddie-ceos-paid-so-much/.

22 S. Denning, "Why Amazon Can't Make a Kindle in the U.S.A.," *Forbes.com*, August 17, 2011, https://www.forbes.com/sites/stevedenning/ 011/08/17/why-amazon-cant-make-a-kindle-in-the-usa/.

23 S. Denning, "Resisting the Lure of Short-Termism," *Forbes.com*, January 8, 2017, https://www.forbes.com/sites/stevedenning/2017/01/08/ resisting-the-lure-of-short-termism-how-to-achieve-long-term-growth/.

24 Denning, "Why Are Fannie and Freddie CEOs Paid So Much?" 고객의 법칙은 기업 리더들에게 제공하는 보상이 정당한지에 의문을 제기할 근거를 마련함으로써, 그들의 진정한 재정적 · 사회적 가치를 검토하고 재조정할 수 있도록 한다. 최고경영자들이야 계속 존재하겠지만, 그들에게 주어지던 엄청난 보상 및 특혜는 그들의 기여도에 대한 절대적 평가와 고객에게 진정한 가치를 더해주는 창조적 재능이 있는지를 바탕으로 면밀히 검토될 것이다.

25 T. Kuhn, *The Structure of Scientific Revolutions* (Chicago: University of Chicago Press, 1962).

26 F. W. Taylor, *The Principles of Scientific Management* (New York: Harper & Brothers, 1911), 7.

27 P. Nunes, quoted in S. Denning, "The Business Disease Without a Cure: Big-Bang Disruption," *Forbes.com*, February 22, 2014, https://www.forbes.com/sites/stevedenning/2014/02/22/ the-business-disease-without-a-cure-big-bang-disruption/.

4장 7000명의 군인을 한 팀으로

1 S. McChrystal, T. Collins, D. Silverman, and C. Fussell, *Team of Teams: New Rules of Engagement for a Complex World* (New York: Penguin Publishing Group, 2015), 71-72.

2 McChrystal et al., *Team of Teams*, 69-70.

3 Ibid., 127.

4 Ibid., 118.

5 Ibid., 122.

6 Ibid., 123.

7 Ibid., 127.

8 Ibid., 127-128.

9 Ibid., 156.

10 Ibid., 84.

11 S. Denning, "The Key Missing Leadership Ingredient: Part 2: The Military," *Forbes.com*, July 31, 2012, https://www.forbes.com/sites/ stevedenning/2012/07/31/the-key-missing-leadership-ingredient-part- 2-the-military/. 미군이 "상세형 지휘"보다 "임무형 지휘"를 선호해온 건 맞지만, 전반적으로 군의 구조는 하향식이며 관료주의적이다. 11장을 참조하라.

12 S. McChrystal, T. Collins, D. Silverman, and C. Fussell, *Team of Teams: New Rules of Engagement for a Complex World* (New York: Penguin Publishing Group, 2015), p. 24.

13 McChrystal et al., *Team of Teams*, 159.

14 Ibid., 161.

15 Ibid., 175-176.

16 Ibid.

17 Ibid., 225-256.

18 Ibid., 243. 경영 문제에는 언제나 지나친 단순화의 위험이 존재한다. 복잡한 사건의 원인을 한 가지로만 돌리는 것이다. 그렇지만 언제나 원인도 결과도 다양하기 마련이다. 최종 결과는 독립적인 개별 원인들이 발전해 얽힌 것이며, 결과가 세대에 걸쳐

다양한 영향력을 발휘하기도 한다.

19 전 이라크 대통령 사담 후세인을 체포하고 극단주의 무장단체 지도자 아부 무사브 알 자르카위를 살해하는 등 이라크에서 미군 기동부대가 구축한 네트워크는 전술적 "승리"를 거두는 데는 도움이 되었다. 하지만 넓은 관점에서 봤을 때 매크리스털의 이라크 기동부대 이야기는 '네트워크의 법칙' 자체가 복잡한 정치적 상황을 해결하는 만병통치약은 될 수 없음을 보여준다. 기동부대의 네트워크는 미군이 제시한 목표를 완수하기에는 조직적으로 적합했다. 하지만 그 목표는 정당했을까? 미군이 이라크를 침공하기로 결정한 건 "대량 살상 무기"를 찾겠다는 이유였다. 하지만 결국 "대량 살상 무기"는 존재하지 않는 것으로 드러났다. 최초 침공 직후인 2003년 5월, 조지 W. 부시 미국 대통령은 "임무 완료"라고 적힌 표지판 앞에 서서 "이라크에서의 주요 전투 작전 종료"를 선언했다. 그렇지만 이라크에서 게릴라전이 형태를 갖추면서 전장의 지휘관들은 적군의 정체가 반란군이라는 사실을 알게 되었다. 다음 책을 참고하라. S. McChrystal, *My Share of the Task* (New York: Penguin, 2013), 122. 하지만 미국 정부는 그 사실을 받아들이려 하지 않았다. 도널드 럼스펠드 미국 국방장관은 심지어 몇 년 동안 "반란군"이라는 용어를 사용하기를 거부하기도 했다. 미국 정부는 "나쁜 놈들"을 찾아서 죽인다는 종합 전략을 그대로 유지했다. 이라크의 기동부대는 성공적으로 임무를 수행했다. 사실 목표보다 더 많이 죽이고 더 많이 사로잡는 바람에 수용 시설이 수천 명의 포로로 가득 찼다. 하지만 기동부대가 "나쁜 놈들"을 얼마나 많이 죽이든 적의 수는 증가하기만 했다. 무고한 시민을 대상으로 한 우발적 살해, 이라크인 억류자들에 대한 가혹한 심문, 아부그라이브 교도소에서 벌어진 끔찍한 학대 등은 '놈들'의 수를 줄이는 데 아무런 도움이 되지 않았다. 당시 미국 정부는 '고객의 법칙', 즉 최종 승리가 이라크 시민들의 마음을 얻는 데 달려 있다는 사실에 큰 관심을 가지지 않았다. "1940~1950년대 말레이시아에서 영국이 고안한 고전적인 정책을 보면, 대(對) 반란 전투의 경우 20퍼센트가 군사적인 것이고, 80퍼센트가 정치적인 것이다"라고 분석가 조지 패커(George Packer)는 말한다. "작전의 초점은 민간인이다. 주민들을 반란군으로부터 분리시키고, 안전을 보장하고, 경찰력을 증가시키고, 정치경제적 발전을 허용해서 시민들의 충성을 받아내는 것이다. 대(對) 반란 전략은 공격과 방어를 모두 포함하되, 힘은 최소한만 사용하는 것에 중점을 둔다. 그러므로 특히 전투 작전에만 집중하는 미군의 경우 이런 전략을 실행하기가 매우 어렵다. 육군의 제도적 본능이 대(對) 반란 계획을 해치기 때문이다." 미군은 이라크전 기동부대에 "20퍼센트의 군사력"만 부여하고, "80퍼센트의 정치력"에 필요한 자원을 온전히 받아들이거나 행사하지 않았다(George Packer, "The Lesson of Tal Afar," *The New Yorker*, April 10, 2006, http://www.newyorker .com/magazine/2006/04/10/the-lesson-of-tal-afar). 그렇지만 정부의 지원 부족에도 불

구하고 대(對) 이라크 작전은 "대(對) 반란" 전략의 가능성을 보여주었다. 팔루자의 제임스 매티스(James Mattis) 장군, 시리아 국경 근처 탈아파르의 H. R. 맥매스터(H. R. McMaster) 대령, 모술의 데이비드 퍼트레이어스(David Petraeus) 장군이 단순히 "적"을 죽이는 것을 넘어 시민들을 보호하고 경제적 발전을 가져오는 데 초점을 맞추기 시작한 것이다. 그들은 도시에 군대를 파견해 그곳에 머물게 하고, 지역의 지도자 및 이라크 육군 부대들과 관계를 확립하고, 현지인들로부터 극단주의자들에 대한 기밀 정보를 수집하고, 거리를 안전하게 보호하고, 전쟁 중인 분파들과 협력했다. 비록 미국 정부가 대(對) 반란 전략을 전폭적으로 받아들이고 유지하는 데 미적지근한 탓에 해당 지휘관들이 타 지역으로 옮긴 뒤까지 성과가 지속되진 않았지만, 의미심장한 진전이었다. 다음 책을 참고하라. F. Kaplan, *The Insurgents: David Petraeus and the Plot to Change the American Way of War* (New York: Simon & Schuster, 2013), 303; McChrystal, *My Share of the Task*, 129. 조직의 성공은 궁극적으로 "올바른 일을 하는 것"과 "올바르게 하는 것"에 달려 있다. 미 육군 기동부대는 네트워크의 법칙을 익힌 덕에 소기의 임무를 완수하는 데 한해서는 "올바르게 하는 것"에 가까워졌다. 하지만 미국 정부의 전반적인 전략적 결함 탓에, 넓은 의미에서는 정치적으로 성공했다고 평가하기 어렵다.

20 Carlota Perez, *Technological Revolutions and Financial Capital: The Dynamics of Bubbles and Golden Ages* (Cheltenham, U.K.: Edward Elgar, 2003), 21. 페레스는 말한다. 네트워크는 "정부, 병원, 대학, 노동조합, 정당처럼 거대하고 복잡한 업무를 눈앞에 두고 있는 많은 조직에서 복제되고 있다. 서구와 소련 체제, 선진국과 개발도상국도 마찬가지다."

21 Alcoholics Anonymous, General Service Office, "A.A. Fact File," June 2013, http://www.aa.org/assets/en_US/m-24_aafactfile.pdf.

22 M. Gladwell, "The Cellular Church," *The New Yorker*, September 12, 2005, http://www.newyorker.com/magazine/2005/09/12/the-cellular- church.

23 S. Denning, "John Hagel's Wake-up Call for Business," *Forbes.com*, January 2, 2017, https://www.forbes.com/sites/stevedenning/2017/ 01/02/john-hagels-wake-up-call-for-business-how-to-launch-a-changemovement/.

24 '모 아니면 도' 식의 하향식 접근법은 반발을 사기 쉽다. 그러므로 겉으로는 성공한 것처럼 보여도 오래도록 노력이 지속되지 못할 가능성이 높다. 성공하기까지 드는 비용이 매우 높을 수도 있다. 또한 제대로 이행하지 못했다가 앞으로 관료주의를 없앨 거라는 주장에 의심을 살 위험도 있다.

25 S. Denning, "Gary Hamel's $3 Trillion Prize for Killing Bureaucracy," *Forbes.com*, March 29, 2016, https://www.forbes.com/sites/stevedenning/ 2016/03/29/garyhamels-3-trillion-prize-for-killing-bureaucracy/.

26 G. Hamel, "First, Let's Fire All the Managers," *Harvard Business Review*, November 2011, https://hbr.org/2011/12/first-lets-fire-all- the-managers.

27 B. Fischer, U. Lago, and F. Liu, *Reinventing Giants: How Chinese Global Competitor Haier Has Changed the Way Big Companies Transform* (San Francisco: Jossey-Bass, 2013).

28 S. Sinofsky, "Functional versus Unit Organizations," *Learning by Shipping*, December 3, 2016, https://medium.learningbyshipping .com/functional-versus-unit-organizations-6b82bfbaa57.

29 Haydn Shaughnessy, *Shift* (Boise, ID: Tru Publishing, 2014).

30 P. Mason, "The End of Capitalism Has Begun," *The Guardian*, July 17, 2015, http://www.theguardian.com/books/2015/jul/17/ postcapitalism-end-of-capitalism-begun.

5장 마이크로소프트는 어떻게 애자일을 실행했을까?

1 B. Harry, "Agile Project Management in Visual Studio ALM V.Next," *Brian Harry's Blog*, June 14, 2011, https://blogs.msdn.microsoft.com/ bharry/2011/06/14/agile-project-management-in-visual-studio-alm- v-next/.

2 K. Schwaber, "Microsoft and Brian Harry," *Ken Schwaber's Blog: Telling It Like It Is*, July 18, 2011, https://kenschwaber.wordpress.com/ 2011/07/18/microsoft-and-brian-harry/.

3 B. Harry, "Self-forming Teams at Scale," *Brian Harry's Blog*, July 24, 2015, http://blogs.msdn.com/b/bharry/archive/2015/07/24/self-formingteams-at-scale.aspx.

4 J. Wulf, "The Flattened Firm," Harvard Business School, Working Paper 12-087, April 9, 2012, http://hbswk.hbs.edu/item/the- flattened-firmnot-as-advertised.

6장 완전히 새로운 시장을 여는 실행 전략

1 L. Freedman, *Strategy: A History* (Oxford, U.K.: Oxford University Press, 2013), ix.

2 S. Anthony, "What Do You Really Mean by Business 'Transformation,'" *Harvard Business Review*, February 29, 2016, https://hbr .org/2016/02/what-do-you-really-mean-by-business-transformation.

3 C. M. Christensen, K. Dillon, T. Hall, and D. Duncan, *Competing Against Luck: The Story of Innovation and Customer Choice* (New York: HarperCollins, 2016), 37.

4 D. Brooks, "The Creative Monopoly," *New York Times*, April 24, 2012, http://www.nytimes.com/2012/04/24/opinion/brooks-the- creative-monopoly.html.

5 P. Vlaskovits, "Henry Ford, Innovation, and That 'Faster Horse' Quote," *Harvard Business Review*, August 2011, https://hbr.org/2011/ 08/henry-ford-never-said-the-fast. 헨리 포드가 이렇게 말했다는 증거는 없다.

6 W. C. Kim and R. Mauborgne, *Blue Ocean Strategy, Expanded Edition: How to Create Uncontested Market Space and Make the Competition Irrelevant*(Boston: Harvard Business Review Press, 2015).

7 A/B테스팅은 두 버전의 웹페이지를 비교하면서 어떤 것이 더 나은지를 비교하는 과정이다. 다양한 방문자들에게 두 웹페이지를 동시에 보여주는 것이다. 이 테스트는 개발자들로 하여금 어떤 버전의 반응이 더 나은지 결정하게 도와준다.

8 Kim and Mauborgne, *Blue Ocean Strategy*, 40.

9 이제는 심지어 "반(反) 린 스타트업"이라 불리는 움직임도 나타나고 있다. 이들은 과학적 돌파구를 이용해 혁신을 일으키는 다른 접근법을 채택하자고 주장한다. D. Mortensen, "Why Anti-Lean Startups Are Back," *LinkedIn Pulse*, November 2, 2016, https://www .linkedin.com/pulse/why-anti-lean-startups-back-dennis-r-mortensen.

10 N. Schwieters, "The End of Conventional Industry Sectors," *strategy + business*, January 3, 2017, https://www.strategy-business.com/blog/ The-End-of-Conventional-Industry-Sectors.

11 Christensen et al., *Competing Against Luck*, 89.

12 C. R. Carlson and W. W. Wilmot, *Innovation: The Five Disciplines for Creating What Customers Want* (New York: Crown Business, 2006).

13 C. Carlson, "'Do You Have a Value-Creation Playbook?' 'No,'" *Drucker Forum Blog*, December 7, 2016, https://www.druckerforum. org/blog/?p=1429.

14 A. Venkataraman, "Can Innovation Be Learned or Taught?," *Quora*, January 20, 2017, https://www.quora.com/Can-innovation-be-learned- or-taught/answer/Anand-Venkataraman.

15 W. C. Kim and R. Mauborgne, *Blue Ocean Strategy, Expanded Edition: How to Create Uncontested Market Space and Make the Competition Irrelevant* (Boston: Harvard Business Review Press, 2015), 90.

16 Venkataraman, "Can Innovation Be Learned or Taught?"

17 쇼네시는 다음 글에서 이를 인용했다. S. Denning, "How Apple Achieves Massive Scale Without Pain," *Forbes.com*, September 3, 2013, https://www .forbes.com/

sites/stevedenning/2013/09/03/how-the-elastic-enterprise- defeats-the-sclerosis-of-scale/.

18 Schwieters, "The End of Conventional Industry Sectors."

19 Shaughnessy quoted in S. Denning, "How the Elastic Enterprise Defeats the Sclerosis of Scale," *Forbes.com*, September 3, 2013, https:// www.forbes.com/sites/stevedenning/2013/09/03/how-the-elastic-enterprise-defeats-the-sclerosis-of-scale/.

20 S. Denning, "John Hagel's Wake-up Call for Business," *Forbes.com*, January 2, 2017, https://www.forbes.com/sites/stevedenning/2017/01/ 02/john-hagels-wake-up-call-for-business-how-to-launch-a-changemovement/.

21 Venkataraman, "Can Innovation Be Learned or Taught?"

22 Ibid.

23 Ibid.

24 PricewaterhouseCoopers, "The Future of Industries: Bringing Down the Walls," PwC's Future in Sight Series, 2016, http://www. pwc.com/gx/en/industries/industrial-manufacturing/publications/ pwc-cips-future-of-industries.pdf.

25 N. Schwieters, "The End of Conventional Industry Sectors," *strategy + business*, January 3, 2017, https://www.strategy-business.com/ blog/The-End-of-Conventional-Industry-Sectors.

26 Ibid.

7장 아이폰의 시리를 개발한 혁신의 힘

1 L. Gerstner, *Who Says Elephants Can't Dance?* (New York: HarperCollins, 2003), 182.

2 W. Wilmot and J. Hocker, *Interpersonal Conflict* (New York: McGrawHill, 2010). 윌모트는 칼슨이 SRI에 도입했던 혁신 모델에 대해 함께 책을 쓰자고 칼슨에게 제안했다. 다음을 참고하라. C. R. Carlson and W. W. Wilmot, *Innovation: The Five Disciplines for Creating What Customers Want* (New York: Crown Business, 2006).

3 SRI의 '파격적 혁신을 위한 전술'은 다음 책에 설명돼 있다. C. Carlson and W. Wilmot, *Innovation: The Five Disciplines for Creating What Customers Want*. 또한 다음을 참고하라. H. Kressel and N. Winarsky, *If You Really Want to Change the World: A Guide to Creating, Building, and Sustaining Breakthrough Ventures* (Boston: Harvard Business Review Press, 2015).

4 다음을 참고하라. S. Denning, *The Leader's Guide to Storytelling, 2nd ed.* (San

Francisco: Jossey-Bass, 2011); S. Denning, "The Four Stories You Need to Lead Deep Organizational Change," *Forbes.com*, July 25, 2011; http:// www.forbes.com/sites/stevedenning/2011/07/25/the-four-stories-you- need-to-lead-deep-organizational-change/; S. Denning, "How to Say No While Also Inspiring People," *Forbes.com*, May 30, 2011, https://www .forbes.com/sites/stevedenning/2011/05/30/leadership-how-to-say-no- while-also-inspiring-people/.

2부 시작글

1 "블랙록의 최고경영자 래리 핑크가 세계 굴지의 회사 리더들에게 단기적 결과에 대해 그만 걱정하라고 말하다." *BusinessInsider.com*, April 14, 2015, http://www.businessinsider.com/larry-fink-letter-to-ceos-2015-4. 2015년 1월, 핑크가 최고경영자들에게 보낸 연례 서한에는 다음과 같이 적혀 있다. "기업들이 장기적인 지속가능성 같은 이슈들에 큰 관심을 갖기 시작했다. 하지만 약속하겠다는 수사적 표현이 느는데도 불구하고 엄청난 속도로 자사주를 구입하는 관행은 지속되고 있다." BlackRock Inc., "Open Letter to S&P 500 CEOs," https://www.blackrock.com/corporate/en-us/investor-relations/larry-fink-ceo-letter.

2 역사가 현실에 눈을 뜨고 있다. 아트 클라이너는 그의 저서 《The Age of Heretics》에서 1950년대, 1960년대, 1970년대에 스스로 관리하는 작업팀을 개척했던 괴짜 기업에 대해 쓴 바 있다. 하지만 그들의 시도는 오래가지 않았다. 그렇지만 오늘날은 상황이 다르다. 관료주의(기회 상실, 인재 낭비, 혁신 고갈이라는 측면에서)로 인해 치러야 하는 대가가 훨씬 크기 때문이다. 경쟁 환경도 훨씬 심하다. 따라서 애자일 경영의 중요성은 1950년대~1970년대보다 훨씬 커졌다. 한때는 흥미로운 실험에 불과했던 선택 사항이 이제는 시장 주도적인 필요조건이 된 것이다.

8장 주가를 극대화하는 데 혈안이 된 기업들

1 F. Guerrera, "Welch Condemns Share Price Focus," *Financial Times*, March 12, 2009, https://www.ft.com/content/294ff1f2-0f27-11de-ba10-0000779fd2ac#axzz1eiLpL2PZ; S. Denning, "The World's Dumbest Idea: Maximizing Shareholder Value," *Forbes.com*, November 28, 2011, http://www.forbes.com/sites/stevedenning/2011/11/28/maximizing- shareholder-value-the-dumbest-idea-in-the-world/.

2 R. Martin, *Fixing the Game: Bubbles, Crashes, and What Capitalism Can Learn from the NFL* (Boston: Harvard Business Review Press, 2012), 20. Denning, "The World's Dumbest Idea."

3 미국 프로 미식축구연맹(NFL)에서 드물게 규정대로 경기를 진행하지 않았던 경우는 뉴잉글랜드 패트리어츠가 인디애나폴리스 콜츠와의 2014~2015 AFC 챔피언십 결승전에서 고의로 바람 빠진 공을 사용한 사건이다. 이 논란으로 인해 패트리어츠의 쿼터백인 톰 브래디가 네 경기 출전 정지를 당했고, 팀은 벌금 100만 달러와 두 번의 드래프트 지명권 박탈이라는 징계를 받았다.

4 J. R. Graham, C. R. Harvey, and S. Rajgopal, "Value Destruction and Financial Reporting Decisions," *Financial Analysts Journal* 62, no. 6 (2006), http://www.cfapubs.org/doi/10.2469/faj.v62.n6.4351, cited in G. Mukunda, "The Price of Wall Street's Power," *Harvard Business Review*, June 2014, https://hbr.org/2014/06/ the-price-of-wall-streets-power.

5 다음 책을 참고하라. *Fixing the Game*, 97.

6 Financial Accounting Standards Board (FASB) Regulation 142 (2002).

7 "Analyse This: The Enduring Power of the Biggest Idea in Business," *The Economist*, March 31, 2016, http://www.economist.com/news/ business/21695940-enduring-power-biggest-idea-business-analyse.

8 "The Error at the Heart of Corporate Leadership," *Harvard Business Review*, May–June 2017.

9 Guerrera, "Welch Condemns Share Price Focus"; Denning, "The World's Dumbest Idea."

10 S. Denning, "The Hegemony of Shareholder Value Is Finally Ending," *Forbes.com*, August 29, 2012, http://www.forbes.com/sites/stevedenning/2012/08/29/is-the-hegemony-of-shareholder-value-finally-ending/. "쓰레기통" 조직이론은 세 명의 경영대학원 교수 마이클 D. 코언(Michael D. Cohen), 제임스 G. 마치(James G. March), 요한 P. 올슨(Johan P. Olsen)이 20세기 중반의 대학 상황을 설명하기 위해 고안한 것이지만 많은 대기업에 폭넓게 훨씬 잘 들어맞았다. 목표가 불분명하자 재정적 · 행정적으로 질서를 마련하려고 고안한 시스템, 규칙, 절차들이 제멋대로가 되었다. 그러면서 프로세스 자체가 근로자들의 주요 관심사가 되었다. 과정에만 집중하다 보니 조직의 목표가 관료주의라는 안개 속에서 길을 잃었다. 다음을 참고하라. M. D. Cohen, J. G. March, and J. P. Olsen, "A Garbage Can Model Of Organizational Choice," *Administrative Science Quarterly*, March 1972, Vol 17, No. 1, 1-25.

11 W. Kiechel, *Lords of Strategy* (Boston: Harvard Business Review Press, 2013), 246, on "the Four Horsemen of the Apocalypse."

12 M. Friedman, *Capitalism and Freedom* (Chicago: University of Chicago Press, 1962),

133.

13 M. Friedman, "The Social Responsibility of Business Is to Increase Its Profits," *New York Times Magazine*, September 13, 1970, http://www. colorado.edu/studentgroups/libertarians/issues/friedman-soc- resp-business.html.

14 어떻게 미래의 노벨상 수상자가 이런 결론을 내리게 되었을까? 그가 남의 주장에 대해서는 "분석이 느슨하고 엄격함이 결여돼 있다"라고 비난하면서, 정작 본인은 시작부터 결론을 추정하고 있다는 사실이 의아하다. 그는 어떤 정당화나 증거가 필요 없는 명백한 진실인 양 이렇게 단호히 말한다. "자유 기업에서, 그리고 사유재산제에서, 기업의 경영진은 기업 소유주의 직원이다." 즉 주주의 직원이라는 말이다. 하지만 이는 법적으로 옳지 않은 말이다. 경영진은 기업의 직원이다. 프리드먼의 상상적 세계에서 경영진과 주주는 "자발적으로 계약에 합의한 것"이며, 이는 "명백하게 규정돼 있다." 하지만 실제 세계에서 그런 합의는 존재하지 않는다. 프리드먼의 상상 속 경제적 모델에서 조직은 "법적 허구"에 불과하다. 프리드먼은 이미 결론을 정해 놓고 이를 증명하기 위해 기업을 존재하지 않는 것으로 규정한다.

15 M. C. Jensen and W. H. Meckling, "Theory of the Firm: Managerial Behavior, Agency Costs and Ownership Structure," *Journal of Financial Economics* 3. no. 4 (1976), http://papers.ssrn.com/sol3/papers.cfm? abstract_id=94043.

16 M. C. Jensen and K. J. Murphy, "CEO Incentives—It's Not How Much You Pay, But How," *Harvard Business Review*, May-June 1990, https://hbr.org/1990/05/ceo-incentives-its-not-how-much-you-pay-but- how.

17 S. Gandel, "What Caused Valeant's Epic 90% Plunge?," Reuters, March 20, 2016, http://fortune.com/2016/03/20/valeant-timeline- scandal/.

18 P. Henning, "When Money Gets in the Way of Corporate Ethics," *New York Times*, April 17, 2017, https://www.nytimes.com/2017/04/17/ business/dealbook/when-money-gets-in-the-way-of-corporate-ethics .html.

19 Associated Press, "Volkswagen executive pleads guilty in emissions scandal," *Los Angeles Times*, August, 4, 2017, http://www.latimes .com/business/la-fi-hy-volkswagen-emissions-guilty-20170804-story .html.

20 다음 기사들을 참고하라. S. Denning: "Retirement Heist: How Firms Plunder Workers' Nest Eggs," *Forbes.com*, October 19, 2011, http:// www.forbes.com/sites/stevedenning/2011/10/19/retirement-heist- how-firms-plunder-workers-nest-eggs/; "GE Discusses Retirement Heist," *Forbes.com*, October 21, 2011, http://www.forbes.com/sites/ stevedenning/2011/10/21/ge-discusses-retirement-heist/Heist Part 3," *Forbes.com*, October 22, 2011, http://www.forbes.com/ sites/

stevedenning/2011/10/22/retirement-heist-part-3-ellen-schultz- replies-to-ge/; "How Your Pension Got Turned into Scotch or Cheese," *Forbes.com*, April 22, 2013, http://www.forbes.com/sites/stevedenning/2013/04/22/sorry-about-your-pension-scotch-cheese- or-golf/.

21 J. Asker, J. Farre-Mensa, and A. Ljungqvist, "Corporate Investment and Stock Market Listing: A Puzzle?," *Review of Financial Studies 28, no. 2* (February 2015): 342 – 390, http://papers.ssrn.com/sol3/papers.cfm? abstract_id=1603484; S. Denning, "How CEOs Became Takers, Not Makers," *Forbes.com*, August 18, 2014, http://www.forbes.com/sites/ stevedenning/2014/08/18/hbr-how-ceos-became-takers-not-makers/.

22 S. Denning, "How the World's Dumbest Idea Killed the Economic Recovery," *Forbes.com*, July 29, 2013, http://www.forbes.com/sites/ stevedenning/2013/07/29/how-the-worlds-dumbest-idea-killed-the- us-economic-recovery/; S. Denning, "Do We Need a Revolution in Management?," *Forbes.com*, May 26, 2014, http://www.forbes.com/ sites/stevedenning/2014/05/26/clayton-christensen-do-we-need-a-revolution-in-management/.

23 J. Wiens and C. Jackson, "The Importance of Young Firms for Economic Growth," *The Kauffman Foundation*, September 13, 2015, http://www.kauffman.org/what-we-do/resources/entrepreneurship- policy-digest/the-importance-of-young-firms-for-economic-growth; S. Denning, "The Surprising Truth About Where New Jobs Come From," *Forbes.com*, October 29, 2014, https://www.forbes.com/sites/ stevedenning/2014/10/29/the-surprising-truth-about-where-new-jobs- come-from/.

24 P. Porter, J. Rivkin, and R. M. Kanter, "Competitiveness at the Crossroads: Findings of Harvard Business School's 2012 Survey on U.S. Competitiveness," Harvard Business School, February 2013, www.hbs. edu/competitiveness/pdf/competitiveness-at-a-crossroads.pdf.

25 S. Fleck, J. Glaser, and S. Sprague, "The Compensation-Productivity Gap: A Visual Essay," *Monthly Labor Review*, January 2011, https:// www.bls.gov/opub/mlr/2011/01/art3full.pdf; S. Denning, "Debunking Myths About Worker Passion," *Forbes.com*, October 8, 2014, https:// www.forbes.com/sites/stevedenning/2014/10/08/debunking-myths- about-worker-passion/.

26 J. Plender, "Blowing the Whistle on Buybacks and Value Destruction," *Financial Times*, March 1, 2016, https://www.ft.com/content/ 0b71ca32-df0b-11e5-b67fa61732c1d025.

27 O. Lobel, "Companies Compete but Won't Let Their Workers Do the Same," *New York Times*, May 4, 2017, https://www.nytimes.com/ 2017/05/04/opinion/noncompete-agreements-workers.html.

28 Denning, "Debunking Myths About Worker Passion."

29 J. Clifton, "Workplace Disruption: From Annual Reviews to Coaching," *Gallup.com*, February 15, 2017, http://www.gallup.com/ opinion/chairman/203876/workplace-disruption-annual-reviews- coaching.aspx.

30 S. Denning, "Will We Ever Trust Bankers Again?," *Forbes.com*, February 6, 2013, https://www.forbes.com/sites/stevedenning/2013/02/06/ will-we-ever-trust-bankers-again/. 파생상품 시장은 1000조 달러 이상, 또는 전 세계 GDP 규모의 열 배 이상으로 추산되기도 한다. 다음을 참고하라. J. B. Maverick, "How Big Is the Derivatives Market?," *Investopedia*, May 27, 2015, http://www .investopedia.com/ask/answers/052715/how-big-derivatives-market. asp.

31 "Banks Have Paid $321 Billion in Fines Since the Financial Crisis," Reuters, March 2, 2017, http://fortune.com/2017/03/03/bank-fines- 2008-financial-crisis/.

32 "Five Banks to Plead Guilty to Global Currency Manipulation;" *NBC News*, May 20 2015, http://www.nbcnews.com/business/markets/five- banks-plead-guilty-global-currency-manipulation-n361921.

33 A. Viswanatha, "J. P. Morgan to Pay $307 Million over Client 'Steering,'" December 18, 2015, http://www.wsj.com/articles/j-p-morgan-to-pay-367-million-over-client-steering-1450457616; S. Denning, "Can the Big Banks Get on a Better Track?," *Forbes.com*, December 26, 2015, https://www.forbes.com/sites/stevedenning/2015/12/26/ can-the-big-banks-get-on-a-better-track/.

34 Henning, "When Money Gets in the Way of Corporate Ethics"; K. Mehrotra, L. J. Keller, and E. Pettersson, "Wells Fargo Reaches $110 Million Fake Accounts Settlement," Bloomberg, March 28, 2017, https://www.bloomberg.com/news/articles/2017-03-28/wells-fargo- reaches-110-million-settlement-over-fake-accounts.

35 S. Polk, "What's Wrong with Wall Street," *PBS NewsHour*, August 23, 2016, http://www.pbs.org/newshour/making-sense/whats-wrong-wallstreet-culture-breeds-greed/. 우리는 모든 은행가를 악마로 여기지 않도록 조심하되, 동시에 끔찍한 실수들을 묵살하지 않도록 주의해야 한다. 노벨 경제학상을 수상한 로버트 쉴러는 자신의 저서 《새로운 금융시대》에서 2008년 금융위기를 다음과 같이 설명한다. "위기가

닥쳤다고 해서 악의로 인한 갑작스러운 결과라고 탓하긴 어렵다. 경제위기를 초래했던 호황기는 대부분의 차들이 제한 속도를 조금 넘어 과속을 한 상황에 비유할 수 있다. 이런 상황에선 선의를 가진 운전자들도 그냥 흐름에 휩쓸려 달리게 된다. 미국 금융위기조사위원회는 2011년 최종 보고서에서 당시의 호황을 '광기'라고 표현했다. 하지만 그게 뭐였든 대부분 범죄는 아니었다." 하지만 은행들이 3000억 달러가 넘는 벌금을 부과받으며 흉악 범죄로 유죄 판결을 받은 상황에서 이런 실수는 "제한 속도를 조금 넘어서는" 것 이상으로 중대하다.

36 N. D. Schwartz, "How Wall Street Bent Steel," *New York Times*, December 6, 2014, http://www.nytimes.com/2014/12/07/business/ timken-bows-to-investors-and-splits-in-two.html.

37 관련 투자자들은 2015년 12월에 사업을 중단했다. 다음을 참고하라. D. Benoit, "Relational Investors Closes Out Portfolio: Move Marks End of Pioneer Activist-Investing Firm," *Wall Street Journal*, February 15, 2016, https://www.wsj.com/articles/relational-investors-closes-out-portfolio- 1455315877.

38 Benoit, "Relational Investors Closes Out Portfolio."

39 Ibid.

40 2017년 4월 기준 팀켄(TKR)의 주가는 43달러로 2014년 중반엔 68달러였다. 그 사이에 39퍼센트가 하락한 셈이다. 2017년 4월 기준 팀켄스틸(TMST)의 주가는 14달러로 2014년 중순엔 50달러였다. 72퍼센트가 하락한 수치다.

41 Schwartz, "How Wall Street Bent Steel."

42 Ibid.

43 Sullivan & Cromwell LLP, "2016 U.S. Shareholder Activism Review and Analysis," November 28, 2016, 11, https://sullcrom.com/siteFiles/ Publications/SC_Publication_2016_U.S._Shareholder_Activism_ Review_and_Analysis.pdf.

44 Ibid.

45 Ibid.

46 A. Davis and L. Mishel, "CEO Pay Continues to Rise as Typical Workers Are Paid Less," Economic Policy Institute, June 12, 2014, http://www.epi.org/publication/ceo-pay-continues-to-rise/.

47 W. Lazonick and M. Hopkins, "Corporate Executives Are Making Way More Money Than Anybody Reports," *The Atlantic*, September 15, 2016, https://www.theatlantic.com/business/archive/2016/09/ executives-making-way-more-than-reported/499850/; W. Lazonick and M. Hopkins, "If the S.E.C. Measured CEO Pay Packages Properly, They Would Look Even More Outrageous," *Harvard Business*

Review, December 22, 2016, https://hbr.org/2016/12/if-the-sec-measured-ceopay-packages-properly-they-would-look-even-more-outrageous.

48 J. M. Rose, A. M. Rose, C. Norman, and C. R. Mazza, "Will Disclosure of Friendship Ties Between Directors and CEOs Yield Perverse Effects?," *Accounting Review* 89, no. 4 (July 2014): 1545 – 1563, http:// aaajournals.org/doi/abs/10.2308/accr-50734.

49 Denning, "How the World's Dumbest Idea Killed the Economic Recovery."

50 R. Harding, "Corporate Investment: A Mysterious Divergence," *Financial Times*, July 24, 2013, http://www.ft.com/intl/cms/s/0/8177af34eb21-11e2-bfdb-00144feabdc0.html.

51 J. Hagel, J. S. Brown, M. Wooll, and A. de Maar, "The Paradox of Flows: Can Hope Flow from Fear?," Deloitte University Press, December 13, 2016, https://dupress.deloitte.com/dup-us-en/topics/ strategy/shift-index.html; S. Denning, "The Shift Index 2016: Why Can't U.S. Firms Innovate?," *Forbes.com*, December 15, 2016, https:// www.forbes.com/sites/stevedenning/2016/12/15/shift-index-2016-shows- continuing-decline-in-performance-of-us-firms/.

52 N. Smith, "How Finance Came to Dominate the Economy," Bloomberg, April 20, 2016, https://www.bloomberg.com/view/articles/2016-04-20/ how-finance-came-to-dominate-the-u-s-economy.

53 얼마나 커야 엄청나게 큰 것일까? 국제통화기금(IMF)이 2012년에 발표한 연구 결과에서는 다음과 같이 말한다. "한때 금융 부문이 너무 커져서(민간 부문 신용이 GDP의 80퍼센트에서 100퍼센트에 이르렀다) 실제로 성장을 저해하고 변동성을 증가시켰다. 2012년 미국에서 민간 부문 신용은 GDP의 184퍼센트였다." 다음을 참고하라. J. Arcand, E. Berkes, and U. Panizza, "Too Much Finance," IMF Working Paper WP/12/161, June 2012, https://www.imf.org/external/pubs/ft/ wp/2012/wp12161.pdf.

54 Arcand, Berkes, and Panizza, "Too Much Finance." 정말로 경제가 쇠퇴하고 있는 건가 하는 의문이 제기될 때가 있다. 여기서 우리는 금융 부문이 엄청나게 성장했던 지난 반세기 동안의 전반적인 추세에 대해 말하는 것이다. "2006년 절정기에, 금융 서비스 부문이 미국 GDP에서 차지하는 비중은 8.3퍼센트에 달했다. 그에 비해 1980년대에는 4.9퍼센트, 1950년대에는 2.8퍼센트였다." 다음을 참고하라. T. Taylor, "Why Did the U.S. Financial Sector Grow?," *Conversable Economist* (blog), May 15, 2013, http://conversableeconomist.blogspot.com/ 013/05/why-did-us-financial-sector-grow.html. 2015년까지 금융 부문은 2006년 수준으로 원상복귀

했다. 다음을 참조하라. N. Irwin, "Wall Street Is Back, Almost as Big as Ever," *New York Times*, May 18, 2015, http://www.nytimes.com/2015/05/19/upshot/wall-streetis-back-almost-as-big-as-ever.html. "1947년에서 1974년 사이에는 GDP가 연평균 4퍼센트씩 증가하면서 미국의 많은 가정이 생활수준이 향상되는 즐거움을 누렸다. 1980년대와 1990년대에는 성장이 살짝 둔화되긴 했지만 여전히 연평균 3퍼센트 이상 증가했다. 하지만 2001년 이후, 성장 속도는 2퍼센트 미만(전후의 절반 이하)으로 떨어졌다. 많은 경제학자들이 이 상태가 유지되거나 더 떨어질 것이라고 전망하고 있다. 경제정책 주기에서 이런 국면은 '장기적 정체'에 해당한다. 다음을 참고하라. J. Cassidy, "Printing Money," *The New Yorker*, November 23, 2015, http://www.newyorker.com/magazine/2015/11/23/printing-moneybooks-john-cassidy. 이에 따르면 최근의 통계 수치를 거시적으로 봤을 때, 금융 분야는 성장세를 보이고 경기는 하락세를 보이는 게 분명하다. 그렇지만 GDP 같은 통계가 소비자가 거둔 소득을 제대로 포착하지 못한다는 주장이 빈번하다. 텔레비전 가격은 한때 수천 달러였지만 지금은 수백 달러밖에 하지 않는다. 하지만 금융, 교육, 보건과 같은 기타 분야는 정반대다. 결과적으로 소득은 뚜렷이 증가하지 않았는데 지출은 증가했다. 금융 분야의 성장은 대개 실물경제엔 아무런 득이 되지 않는 제로섬의 도박 게임이나 마찬가지인데도 GDP에서는 소득으로 잡힌다. 법학 학위를 따는 비용은 30년 전에 비해 네 배나 비싸졌지만 눈에 띄게 나아진 거라곤 없다. 하지만 GDP에는 소득으로 잡힌다. 의료 분야에서 최첨단 기술에 막대한 비용을 지출한다고 해도 (이익으로 잡히지만) 삶의 질이나 수명의 측면에서 얻는 소득은 소소하거나 제로, 심지어는 마이너스일 때도 있다. 이런 모든 플러스와 마이너스가 제대로 계산되지 않고 있는 것이다. 현재로서는 계산에 과잉 반영된 것이 계산에서 누락된 것보다 더 많다고 추론할 근거가 없다.

55 Bower and Paine, "The Error at the Heart of Corporate Leadership."

56 "Analyse This: The Enduring Power of the Biggest Idea in Business," *The Economist*, March 31, 2016, http://www.economist.com/news/ business/21695940-enduring-power-biggest-idea-business-analyse.

57 "Analyse This," The Economist; See also S. Denning, "The Economist Defends the World's Dumbest Idea," *Forbes.com*, April 3, 2016, https://www.forbes.com/sites/stevedenning/2016/04/03/the-economist- defends-the-worlds-dumbest-idea/.

58 S. Denning, "The Creative Economy in France, *Forbes.com*, July 13, 2014, http://www.forbes.com/sites/stevedenning/2014/07/13/the- creative-economy-in-france-givenchy-vinci/.

59 "Jack Ma Brings Alibaba to the U.S.," interview by Lara Logan, CBS, September

28, 2014, http://www.cbsnews.com/news/alibaba-chairman- jack-ma-brings-company-to-america/.

60 E. Reguly, "Maybe It's Time for CEOs to Put Shareholders Second," *Globe and Daily Mail*, last updated September 27, 2013, http://www .theglobeandmail.com/report-on-business/rob-magazine/maybe-its- time-for-ceos-to-put-shareholders-second/article14507016/.

61 S. Denning, "The New Management Paradigm: John Mackey's Whole Foods," *Forbes.com*, January 5, 2013, http://www.forbes.com/sites/stevedenning/2013/01/05/the-new-management-paradigm-john-mackeyswhole-foods/. 홀푸드는 헤지펀드 자나(Jana)와 자산운용사 누버거버먼(Neuberger Berman)으로부터 변화에 박차를 가하라는 압력을 받았다. 다음을 참고하라. L. Thomas, "Buying into the Turmoil: Investors Embrace the Risks," *New York Times*, May 10, 2017, https://www .nytimes.com/2017/05/10/business/dealbook/whole-foods-board.html.

62 M. Benioff, "A Call for Stakeholder Activists," *Huffington Post*, February 2, 2015, http://www.huffingtonpost.com/marc-benioff/a-call-forstakeholder-activists_b_6599000.html.

63 "BlackRock CEO Larry Fink tells the world's biggest business leaders to stop worrying about short-term results," *BusinessInsider.com*, April 14, 2015, http://www.businessinsider.com/larry-fink-letter-to-ceos- 2015-4.

64 S. Denning, "How CEOs Became Takers, Not Makers"; S. Denning, "From CEO Takers to CEO Makers," *Forbes.com*, August 20, 2014, http://www.forbes.com/sites/stevedenning/2014/08/20/from-ceo-takers- to-ceo-makers-the-great-transformation/; S. Denning, "The Economist: Blue Chips Are Addicted to Corporate Cocaine," *Forbes.com*, September 19, 2014, http:/www.forbes.com/sites/stevedenning/2014/09/ 9/the-economist-blue-chips-are-addicted-to-corporate-cocaine/.

65 J. Wiens and C. Chris Jackson, "The Importance of Young Firms for Economic Growth" The Kauffman Foundation, September 13, 2015, http://www.kauffman .org/what-we-do/resources/entrepreneurship-policy-digest/the-importance-of-young-firms-for-economic-growth.

66 J. Bivens and L. Mishel, "Understanding the historic divergence between productivity and worker's pay," Economic Policy Institute, September 2, 2015, http://www.epi.org/publication/understanding-the-historic-divergence-betweenproductivity-and-a-typical-workers-pay-why-it-matters-and-why-its-real/.

67 J. Hagel, J.S. Brown, M. Wooll, and A. de Maar, "The paradox of fl ows: Can hope fl ow from fear?" Deloitte University Press, December 13, 2016, https://dupress.deloitte.com/dup-us-en/topics/strategy/shift-index.html.

68 J. Arcand, E. Berkes, and U. Panizza, "Too Much Finance," IMF Working Paper WP/12/161, June 2012, https://www.imf.org/external/pubs/ft/wp/2012/wp12161.pdf.

69 L.A. Stout, *The Shareholder Value Myth: How Putting Shareholders First Harms Investors, Corporations, and the Public* (San Francisco: Berrett-Kohler, 2012).

70 J. Einhorn, "How Shareholders Are Hurting America," *ProPublica*, June 27, 2012, http://www.propublica.org/thetrade/item/ how-shareholders-are-hurting-america.

71 "Analyse This: The Enduring Power of the Biggest Idea in Business," *The Economist*, March 31, 2016, http://www.economist.com/news/ business/21695940-enduring-power-biggest-idea-business-analyse.

72 Credit Suisse, "Capital Allocation—Updated," June 2, 2015, https:// plus.credit-suisse.com/researchplus/ravDocView.

73 M. C. Jensen, and W.H. Meckling, "Theory of the Firm: Managerial Behavior, Agency Costs and Ownership Structure," *Journal of Financial Economics* 3, no. 4 (October 1976): 305-360, http://www. sfu.ca/~wainwrig/Econ400/jensen-meckling.pdf.

74 《도덕감정론》은 다음과 같은 주장으로 시작한다. "인간이 아무리 이기적이더라도, 인간의 본성에는 그와 다른 몇 가지 특징이 존재한다. 그런 특징 때문에 인간은 타인의 운수에 관심을 가지고, 그것을 바라보는 기쁨 외에 아무것도 얻지 못하더라도 그들의 행복을 필요로 한다." 하지만 경제학자들은 사익을 토대로 한 경쟁 시장이야말로 가장 큰 경제적 파이를 제공한다는 주장을 펴기 위해 《국부론》의 "보이지 않는 손"이라는 구절을 첫 번째 발판으로 사용한다.

75 J. Kay, *Obliquity: Why Our Goals Are Best Achieved Indirectly* (New York: Penguin, 2011).

76 S. Denning, "How CEOs Became Takers, Not Makers," *Forbes.com*, August 18, 2014, http://www.forbes.com/sites/stevedenning/2014/ 08/18/hbr-how-ceos-became-takers-not-makers/; S. Denning, "From CEO Takers to CEO Makers: The Great Transformation," *Forbes.com*, August 20, 2014, http://www.forbes.com/sites/stevedenning/2014/ 08/20/from-ceo-takers-to-ceo-makers-the-great-transformation/.

77 M. C. Jensen, and W. H. Meckling, "Theory of the Firm: Managerial Behavior, Agency Costs, and Ownership Structure," *Journal of Financial Economics* 3, no. 4 (October 1976): 305-360. 그들은 경영진의 유일한 동기는 금전적인 보상이라는 터무니없는 견해를 내놓았다. 추후 이 가정은 소름 끼치게도 자기충족적인 예언이 되었다.

78 S. 데닝은 이 주제에 대해 광범위하게 글을 썼다. 다음을 참고하라. "Retirement Heist: How Firms Plunder Workers' Nest Eggs," *Forbes.com*, October 19, 2011, http://www.forbes.com/sites/stevedenning/2011/ 10/19/retirement-heist-how-firms-plunder-workers-nest-eggs/; "GE Discusses Retirement Heist," *Forbes.com*, October 21, 2011, http:// www.forbes.com/sites/stevedenning/2011/10/21/ge-discusses- retirement-heist/Heist Part 3, *Forbes.com*, October 22, 2011, http://www.forbes.com/sites/stevedenning/2011/10/22/ retirement-heist-part-3-ellen-schultz-replies-to-ge/; and "How Your Pension Got Turned into Scotch or Cheese," *Forbes.com*, April 22, 2013, http://www.forbes.com/sites/stevedenning/2013/04/22/sorry-about-your-pension-scotch-cheese-or-golf/.

79 7장과 S. 데닝의 다음 글을 참고하라. S. Denning, "The Surprising Reasons Why America Lost Its Ability to Compete," *Forbes.com*, March 10, 2013, http://www.forbes.com/sites/stevedenning/2013/03/10/ the-surprising-reasons-why-america-lost-its-ability-to-compete/.

80 M. Friedman, *Capitalism and Freedom* (Chicago: University of Chicago Press, 1962), 14.

81 O. Lobel, "Companies Compete but Won't Let Their Workers Do the Same," *New York Times*, May 4, 2017, https://www.nytimes .com/2017/05/04/opinion/noncompete-agreements-workers.html.

82 L. Summers, "U.S. Economic Prospects: Secular Stagnation, Hysteresis, and the Zero Lower Bound," *Business Economics* 49, no. 2 (2014), http://larrysummers.com/wp-content/uploads/2014/06/ NABE-speech-Lawrence-H.-Summers1.pdf. 처음에 서머스는 수요가 문제라고 주장했다. 하지만 나중에 기사를 쓰면서는 "공급 단절" 역시 문제라고 말을 바꿨다. 다음을 참고하라. Tomas Hirst, "Larry Summers Admits He May Have Been Wrong on Secular Stagnation," *Business Insider*, September 9, 2014, http:// www.businessinsider.com.au/larry-summers-admits-he-may-have- been-wrong-on-secular-stagnation-2014-9.

83 Denning, "The Surprising Reasons Why America Lost Its Ability to Compete." "시장의 보이지 않는 손"과 "완벽한 경쟁"을 토대로 한 모델은 유용한 행동 지침이 아

니라 한물간 주문임이 판명 났다. 현재 미국에는 비어 있는 일자리가 400만 개나 된다.

84 Friedman, *Capitalism and Freedom*, 14.

85 See Chapter 7 and Denning, "The Surprising Reasons."

86 Ibid.

87 Ibid.

88 S. Denning, "Milton Friedman and the Fallacy of Good Intentions," *Forbes.com*, August 1, 2013, https://www.forbes.com/sites/ stevedenning/2013/08/01/milton-friedman-and-the-fallacy-of-good- intentions/.

9장 자사주 매입이라는 기업용 코카인

1 "Corporate cocaine: Companies are spending record amounts on buying back their own shares. Investors should be worried," *The Economist*, September 13, 2014, http://www.economist.com/news/leaders/21616950-companies-are-spending-record-amounts-buying-back-their-own-sharesinvestors-should-be; "The repurchase revolution: Companies have been gobbling up their own shares at an exceptional rate: there are good reasons," *The Economist*, September 12, 2014, http://www.economist. com/news/business/21616968-companies-have-been-gobbling-up-theirown-shares-exceptional-rate-there-are-good-reasons.

2 W. Lazonick, "Profits Without Prosperity," *Harvard Business Review*, September 2014.

3 S. Denning, "The Economist, Blue Chips Are Addicted to Corporate Cocaine," *Forbes.com*, April 19, 2014, http://www.forbes.com/sites/ stevedenning/2014/09/19/the-economist-blue-chips-are-addicted-tocorporate-cocaine/; K. Brettell, D. Gaffen, and D. Rohde, "The Cannibalized Company: How the Cult of Shareholder Value Has Reshaped Corporate America; A Special Report," Reuters, November 16, 2015, http://www.reuters.com/investigates/ special-report/usa-buybacks- cannibalized; J. Plender, "Blowing the Whistle on Buybacks and Value Destruction," *Financial Times*, March 1, 2016, https://www. ft.com/ content/0b71ca32-df0b-11e5-b67f-a61732c1d025; S. Denning, "The Best Management Article of 2014," Forbes.com, March 26, 2015, https://www.forbes. com/sites/stevedenning/2015/03/26/the-best- management-article-of-2014/.

4 W. Lazonick, "How Stock Buybacks Make Americans Vulnerable to Globalization," Working Paper, East-West Center Workshop on Mega-Regionalism: New

Challenges for Trade and Innovation, March 11, 2016, https://papers.ssrn.com/sol3/papers.cfm?abstract_id= 2745387.

5 Ibid.

6 Ibid.

7 Ibid.

8 2017년 1분기까지 주식시장이 아무런 근거 없이 과하게 폭등하는 바람에 기업 이사진조차 서둘러 가치 짜내기를 절제하기 시작했다. 다음을 참고하라. "Market Too Frothy for Buybacks: CFOs and Boards," *Seeking Alpha*, May 2, 2017, https://seekingalpha.com/article/4067753-market-frothy-buybacks- cfos-boards.

9 Lazonick, "How Stock Buybacks Make Americans Vulnerable to Globalization."

10 Jeff Cox, "This 'investor obsession' during the bull market is falling out of fashion," CNBC, May 2, 2017, http://www.cnbc.com/2017/05/ 01/buyback-obsession-during-the-bull-market-is-falling-out-of-fashion. html.

11 J. Bezos: "Letter to Amazon Shareholders," 1997, http://media. corporate-ir.net/media_files/irol/97/97664/reports/Shareholderletter97.pdf; S. Denning, "How Not to Reclaim the World's Dumbest Idea," *Forbes.com*, August 31, 2016, https://www.forbes.com/sites/ stevedenning/2016/08/31/hbr-how-not-to-reclaim-the-worlds-dumbest- idea/.

12 Bezos, "Letter to Amazon Shareholders."

13 A. Boynton, "Unilever's Paul Polman: CEOs Can't Be Slaves to Shareholders," July 20, 2015, https://www.forbes.com/sites/andyboynton/ 2015/07/20/unilevers-paul-polman-ceos-cant-be-slaves-to-shareholders/.

14 S. Denning, "Should Wall Street Reward Adobe's Failing Profits," *Forbes.com*, March 28, 2014, http://www.forbes.com/sites/ stevedenning/2014/03/28/should-wall-street-reward-adobes-falling- profits/.

15 S. Denning, "Shift Index 2016: Why Can't Firms Innovate?," *Forbes. com*, December 15, 2016, https://www.forbes.com/sites/stevedenning/ 2016/12/15/shift-index-2016-shows-continuing-decline-in-performance- of-us-firms/.

10장 비용 중심 경제학의 함정

1 J. McManus, "The Risk of Too Much Cost Focus: Saving on expense may be an upside of tech innovation and investment, but the real goal should be creating value, not merely increasing efficiency," *BuilderOnLine*, April 2, 2017, http://www.builderonline.com/builder- 100/strategy/the-risk-of-too-much-cost-focus_o.

2 R. Coase, "The Nature of the Firm," *Economica* 4, no. 16 (November 1937): 386–405, http://onlinelibrary.wiley.com/doi/10.1111/j.1468-03351937.tb00002.x/abstract.

3 A. Cockcroft, "Evolution of Business Logic from Monoliths Through Microservices to Functions," February 16, 2017, https://read.acloud.guru/evolution-of-business-logic-from-monoliths-through-microservices-to-functions-ff464b95a44d. "과거에는 비용이 높고 효율성에 대한 염려도 컸다. 동일한 가치를 생산하는 데 더 많은 시간이 필요해서다. 비용이 지배할 땐 초점이 비용으로 간다. 하지만 비용이 내려가고 소프트웨어가 미치는 영향력이 높아지면서, 더 일찍 수익을 거두는 쪽으로 초점이 기울게 된다."

4 C. M. Christensen, J. H. Grossman, and J. Hwang, *The Innovator's Prescription: A Disruptive Solution for Health Care* (New York: McGraw-Hill Education, 2008).

5 Ibid., 263.

6 Ibid., 265.

7 S. Denning, "Why Amazon Can't Make a Kindle in the USA," *Forbes.com*, August 17, 2011, http://www.forbes.com/sites/stevedenning/2011/08/17/why-amazon-cant-make-a-kindle-in-the-usa/.

8 P. F. Drucker, *The Practice of Management* (New York: HarperCollins, 1954), 65. "회사들이 줄줄이 핵심 분야를 정의하고, 무엇을 측정해야 할지를 숙고하고, 측정 도구를 만드는 작업을 하고 있다. 따라서 몇 년 안에 무엇을 측정해야 할지에 대한 지식은 물론 측정하는 능력도 엄청나게 증가할 것이다." 또한 다음을 참고하라. P. Drucker and R. Wartzman, *The Drucker Lectures: Essential Lessons on Management, Society and Economy* (New York: McGraw-Hill Education, 2010), 62. 전반적으로 "데이터를 잘 아는 것"이 "데이터 중심인 것"보다 더 나은 접근법이 될 것이다. 5장의 논의를 참고하라.

9 "Total Cost of Ownership Estimator," *Reshoring Initiative*, http://www.reshorenow.org/TCO_Estimator.cfm.

10 H. Moser conversation with S. Denning, "What Went Wrong at Boeing?," *Forbes.com*, January 17, 2013, https://www.forbes.com/sites/stevedenning/2013/01/17/the-boeing-debacle-seven-lessons-every-ceomust-learn/. See also "Offshoring: What's the Total Cost of Ownership?," Quality Digest, September 21, 2011, https://www.qualitydigest.com/inside/quality-insider-article/offshoring-what-s-total-cost-ownership.html.

11 Denning, "What Went Wrong at Boeing."

12 G. P. Pisano and W. C. Shih, "Restoring American Competitiveness," *Harvard Business Review*, July–August 2009, https://hbr.org/2009/07/ restoring-american-competitiveness.

13 Ibid. 킨들 부품은 아시아에서 제조된다. 플렉스 회로 커넥터, 고광택 사출 성형 케이스, 컨트롤러 보드, 리튬폴리머 배터리는 중국에서, 전기영동 디스플레이는 대만에서, 무선카드는 한국에서 만든다.

14 이미 상실한 분야의 목록은 다음과 같다. "팹리스 칩, 컴팩트 형광등 조명, 모니터 · TV · 휴대전화 같은 휴대 장치용 LCD, 리튬이온, 리튬폴리머, NiMH 배터리, 하이브리드 차량용 고급 충전용 배터리, 결정질 및 다결정질 실리콘 태양 전지, 인버터, 태양 전지용 전력 반도체, 데스크톱, 노트북, 넷북 PC, 저가 서버, 하드디스크 드라이브, 라우터 · 액세스 포인트 · 가정용 셋톱박스와 같은 소비자 네트워킹 장비, 스포츠 용품 및 기타 소비재에 사용되는 고급 복합 재료, 고급 세라믹 및 집적회로 패키지."

15 C. Fishman, "The Insourcing Boom," *The Atlantic*, December 2012, http://www.theatlantic.com/magazine/archive/2012/12/the-insourcing- boom/309166/.

16 Ibid. 또한 다음을 참고하라. S. Denning, "Why Apple and GE Are Bringing Back Manufacturing," *Forbes.com*, December 7, 2012, https://www.forbes .com/sites/stevedenning/2012/12/07/why-apple-and-ge-are-bringing- manufacturing-back/.

17 2012년 중국산 지오스프링의 소매가는 1599달러였다. 하지만 루이빌산 지오스프링의 소매가는 1299달러다(Fishman, "The Insourcing Boom"). GE 어플라이언스 웹사이트의 가격 데이터에 따르면, 2015년까지 GE는 1900달러로 가격을 인상했다(http://products.geappliances. com/appliance/dealer-locations/GEH80DFEJSR; http://www .geappliances.com/ge/heat-pump-hot-water-heater.htm).

18 Fishman, "The Insourcing Boom."

19 Ibid.

20 2016년 6월 GE는 중국 칭다오에 본사를 둔 세계적인 가전업체 하이얼에 가전 부문을 매각한다고 발표했다. A. C. Thompson, "It's Official: GE Appliances Belongs to Haier," *CNET*, June 6, 2016, https://www.cnet.com/news/ its-official-ge-appliances-belongs-to-haier/.

21 J. Freeman et al., "Theory of Constraints and Throughput Accounting," Chartered Institute of Management Accountants (CIMA) *Topic Gateway Series* No. 26, March 2007, http://www.cimaglobal. com/Documents/ImportedDocuments/26_Theory_of_Constraints_ and_Throughput_Accounting.pdf.

22 S. Denning, "Volkswagen and Its Hidden Debts, *Forbes.com*, September 24, 2015, http://www.forbes.com/sites/stevedenning/2015/ 09/24/volkswagen-and-its-hidden-debts/.

23 "Can Volkswagen Pass Its Emission Test?," *MarketWatch*, September 22, 2015, http://www.marketwatch.com/story/can-volkswagen-pass- its-emissions-test-2015-09-22; J. M. Karpoff, D. S. Lee, and G. S. Martin, "The Cost to Firms of Cooking the Books," *Journal of Financial and Quantitative Analysis* 43 (September 2008): 581 -612, http:// papers.ssrn.com/sol3/papers.cfm?abstract_id=652121.

24 A. Nager, "America's Job Loss Outpaces Other Leading Industrialized Countries," *Innovation Files*, August 19, 2014, http://www .innovationfiles.org/how-americas-manufacturing-job-loss- outpaces-other-leading-industrialized-countries/.

25 Ibid.

26 P. Porter, J. Rivkin, and R. M. Kanter, "Competitiveness at the Crossroads: Findings of Harvard Business School's 2012 Survey on U.S. Competitiveness," February 2013, www.hbs.edu/ competitiveness/pdf/competitiveness-at-a-crossroads.pdf.

11장 뒤돌아봐서는 답을 찾을 수 없다

1 J. Dewey, *The Collected Works of John Dewey* v. 14; 1939-1941 (Amsterdam Netherlands: Pergamon Media/Elsevier, 2015), 107.

2 P. Gorski, "Michael Porter Is Bankrupt AND the Framework of a Blindfolded Chimpanzee," *Gorski Ventures News*, November 13, 2012, http://www.gorskiventures.com/michael-porter-is-bankrupt-andthe-framework-of-blindfolded-chimpanzee/.

3 Ibid. 피터 고르스키(Peter Gorski)는 다음과 같이 말했다. "눈가리개를 한 침팬지조차 포터의 다섯 가지 요인 모델이 그려진 틀에 다트를 던져서 포터 박사와 고급 컨설턴트들이 처방한 비즈니스 전략을 선택할 수 있다. 또한 다음을 참고하라. S. Denning, "What Killed Michael Porter's Monitor Group? The One Force That Really Matters," *Forbes.com*, November 20, 2012, https://www.forbes.com/sites/stevedenning/2012/11/20/what-killed-michael-porters-monitorgroup-the-one-force-that-really-matters/; S. Denning, "Even Monitor Didn't Believe in the Five Forces," *Forbes.com*, November 24, 2012, https://www.forbes.com/sites/stevedenning/2012/11/24/even-monitor- didnt-believe-in-the-five-forces/; S. Denning, "It's Official: The End of Competitive Advantage," *Forbes.com*, June 2, 2013, https://www .forbes.com/sites/stevedenning/2013/06/02/its-officialthe-end-of- competitive-advantage/. 또한 다음을 참고하라. the counter-critique from the strategy faculty at the Kellogg School of Management at Northwestern University: J. Love, "The End of Strategy? Our Faculty Discusses," January 7, 2013, https://insight.kellogg.northwestern.edu/blogs/entry/ the_end_of_strategy_our_faculty_discusses.

4 M. E. Porter, *Competitive Strategy* (New York: Free Press, 1980). 이 책은 미국 경영학회(Academy of Management) 회원들을 대상으로 한 투표에서 20세기에 이홉 번째로 영향력 있는 경영서로 선정되었다.

5 M. Stewart, *The Management Myth: Why the Experts Keep Getting it Wrong* (New York: W. W. Norton & Company, 2009), 160. 스튜어트는 컨설턴트인데, 그의 책은 깨우침을 주는 바는 있지만 제목에 오해의 소지가 있다.

6 Ibid., 168.

7 J. Magretta, *Understanding Michael Porter* (Boston: Harvard Business School Publishing, 2012), 8.

8 Stewart, *The Management Myth*, 207.

9 C. von Clausewitz, *On War*, published posthumously in 1832; L. Freedman, *Strategy: A History* (Oxford, U.K.: Oxford University Press, 2013), 87.

10 H. G. von Moltke, *Militarische Werke*, vol. 2, part 2. Reproduced in D. J. Hughes, ed., *Moltke on the Art of War: selected writings* (New York: Presidio Press, 1993), 45.

11 *Mission Command: Command and Control of Army Forces*, Field Manual No. 6-0, August 2003.

12 상세형 지휘와 임무형 지휘는 불확실성에 대한 접근법이 개념적으로 다르다. **상세형 지휘**는 데이터 기반으로 정보에 초점을 맞춘다. 이 방법은 보다 정확한 정보를 더 많이 수집하고 정보 처리 능력을 높여서 상급제대에서 불확실성을 없애는 것을 목표로 한다. 정보의 완전성을 위해서 행동 속도를 포기한다. 반면 **임무형 지휘**는 행동에 초점을 맞춘다. 이 방법은 조직 전체에 걸쳐 골고루 불확실성을 없애는 것을 목표로 한다. 리더들은 보편적인 전략적 비전을 공동으로 개발하고 전략적 계획을 평범한 작전의 일부로 관리하도록 조직을 교육한다. 의사결정 권한을 아래로 위임하면 하부에서 정보를 획득하고 처리한 뒤 일일이 명령을 기다리지 않고 신속하게 실행에 옮긴다. 그 과정에서 조직의 인재들을 충분히 활용한다. 다음을 참고하라. *Mission Command: Command and Control of Army Forces*, para. 1-50.

13 A. Murray, "The End of Management," *Wall Street Journal*, August 21, 2010, http://www.wsj.com/articles/SB10001424052748704476104575439723695579664.

14 M. Porter, "How Competitive Forces Shape Strategy," *Harvard Business Review*,

March 1979, https://hbr.org/1979/03/how-competitive- forces-shape-strategy/ar/1, and republished as "The Five Competitive Forces That Shape Strategy," *Harvard Business Review*, January 2008, https://hbr.org/2008/01/the-five-competitive-forces-that-shape-strategy.

15 2008년 버전에는 문장이 살짝 수정되었다. "본질적으로 전략가의 일은 경쟁을 이해하고 거기에 대처하는 것이다."

16 2008년 개정판에서는 다음과 같이 표현이 다소 수정되었다. "경쟁력 및 경쟁력의 근본 원인을 이해하면 업계에서 발생하는 현 수익성의 근원을 깨닫게 되는 동시에 시간이 지나면서 경쟁력과 수익성을 예측하고 여기에 영향을 미치는 틀을 제공할 수 있다." 결국 "궁극적 수익 잠재력"이 "업계에서 발생하는 현 수익성의 근원" 및 "지속적으로 경쟁력과 (…) 영향을 미치는 틀"로 바뀐 것이다. 그런데 문제는 사고방식이 여전히 똑같다는 점이다. 모든 부문에 걸쳐 대규모로 파괴적 혁신이 일어나고 있다는 점을 고려했을 때, 현재 업계에서 발생하는 수익성은 미래의 수익성을 예측하는 틀로서 매우 형편없다. 어쨌든 사고방식의 변화를 인정한 부분은 없다. 개정판은 포터의 사상에 깃든 "영원한 진리"가 무엇인지 구체적으로 보여주고 있다.

17 Magretta, *Understanding Michael Porter*, 31.

18 Stewart, *The Management Myth*, 183.

19 Ibid., 182.

20 Ibid., 183.

21 J.B. Quinn, *Strategies for change: Logical incrementalism* (Homewood, IL: R.D. Irwin, 1980), 122.

22 Denning, "Even Monitor Didn't Believe in the Five Forces." 또한 다음을 참고하라. the Kellogg School of Management's counter-critique by Love, "The End of Strategy? Our Faculty Discusses."

23 전략이 혁신이라는 생각은 다음 칼럼에서 논의된 바 있다. Gary Hamel, "Strategy as Revolution," *Harvard Business Review*, July-August 1996, https://hbr.org/1996/07/strategy-as-revolution.

24 C. Mainardi with A. Kleiner, "The Right to Win," *strategy + business*, November 2010, http://www.strategy-business.com/article/10407.

25 R. G. McGrath, *The End of Competitive Advantage* (Boston: Harvard Business Review Press, 2013), 90.

에필로그 두 개의 다른 세계

1 T. Herzl, *Old New Land* (Leipzig: Seemann Nachf, 1902), 296. "소원하지 않는다면

이 모든 것이 꿈으로 남게 될 것이다." 이 구절의 좀 더 단순하고 긍정적인 버전인 "간절히 원하면 꿈이 아니다"는 이스라엘에 유대인 민족국가를 건설하는 것을 목표로 하는 시오니즘 운동의 구호가 되었다.

2 S. Denning, "Coding: Agile and Scrum Go Mainstream," *Forbes.com*, June 14, 2015, https://www.forbes.com/sites/stevedenning/2015/06/14/ coding-agile-scrum-go-mainstream/.

3 D. K. Rigby, J. Sutherland, and H. Takeuchi, "Embracing Agile," *Harvard Business Review*, April 2016; S. Denning, "HBR's Embrace of Agile," *Forbes.com*, April 21, 2016, http://www.forbes.com/sites/ stevedenning/2016/04/21/hbrs-embrace-of-agile/; K. Brettell, D. Gaffen, and D. Rohde, "The Cannibalized Company," Reuters, November 16, 2015, http://www.reuters.com/investigates/special-report/usa-buybacks-cannibalized/; S. Denning, "How Corporate America Is Cannibalizing Itself," *Forbes.com*, November 18, 2015, https://www.forbes.com/sites/stevedenning/2015/11/18/how- corporate-america-is-cannibalizing-itself/; S. Denning, "Financial Times Slams Share Buybacks," *Forbes.com*, March 22, 2016, https:// www.forbes.com/sites/stevedenning/2016/03/22/financial-timesslams-share-buybacks/; S. Denning, "Resisting the Lure of Short- Termism," *Forbes.com*, January 8, 2017, https://www.forbes.com/ sites/stevedenning/2017/01/08/resisting-the-lure-of-short-termismhow-to-achieve-long-term-growth/.

4 J. Cox, "This 'Investor Obsession' During the Bull Market Is Falling Out of Fashion," *CNBC*, May 1, 2017, http://www.cnbc.com/2017 05/01/buyback-obsession-during-the-bull-market-is-falling-out-offashion.html.

5 12장은 카를로타 페레스의 명저인 다음 책을 바탕으로 한다. *Technological Revolutions and Financial Capital: The Dynamics of Bubbles and Golden Ages* (Cheltenham, U.K.: Edward Elgar, 2003). 뉴멕시코의 산타페연구소에서 근무하는 W. 브라이언 아서(W. Brian Arthur)는 다음과 같이 말한다. "이 책을 읽기 전에는 기술의 역사가 (처칠의 표현을 빌리자면) 단순히 '지긋지긋한 일들의 반복'이라고 생각했다. 하지만 아니었다. 카를로타 페레스는 역사적으로 기술 혁명은 놀라운 규칙성을 띠면서 찾아오며, 경제는 예측 가능한 단계에서 이에 반응한다는 것을 보여준다." 또한 다음을 참고하라. S. Denning, "Understanding Disruption: Insights from the History of Business," *Forbes.com*, June 24, 2014, https://www.forbes.com/sites/stevedenning/2014/06/24/understanding- disruption-insights-from-the-history-of-business/.

6 이 인용문은 보통 마크 트웨인이 한 말로 추정된다. 하지만 이를 증명할 만한 기

록은 없다. 이 격언의 출처에 대해 좀 더 알고 싶으면 다음을 참고하라. "History Does Not Repeat Itself, But It Rhymes," *Quote Investigator*, http://quoteinvestigator.com/2014/01/12/history-rhymes/.

7 나치 독일, 러시아, 소련의 예를 참고하라.

8 C. Perez, "The double bubble at the turn of the Century: Technological roots and structural implications," Centre for Financial Analysis & Policy, Judge Business School, Cambridge University, U.K., CFAP/ CERF Working Paper No. 31: 22.

9 F. Partnoy and J. Eisinger, "What's Inside America's Banks?," *The Atlantic*, January/February 2013, https://www.theatlantic.com/ magazine/archive/2013/01/whats-inside-americas-banks/309196/.

10 S. Denning, "Lest We Forget: Why We Had a Financial Crisis," *Forbes.com*, November 22, 2011, https://www.forbes.com/sites/ stevedenning/2011/11/22/5086/.

11 1960년대에 살충제 규제에 반대했던 미국 유력 화학회사들의 몰락은 지식과 용기가 손을 잡으면 어떻게 돈을 이길 수 있는지를 잘 보여준다. Rachel Carson, *Silent Spring* (New York: Houghton Mifflin Harcourt, 1962).

12 최근 국제 테드 컨퍼런스에서 제시된 "거대한 아이디어"의 일부 사례다. 다음을 참고하라. C. Itkowitz, "Prioritizing These Three Things Will Improve Your Life—and Maybe Even Save It," *Washington Post*, April 28, 2017, https://www.washingtonpost.com/news/inspired-life/ wp/2017/04/28/prioritizing-these-three-things-will-improve-your-lifeand-maybe-even-save-it/.

13 A. Cockcroft, "Evolution of Business Logic from Monoliths Through Microservices to Functions," *A Cloud Guru*, February 16, 2017, https://read.acloud.guru/evolution-of-business-logic-from-monoliths- through-microservices-to-functions-ff464b95a44d.

14 Ibid.

15 다음 기사에서 인용하고 있다. "Managing Globalization: Q & A with Joseph Stiglitz," *International Herald Tribune*, October 11, 2006. 다음을 참고하라. J. Schlefer, "There Is No Invisible Hand," *Harvard Business Review*, April 2004, https://hbr.org/2012/04/there-is-no-invisiblehand; T. Worstall, "The Death of Macroeconomics: There Is No Invisible Hand," *Forbes.com*, April 2012, https://www.forbes.com/sites/ imworstall/2012/04/12/the-death-of-macroeconomics-there-is-no- invisible-hand/.

16 Rigby, Sutherland, and Takeuchi, "Embracing Agile"; Denning, "HBR's Embrace of Agile."

17 D. Brooks, "This Age of Wonkery," *New York Times*, April 11, 2017, https://www.nytimes.com/2017/04/11/opinion/this-age-of-wonkery.html.

18 편집자 로버트 랜들(Robert Randall)의 용기 있는 리더십으로 저널 *Strategy &Leadership*(http://www.emeraldinsight.com/loi/ sl—subscription required)은 2010년 이후 애자일 경영에 대해 서른 개가 넘는 칼럼을 실었다.

19 "현대 사회의 진정한 엘리트들은 엔지니어, 기술자, 장인처럼, 거대한 사상가가 아니라 현실의 대가들로 이루어져 있다." A. Gopnik, "Are Liberals on the Wrong Side of History?," *The New Yorker*, March 20, 2017, http://www.newyorker.com/magazine/2017/03/20/are-liberals-on-the-wrong-side-of-history.

20 일부 평론가들은 15세기 초 몇 십 년이 인류 문명이 절정에 달했던 순간, 즉 인간 정신이 활짝 꽃을 피웠던 역사적 순간이었다고 본다. 다음을 참고하라. K. Clark, *Civilization* (New York: Harper & Row, 1969). 하지만 오늘날과 마찬가지로 문제점이 많았다. 지독한 물질주의. 돈벌이에 대한 집착. 소수에게로의 부의 집중. 금융 붕괴. 교묘한 정치적 술수. 환경 재해. 이기적인 은행가, 상인, 무역상들로 득실거리는 요란하고 상스러운 시장. 그렇지만 놀라운 점도 많았다. 가장 큰 업적 중 하나는 인간적인 크기로 만들어진 건축물이었다. 어떤 이들은 피렌체의 파치 예배당이나 산 로렌초 성당의 옛 성구 보관실과 같은 유명한 초기 르네상스 건축물을 방문했을 때 너무 작은 크기에 실망했다. "신이 만드신 모든 건축물이 그렇듯, 그것들은 크기나 무게로 우리를 감동시키거나 압도하려고 하지 않는다. 모든 것이 인간의 합리적 필요성에 맞는 크기로 지어져 있다. 그 때문에 각 개인이 완전히 도덕적이고 지적인 존재로서 자신의 힘을 더욱 의식하도록 만든다. 그것들은 인간의 존엄성을 주장한다."(*Civilization*, 64) 이들 건축물은 수학 정리의 특징처럼 "명료하고 경제적이고 우아하다."

21 S. Denning, "Lest We Forget: Why We Had a Financial Crisis," *Forbes.com*, November 22, 2011, https://www.forbes.com/sites/ stevedenning/2011/11/22/5086/.

22 R. Shiller, *Finance and the Good Society* (Princeton, NJ: Princeton University Press, 2012).

23 H. Arendt, *Eichmann in Jerusalem: A Report on the Banality of Evil* (New York: Viking Press, 1963).

24 W. Lazonick, "How Stock Buybacks Make Americans Vulnerable to Globalization," Working Paper, East-West Center Workshop on Mega-Regionalism: New Challenges for Trade and Innovation, March 11, 2016, https://papers.ssrn.com/

sol3/papers .cfm?abstract_id=2745387.

25 Ibid.

26 Shiller, *Finance and the Good Society*, vii–viii.

27 D. Clliggott, "How to Avoid Another Market Crash," *Fortune*, September 2, 2015, http://fortune.com/2015/09/02/stock-market-volatility-china/.

28 S. Denning, "How Modern Economics Is Built on the World's Dumbest Idea," *Forbes.com*, July 22, 2013, https://www.forbes.com/sites/stevedenning/2013/07/22/how-modern-economics-is-built-on-the-worlds-dumbest-idea/.

옮긴이 박설영

서강대학교 영어영문학과를 졸업했다. 동국대학교 영화영상학과에서 석사학위를 받았고, 박사과정을 수료했다. 출판사에서 저작권 담당자로 일했으며, 현재는 전문 번역가로 활동 중이다. 옮긴 책으로《오 헨리 단편선》《디저트의 모험》등이 있다.

애자일, 민첩하고 유연한 조직의 비밀

초판 1쇄 발행 2019년 12월 16일
초판 7쇄 발행 2023년 4월 7일

지은이 | 스티븐 데닝
옮긴이 | 박설영
발행인 | 김형보
편집 | 최윤경, 강태영, 임재희, 홍민기, 김수현
마케팅 | 이연실, 이다영, 송신아
디자인 | 송은비
경영지원 | 최윤영

발행처 | 어크로스출판그룹(주)
출판신고 | 2018년 12월 20일 제 2018-000339호
주소 | 서울시 마포구 양화로10길 50 마이빌딩 3층
전화 | 070-5080-4038(편집) 070-8724-5877(영업) 팩스 | 02-6085-7676
e-mail | across@acrossbook.com

ISBN 979-11-90030-27-4 03320

만든 사람들
편집 김지희 | 교정교열 오효순 | 디자인 dbox | 본문 조판 성인기획